F. 4382.

P.

29. A'17.

25794

RÉPERTOIRE

UNIVERSEL ET RAISONNÉ

DE JURISPRUDENCE

CIVILE, CRIMINELLE,

CANONIQUE ET BÉNÉFICIALE.

OUVRAGE DE PLUSIEURS JURISCONSULTES :

Mis en ordre & publié par M. GUYOT, écuyer, ancien magiftrat.

TOME QUARANTE-DEUXIÈME.

A PARIS,

Chez { PANCKOUCKE, hôtel de Thou, rue des Poitevins.
DUPUIS, rue de la Harpe, près de la rue Serpente.

Et fe trouve chez les principaux libraires de France.

M. DCC. LXXXI.

Avec approbation & privilége du roi.

$AVIS.$

LA plupart des jurifconfultes nommés dans les divers
articles du Réperroire , ayant fini le manufcrit des
parties dont ils s'étoient chargés , il paroît que cet
ouvrage s'étendra environ à foixante volumes *in-octavo*.
Au refte , à quelque nombre qu'il puiffe s'étendre au
delà , le libraire s'eft engagé à n'en faire payer que
foixante volumes aux perfonnes qui s'en feront pro-
curé un exemplaire avant la publication du dernier
volume, & même fi l'ouvrage n'a que foixante volumes,
elles n'en payeront que cinquante-fept , attendu que
les trois derniers doivent leur être délivrés *gratis*. Le
prix de chaque volume broché ou en feuilles , eft de
4 liv. 10 fous: on publie très-exactement huit volumes
par année.

RÉPERTOIRE

UNIVERSEL ET RAISONNÉ

DE JURISPRUDENCE

CIVILE, CRIMINÉLLE,

CANONIQUE ET BÉNÉFICIALE.

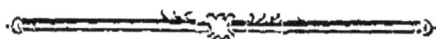

N.

NOCES (SECONDES). On apelle *fecondes Noces*, un mariage qui a été précédé par un autre mariage.

Les empereurs avoient fait plufieurs conftitutions fur les fecondes Noces : elles ont paru fi fages, que dans celles de nos provinces où elles n'ont pas confervé l'autorité de la loi, les peuples dans leurs coutumes, & nos rois dans leurs ordonnances, fe font empreffés d'en adopter les principales difpofitions.

Mais ces coutume n'étant ni uniformes entré

elles, ni abfolument conformes au droit romain, & n'ayant d'ailleurs pas tout prévu, il en eft réfulté, fur une foule de queftions, une grande variété dans la jurifprudence des différens parlemens, & dans les ufages des différentes provinces. Tous ces ufages paroiffent autorifés ou fur l'interprétation littérale des loix, ou fur les principes qui ont préfidé à leur rédaction, & les motifs de bien public qui en ont perpétué l'empire.

Nous rendrons compte premiérement des difpofitions & des motifs de nos différentes loix fur les fecondes Noces, foit avant, foit après l'an du deuil.

Paffant enfuite aux queftions que ces loix font naître, nous ferons connoître en fecond lieu, quelles font les peine prononcées contre les veuves qui fe remarient, ou violent les loix de la pudeur pendant l'année du deuil.

Nous dirons troifiémement, quelles font, en cas de fecondes Noces après l'an du deuil, les avantages réfultans du premier mariage, dont la propriété eft réfervée aux enfans qui en font provenus.

Quatriémement, comment doivent être reftreints les dons faits au fecond conjoint par celui qui fe remarie.

Cinquiémement, comment la coutume de Paris étend la peine des fecondes Noces fur les conquêts de la premiére communauté.

§. I. *Difpofitions & motifs des loix fur les fecondes Noces.*

Les peuples anciens, qui admettoient le divorce & la poligamie, étoient bien éloignés de prof-

crire & même de reftreindre les fecondes Noces.
Si, pour nous fervir des expreffions d'un grand
magiftrat , » dans les climats ardens de l'Inde ,
» le mariage paroît fi facré , qu'à la mort de l'é-
» poux la veuve doit choifir entre le bûcher &
» l'ignominie « ; ces mœurs attroces, cette horrible
tyrannie des maris ne s'eft jamais étendue jufque
dans nos contrées plus tempérées : c'étoit au contraire chez les Hébreux un devoir que la loi politique & religieufe impofoit aux veuves d'époufer
le frère ou le plus proche parent de leur mari
défunt. Il paroît par l'hiftoire de la veuve de Si-
chée , que c'étoit au moins un ufage autorifé
chez les Phéniciens , qui , par leurs relations de
commerce & l'établiffement de leurs colonies ,
ont infiniment influé fur les inftitutions d'un grand
nombre de nations, & fur-tout des Grecs.

Les anciens Romains, qui avoient formé leurs
loix fur celles des Grecs, fembloient, en favori-
fant les fecondes Noces , vouloir encourager la population ; ils envifageoient comme contraires à la
félicité de la république , les dernières difpofitions d'un mari, qui, trop jaloux de vivre feul dans
le fouvenir de fa veuve , auroit tenté de lui enlever la liberté de paffer dans les bras d'un autre.

Malgré la faveur des teftamens , la loi *Julia
Mifcella* veut que, quelle que foit la prohibition
du mari, fa veuve puiffe contracter un fecond
mariage , pourvu toutefois qu'elle faffe ferment
que fon objet eft de donner des enfans à la république ; ce ferment fait , elle obtenoit la délivrance des dons de fon mari.

Il nous eft refté plufieurs décifions répan-
dues fous la rubrique du digefte *de conditionibus
& démonftrationibus* , qui , conformément à cette

A iij

loi, rejettent de pareilles conditions, & laiffent à la veuve la liberté de fe remarier, fans la priver de ce qui lui eft laiffé dans le teftament de fon premier époux, à la charge de garder la viduité : il en eft d'autres qui, fur des hypothèfes particulières, examinent fi l'objet du mari, en défendant à la veuve de fe remarier avec tel ou tel, n'a pas été de porter indirectement atteinte à la loi *Julia Mifcella* ; & s'il paroît que tel ait été en effet fon objet, la condition qu'il a mife à fes libéralités eft réprouvée, ces loix n'y ont aucun égard.

Le ferment même que l'on exigeoit de la veuve, avoit d'abord paru trop gênant à Juftinien : ce prince avoit écarté toutes ces entraves par une conftitution expreffe ; c'eft la loi 2, cod. *de indictâ viduitate tollendâ* : Lex Julia Mifcella *cedat*, dit cet empereur, à *noftrâ republicâ feparatâ, augeri etenim noftram rempublicam à multis hominibus legitimè progenitis frequentari, quam impiis perjuriis affici volumus.*

Quelques années après, Juftinien abrogea cette loi, & approuva dans l'authentique *cui relictum*, les claufes de viduité ; la femme ne put plus afpirer aux libéralités de fon mari, qu'autant qu'elle refteroit veuve, fi ces libéralités avoient été accompagnées des claufes de viduité.

Mais, avant de tracer le tableau de cette révolution de la jurifprudence romaine, il eft bon d'obferver, que les loix anciennes ne s'étoient pas même élevées contre ces veuves qui, en fermant, pour ainfi dire, la tombe de » leurs premiers » époux, délaiffent fa cendre encore fumante, » pour voler à de nouveaux engagemens «. On connoît l'hiftoire de Porcia, qui, répudiée par

Céfar, porta dans une autre famille le dernier des Brutus, dont elle étoit déjà enceinte : on connoit l'hiftoire de Livie ; c'eft, à peu de chofe près, celle de la veuve d'Urie : les attentats des hommes puiffans fe retrouvent dans les faftes de toutes les nations. Le meurtre d'Urie étoit fans doute l'infraction la plus atroce des loix de toutes les fociétés ; mais les fecondes Noces précipitées de Betfabée avec le meurtrier, dont le crime n'étoit pas encore connu, n'étoient point contraires aux mœurs des Hébreux & des autres peuples, & n'étoient pas défendues par les loix des Juifs & des Romains, foit après le divorce, foit après le décès d'un premier époux.

Je crois que ce fut l'indiffolubilité & la fainteté du mariage des premiers chrétiens, qui amena la révolution : en interdifant la pluralité des femmes, en concentrant fur un objet unique le fentiment profond & ardent de l'amour, en l'épurant en quelque forte, la religion a perpétué l'attachement des époux au delà du tombeau ; la mort n'a plus féparé des êtres qui s'étoient unis pour jamais, & qui avoient la certitude de fe retrouver dans une autre vie.

A la vérité, S. Paul avoit dit, dans fa première épître aux Corinthiens, *mulier alligata eft legi, quanto tempore vir ejus vivit, quòd fi dormierit vir ejus, liberata eft, cui vult nubat tantùm in domino* : à la vérité, le feptième canon du concile de Nicée avoit déclaré hérétiques les *cathares* ou *pures*, qui condamnoient les feconds mariages, & avoit défendu de les admettre à rentrer dans l'églife, s'ils n'abjuroient par écrit cette erreur. S. Auguftin avoit auffi décidé que les troifièmes, quatrièmes, cinquièmes Noces, étoient

A iv

comprifes dans le texte de S. Paul : *Apoftolus dicens fi dormierit vir ejus , non dicit primus vel fecundus , vel quartus , nec nobis definiendum eft quod non definit apoftolus ; undè nec ullas debes damnare nuptias , nec eis verecundiam numerofitatis inferre.*

C'étoit la décifion de plufieurs autres pères ; mais ce que l'évangile n'ordonnoit pas par fes préceptes , réfultoit des fentimens & des mœurs qu'il infpiroit : d'ailleurs on fe forma peu à peu des idées myftiques fur la continence ; S. Paul ayant donné la préférence à la continence fur le mariage , quoique fans la confeiller , un zèle inconfidéré fit bientôt regarder comme défavorable tout ce qui éloignoit de ces idées d'une perfection évangélique : on foumit à la pénitence publique ceux qui paffoient à d'ultérieurs mariages , *non quòd peccent* , dit Baronius , dans fes annales fur l'année 315, *fed quòd fuam incontinentiam manifeftent* (*).

Enfin l'églife confacre par des cérémonies religieufes les funérailles qui fuivent le décès : elle appelle fes fideles à venir dans fes temples & fur les tombeaux , expier , par des facrifices & des prières , les fautes de leurs pères & de leurs époux défunts : ç'eût été fans doute une profanation regardée comme abominable dans ces temps de ferveur , de mêler les pompes & les joies d'un nouvel himen, aux larmes de ces expiations lugubres.

Ainfi les mariages dans l'an du deuil devinrent moins fréquens parmi les chrétiens , avant

_____

(*) Aujourd'hui encore, felon plufieurs rituels, l'églife ne prononce pas fur les feconds mariages des femmes , la bénédiction donnée aux premiers,

que les loix des premiers succeffeurs de Conftantin les euffent interdits aux veuves : ce furent
fans doute les grands motifs de l'intérêt public
qui déterminèrent ces loix. Pour nous fervir encore des expreffions d'un magiftrat , qui , par
fon dévouement conftant à la patrie, par une
intégrité que rien n'a jamais altéré, par la pro-
fondeur de fes idées , dégagées de tous les préjugés fcholaftiques , s'eft montré le digne émule
des Bignon , des Dagueffeau & des Talon , » ce
» ne fut point un vain tribut pour le mari que la
» loi impofa à la veuve ; elle eut des motifs
» plus relevés.

   » Les légiflateurs fentirent les inconvéniens
» funeftes à la fociété, qui réfulteroient de deux
» mariages plus rapprochés. Le mari peut avoir
» laiffé fa femme enceinte : qu'elle paffe bruf-
» quement dans les bras d'un nouvel époux, n'en
» réfulteroit-il pas une incertitude fur les enfans
» qu'elle pouvoit mettre au jour ? La facilité d'un
» fecond mariage trop prompt irriteroit les flammes
» impures dont pourroit brûler une femme infidel-
» le ; & fans doute la préfomption de l'adultère
» s'élève d'elle-même contre toute veuve qui à
» peine a rendu les honneurs funèbres à fon mari ,
» qu'elle fait le choix d'un fecond «.

   On a penfé , que fi de nouvelles Betfabées
pouvoient concevoir l'efpérance d'un fecond mariage d'abord après le décès de leur mari , » elles
» pourroient elles-mêmes précipiter leur mort par
» des voies criminelles. En reculant le terme des
» fecondes Noces, ajoute M. Dupaty, la loi a vou-
» lu diminuer l'activité des défirs de la femme infi-
» delle, & défarmer fes mains, par la crainte que ,
» dans un fi long intervalle , le prix de fon crime
» ne pût lui échapper «.

Ces motifs étoient trop injurieux à l'humanité, pour que la loi les dévoilât : aussi a-t-elle déguisé ses vues sous des idées plus nobles, en appelant à son secours la sensibilité, l'honneur, la décence, la reconnoissance & la religion. Aussi les empereurs Gratien, Valentinien & Théodose, les premiers qui aient prononcé des peines contre les veuves qui se remarieroient dans l'an du deuil, se sont-ils appuyés sur le mépris de la religion, *nequaquam luctus religionem.*

Les loix de ces empereurs, conservées dans le titre du code *de secundis Nuptiis*, déclarent ces femmes infames, les privent de tous les droits, de tous les insignes des personnes honnêtes ; elles leur défendent de porter en dot à leurs seconds maris plus du tiers de leurs biens ; elles les déclarent incapables de recevoir de quelque personne que ce soit, par testament ou donation à cause de mort, aucun legs, fidéicommis, succession, hérédité ; elles les déclarent incapables de recevoir *ab intestat* d'autres successions que celles de leurs ascendans, ou de leurs collateraux jusqu'au second degré ; elles les dépouillent enfin de tous les avantages qui auroient pu leur être faits par leurs premiers époux.

La veuve impudique, qui s'est flétrie par un commerce illégitime, mérite bien moins d'indulgence que celle qui a couvert sa passion du voile du sacrement. L'authentique *eisdem pœnis* soumet aux peines précédentes la veuve qui accoucheroit dans l'année du deuil, à moins qu'il ne fût constant que l'enfant appartînt au défunt, *Si modò indubitatum sit sobolem hanc ex defuncto non existere.*

Tels sont les principes des peines de l'an

du deuil, c'eſt le même eſprit ; c'eſt la réunion
des idées religieuſes à des vues d'une ſaine politique, qui a dicté les autres peines des ſecondes
Noces. On a voulu prévenir ces inconvéniens que
le chancelier de l'Hopital a dépeints d'une manière ſi énergique dans le préambule de l'édit de
François II. « Les veuves ne connoiſſant point être
» recherchées, plus pour leurs biens que pour leurs
» perſonnes, abandonnent leurs biens à leurs nou-
» veaux maris, &, ſous prétexte & faveur du
» mariage, leur font donations immenſes, mettent
» en oubli le devoir de nature envers leurs en-
» fans, de l'amour deſquels tant s'en faut
» qu'elles doivent s'éloigner par la mort des
» pères, que, les voyant deſtitués du ſecours &
» aide de leurs pères, elles devroient par tout
» moyen s'occuper à faire le double office de
» père & de mère ; deſquelles donations, outre
» les querelles & diviſions d'entre les mères &
» les enfans, s'enſuit la déſolation des bonnes
» familles, & conſéquemment diminution de la
» force de l'état public «.

Des inconvéniens auſſi funeſtes à la ſociété
avoient déjà fixé l'attention des légiſlateurs romains. Convaincus que les avantages mutuels des
époux, dans un premier mariage, ne pouvoient
avoir d'autre objet que ce mariage même & les
enfans qui devoient leur exiſtence à cette union ;
que ces biens, patrimoine naturel des enfans
d'un premier lit, ne pouvoient ſans injuſtice leur
être enlevés pour enrichir une marâtre, & doter
les enfans d'un autre hymen, les empereurs
n'ont fait que ramener ces avantages à leur véritable objet, en ordonnant que la propriété en
ſeroit conſervée aux enfans du premier lit. Ainſi

la loi *feminæ*, de Gratien, de Valentinien & de Théodofe, veut d'abord que les dons & avantages faits par le premier époux, à quelque titre que ce foit, foient convertis, par le fait feul des fecondes Noces, en un fimple ufufruit, & que la propriété en foit affurée aux enfans du premier lit, fans qu'on puiffe les aliéner, ou autrement en difpofer à leur préjudice.

Et comme fouvent les donations à caufe de Noces, quoiqu'elles ne proviennent point de la fubftance du premier époux, ont cependant été faites à fa confidération, l'empereur Juftinien a ordonné par l'authentique *in donatione*, qu'en cas de fecondes Noces la veuve perdroit également la propriété de ces donations qui auroient un femblable motif : *In donatione propter Nuptias, etiam fi alius pro viro dederit, deferit eam proprietas.*

Les fucceffions des enfans du premier mariage étant une fuite des premières Noces, les loix n'ont pas cru devoir en laiffer à la veuve remariée la propriété ; elles l'ont réfervée aux enfans du premier lit, excepté pour les biens qui ne proviendroient point de la fubftance du père.

La veuve conferve cependant l'adminiftration de ces avantages ; il n'y a aucun inconvénient de la lui laiffer, dit la loi, parce que ces biens & les fiens même reftent hypothéqués au profit des enfans : les enfans ne peuvent critiquer fon adminiftration de fon vivant, parce que, fuivant le §. 4 de la loi *fi quis*, l'hypothèque garantit tous leurs droits.

La privation de la propriété a lieu au profit des enfans, pour les meubles comme pour les immeubles ; & comme les meubles dépériffent par l'ufage, l'authentique *fed & fi quis* veut qu'ils foient eftimés, & que la veuve ne les garde qu'en donnant caution d'en reftituer la valeur, ou de les remettre en nature.

Si la veuve ne donne point caution, ces meubles doivent être remis fur le champ aux enfans, à charge de payer à leur mère l'intérêt de l'eftimation fur le pied de trois pour cent.

La prévoyance de la loi n'empêche point celle du premier époux. La loi *Julia Mifcella*, la loi 2, au code *de indictâ viduitate tollendâ*, font abrogées ; & fi le premier mari a mis à fes dons des claufes plus févères de viduité, elles doivent recevoir leur pleine exécution ; ainfi, aux termes de la loi *fi ufufruĉlus*, & du chap. 32 de la novelle 22, lorfqu'un premier mari n'a laiffé à fa veuve qu'un fimple ufufruit, & ne le lui a laiffé qu'à charge de garder la viduité, les fecondes Noces le lui font perdre.

La loi *feminæ* fe contentoit de priver la mère de la propriété des dons du premier mari, & lui laiffoit, ainfi que la loi *in quibus cafibus*, le choix de tranfmettre cette propriété à celui des enfans du premier lit qu'elle voudroit élire. L'authentique *lucrum* ôte à la mère cette option, & veut que ces enfans en profitent également. *Lucrum hoc æqualiter inter liberos lege diftribuitur, non arbitrio parentis permittitur.*

Ces premières loix ne concernoient point les hommes ; l'empereur Théodofe, dit le Grand, avoit feulement confeillé à ceux qui avoient des enfans, de ne point paffer à d'autres Noces : c'eft la loi *generaliter* qui a affimilé le fort des hommes à celui des femmes.

C'eſt uniquement en faveur des enfans du premier lit que ces loix ont été faites : s'il n'en
exiſte point, s'ils viennent à prédécéder leurs
pères ou leurs mères, ceux-ci, malgré les premières Noces, retiennent en propriété tous les
biens qui leur étoient acquis : *Quòd ſi nullam
habuerit ſucceſſionem vel natus, vel nati deceſſerint,
omne, quod quo modo perceperit, pleno proprie-
tatis jure obtineat.* Ce ne ſont point les ſecondes
Noces en elles-mêmes que les loix ont voulu
punir ; ce n'eſt point la liberté des veufs qu'elles
ont voulu reſtreindre ; le §. 4 de la loi *ſi quis*,
veut que ces peines aient lieu en faveur des enfans
nés d'un premier mariage détruit par le divorce,
lorſque le divorce eſt lui-même ſuivi d'un autre
mariage : la loi *cum aliis* veut auſſi qu'elles aient
lieu, en cas de troiſièmes ou de quatrièmes Noces,
en faveur des enfans nés des précédentes.

Cependant les intérêts des enfans n'étoient point
encore en ſûreté par ces loix : le vœu de la
nature & de la ſociété les appelle à la ſucceſſion
de leur mère. Si le droit civil laiſſe aux parens
juſqu'à un certain point la diſpoſition de leurs
biens, c'eſt qu'il préſume que, ſans de juſtes
cauſes, ils n'uſeront point de cette liberté au
préjudice de leurs enfans : mais il étoit à craindre,
qu'égarés, dominés par leurs paſſions pour de
ſeconds époux, les parens n'oubliaſſent trop facilement les gages de leurs premières affeʃtions, &
ne les privaſſent de la ſucceſſion des biens qui étoient
reſtés en leur diſpoſition. En conſéquence, les
empereurs Léon & Anthemius, dans la loi *hâc
ædictali*, ont défendu aux pères & mères qui paſ-
ſeroient à de ſecondes Noces, de laiſſer, à quelque titre que ce fût, à leurs ſeconds époux,

une part plus forte de leurs biens que celle de l'enfant qui prendroit le moins dans leur fucceffion. Ils ont étendu la prohibition aux aïeuls & aïeules, en faveur des enfans & des petits-enfans ; ils ont défendu toutes les voies indirectes par lefquelles la prohibition pourroit être éludée : *Omni circumfcriptione, fi qua per interpofitam perfonam, vel alio quoquemodo fuerit excogitata, ceffante.*

Les loix, en veillant ainfi fur les droits des enfans du premier lit, n'ont point prétendu les dégager du refpect & de la foumiffion qu'ils devoient à leurs parens, qui, pour maintenir leur autorité, confervent, malgré les fecondes Noces, le pouvoir d'exhéréder ; mais ces parens doivent en ufer encore avec plus de réferve que les autres pères, & la validité de leurs difpofitions doit, aux termes de la loi *cùm apertiffimè,* être établie fur les preuves complètes de l'un des cas d'exhérédation autorifés par le droit.

C'eft par ces loix que les empereurs romains avoient fu réprimer ce que les fecondes Noces pouvoient avoir de dangereux. Ces loix fages prévenoient tous les inconvéniens ; elles avoient faifi le jufte milieu entre les abus des fecondes Noces, qu'elles avoient réprimés, & les avantages qui en réfultoient pour la population, qu'elles n'avoient point empêchés. Mais le defpotifme & la fuperftition font incapables de tels tempéramens ; ils portent toujours l'abus du pouvoir & les conféquences de leurs préjugés auffi loin qu'ils peuvent aller. Conftantin Porphirogenetes, un de ces princes qui avilit la légiflation romaine par des réglemens idiots & gauches, fit, d'après un concile de l'églife grecque, une nouvelle loi contre les fecondes Noces : abufant de la qualité de protecteur de fon églife , il ofa prononcer des peines religieufes contre le convol.

Dans fa novelle , datée de l'an du monde 6429 , indiction 9 , c'eft-à-dire, de l'an 920 , ce prince défend à tous fes fujets de contracter à l'avenir de quatrième mariage : il veut que ceux qui oferont le faire foient privés de toute communion eccléfiaftique , & même de l'entrée de l'églife : car c'eft ainfi , dit-il, que l'ont ordonné les faints pères qui nous ont précédé. Il prononce enfuite, de fon autorité , fur ceux qui paffent à des troifièmes Noces : ceux qui auront quarante ans paffés font privés de l'euchariftie pendant cinq ans, & après ce temps , ne peuvent la recevoir que le jour de pâques. Ceux qui ont trente ans doivent être privés de l'euchariftie pendant quatre ans, & ne la recevoir enfuite que les jours de pâques, de l'affomption & de noël. Quant aux premièies & aux fecondes Noces , cet empereur veut qu'elles ne procèdent point d'un mauvais principe; qu'elles n'aient point été précédées de rapt ou de concubinage : autrement, dit-il, l'églife de J. C. qui eft pure & fans tache, ne recevra à la communion ceux qui les auront contractées, qu'après qu'ils auront accompli la pénitence de la fornication, qui eft de fept ans, à moins qu'ils ne foient à l'heure de la mort. Les prêtres qui accorderont à quelqu'un la participation des facremens, contre la difpofition de cette loi , feront dépofés, & celui qu'ils auront admis à la grace des faints myftères en fera privé , & fera contraint d'achever ce qui reftera des fept ans de fa pénitence. *Sacerdos autem qui aufus fuerit , præter id quod ftatutum eft , divinâ participatione aliquem dignari de proprio gradu*

gradu in periculum veniet. Eo videlicet qui præter formam constitutam divinâ communione dignus est habitus, ad excommunicationem redacto, usque ad septimi anni complementum.

Cette loi insensée n'a jamais été observée en France; quant à celles de Justinien & des empereurs ses prédécesseurs, qui n'y avoient pas été toutes publiées, les juges d'église, qui s'emparèrent bientôt de la connoissance des causes civiles, préférèrent de s'attacher à la lettre des décrets des premiers pères.

On a vu qu'en même temps que la sévérité des mœurs du christianisme rendoit, sans aucune loi, les secondes Noces plus rares, l'eglise, distinguant sagement les préceptes des conseils, le devoir de la perfection, s'étoit opposée à ce que ces mariages pussent être regardés comme prohibés, comme interdits. *Viduæ si se forsitan continere non poterunt secundùm apostolum, nubere nullatenùs vetabuntur.* Mais bientôt on prit à la lettre ces décisions, ces expressions *nullatenùs*; & quoiqu'elles ne pussent avoir pour objet d'autoriser les abus que les loix impériales avoient voulu seulement empêcher, on craignit que ces loix ne continssent une prohibition indirecte des secondes Noces, & les officiaux n'y eurent aucun égard : les papes, dans les décrétales, crurent même pouvoir abroger, par la puissance apostolique, la peine de l'infamie, prononcée par l'autorité publique contre les véuves qui se remarioient dans l'année du deuil.

Enfin, quand la puissance temporelle se releva du long avilissement où elle étoit tombée, elle sentit que si elle n'étoit point liée par les édits des derniers empereurs, l'intérêt public exigeoit que l'on en adop-

Tome XLII. B

tât souvent l'esprit pour l'avantage des peuples.
Les tribunaux, dans les provinces que nous appelons aujourd'hui de droit écrit, avoient pris pour
règle les compilations de Justinien ; dans les pays
de coutume, les peuples empruntèrent un grand
nombre de leurs décisions, & rédigèrent, d'après
les principes que ces compilations établissent, les
antiques usages introduits par les mœurs & par
les codes des conquérans ; quelquefois ils portèrent très-loin les conséquences de ces principes.

En effet, la coutume de Paris, art. 279 ; celle
de Calais, art. 71 ; d'Orléans, art. 203 ; de Normandie, art. 91, 390, 405 & 406 ; de Sedan,
art. 99, défendent, comme la loi *hac ædictali*, à la
veuve qui se remarie, d'avantager son second
époux au delà de la part des enfans moins prenant, & l'article 134 de celle de Valois, défend, sans distinction, de lui faire aucun avantage
au delà du tiers des immeubles.

La prohibition est étendue aux enfans du second époux par les coutumes de Paris, art. 283 ;
de Calais, art. 79 ; de Bourbonnois, art. 226,
& de Sedan, art. 126.

D'autres coutumes ordonnent, comme la loi
feminæ, aux personnes veuves de laisser aux enfans du premier lit la propriété de tous les gains
& avantages résultans des premiers mariages :
telles sont les coutumes de Calais, art. 71 ;
d'Amiens, art. 107 ; de Sedan, art. 100 ; de Laon,
tit. 3, art. 29 ; & de Châlons, tit. 6, art. 35.

Les coutumes de Sedan & de Calais paroissent
celles de toutes qui ont à cet égard les dispositions les plus étendues : car non seulement elles
assurent, comme la loi *feminæ*, aux enfans du
premier mariage tous les dons & avantages faits

par le premier époux, mais encore, comme les art. 279 de la coutume de Paris, & 203 de celle d'Orléans, ces loix défendent à la veuve de disposer, au préjudice de ces enfans, de sa part des conquêts de la première communauté.

Cette disposition, qu'une jurisprudence constante a rendue commune aux hommes veufs, & a étendue aux effets mobiliers de la première communauté, est bien plus rigoureuse que la loi *feminæ*, puisque ces conquêts & ces meubles ne devant pas être regardés comme des bienfaits du premier époux, ne peuvent en aucun cas être réputés tels à l'égard des maris, mais leur sont au contraire personne's, comme étant les fruits de leur collaboration commune ; aussi la réserve n'est-elle pas absolue ; & il faut observer que les enfans des lits postérieurs succèdent à ces conquêts comme ceux des premiers lits.

Un autre avantage que les veufs retirent de leur premier mariage, est la garde de leurs enfans mineurs ou impubères, dont les revenus leur sont déférés à titre de gardiens. Dans plusieurs coutumes, les secondes Noces leur font perdre cet avantage ; telles sont les coutumes de Paris, art. 268 ; de Calais, art. 139 ; d'Etampes, art. 89 ; de Clermont, art. 172 ; de Meaux, art. 152 ; de Laon, art. 261 ; de Rheims art. 332 ; de Troies, tit. 2, art. 17 ; d'Anjou, tit. 7, art. 85 ; du Maine, tit. 8, art. 98, & de Chartres, tit. 19, art. 106, &c.

Dans ces coutumes, les hommes comme les femmes veufs perdent également la garde de leurs enfans & de leurs petits-enfans, en passant à de secondes Noces ; mais cette privation n'a lieu que

pour les mères ou les aïeules, dans les coutumes
de Melun, art. 286; du Grand-Perche, art. 268;
de Troies, art. 339; de Sedan, art 151; de la
Marche, art. 81; de Montargis, tit. 1, art. 30;
& de Blois, tit. 2, art. 9.

Le don mutuel fait pendant le mariage n'étant
permis en général que dans le cas où il n'y a
point d'enfant, n'eſt pas ſujet, par ſa nature, aux
peines des ſecondes Noces; mais les coutumes
du Maine, art. 334, & de Château-Neuf, art. 106,
qui admettent cet avantage réciproque, malgré
qu'il y ait des enfans, veulent qu'il ſoit révocable par les ſecondes Noces, quoiqu'il ne conſiſte qu'en uſufruit: la coutume de Poitou, qui
le permet juſqu'à concurrence de la propriété
des meubles, des acquêts & du tiers des propres,
le reſtreint, dans ce cas, à l'uſufruit par l'art. 209;
enfin, les art. 281 de la coutume de Paris, &
72 de celle de Calais, qui permettent aux conjoints
qui ont des enfans, de ſe donner réciproquement,
en les mariant, la jouiſſance de leurs meubles &
conquêts, ordonnent que cet avantage ceſſera, au
cas que le conjoint ſe remarie.

Il n'étoit pas beſoin de diſpoſition expreſſe pour
empêcher que le douaire de la femme & des
enfans du ſecond lit ne pût donner atteinte à
celui des enfans du premier lit, que la loi leur
avoit aſſuré irrévocablement par le fait ſeul du
mariage qui leur a donné l'être. Cependant pluſieurs coutumes, comme celle de Paris, art. 254;
de Mantes, art. 135; de Senlis, art. 185, ont
ordonné, quoique dans des termes différens,
que le douaire n'auroit lieu en faveur de la femme
& des enfans du ſecond lit, que ſur la portion du
patrimoine paternel qui reſteroit libre du douaire

des enfans du premier lit, fans qu'il pût accroître par leur mort.

Cette modération du douaire, en cas de fecondes Noces, n'eſt point une peine dans ces coutumes ; elle en eſt une dans celle de l'évêché de Merz : tandis que, par l'article 3 du tit. 3, la femme mariée jeune fille a pour douaire la totalité de l'ufufruit des acquêts ou des anciens de fon mari à fon choix ; d'un côté, cette femme, fi elle ne reſte point en viduité, doit rendre aux enfans du premier lit le tiers du douaire qu'elle a opté ; d'un autre côté, la veuve qui fe remarie n'a aucun douaire fur les biens de fon fecond mari, foit qu'il y ait enfans ou non.

Cette coutume de l'évêché de Merz met un bien plus grand obſtacle aux fecondes Noces, en excluant, pour ainfi dire, du patrimoine de leurs ancêtres les enfans du fecond lit. Suivant l'art. 3 du tit. 11, tous les anciens du père, échus & à échoir, & les acquêts faits juſqu'au jour de fon fecond mariage, appartiennent à ceux du premier lit, privativement à tous les autres, qui, en vertu de l'art. 4. n'ont que les acquêts faits conſtant le mariage duquel ils font nés & la viduité fuivante ; il eſt vrai que l'article 5 veut que les fucceffions collatérales foient réputées acquêts pour les enfans du mariage conſtant lequel elles échéent, & que fi ces fucceffions ne font ouvertes qu'après le décès du père, tous y viennent également.

En cas de fecondes Noces, d'autres coutumes introduifent un ordre de fucceffion bien plus bizarre ; les coutumes de S. Sever & d'Acqs veulent qu'il y ait autant de parts que de mariages ; c'eſt ce que la dernière de ces loix appelle fuccéder *par ventrée.*

Nous ne parlerons pas ici des coutumes qui ont ôté la tutelle & la curatelle aux mères & aux aïeules, en cas de fecondes Noces. Plufieurs de ces loix ont ordonné que dans ce cas ces charges pafferoient au fecond époux ; mais, par une difpofition fingulière, & cependant conforme au droit romain, l'article 31 du titre premier de la coutume de Berry, veut que dans les cas ou la veuve pafferoit à d'autres Noces avant d'avoir reftitué les meubles, rendu compte, & payé le reliquat fuivant l'inventaire, elle foit privée des fucceffions & autres droits qui pourroient lui être déférés par la mort de fes enfans.

Au furplus, fur toutes ces difpofitions, aucune de ces coutumes ne s'accorde entiérement avec les autres ; un grand nombre renferme des décifions abfolument contraires ; leurs principes, le plus fouvent contradictoires, font naître une foule de queftions, dont la décifion feroit néceffairement arbitraire, fi l'on n'étoit guidé par l'ufage, & par la jurifprudence qui fait connoître l'ufage, mais rarement d'une manière bien certaine. D'ailleurs, un grand nombre de coutumes ne prononçoient point de peines contre les fecondes Noces, &, dans leur filence, celles du droit romain n'étoient point obfervées. *Item,* dit Rebuffe fur les ordonnances, *fruftrà difputatur de pœnis fecundò nubentium, quia nulla vel rarè fervantur in hâc patriâ confuetudinariâ.*

Sur un objet où, dans un royaume comme la France, les confidérations du bien public doivent être à peu près les mêmes, il eût été a défirer

que l'on fixât d'une manière uniforme les principes par une loi générale qui embraffât toutes
les queftions. L'Hopital l'eût fait fans doute,
s'il eût vécu dans un temps moins orageux : mais
ce miniftre, principalement occupé du falut de
la nation, déchirée par des guerres religieufes, &
de la conftitution attaquée de toutes parts, ne
put faire qu'un petit nombre de loix civiles. Elles
font devenues les bafes de notre légiflation ; feules
elles furnagent, pour ainfi dire, dans l'abîme
de nos réglemens.

La loi de ce grand homme, faite en 1560,
fous le règne de François II, raffemble les principales difpofitions du droit romain.

Le premier chef de l'édit, conformément à
l'efpèce de la loi *hâc ædictali*, porte, » que les
» femmes veuves, ayant enfans ou enfans de leurs
» enfans, fi elles pâffent à de nouvelles Noces,
» ne pourront, en quelque façon que ce foit,
» donner de leurs biens-meubles, acquêts, ac-
» quis par elles, d'ailleurs que par leurs pre-
» miers maris, pères, mères ou enfans defdits
» maris ; ni moins leurs propres à leurs nouveaux
» maris, ou autres perfonnes qu'on puiffe pré-
» fumer être, par dol ou fraude, interpofées, plus
» qu'à l'un de leurs enfans, ou enfans de leurs
» enfans : & s'il fe trouve divifion inégale de leurs
» biens, faite entre leurs enfant ou enfans, ou
» enfans de leurs enfans, les donations par elles
» faites à leurs nouveaux maris feront réduites &
» mefurées à la raifon de celui de leurs enfans
» qui en aura le moins «.

Le fecond chef, conformément aux principales
difpofitions de la loi *femina*, veut » qu'au
» regard des biens à icelles veuves acquis par

» dons & libéralités de leurs premiers maris ;
» elles n'en puissent faire aucune part à leurs
» nouveaux maris ; mais qu'elles soient tenues les
» réserver aux enfans communs d'entre elles &
» leurs maris, de la libéralité desquels iceux biens
» leur sont avenus ; que le semblable soit gardé
» ès biens qui sont venus aux maris par dons &
» libéralités de leurs défuntes femmes, tellement
» qu'ils n'en puissent faire don à leurs secondes
» femmes ; mais qu'ils soient tenus de les ré-
» server aux enfans qu'ils ont eus de leurs pre-
» mières «.

Le législateur déclare enfin qu'il n'entend pas
donner aux femmes plus de pouvoir & de liberté
de donner & de disposer de leurs biens, qu'elles
n'en ont par les coutumes, » auxquelles il n'est
» dérogé en tant qu'elles restreignent plus ou au-
» tant la libéralité desdites femmes «.

Cet édit, qui a été publié dans toutes les
cours des provinces du royaume soumises à
François II, excepté au parlement de Bordeaux,
suivant Automne & Dupin, ne l'a pas été
dans les provinces qui n'ont été réunies à la couronne que par Henri IV & ses descendans,
comme les trois évêchés de Metz, Toul &
Verdun, l'Alsace, la Franche-Comté, la Bresse
& le Bugey, la Dombes, la Flandres, l'Artois,
le Hainaut & le Cambresis, le Béarn, la Na-
varre, le Roussillon, la Corse & les duchés de
Lorraine & de Bar ; mais dans ces deux duchés
on suit une ordonnance donnée par le duc Léopold le 22 décembre 1711, dont les dispositions sont les mêmes que celles de l'édit de 1560.
Dans la plupart des autres provinces, on se conforme aux dispositions de ces loix, ou à celles

du droit romain ; c'est ce que Dupin & Automne attestent pour le parlement de Bordeaux.

On n'a pas prévu dans ces édits les autres cas des loix des empereurs sur les secondes Noces contractées, soit pendant, soit après l'année du deuil ; mais l'ordonnance de Blois, par une disposition inconnue dans les loix romaines, a prononcé l'interdiction des veuves qui se remarieroient à leurs valets ou à d'autres personnes indignes, & a en même temps annullé les avantages qu'elles feroient à leurs seconds époux.

Après avoir ainsi fait connoître les textes de nos loix, & les motifs qui ont dicté les principales, nous allons passer à l'examen des questions qu'elles font naître.

§. II. *Des peines de l'an du deuil, & de la forfaiture de la veuve.*

Les peines que les loix romaines prononcent contre les veuves qui se marient dans l'an du deuil, n'ont plus lieu que dans quelques parlemens, comme Touloufe, Grenoble, Aix & Dijon.

Le parlement de Touloufe est celui de tous où les loix romaines font observées à cet égard avec le plus de rigueur ; la lecture de ses nombreux arrêtistes en présente fans cesse des exemples.

Le parlement de Grenoble, quoique moins sévère, a ordonné par forme de réglement, dans un arrêt du 8 février 1618, rapporté par Basset, » que les veuves qui viendroient à se remarier » dans l'an du deuil, feroient sujettes à toutes » les peines du droit civil, excepté à celle de » l'infamie «. Ce réglement a été envoyé à tous les tribunaux du Dauphiné, pour y être publié.

Dupin dit que le parlement de Dijon a fait, le 12 août 1628, un réglement qui est moins étendu ; car il ne prononce contre les veuves qui se remarient dans l'année du décès de leurs maris, qu'une partie des peines des loix romaines, & les prive seulement de tous les droits, de toutes les libéralités qu'elles pourroient prétendre en vertu de leur premier mariage.

Quant au parlement d'Aix, sans avoir rendu sur cet objet aucun réglement particulier, il paroît constant, par ses arrêts, que sa jurisprudence est conforme aux principes du parlement de Dijon, & que par conséquent elle est moins rigoureuse que celle des parlemens de Toulouse & de Grenoble.

Mais aucune des dispositions de la loi *si qua mulier*, n'est reçue dans les parlemens de Paris, de Bretagne, de Normandie, de Guienne, ni en général dans toute la France coutumière, excepté lorsqu'il y a *turbatio sanguinis* ou *incertitudo prolis*, comme dans les deux exemples suivans.

Une veuve avoit passé à de secondes Noces trois jours après la mort subite de son premier mari ; dans le cours du neuvième mois, cette femme accoucha d'un fils, qu'elle fit baptiser sous le nom de son premier mari : par arrêt du 10 juin 1664, le parlement de Paris a déclaré cet enfant appartenir au second mari, & la femme déchue de son douaire & des autres avantages qu'elle pouvoit prétendre en vertu de son premier contrat de mariage ; elle a été condamnée, ainsi que le second mari, en soixante-quatre livres d'amende applicable au pain des prisonniers.

Godefroi rapporte un autre arrêt du parlement de Normandie, par lequel une veuve qui s'étoit remariée deux mois après le décès de son premier mari, & un mois avant ses couches, fut privée des donations qui lui avoient été faites par son premier mari, parce qu'elle avoit célé sa grossesse.

Quant aux peines de la première disposition de l'authentique *eisdem pœnis*, elles sont reçues dans tous nos tribunaux; on y a même donné en quelque sorte de l'extension; car quoique les expressions de cette authentique ne frappent que sur les veuves qui accoucheroient, dans l'an du deuil, d'enfans qui n'auroient pas été conçus du vivant de leur mari, la jurisprudence soumet à ces peines les veuves qui, pendant la durée du deuil, se comportent impudiquement, *facta stupri probatione* : il n'est pas nécessaire que le déportement soit suivi de l'enfantement; mais il faut sans doute que l'impudicité, comme tous les délits, soit clairement prouvée ; il faut qu'il y ait une malversation effective ; & le parlement de Toulouse, ordinairement si sévère, a jugé au mois de février 1696, qu'une veuve qui dans l'an du deuil s'étoit vêtue somptueusement, qui s'étoit répandue dans les bals & dans les festins, n'étoit pas pour cela privable de l'hérédité à laquelle elle n'avoit été instituée *qu'à charge de vivre viduellement.*

Les héritiers du mari sont toujours admis à la preuve de la dissolution, soit par forme d'exception, lorsqu'ils ont à se défendre de l'action de la veuve qui répete son douaire & ses autres avantages nuptiaux ; soit par forme d'action, lorsqu'ils demandent la restitution des choses que la veuve a déjà reçues. La preuve n'est pas même refusée aux enfans : on ne trouve pas mauvais que, pour venger l'outrage chimérique fait dans le mystère & le secret à la mémoire de leur père au tombeau, ils viennent divulguer & rendre publique l'infamie de leur mère.

Les peines ne sont pas les mêmes dans tous les parlemens : il est certain, qu'excepté dans ceux de Grenoble & de Toulouse, les arrêts rendus jusqu'ici n'ont privé les veuves impudiques que des avantages qu'elles ont reçus du premier mariage ; peut - être l'occasion de prononcer les autres peines ne s'est elle pas présentée ; au contraire, à Toulouse & à Grenoble on prononce contre ces veuves toutes les peines de la loi *si qua mulier* ; on les prive non seulement de tous les avantages matrimoniaux, tels que l'augment, mais encore de la succession des enfans du premier mariage ; cependant elles ne perdent point leur dot.

Il y a des exemptions, des immunités que les veuves ne doivent qu'à l'état de leurs maris défunts ; elles peuvent les perdre par la débauche commise dans l'année du deuil. C'est ce qui a été décidé par un arrêt de la cour des aides de Paris, du mois de décembre 1631, qui a déclaré déchue du privilége de l'exemption des tailles dont jouissoit le défunt, une veuve qui avoit mené une vie impudique pendant l'an du deuil.

Le mariage subséquent mettroit - il cette veuve à couvert de ces peines ? La question s'est plusieurs fois présentée. Lors de l'arrêt du parlement de Paris du 7 janvier 1648, M. l'avocat général Bignon observa que la veuve étoit ex-

cufable fur des circonftances particulières , foit de
la qualité de la perfonne, qui étoit une villageoife ;
foit de la néceffité où elle avoit été d'introduire
un homme en fa maifon, pour prendre garde à
fon labour ; foit fur la modicité du douaire &
du legs. La cour, en évoquant , débouta l'héritier
du premier mari de fes demandes contre la veuve,
fans tirer à conféquence, & fans dépens.

Quoique les circonftances fuffent bien moins
favorables , un arrêt du parlement de Rouen,
du 6 février 1652 , adjugea le douaire à la veuve
qui s'étoit comportée impudiquement avec celui
qu'elle avoit depuis époufé.

On cite un arrêt contraire du parlement de
Touloufe ; mais , dans les principes de cette cour,
le mariage dans l'an du deuil étant lui-même
affujetti aux peines, on ne peut fe prévaloir de
cet arrêt dans les autres cours qui autorifent de
pareils mariages. A plus forte raifon, fi la forfaiture n'avoit éclaté que par le mariage fubféquent,
la reconnoiffance que l'on y auroit faite des enfans conçus dans l'an du deuil, ne pourroit fervir à
prouver le délit.

Autrefois , le parlement de Touloufe étendoit
encore l'authentique *eifdem pœnis* aux femmes
qui s'oublioient après l'an du deuil ; mais , dans
le temps que cette jurifprudence étoit le plus en
vigueur, d'Olive & Maynard foutenoient qu'elle
étoit contraire à la loi. Catelan attefte qu'elle a
changé depuis, & Furgole rapporte fix arrêts qui
juftifient ce changement.

Quant aux autres parlemens , il eft conftant
qu'ils n'ont jamais puni les déréglemens de la
veuve, que quand ils ont eu l'an du deuil pour
époque ; quand, comme dit Dumoulin , *ftuprum*

actuale est conjunctum cum adulterio præsumpto.
On conçoit facilement que nous ne parlons pas
ici des femmes dont le veuvage est un tissu de
débauches & de dissolutions : quoique la loi ne
paroisse rien décider , cependant le bon ordre
& l'honneur des familles réclament contre elles
la sévérité des magistrats.

Nous avons déjà dit qu'à l'instar des peines
de l'an du deuil , établies par le droit romain ,
nos loix punissent les veuves qui se remarient
avec des personnes indignes.

L'article 454 de la coutume de Bretagne veut
que la femme veuve qui se remarie avec son
domestique , perde son douaire : dans le cas où
celle qui auroit enfans d'autres mariages , se re-
marieroit *follement à des personnes indignes de
sa qualité* , cette coutume annulle tous les dons
& avantages que cette veuve auroit faits à *telles
personnes* , & la déclare *interdite de tous ses
biens.*

L'article 182 de l'ordonnance de Blois , du
mois de mai 1579 , a des dispositions analogues :
» Et d'autant , dit Henri III dans cette loi , que
» plusieurs femmes veuves, même ayant enfans
» d'autres mariages, se remarient follement à
» personnes indignes de leur qualité, &, qui pis
» est, les aucunes à leurs valets, nous avons dé-
» claré & déclarons tous dons & avantages qui
» par lesdites veuves ayant enfans de leur pre-
» mier mariage, feront faits à telles personnes,
» sous couleur de donation, vendition, associa-
» tion à leur communauté, ou autres quelcon-
» ques, nuls, de nul effet & valeur, & icelles
» femmes, lors de la convention de tels maria-
» ges, avons mis & mettons en l'interdiction de

» leurs biens , leur défendant les vendre ou au-
» trement aliéner, en quelque forte que ce foit ,
» & à toutes perfonnes d'en acheter , ou faire
» avec elles autres contrats par lefquels leurs
» biens puiffent être diminués ; déclarons lefdits
» contrats nuls & de nul effet & valeur «.

L'ordonnance explique , comme on le voit ,
la feconde difpofition de la coutume , en com-
prenant dans la prohition & la nullité , la ftipulation de communauté & les autres avantages qui
réfultent des difpofitions des coutumes.

L'ordonnance n'a lieu que dans le cas où il
y a des enfans des premiers mariages ; mais , dans
le cas même où il n'y a point d'enfans, la coutume , à la différence de l'ordonnance , prive la
femme du douaire , fi le fecond mariage eft fait
avec un valet.

Quant à l'interdiction que les deux loix prononcent , elle eft encourue *ipfo facto* , fans qu'il
foit befoin de jugement déclaratoire.

Quoique l'interdiction foit prononcée au profit
des enfans du premier lit , cependant les enfans
du fecond lit ne font pas exclus de la fucceffion
des biens dont la difpofition a été ôtée à leur
mère.

L'ordonnance & la coutume font faites principalement contre les veuves qui époufent leurs
valets ; cependant il arrive quelquefois , dit Bechet , qu'une veuve eft excufable d'époufer fon
domeftique ; par exemple , la veuve d'un artifan
ou d'un laboureur , qui épouferoit fon garçon
pour entretenir fa boutique , ou par la néceffité
de continuer le train de fa charrue.

Ce font-là des exceptions naturelles : les veuves des hommes du peuple pourroient difficile-

ment, fans de pareils mariages, continuer leur commerce & leur train ; d'ailleurs, leurs garçons font plutôt leurs compagnons que leurs domeftiques.

Ces exceptions ne détruifent point la loi, qui ne préfente de difficulté que dans l'application de ces expreffions, *& autres perfonnes indignes de leur qualité.*

Aujourd'hui que l'on a vu les premières maifons de l'état s'allier à des familles récentes & fouvent avilies par leurs fortunes même, il feroit contraire à tous les principes de la politique & de la morale, de regarder comme un mariage vil, une des alliances qui eût été recherchée, fi le beau père ou le conjoint luimême euffent eu l'adreffe de parvenir à de pareilles fortunes ; il eft certain que les préjugés fur les méfalliances ont changé depuis l'ordonnance de Blois. Quoi qu'il en foit, voici quelle étoit la jurifprudence.

Un arrêt rendu aux plaids généraux du parlement de Touloufe, en 1579, a prononcé la nullité d'un legs de fix cents écus, fait par la veuve d'un confeiller en la fénéchauffée de Tarbès, qui en avoit deux enfans, au profit de fon fiancé, qui avoit été chauffetier.

Un arrêt du parlement de Paris, rapporté par Mornac, a interdit une femme de cinquante ans, qui avoit quatre filles de fon premier mariage, pour s'être remariée à un jeune homme de trente ans, & lui avoir donné la plus grande partie de fes conquêts, quoique les biens & la naiffance de ce fecond mari ne fuffent pas fort au deffous de ceux de la femme.

Un troifième arrêt du 19 février 1654, a
été

été rendu contre la veuve d'un homme de fortune, qui, lors de son premier mariage, n'avoit eu que quatre cents livres de dot, mais la communauté étoit de 200,000 livres. Cette femme s'étoit remariée avec un inconnu, domestique de la maison de Rohan, avoit stipulé avec lui communauté, & lui avoit donné part d'enfans : l'arrêt ordonna seulement que les effets mobiliers de la première communauté seroient employés en acquisition d'immeubles, dont la mère ne pourroit disposer au préjudice de ses enfans.

Ces arrêts sont en petit nombre : on n'en trouve aucun contre les veufs qui épousent leurs servantes : ce n'est pas contre eux que l'ordonnance est faite. Quelle est donc la raison de cette différence ? Seroit-ce parce que les femmes veuves peuvent encore déshonorer la cendre de leurs maris défunts, tandis que l'infamie du mari ne peut rejaillir sur la mémoire de sa femme décédée ? Non, la loi considère seulement le préjudice que de tels mariages peuvent faire à la femme, qui, en les contractant, descend à la condition de celui qu'elle épouse ; au lieu que le mari élève celle qu'il choisit. Le législateur a regardé comme une insensée la veuve qui s'oublie à ce point ; il a cru devoir mettre à l'abri le patrimoine de ses enfans.

Les maris sont également dispensés des peines de l'an du deuil, soit par les prérogatives de leur sexe, soit parce qu'il n'y a pas les mêmes inconvéniens à craindre. Ces peines n'ont lieu contre eux, ni en cas de mariage, ni en cas de débauche pendant l'année du deuil.

Les jurifconfultes ont beaucoup differré pour favoir fi les peines de l'an du deuil avoient lieu en cas de divorce, lorfque la nullité du mariage eft prononcée, lorfque le mari eft mort ennemi de l'état, ou exécuté pour crime, ou lorfqu'il étoit impuiffant ; ils fe partagent fur les queftions de favoir fi la femme eft excufable quand elle eft mineure ou ftérile, quand elle n'a point d'enfant du premier mariage, ou quand elle a obtenu le confentement de fon mari défunt, de fon héritier ou de fes enfans du premier lit : toutes ces queftions font formellement décidées par la loi pour la négative : il n'y auroit d'exception que dans le cas où la nullité du mariage feroit prononcée, parce que dans ce cas le mariage eft cenfé n'avoir jamais eu lieu ; cependant, lorfqu'il a été confommé, il y a toujours l'inconvénient de l'incertitude des enfans.

La féconde difpofition de l'authentique *eifdem pœnis*, foumet encore aux peines de l'an du deuil la veuve qui fe remarie fans faire pourvoir de tuteur à fes enfans impubères du premier lit, dont elle a accepté la tutelle, & fans avoir rendu compte & payé le reliquat.

Cette difpofition n'eft point fuivie dans la France coutumière, excepté par la coutume de Berri ; au contraire, dans prefque toutes les autres coutumes, le fecond mari devient de droit tuteur ou curateur des enfans du premier lit : cette difpofition n'eft pas non plus obfervée au parlement de Bordeaux, felon Automne & l'auteur des additions fur la Peyreire : on prétend qu'elle ne l'étoit pas autrefois au parlement de Touloufe : mais dans ce cas la jurifprudence de cette cour auroit changé. Un arrêt du 14 août 1698, rendu en la deuxième chambre des enquêtes, après partage de la première, a privé la dame de Molerun de l'usufruit des libéralités de son premier mari, pour s'être remariée sans avoir fait donner de tuteur à leur fille. Un arrêt du 17 juin 1660 avoit déjà jugé que la veuve perdant la propriété de l'augment, pour s'être remariée *non petitis tutoribus*, ne la recouvroit point par le prédécès de son fils unique. Ainsi, dans ce cas, la veuve est privée, non seulement de la propriété, mais encore de l'usufruit des choses qui lui ont été données par son premier mari.

Le parlement de Provence est encore plus sévère; il prive la veuve de sa dot & des biens acquis jusqu'au second mariage, sauf cependant la légitime des enfans du second lit. La confiscation a également lieu au profit des petits-enfans du premier lit. Il ne suffit pas même à la veuve de faire nommer un tuteur : si elle n'a pas rendu compte, elle reste assujettie aux peines, suivant un arrêt du parlement de Toulouse du 28 juin 1663.

Mais si la mère est mineure, on juge qu'elle est excusable : & MM. d'Olive & Cambolas rapportent plusieurs arrêts qui l'ont, en pareil cas, déchargée de la rigueur de la peine.

Ils en citent d'autres qui ont décidé que la peine du défaut de la demande de tuteur, cessoit également lorsque les enfans étoient morts en majorité.

Peu importe que la mère, avant le convol, ait été tutrice ou non; il faut toujours qu'avant le convol elle fasse pourvoir ses enfans de tuteurs, sinon elle est assujettie aux peines, suivant la jurifprudence des arrêts rapportés par MM. Catelan & Cambolas.

Nous venons de rendre compte des cas où les peines de l'an du deuil ont lieu, & de la manière dont elles ont été reçues dans les différens parlemens.

Il nous refte à faire connoître comment les différentes peines prononcées par la loi *fi qua mulier* font obfervées dans les pays de droit écrit.

D'abord la peine de l'infamie n'a plus lieu dans aucun ; le parlement de Grenoble l'a exceptée expreffément de fon réglement : on fuit dans toute la France le canon *cùm fecundum,* qui porte : *Non debet legalis infamiæ fuftinere jacturam, quæ licet poft viri obitum inter annum luctûs, fcilicet unius anni fpatium nubat, conceffâ fibi tamen ab apoftolo utitur poteftate.*

La feconde peine eft la défenfe de donner au fecond mari plus de la troifième partie des biens : ce qui a lieu quoique la femme n'ait point d'enfans du premier mariage ; & fi elle en a des enfans, cette troifième partie tombe en outre dans la réduction des fecondes Noces.

Deux arrêts du parlement de Touloufe, des 13 mai 1589 & 9 juiller 1634, font voir que cette feconde peine a lieu dans fon reffort.

La troifième peine eft la privation des avantages provenans du premier mariage ; ce qui comprend non feulement les legs, inftitutions & fidéicommis faits par le premier mari en faveur de fa veuve, dans un teftament, codicille, ou donation à caufe de mort, mais encore les dons & avantages ftipulés dans les conventions matrimoniales. On voit par les arrêts qui font cités par Dupin, que telle eft la jurifprudence des parlemens de Touloufe, Aix, Grenoble & Dijon.

Un arrêt du parlement de Touloufe du mois de février 1579, a jugé que l'on devoit auffi comprendre dans cette peine la perte de la quarte, que l'authentique *pratereà* donne à la femme pauvre ou à celle qui n'a pas été dotée : à plus forte raifon, difent les jurifconfultes, on doit y comprendre le droit de fuccéder, établi en faveur de la femme au défaut de parens habiles, en vertu du titre *unde vir & uxor.*

Dans ce parlement, la perte des gains coutumiers, comme l'augment, même quant à l'ufufruit, tombe auffi dans cette peine : ce qui a été étendu par les arrêts des parlemens de Grenoble & de Bordeaux, à la veuve qui a forfait dans l'an du deuil. Surdus, Menochius, Barri, difent que dans ce cas la veuve doit encore être privée de ce qui lui a été légué par fon mari, à titre d'alimens.

M. Mainard a jugé par une fentence arbitrale, que quand le premier mari avoit laiffé à fa veuve le droit de choifir fon héritier, elle perdoit auffi ce droit d'élection par le convol dans l'an du deuil. Mais fi le droit étoit déféré à la femme par l'inftitution contractuelle qu'elle auroit faite dans fon contrat de mariage, pour fes biens perfonnels, elle ne le perdroit pas.

L'amende & les dommages intérêts civils, réfultans du meurtre du premier mari, ne font pas compris dans la peine ; c'eft au moins la jurifprudence conftante du parlement de Touloufe. La réparation civile ne peut être regardée, dit M. Catelan, que comme une simple indemnité, qui forme une espèce particulière de biens accordés personnellement à la femme, on ne peut mettre cette indemnité au nombre des avantages que le mari lui a faits, soit par contrat de mariage ou par d'autres dispositions. On ne peut étendre à cette indemnité les loix qui privent la veuve des avantages qu'elle a reçus directement de la libéralité de son mari, ou qui faisoient partie de son patrimoine.

Il ne faut point s'arrêter à un arrêt rendu au mois d'août 1686 par le parlement de Bordeaux, par lequel une veuve qui s'étoit remariée dans l'année, a été privée de sa part de la réparation civile. Le convol n'a point été le motif de l'arrêt, puisque cette cour ne reçoit point la loi *si qua mulier*; elle s'est déterminée sur ce que la veuve n'avoit fait aucunes poursuites pour venger la mort de son mari. La Peyreire fait mention de cette circonstance.

La femme qui se remarie dans l'an du deuil, perd justement ses habits de deuil. C'est, suivant Basnage, la jurisprudence du parlement de Normandie; c'est aussi celle du châtelet de Paris, suivant l'auteur des nouvelles notes sur Duplessis.

La quatrième peine de l'an du deuil est l'incapacité que la loi imprime sur la veuve, de recevoir aucune donation à cause de mort; ce qui comprend toute espèce d'institution d'hérédité de legs & de fidéicommis, & ne peut s'étendre, selon la glose, aux donations entre vifs. C'est ce qui a encore été jugé, le 13 juillet 1630, par un arrêt de la seconde chambre des enquêtes, rendu sur partage de la première chambre.

Il semble que cette prohibition ne doive s'entendre que des dons à cause de mort, faits par des étrangers, selon les expressions de la novelle 22, chap. 22, *neque percipiet penitùs ab ullo extraneorum, non hæreditatem, non fidei-commissum, non legatum, non mortis causâ donationem.* Aussi M. Cambolas rapporte-t-il un arrêt du parlement de Toulouse du 17 décembre 1599, qui a jugé que la veuve peut prendre l'héritage de son fils par testament, fidéicommis ou legs, en propriété & usufruit, soit que les biens proviennent de la substance du père, ou d'ailleurs.

La loi déclare en même temps les veuves qui se remarient dans l'an du deuil, incapables de recevoir les successions *ab intestat*, au delà du troisième degré. *Hæreditates ab intestato, vel legitimas vel honorarias, non ultrà tertium gradum sinimus vindicare.*

Certainement l'esprit de cette loi est qu'on ne dépouille point les veuves de la succession de leurs enfans du premier lit; cependant il est constant que la jurisprudence du parlement de Toulouse les prive de ces successions, quoiqu'elles lui soient acquises avant le second mariage : cette jurisprudence est fondée sans doute sur les expressions mal entendues de la loi *si qua ex feminis*, qui porte : *Atque omnia quæ de prioris mariti bonis, vel jure sponsalium, vel judicio defuncti conjugis amittat.*

Quoique les biens donnés par l'aïeul au fils impubère n'aient jamais fait partie de la substance du mari défunt, cependant le parlement de Toulouse ne permet pas que la veuve recueille cette sorte de bien dans la succession de son fils : cette cour étend la rigueur de la

C iv

privation aux veuves mêmes qui ont forfait
après l'an du deuil, malgré le mariage subséquent. Cette jurisprudence, qui a été rejetée
par le parlement de Bordeaux, est absolument
contraire aux principes, qui ne permettent pas
aux magistrats de se montrer plus sévères que la
loi.

C'est pour punir la veuve, pour punir la
précipitation des secondes Noces & en prévenir
les inconvéniens, que ces différentes peines sont
proposées : ce n'est pas uniquement en faveur
des enfans du premier lit, puisque les peines
ont lieu, soit qu'il y ait des enfans ou non,
puisque d'ailleurs ils n'en recueillent pas toujours
le fruit.

D'abord, à l'égard du retranchement des dons
faits au second mari par la veuve, il appartient
de droit aux plus prochains successeurs *ab intestat*
de cette veuve ; mais si elle a institué un héritier, il profite de l'excès de la donation ou du
legs.

Quant aux legs, fidéicommis, ou donations à
cause de mort, faits à la veuve, ils passent
aux héritiers ou successeurs du donateur ou
testateur, à l'exclusion du fisc ; c'est la disposition de la loi *hæc namque omnia ab hæredibus vel
cohæredibus, aut ab intestato succedentibus, vindi-
cari jubemus, ne in his in quibus correctionem
morum induximus, fisci videamur habere ra-
tionem.*

Pour ce qui est des biens provenans du premier mari, soit par son testament, soit en vertu
des stipulations matrimoniales, voici encore les
expressions de la loi *si qua mulier : Primo,* porte-
t-elle, *à decem personis edicto prætoris enumera-*

*tis , idem afcendentibus ac defcendentibus ex la-
tere autem , ufque ad fecundum gradum , fcilicet gradibus fervatis , deinde præfumi à fifco,
jubemus.*

Mais cette dernière difpofition de la loi, ainfi
que les autres du droit, qui appellent le fifc
au défaut des dix perfonnes contenues dans
l'édit du prêteur, n'eft pas reçue dans le
royaume. Nous n'admettons pas, dit Bacquet, la
diftinction de l'indigne avec l'incapable, pour
attribuer au fifc ce qui eft ôté à l'indigne ; au
contraire, l'indignité profite aux autres héritiers
plus éloignés.

Ce font-la les principes du parlement d'Aix.
Le dernier des arrêts rapportés par M. Duvair, a
décidé, qu'un coufin étoit partie valable pour
faire priver la veuve des avantages qu'elle avoit
reçus de fon premier mari ; & tous les autres
parens y furent admis, quoique dans un degré
plus reculé. Ce font auffi, felon MM. la Rocheflavin, d'Expilly & la Peyreire, les principes
des parlemens de Touloufe, de Grenoble & de
Bordeaux.

Il y a plus de difficulté dans le cas où la
femme, après avoir eu des enfans des deux mariages, malverferoit pendant fon fecond veuvage,
pour favoir fi l'augment qu'elle a reçu du fecond
mari doit appartenir entièrement aux enfans du
fecond lit, à l'exclufion de ceux du premier,
quafi profectum à patre. Cependant un arrêt du parlement de Touloufe, du 26 janvier 1645, a jugé
cette queftion pour l'affirmative.

Ce que nous venons de dire de l'exclufion
du fifc ne peut s'entendre de la fucceffion *undè
vir & uxor*, lorfque toutes les branches des hé-

ritiers naturels & légitimes défailliffent ; mais le
fifc y vient comme repréfentant la fucceffion,
que le concours de l'indignité de la femme
& du défaut des héritiers, a rendue vacante.

Enfin, les fucceffions *ab inteftat*, dont la veuve
eft privée au delà du troifième degré, en cas de
fecondes Noces & de malverfation dans l'an du
deuil, font dévolues, par le chapitre 22 de la
novelle 22, aux autres parens plus proches :
Longiùs autem exiftentes, alios habebunt hæredes.
Accurfe dit qu'après ces mots *exiftentes*, il faut
fous-entendre *fcilicet cognati* : & lorfqu'un parent s'eft auffi rendu indigne de participer aux peines
de l'an du deuil, il y a lieu à l'accroiffement
de fa portion en faveur des autres parens.

§. III. *Réferve en faveur des enfans du premier
mariage, de la propriété de tous les avantages
que les parens qui paffent à de fecondes Noces
après l'an du deuil ont reçus de leurs premiers
époux.*

Les queftions que préfente cette propofition
fe réduifent à trois principales : 1°. quelles font
les perfonnes contre lefquelles ces réferves font
prononcées ? 2°. Quels font les avantages qui
font fujets à ces réferves ? 3°. Quel en eft
l'effet ?

En premier lieu, l'édit de François II eft formel contre les hommes & contre les femmes. » Le femblable voulons être gardé ès biens
» qui font venus aux maris par dons & libérali-
» tés de leurs défuntes femmes, tellement qu'ils
» n'en pourront faire dot à leurs fecondes fem-
» mes, mais feront tenus de les réferver aux

» enfans qu'ils ont eus des premières «. C'eſt
ainſi que la loi *generaliter* a étendu aux hommes
veufs les diſpoſitions de la loi *feminæ*, qui d'abord
n'avoient lieu que contre les femmes.

La privation des avantages réſultans des premières Noces, a également été étendue aux aïeuls
& aux aïeules, au profit des enfans de leurs enfans, & cela par une induction de l'authentique
ſi tamen, & du chapitre 3 de la novelle 127 :
*Hæc verò valere non in matribus ſolis jubemus,
ſed etiam in patribus & aliis aſcendentibus volumus, ad ſecundas nuptias venientibus.* Cependant, quoiqu'il y ait contre les aſcendans les
mêmes raiſons de décider que contre les pères,
la queſtion a ſouffert quelques difficultés : il y
a eu partage en 1657, en la grand'chambre du
parlement de Bordeaux, pour ſavoir ſi l'aïeul qui
avoit convolé pouvoit ſuccéder en propriété avec ſes
petits-enfans, aux biens de l'aïeul; mais, par un
arrêt du 4 ſeptembre de la même année, rapporté par la Peyreire, le partage a été vidé en
faveur des petits-enfans. Le même parlement
avoit déjà ainſi décidé cette queſtion par un arrêt
notable du 20 juillet 1615, rapporté à la ſuite
du commentaire d'Automne ; le principe eſt d'ailleurs établi par Benedictus, par M. le préſident
Boyer, & par Bechet.

Il eſt évident, dit Pothier, que la réſerve eſt
fondée ſur le motif, que ſi les premiers époux
euſſent prévu les ſecondes Noces, ils auroient
appoſé cette charge, pour empêcher que leur
patrimoine ne paſſât dans des familles étrangères,
au préjudice de leurs enfans communs. De là, il
paroîtroit réſulter que le premier époux peut remettre une peine qui n'eſt introduite que pour

fuppléer fa volonté tacite. Cependant un arrêt du parlement de Paris, du 19 août 1715, » a » déclaré nulle la remife de la peine portée par » l'édit des fecondes Noces, contre les femmes » qui fe remarient «. Cette remife avoit été faite par le teftament d'un fieur Chetel en faveur de fa femme.

L'arrêt eft par forme de réglement, & pour un pays de droit écrit : il eft intervenu fur l'appel d'une fentence de la fénéchauffée de Lyon, à laquelle il a été envoyé pour y être publié.

· Les difpofitions des loix romaines paroiffent contraires à ce réglement, & principalement les expreffions de la novelle 22, chapitre 2 : *Ut fi dicat vir, nolo quòd uxor mea amittat proprietatem eorum quæ lucratur à me, licet convolet ad fecundas nuptias, item & contrà dicat uxor de marito ; aliàs perderet quilibet, nifi hæc dicant.*

Auffi tous les jurifconfultes des pays de droit écrit conviennent-ils que la remife feroit valable ; ils décident feulement, avec le préfident Faber, que la remife tacite ne fuffiroit pas : *Cùm fic faciliùs, ut hic tacitus confenfus extorquetur, quam eft expreffus, quia tacita voluntas conjecturis contenta eft, non etiam expreffa.* Il faut au contraire, dit Accurfe dans fa glofe, qu'il y ait une dérogation expreffe : *Ut vir dicat, volo quòd uxor non amittat proprietatem eorum quæ lucrata eft à me.*

C'eft la jurifprudence que le parlement de Touloufe a confacrée par des arrêts des 18 janvier 1635, 21 juillet 1637, & mai 1619, rapportés par MM. d'Olive & Cambolas. Par ces arrêts, les legs faits par les défunts maris à leurs femmes, au cas où elles viendroient à se remarier, ont été déclarés réversibles aux enfans du premier lit, après le décès des mêmes femmes, sur le fondement qu'il n'y étoit pas fait une mention expresse de la propriété.

La jurisprudence du parlement de Grenoble paroît douteuse sur la nécessité de cette mention expresse ; mais le parlement de Bordeaux a jugé plusieurs fois que l'autorité, ou plutôt la subtilité de la glose, ne suffisoit point pour rendre la mention expresse indispensable. Des arrêts de cette cour, des 21 mars 1618 & 26 août 1663, rapportés par Automne & par la Peyreire, ont décidé que l'on ne pouvoit faire tomber dans la réserve des secondes Noces, des legs faits par les premiers maris à leurs femmes, dans le cas où elles convoleroient à de secondes Noces. Le parlement de Provence, suivant Boniface & Duperrier, s'est également contenté du consentement tacite, par ses arrêts des 25 décembre 1583 & 14 janvier 1647.

Si ces arrêts sont fondés sur les expressions des loix romaines, la jurisprudence du parlement de Paris a au contraire pour principe, que les particuliers ne peuvent intervertir l'ordre établi par les loix publiques, telles qu'est l'édit des secondes Noces, dont les dispositions absolues ont bien plus d'autorité parmi nous, même en pays de droit écrit, que n'en peuvent avoir les exceptions admises par les loix romaines.

Mais tandis qu'il n'est pas admis généralement, que les premiers maris puissent remettre les peines des secondes Noces, il n'y a aucun doute qu'ils ne puissent les aggraver dans l'acte même des avantages qu'ils accordent à leurs épouses : ainsi, en vertu de l'authentique *hoc locum*, le mari peut ordonner qu'en cas de secondes Noces, son épouse sera privée de l'usufruit même de ses dons. *Hoc locum habet, si datur vel relictus fuerit, eâ lege ut secundis nuptiis interiret, alioqui perseveret, sive relictus esset, sive donatus.* Mais, suivant cet authentique, si l'avantage avoit été fait purement & simplement dans le contrat de mariage, le mari ne pourroit plus y déroger.

Les jurisconsultes des pays de droit écrit agitent encore la question de savoir si les enfans peuvent remettre à leurs père & mère la réserve introduite en leur faveur par l'édit des secondes Noces. Ceux qui soutiennent l'affirmative se prévalent de la maxime, *licet unicuique renunciare juri suo.* Quelques-uns prétendent que le consentement tacite des enfans seroit suffisamment présumé par leur présence au contrat de mariage de leur mère ; ils citent un arrêt du parlement d'Aix du 14 avril 1647, qui est rapporté par Boniface : mais nous croyons cette opinion trop dangereuse ; il est trop facile à des parens d'abuser de leur ascendant & de l'autorité que la loi leur conserve, pour extorquer de pareils consentemens. Point de doute que si les enfans avoient consenti en minorité, ils seroient restituables : un arrêt du parlement de Grenoble, du 11 août 1673, a entériné des lettres de restitution que le fils du premier lit avoit obtenues contre le consentement qu'il avoit donné au contrat de mariage de sa mère.

En second lieu, quoique l'édit, en prononçant la réserve, se soit servi de ces expressions, *les biens obvenus à icelles veuves par dons &*

libéralités de leurs défunts maris, nous n'y comprenons pas feulement les biens qu'une femme a acquis de fon mari défunt à titre de donation formelle & de libéralité proprement dite, mais encore tout ce qui lui eft provenu des conventions matrimoniales de fon précédent mariage, & en général tous les biens dont le mari du premier lit a difpofé directement ou indirectement à fon profit, à titre gratuit.

1°. Le douaire préfix, lorfqu'il eft afligné en propriété & fans retour, foit en fonds de terre, foit en deniers, doit être réfervé en entier aux enfans du premier mariage; le douaire que donne la loi n'eft qu'un ufufruit; la propriété n'eft donc qu'un avantage, qu'un effet de la libéralité du mari. Cependant Bacquet eft d'une opinion contraire, fur le fondemens d'un arrêt du 23 mars 1587 : mais, dit Ricard, en vertu des arrêts qui font intervenus depuis en interprétation de l'édit, & qui en ont fixé la jurifprudence, fi la même queftion fe préfentoit, elle feroit jugée autrement.

Si le douaire préfix n'étoit qu'en ufufruit, & que cependant il excédât le coutumier; il feroit réductible pour la portion d'ufufruit qui excéderoit ce qui eft fixé par la loi. C'eft la décifion de Renuffon. Tous ces principes doivent être étendus au veuvage des maris, en Normandie.

2°. Il en eft de même des gains de Noces ftatutaires en pays de droit écrit : par exemple, fuivant certains ftatuts, le mari gagne la dot de fa femme prédécédée; & fi la femme furvit, elle prend fur les biens de fon mari l'augment, qui eft toujours dans une proportion plus ou moins forte avec la dot : la propriété de cette

dot & de cet augment tombe fans difficulté
dans la réferve.

On oppoferoit en vain que les gains de furvie
font des avantages réciproques , & en quelque
forte onéreux ; c'eft la nature de prefque toutes
les claufes des contrats de mariage , qui cependant font foumis aux peines de l'édit ; auffi Bechet & la plupart des auteurs décident-ils que
les gains donnés par les ftatuts font perdus , quant
à la propriété , par les fecondes Noces. Ce que
nous difons de l'augment s'entend également de
la donation à caufe de Noces , de l'agencement ,
qui, fous différentes dénominations, font à peu
près la même chofe en pays de droit écrit.

Si la dot ou la donation à caufe de Noces ont
été conftituées par des parens du conjoint prédécédé , ou même par des étrangers , mais en contemplation du défunt , elles font fujettes à la
réferve de l'édit ; plufieurs loix, & entre autres
la novelle 22 , chapitre 23 , y font précifes : *Et
non difcernimus de dote , & ante nuptias donatione , utrùm ipfi hanc dederint pro fe contrahentes , an aliqui alii pro eis hoc egerint , five
ex genere , five etiam extrinfecùs.* Cependant ce
principe fouffriroit de grandes difficultés dans les
provinces où le droit romain n'a pas force de loi,
comme l'obferve Pothier d'après Ricard. L'édit s'exprime en ces termes : *Au regard des biens à
icelles veuves acquis des dons & libéralités de leurs
défunts maris.* Ces termes femblent ne pouvoir
s'appliquer à ce qui a été donné par d'autres ;
ils font biens différens de ceux de la loi *femina* ,
dont la novelle n'eft qu'une interprétation.

Mais il ne faut pas comprendre dans la décifion du chapitre 23 de la novelle 22 , les avantages

tages que l'époux furvivant avoit faits à fon conjoint défunt en cas de furvie de celui-ci , & qui
deviennent caducs par le défaut de la condition ; le conjoint qui recouvre ces avantages , ne
les tient pas de la libéralité de fon premier époux ,
il n'en perd pas la propriété par les fecondes
Noces. Cette diftinction eft bien expliquée par
l'authentique *eo decurfum , donationem propter
Nuptias ,* dit cette loi, *quam contulit in uxorem , non
cogitur refervare liberis prioris matrimonii.* A plus
forte raifon , felon la loi *fi liberis ,* le conjoint qui
fe remarie ne perd pas , par les fecondes Noces,
la propriété de la donation ou de la dot qui ont
été conftituées en fa faveur & en fa feule confidération par des tiers.

Il ne faut pas non plus étendre la novelle aux
autres avantages qui auroient été faits au conjoint , quoiqu'en contemplation du défunt, comme
dit Faber : *Conftitutiones licet optimâ & æquiffimâ
ratione nitantur , hoc ipfo tamen odiofæ funt , quo
pœnales , ideoque nec in aliis lucris locum habent.*

Henris examine la queftion, fi lorfque la dot
a été conftituée , le beau-père a laiffé le choix au
gendre de la rendre en nature ou de payer une certaine fomme , les fecondes Noces ne le privent
pas de l'avantage de cette option. Dupin la décide pour l'affirmative ; le choix , dit - il ,
peut donner lieu à une libéralité confidérable :
par exemple , fi le fonds dotal avoit été eftimé
bien au deffous de fa valeur ; ou fi , par une de
ces révolutions affez fréquentes , il étoit doublé
de prix dans l'intervalle du mariage & du décès
de la femme ; cependant nous croyons qu'on ne
peut donner une folution générale. Il peut arriver
auffi que l'héritage ayant été eftimé à fa valeur,

Tome XLII.   D

l'augmentation ne fera arrivée que par les réparations confidérables faites par le mari ; réparations qui font fouvent inappréciables ; il faut donc
fe déterminer par les circonftances, & ne priver
le mari furvivant, de l'option, que dans le cas
où l'eftimation auroit été, dans fon principe, un
véritable avantage.

3°. Le préciput accordé à la femme par le
contrat de mariage, eft auffi fujet à la réferve
de l'édit, mais pour la moitié feulement, fi elle
a accepté la communauté, & pour le tout, fi
le préciput lui a été donné en renonçant. On a
douté fi la convention que la femme prendroit
une certaine fomme pour fa moitié d'acquêts,
devoit tomber dans la réferve : on a regardé cette
convention comme une efpèce d'échange ; mais
nous croyons que la réferve ne doit avoir lieu
que pour ce qui peut excéder la portion que la
femme auroit eue dans la communauté, en vertu
de la coutume ; c'eft cet excédent qui peut feul
être confidéré comme un avantage fait par le mari,
foit qu'il ait été dit dans le contrat de mariage,
que la femme fe contenteroit de la fomme fixée,
ou foit qu'on lui eût laiffé l'option de la moitié
de la communauté.

De même, le préciput du mari eft pour moitié un avantage fur les biens de la femme prédécédée, fi les enfans ont accepté la communauté ;
s'ils y ont renoncé, il n'y a plus de préciput,
dit Pothier. Cependant il pourroit arriver que la
renonciation auroit été déterminée fur ce que
le préciput auroit abforbé l'émolument de la
communauté ; en ce cas, il tomberoit dans la
réferve, au prorata de la moitié de ce que le
mari auroit profité.

Il en eft autrement, difent encore Pothier & Ricard, du préciput légal que quelques coutumes accordent aux nobles ; le furvivant ne tient rien à cet égard du prédécédé ; c'eft un avantage qu'il ne reçoit que de la loi.

4°. L'avantage que le furvivant a retiré de ce que le défunt a apporté de plus que lui dans la communauté, eft encore fujet à la réferve des fecondes Noces, pour la moitié à l'égard de la femme, ainfi qu'à l'égard du mari, lorfque fes enfans ont accepté la communauté, & pour le tout, s'ils y ont renoncé, & s'il n'y a pas eu de reprife de cet apport à leur profit. Cependant nous aurions peine à nous ranger à cette dernière décifion, s'il ne s'étoit trouvé aucun actif lors de la diffolution de la communauté, & fi l'excédent des apports avoit été confommé du vivant de la femme.

Ces principes ont lieu, pour les profits de cette nature provenant des fociétés ftipulées entre conjoints, en pays de droit écrit ; c'eft ce qui a été jugé par deux arrêts des 14 août 1727 & 5 juillet 1637 ; le premier de la chambre de l'édit à Agen, & le fecond du parlement de Bordeaux.

A plus forte raifon, fi le défunt avoit légué fa portion d'acquêts au furvivant, celui-ci en perdroit la propriété par le convol ; c'eft une libéralité qui vient uniquement du défunt : cette maxime, qui ne peut faire aucune difficulté, a été confacrée par un arrêt du même parlement du 13 juillet 1679.

5°. Le Brun & Ferriere penfent que les bagues & joyaux ne tombent pas dans la réferve des fecondes Noces. Dupin & Ricard font d'une opinion contraire ; mais les autorités que les pre-

miers invoquent, ne font relatives qu'aux préfens de Noces que les parens du mari font à la
femme; le préfident Faber n'excepte que l'an-
neau nuptial. Taifand rapporte un arrêt du parlement de Dijon, qui a jugé pour la réferve.

6°. Il n'y a aucun doute que le don mutuel
en propriété, ne foit fujet aux réferves des fecondes Noces; cette donation, quoique réciproque, procède réellement de la libéralité du
défunt; auffi, par un arrêt de la feconde des enquêtes du parlement de Paris, les autres chambres confultées, il a été décidé, fuivant Carondas, au profit de Perette Vignal, que les biens
procédans de la donation mutuelle en contrat de
mariage, *tanquàm lucra nuptialia*, ont dû être
réfervés à l'enfant du premier lit, auquel la
propriété appartenoit, & le feul ufufruit à la
mère.

Cet arrêt eft conforme à l'efprit de notre droit
coutumier, puifque l'article 209 de la coutume
de Poitou, en autorifant le don mutuel entre les
conjoints qui ont des enfans, jufqu'à concurrence des
meubles & acquêts & du tiers des propres,
veut qu'ils foient reftreints à l'ufufruit en cas de
fecondes Noces.

Les articles 334 de la coutume du Maine, &
106 de celle de Château-Neuf, font bien plus ri-
goureux; ils veulent que le don mutuel foit entiérement révoqué par le fait des fecondes Noces,
quoiqu'il ne confifte qu'en ufufruit: mais ces loix
doivent être renfermées dans leur reffort. Il en eft de
même des art. 281 de la coutume de Paris, & 72 de
celle de Calais. Dans ces dernières coutumes, le
don de la jouiffance des meubles & acquêts, fait
réciproquement entre les époux dans le contrat

de mariage de leurs enfans, ceffe entiérement en
cas de fecondes Noces : l'édit reftreignant la réferve à la propriété, l'on ne peut y comprendre
l'ufufruit, fi ce n'eft en vertu d'un ftatut local,
qui ait force de loi entre les parties. En général, l'ufufruit accordé en vertu du premier mariage, en faveur de l'un des conjoints, n'eft pas
perdu par le convol.

7°. Ainfi, en pays de droit écrit, le père ne
perd point, par le convol, l'ufufruit des biens
maternels de fes enfans, quand même, dit M.
Boyer, les biens des enfans confifteroient en fiefs.
Cet ufufruit eft un apanage de la puiffance
paternelle. Ce magiftrat prétend même que fi la
coutume prononçoit la privation de cet ufufruit,
en cas de fecondes Noces, la privation n'auroit
cependant pas lieu dans le cas où cet ufufruit auroit été légué. Mais cette queftion fe décide par
celle de favoir fi le conjoint prédécédé a pu remettre les peines du convol ; & cette queftion a
déjà été traitée.

Dans la France coutumière, où l'on ne connoît pas la puiffance paternelle, les pères n'ont
pas l'ufufruit des biens de leurs enfans, fi ce
n'eft à titre de baillifte ou de gardien, jufqu'à
la puberté ou la majorité ; mais, dans toutes les
coutumes, la garde ou le bail ceffent par le convol
de la mère, & dans un grand nombre par celui du
père.

Il faut s'attacher à cet égard aux difpofitions des
différentes coutumes.

8°. Nous avons vu que la réparation civile adjugée à une femme contre le meurtrier de fon
premier mari, n'étoit pas fujette aux peines de
l'an du deuil ; à plus forte raifon, ne peut-elle

être affujettie aux peines des fecondes Noces célebrées après l'année de la mort du mari.

9°. Dans le droit écrit , les fucceffions des enfans , pour ce qui vient de la fubftance du père , tombent dans la réferve des feconde Noces ; mais nous n'avons pas admis cette réferve en pays coutumier. » Je ne crois pas , dit Ricard, » que cette peine doive avoir lieu même contre » la femmes : encore que François II , par fon » ordonnance , approuve les conftitutions des em- » pereurs , il ne s'enfuit pas que nous devions » tirer de ces conftitutions les décifions de toutes » les difficultés qui ne font pas expreffément » réfolues par l'édit , mais feulement lorfqu'il ne » fe rencontre aucune raifon de différence entre » notre jurifprudence & le droit romain. . . . la » difpofition des loix des empereurs fut les fuc- » ceffions , ne peut avoir d'effet parmi nous : » l'édit ne contient aucuns termes qui puiffent » avoir rapport aux fucceffions, n'ayant parlé que » des biens acquis aux maris ou femmes par les » dons & libéralités l'un de l'autre «.

Sur ce fondement , il a été jugé au parlement de Paris , par un arrêt du 16 feptembre 1603 , rapporté par M. Louet , après que la queftion eut été propofée aux chambres, que l'ordonnance des fecondes Noces ne devoit point , en pays coutumier , être étendue aux fucceffions des enfans.

Mais cet arrêt ne peut être tiré à conféquence pour les pays de droit écrit , » attendu , ajoute » Ricard, que l'édit déclare ne pas déroger aux » coutumes particulières des pays, en ce qu'elles » reftreignent davantage les libéralités faites à ceux » qui paffent à de fecondes Noces : la jurifpru-

» dence du parlement de Paris à cet égard, est
» encore constatée par un arrêt du 30 juillet
» 1639, qui a jugé, que dans les pays de droit
» écrit les droits successifs *ab intestat*, procédant
» du père, doivent être conservés aux autres en-
» fans du premier lit, suivant l'authentique *ex -*
» *testamento* «. La mère ne conserve pas même
la propriété de sa légitime.

Ricard prétend que cette dernière décision ne
doit pas avoir lieu contre les pères, parce qu'il
n'en est pas fait mention dans les différentes loix
des novelles & des authentiques, qui ont seulement établi cette peine contre la femme : mais
les auteurs les plus graves & les arrêts des parlemens de droit écrit s'élèvent contre cette opinion. Les arrêtistes des parlemens de Toulouse
& de Bordeaux rapportent une foule d'arrêts
qui ont jugé que le père perdoit la propriété des
successions des enfans du premier lit ; ce qu'un
arrêt du parlement de Toulouse de 1598 a étendu
à la légitime & à la quarte dans la succession du
fils substitué.

Mais, pour le père comme pour la mère, on
a fait une distinction entre les biens que l'enfant
du premier lit a reçus du conjoint prédécédé, &
ceux qui lui sont provenus d'ailleurs ; on convient
que le convol ne fait pas perdre aux parens la
propriété de cette dernière espèce de biens.

On a encore voulu distinguer entre les successions *ab intestat* des enfans, ouvertes avant ou après
le convol, pour n'assujettir à la réserve que la propriété de ces dernières : mais les unes & les autres doivent y être également soumises.

Dans les provinces de droit écrit, il y a des
coutumes, comme celle de Saint-Jean d'Angely,

qui accordent aux pères & mères la succession
mobilière de leurs enfans. Il n'y a pas de doute,
malgré l'autorité de Louet & de Chopin, que
le convol ne fasse perdre aux pères & mères
survivans la propriété de ces successions purement
mobilières. Les loix romaines ne font à cet égard
aucune distinction entre les meubles & les immeubles.

Suivant la loi *femina*, la réserve de la propriété avoit lieu pour les successions testamentaires
comme pour les successions *ab intestat ;* mais les
novelles 2, chapitre 3, & 22, chapitre 46, &
l'authentique *ex testamento*, qui en a été tirée,
ont fait deux modifications à la rigueur de cette
loi ; par la première, la mère qui a convolé
peut être instituée par ses enfans, ainsi que tout
étranger ; par la seconde, la mère conserve l'u-
sufruit de leurs successions *ab intestat.*

On a aussi voulu distinguer entre les successions
testamentaires ouvertes avant le convol, & celles
qui ne l'ont été qu'après : il est à présumer, dit
Balde, que dans le premier cas, le fils étant
instruit du convol, aura remis la peine à sa mère,
au lieu que dans l'autre, il ne peut être présumé
avoir prévu l'évènement.

Cette distinction a paru trop subtile à plusieurs
jurisconsultes, & entre autres à M. le président
Boyer, qui décide au contraire que la mère ne
doit pas perdre, par ce convol, la propriété des
dispositions testamentaires de son fils, décédé,
soit avant, soit après les secondes Noces.

Quoi qu'il en soit, la disposition de l'authentique a été autorisée au parlement de Toulouse, par deux arrêts des 17 décembre 1599
& 10 janvier 1614. On voit dans M. de Cam-

bolas, que par le teftament confirmé par le premier de ces arrêts, la mère remariée dans l'an du deuil avoit été inftituée héritière par fon fils. Lors du fecond arrêt, la mère inftituée avoit été tutrice de fa fille ; ainfi les circonftances n'étoient pas favorables.

A plus forte raifon, le père remarié ne perdroit point la propriété des fucceffions teftamentaires de fes enfans.

Mais l'article 276 de la coutume de Paris rejette entiérement l'authentique *ex teftamento* ; il porte, que les enfans ou autres defcendans peuvent difpofer au profit de leurs pères, mères, aïeux ou autres afcendans, encore qu'ils foient tuteurs, curateurs ou autres adminiftrateurs, pourvu que, lors du teftament ou du décès du teftateur, *lefdits afcendans ne foient remariés.* En conféquence, felon Auzanet, les enfans du premier lit ne peuvent difpofer en faveur de ceux du fecond lit, parce que les enfans de la perfonne prohibée font également incapables.

Cette difpofition de la coutume de Paris ne peut être étendue d'abord aux pays de droit écrit : on vient de voir que la jurifprudence du parlement de Touloufe eft contraire ; il en eft de même, felon la Peyreire, de celle du parlement de Bordeaux. Quant aux parlemens d'Aix & de Grenoble, les arrêts qui font cités par Dupin n'ont point été rendus fur la queftion ; mais on trouve au journal du palais & dans les obfervations fur Henrys, deux arrêts du parlement de Paris des 6 feptembre 1673 & 31 août 1706, qui ont décidé que dans les provinces de droit écrit, du reffort de cette cour, la mère remariée pouvoit être inftituée héritière par les enfans du premier lit.

Il y a plus, le parlement de Paris a jugé par une foule d'arrêts, que la dernière difposition de l'article 276 de la coutume de Paris ne devoit pas faire loi dans les coutumes muettes. Le plus récent de ces arrêts, rendu le premier février 1689, eft au journal des audiences ; ce principe doit être regardé comme conftant.

Becher porte enocre plus loin les conféquences de l'authentique *ex teftamento* ; il décide que fi le fils a difpofé de fes biens par teftament, la légitime eft due à fa mère, quoique remariée, excepté pour les biens venus du père, à l'égard defquels elle n'a fa légitime qu'en ufufruit. Cette décifion eft fondée fur les vrais principes ; la fucceffion des biens *adventices* du fils n'eft point comprife dans la réferve des fecondes Noces, & cette réferve n'embraffe point également l'ufufruit des biens paternels.

C'eft en vertu de la feconde modification faite à la loi *feminæ* par l'authentique *ex teftamento*, & par les novelles dont elle eft tirée, que la mère qui a convolé conferve l'ufufruit des biens de fes enfans morts *ab inteftat*, lorfqu'ils proviennent de la fubftance de leurs pères, & la propriété lorfqu'ils n'en proviennent pas : *Ab inteftato quoque vocatur, five ante mortem filii, five poftea fecundas ineat Nuptias, fed ab inteftato eorum folum ufumfructum percipiet, quæ ex paternâ fubftantiâ ad filium pervenerunt.*

La diftinction eft marquée d'une manière bien précife, & les auteurs qui ont encore voulu fous-diftinguer pour l'ufufruit de ces fucceffions, celles qui font échues avant ou après le convol, n'ont pas fait attention aux expreffions de la loi.

Mais on a demandé fi les biens que les enfans

avoiens reçus de leurs aïeux paternels devoient
tomber dans la réserve, comme faisant partie de
la substance du père. M. Catelan rapporte un
arrêt du parlement de Toulouse, qui a jugé la
négative.

Cependant, si l'enfant décédé *intestat* avoit
lui-même succédé à un de ses frères du même
lit, cette portion, venue du père, sera-t-elle censée paternelle sur la tête de cet enfant ? La question, dit Dupin, a été jugée au parlement de
Bordeaux le 8 juillet 1706, dans le cas de deux
filles du premier lit décédées. La mère, qui avoit
convolé, convenoit que, pour la première fille,
elle ne lui avoit succédé qu'en usufruit, quant aux
biens venus du père ; mais qu'à l'égard de la seconde fille, elle lui avoit succédé en propriété,
par rapport à la portion que cette seconde fille
avoit recueillie du chef de sa première sœur décédée, sans que l'on pût considérer que la première sœur tenoit les biens de son père, *est fra-
terna hereditas, non paterna* : l'arrêt a décidé
que la mère succéderoit à sa seconde fille en
pleine propriété, en ce qui venoit de sa sœur.

Quant aux biens venus de la ligne de la mère,
& de la portion de la réparation civile adjugée
à l'enfant pour le meurtre du père, il ne peut, à plus
forte raison, y avoir de difficulté contre la mère.

Tous ces principes reçoivent leur application
contre l'aïeul & l'aïeule ; ils sont, comme les
pères & mères, sujets aux peines des secondes
Noces par rapport aux biens du défunt conjoint ;
mais aussi ils conservent dans la succession de
leurs enfans la propriété des biens venus
d'ailleurs.

Tels sont les avantages résultans du premier

mariage, dont les fecondes Noces font perdre la propriété aux pères & mères. Il nous refte à expliquer fur cet objet la nature & les effets de la réferve que les loix établiffent en faveur des enfans du premier lit.

En troifième lieu , ces expreffions de la loi, *feront tenus de les referver*, grèvent le conjoint, en cas de convol, d'une efpèce de fubftitution envers les enfans nés du précédent mariage; la loi feint que les avantages n'ont été faits que fous la condition tacite, qu'en vertu des fecondes Noces le conjoint feroit tenu de les reftituer aux enfans communs. Elle fait entendre que le conjoint qui convole ne doit pas être dépouillé de fon vivant, mais qu'il eft feulement tenu de reftituer apres fa mort.

Ainfi , les enfans qui prédécèdent ne peuvent rien tranfmettre de ces avantages dans leur fucceffion; & lorfqu'ils les recueillent, par exem-ple, à la mort de leur mère qui a convolé, ils font cenfés les tenir directement de leur père , fur ce principe admis dans les fubftitu-tions , *accipiunt non à gravante , fed à gra-vato*.

En conféquence, dit Pothier, ces avantages font, dans la perfonne des enfans, des propres paternels, fi c'eft la mère qui a furvécu & con-volé ;, & des propres maternels, fi c'eft le pére; c'eft la doctrine de Dumoulin : on ne peut dès-lors les imputer fur la légitime de la fucceffion du furvivant.

Par une autre conféquence, le conjoint qui a convolé ne peut aliéner ni hipothéquer les im-meubles compris dans la réferve : s'il les avoit donnés, fes enfans du premier lit pourroient y

rentrer fans garantie, attendu la qualité du donataire ; mais s'il les avoit aliénés, & fi les enfans s'étoient portés fes héritiers, ils ne feroient
pas recevables à propofer l'éviction. *Quem de evic-
tione tenet actio, eundem agentem repellit exceptio.*

Il feroit indifférent que l'aliénation ou la donation euffent été faites avant les fecondes
Noces.

Les enfans ne pouvant agir pour ces réferves du vivant de leurs pères ou de leurs mères
paffés à de fecondes Noces, parce que leur droit
n'eft pas encore ouvert, il faut décider, avec
Feriere, que le décret, &, à plus forte raifon, des
lettres de ratification ne purgeroient pas leur
propriété.

Quant à la queftion de favoir fi la prefcription court contre eux, elle eft décidée par la
novelle 22, ch. 24, qui, après avoir ftatué que
les enfans du premier lit peuvent demander la
nullité des aliénations contre tous acquéreurs,
ajoute, qu'ils ne peuvent être exclus que par
la prefcription de trente ans, qui ne commence
à courir que du moment où les enfans feront
en puiffance d'agir : *Non aliter excludendi, nifi
triennale tranfeat tempus, & detentatio domi-
nos accipientes conflituat : incipiente filiis tempore
currere, ex quo fuæ poteftatis apparuerint exiftentes, aut facti, nifi tamen aliqua impubes
ætas adjuvet adhuc.*

Mais comment doit-on entendre ces expreffions,
ex quo fuæ poteftatis apparuerint . . . aut facti ?
Il femble, d'un côté, qu'elles n'ont rapport qu'à
l'expiration de la puiffance paternelle ; d'un autre
côté, qu'elles indiquent le moment où le droit

des enfans eſt ouvert, où ils ont le pouvoir de l'exercer : d'ailleurs, comment étendre cette diſpoſition aux pays coutumiers ?

Ne ſeroit-il pas plus ſimple de ſe retrancher ſimplement dans la maxime invoquée par Cujas & par le Brun ; *contra non valentem agere non currit præſcriptio.*

Lorſque les avantages conſiſtent en effets mobiliers, il ne ſuffiroit pas, en pays de droit écrit, de les conſerver en nature aux enfans du premier lit, il faut leur rendre l'eſtimation de ce que ces effets valoient au temps de la donation : cette déciſion paroît rigoureuſe, en ce qu'elle ſemble priver le conjoint qui convole, du bénéfice de l'uſage & de l'uſufruit que lui conſerve l'édit ; mais c'eſt la déciſion préciſe du §. 1 de la loi *hâc adictali.* Cette loi fait plus, elle veut que la mère ne conſerve la poſſeſſion des effets mobiliers qu'en donnant caution ; ſi elle refuſe ou ſi elle eſt dans l'impuiſſance de donner caution, la loi ajoute que les meubles ſeront remis aux enfans, qui ſeront auſſi tenus de donner caution & de payer les intérêts de trois pour cent chaque année : & ſi les enfans & la mère ſont également dans l'impuiſſance de donner caution, ces effets doivent reſter à la mère pendant ſa vie.

Cette néceſſité de donner caution n'a pas lieu pour les immeubles.

Les enfans, pour la reſtitution de la ſomme à laquelle ſe porte l'eſtimation, ont hypothèque ſur les biens de leur père ou de leur mère du jour que ces derniers ſont cenſés avoir reçu la donation ou l'avantage ; c'eſt-à-dire, du jour du décès du conjoint prédécédé.

C'eſt en faveur des enfans, & des ſeuls enfans du premier lit, que la ſubſtitution & la réſerve ſont établies par la loi ; ce ſont dèslors les ſeuls enfans du premier lit qui peuvent recueillir les avantages réſervés ; mais les petits enfans, ſi les enfans dont ils ſont iſſus ſont morts avant l'ouverture de la réſerve, doivent y prendre la portion qu'y auroient eue le père ou la mère qu'ils repréſentent.

La loi *generaliter* laiſſoit au père ou à la mère qui avoient convolé, le droit d'élire, entre les enfans, celui auquel ils vouloient remettre les avantages réſervés, &, à plus forte raiſon, celui de partager inégalement entre eux ces avantages ; mais par la novelle 2, chapitre premier, le choix a été ôté à la mère, *& nullam eſſe licentiam matri alios quidem filiorum eligere, alios autem exhonorare, quoniam omnibus ſimul ſecundis Nuptiis fecit injuriam.* Le chapitre 23 de la novelle 22 a encore ôté cette option au père : en un mot, par l'authentique *lucrum,* ces avantages doivent être partagés également entre les enfans, *lucrum hoc æqualiter inter liberos, lege diſtribuitur, non arbitrio parentis permittitur.*

Il paroit que telle eſt la juriſprudence du parlement de Bordeaux ; à la vérité, il y a un arrêt qui paroît contraire ; cet arrêt, du 11 mai 1620, rendu après avoir demandé l'avis à la grand'-chambre, eſt inſéré dans les arrêts notables à la ſuite du commentaire d'Automne ſur la coutume de Bordeaux ; il a jugé, qu'une mère qui avoit perdu, par le convol, la propriété des gains nuptiaux, pouvoit en diſpoſer en faveur d'un des enfans du premier mariage. Mais Automne, dans fa conférence, rapporte un autre arrêt du 13 août 1588, qui a décidé que les réferves devoient être également divifées entre les enfans, fans que la mère puiffe donner plus à l'un qu'à l'autre; & l'auteur des nouvelles additions fur la Peyrere obferve que le conjoint remarié perd le choix des gains nuptiaux, & que la jurifprudence du parlement de Guienne eft contraire à l'arrêt de 1620.

Quant au parlement de Touloufe, il y a trois arrêts; les deux derniers du mois de novembre 1677, & 30 mars 1679, ont refufé l'option à des mères remariées, quoiqu'il leur fût permis par leur contrat de mariage, de difpofer en faveur des enfans, avec cette claufe expreffe, *demeurant veuves ou remariées*; à plus forte raifon, dans cette cour, le furvivant remarié n'auroit pas le choix, s'il ne lui étoit pas déféré par fon contrat de mariage.

A l'égard des pays coutumiers, le Brun penfe que la veuve peut choifir entre fes enfans du premier lit, ou faire entre eux un partage inégal des réferves : l'objet de la loi eft rempli, dit-il, dès que ces avantages font affurés à l'un des enfans du premier époux.

Mais Ricard, Renuffon & Pothier s'élèvent contre cette opinion. Ils penfent juftement que l'édit n'eft pas demeuré dans la fimple prohibition d'aliéner au préjudice des enfans du premier mariage; qu'il a déclaré en outre, que les avantages devoient leur être réfervés; que la peine eft commife par les fecondes Noces; que le droit des enfans eft acquis, fans que la femme y puiffe rien changer.

Cette queftion en a fait naître une autre; on ne

ne doit pas les confondre. C'eſt lorſque, par une inſtitution dont le ſurvivant ne doit pas profiter, le prédécédé l'a chargé de l'élection de ſon héritier. Il n'a dans ce cas, diſent les auteurs, que le *nudum miniſterium :* doit il le perdre par le convol ?

Il y a diverſité d'arrêts dans les différens parlemens. Un arrêt de celui de Touloufe de 1571, ſur partage de la première des enquêtes, départi en la ſeconde, a privé le père remarié de ce droit d'élection : ce père avoit été, dit M. Mainard, inſtitué par ſa femme pour héritier, à la charge de rendre & laiſſer les biens donnés à l'un de leurs enfans communs, tels qu'il trouveroit bon de choiſir & d'élire.

La même chambre a jugé, ſuivant le même magiſtrat, au mois de mai 1588, que les ſecondes Noces ne privoient point le père du droit d'élection qui lui étoit déféré par une pareille clauſe du teſtament de ſa première femme. Il y a deux autres arrêts conformes, l'un de 1677, & l'autre du 8 juillet 1668 ; le dernier a été rendu dans la circonſtance particulière, que le teſtament contenoit la condition de viduité.

Au parlement de Bordeaux même contrariété : un arrêt de juillet 1611 paroît avoir refuſé l'élection à la mère. Un autre arrêt de 1687 a décidé qu'elle ne perdoit pas le choix.

Au parlement de Paris ; Brodeau ſur Louet, lettre N, ſommaire 3, rapporte trois arrêts qui ont jugé que le ſimple droit d'élection n'eſt point perdu par les ſecondes Noces. Henris penche pour cette opinion ; mais il rapporte un arrêt de cette cour, qui n'a pas eu d'égard à l'élection faite par le père en faveur du fils du premier lit, en vertu du pouvoir que fa première femme lui en avoit donné : il paroît que l'on conteftoit mal à propos le fait de l'élection.

La même divifion fubfifte parmi les jurifconfultes.

On demande encore fi, lorfqu'il y a des biens nobles compris dans les avantages réfervés aux enfans du premier lit, l'aîné a droit d'y prendre fon droit d'aîneffe : Ricard & Pothier fe décident pour l'affirmative, parce que, quoique les enfans ne recueillent pas les biens à titre de fucceffion, c'eft un dédommagement du préjudice qu'ils fouffrent : & l'aîné fouffrant un plus grand préjudice par rapport aux biens nobles, fur lefquels il auroit exercé fa prééminence fi fon père les eût laiffés dans fa fucceffion ; doit avoir dans la fubftitution une part proportionnée, & par conféquent y exercer fon droit d'aîneffe, comme il l'eût fait dans la fucceffion.

Les enfans ne tenant pas de leur mère remariée les biens compris dans la réferve, il n'eft pas néceffaire qu'ils foient fes héritiers pour les recueillir ; & quoiqu'ils les tiennent de leur père, il n'eft pas encore néceffaire qu'ils le foient de celui-ci : ce n'eft pas en effet en qualité d'héritiers que les réferves ont lieu en leur faveur, mais à titre d'enfans. C'eft la décifion de le Brun, de Pothier, d'Automne & du préfident Boyer ; c'eft la difpofition du chapitre 26, §. 1 de la novelle 22, & *fuper iis quoque lucris, quæcumque ad fecunda venientibus vota parentibus percipiunt, non perfcrutamur utrùm hæredes exiftant, aut præmorientis parentis,*

aut secundi morientis, nec si alii quidem hæredes
existant, alii verò, non.

Il n'en est pas de même, suivant cette loi,
lorsqu'après la mort de l'un des enfans, les petits-
enfans demandent la portion de leur père, aux
biens perdus par le convol de leur aïeul. Il
faut, pour y être admis, qu'ils soient héritiers
de leur père ; *defuncti portionem illius damus*
filiis, si hæredes sint patris, alioqui ad fratres
deducimus.

Mais, quoiqu'il ne soit pas nécessaire d'être
héritier, les filles qui sont exclues par les coutumes de la succession de leur père qui les a
dotées, & celles qui, par leur contrat de mariage, y ont renoncé, ne sont pas admises à partager les biens reservés avec leurs frères, au
profit desquels elles ont renoncé. L'édit ayant
eu en vue de réparer le préjudice que suppor-
tent les seuls enfans qui avoient droit de venir
à la succession, eux seuls doivent être admis au
partage de réserves que fait la loi.

Ricard, pour confirmer cette opinion, rapporte un arrêt du 26 juin 1697, rendu dans
la coutume de Poitou, qui ne reconnoît
d'autre héritier que le fils aîné ; cet arrêt adjuge en conséquence à l'aîné seul les biens qu'un
mari avoit donnés à sa femme qui s'étoit remariée.

Mais si les frères en faveur desquels les filles
avoient renoncé, ou avoient été exclues, étoient
tous prédécédés sans aucune postérité qui les
représentât, les filles, en recouvrant leur droit
aux successions, recouvreroient en même temps
celui d'être admises à la réserve.

Il n'y a point de doute qu'un fils exhérédé valablement par son père, ne soit indigne de recueillir les avantages réservés par le convol de sa mère.

L'indignité auroit-elle lieu si l'enfant n'avoit été exhérédé que par sa mère qui a convolé. La loi *cùm apertissimè*, de l'empereur Léon X, ne paroît d'abord avoir pour objet direct que les retranchemens des avantages faits aux seconds époux ; cependant il paroît qu'elle embrasse indirectement les réserves : *Quapropter sancimus ingratos liberos , neque hoc beneficium, quod divalis constitutio , leonis augustæ memoriæ eis præstitit , in posterum posse vindicare , sed quasi ingratos , ab omni hujusmodi lucro repelli :* ces expressions *ab omni hujusmodi lucro ,* comprennent la privation de la réserve des dons faits par le premier époux ou conjoint qui a convolé, puisque ces réserves ont la même cause , & , à certains égards , la même nature que les biens réservés. D'ailleurs, l'édit de François II, comme l'observe Pothier, n'ayant été fait que pour suppléer aux devoirs d'amour & de tendresse des veuves qui se remarient , envers les enfans de leurs précédens mariages , il est censé n'avoir lieu qu'en faveur de ceux de ces enfans envers lesquels leur mère étoit tenue de ces devoirs , & non pour ceux qui ont mérité son exhérédation.

De la maxime que les avantages réservés viennent aux enfans , non du chef de leur mère qui a convolé, mais de celui du père qui a prédécédé , il résulte encore , que les enfans des autres mariages n'y peuvent rien prendre , quand même leur mère n'auroit laissé aucun autre bien sur lequel ils puissent avoir leur légitime.

Mais les enfans du second mariage, n'ayant aucune part dans les dons & avantages faits à leur mère par son premier mari, sont-ils fondés à refuser à ceux du premier lit tous partages dans les dons & avantages qu'elle a reçus de son second époux? Pothier prétend qu'ils n'y sont pas fondés; que ces avantages se trouvent dans la succession de leur mère, de même que tous les autres biens libres, & que tous les enfans des deux lits y ont un droit égal; mais cette décision nous paroît contraire à la dernière disposition de la loi *cum aliis*, des empereurs Honorius & Théodose, qui porte: *Nos enim hac lege id precipuè custodiendum esse decernimus, ut ex quocumque conjugio suscepti filii, patrum suorum sponsalitias retineant facultates.* Cette loi semble établir d'une manière bien précise la réserve des avantages paternels en faveur de chaque lit.

Cependant, si l'on adoptoit le principe de Pothier, il faudroit au moins excepter les coutumes, qui, comme celles d'Acqs, de saint Sever & de l'évêché de Metz, introduisent un ordre de successions particulier pour chaque lit.

Une autre exception seroit lorsque la mère a convolé à un troisième mariage; elle contracteroit, par ce second convol, l'obligation de réserver aux enfans du second mariage les avantages qui proviennent du second mari; ces biens doivent appartenir aux enfans du second lit, à l'exception de ceux du premier & du troisième. La loi *cum aliis* est encore précise à cet égard: *Itaque si habens filios ad secundas Nuptias fortasse transierit, sponsalitiam largitatem quam vir secundus*

contulit in uxorem, tantummodò filii qui ex se-
cundo matrimonio suscepti sunt, pro soliditate pos-
fideant, nec proft liberis ex priore susceptis ma-
trimonio, quod mulier ad tertia minimè vota mi-
graverit.

Les réferves n'étant établies qu'en faveur des enfans du premier mariage, & ne devant être ouvertes qu'à la mort de l'époux qui a convolé, elles cessent entiérement si tous les enfans du premier mariage décèdent avant le survivant & ne laissent aucune postérité qui les représente.

Par ce prédécès, les aliénations que le conjoint auroit faites des avantages réservés, deviennent irrévocables, soit qu'elles aient précédé ou suivi le convol.

Les réferves cessent également s'il ne subsiste plus que des enfans incapables de les recueillir; par exemple, des enfans légitimement exhérédés, ou morts civilement : par la raison contraire, les réferves ne cesseroient pas si les enfans survivans avoient seulement renoncé, ou étoient exclus par la coutume en faveur de leur père.

A plus forte raison, si la veuve n'avoit point d'enfans, & qu'à défaut de parens elle eût suc-cédé à son mari, en vertu de la loi *undè vir &* *uxor*, elle ne perdroit point cette succession par les secondes Noces. Chenu, question 79, rap-porte un arrêt du parlement de Paris du 7 sep-tembre 1600, qui a jugé que la succession appar-tenoit à la femme, nonobstant qu'elle eût con-volé à de secondes Noces, à l'exclusion du sei-gneur haut-justicier. Il en seroit de même de la quarte des biens du mari, accordée à la femme pauvre par l'authentique *prætereà*.

Lorsque la femme qui s'est remariée devient

veuve de fon fecond mari , & qu'elle n'en
a point eu d'enfans, plufieurs auteurs penfent
que la réferve eft éteinte , & que la femme
recouvre la liberté de difpofer , comme bon lui
femblera , des biens qui lui ont été donnés par
fon premier mari : le convol n'a fait , difent-
ils , en ce cas, aucun préjudice à fes enfans du
premier mariage, & elle redevient dans le même
état que fi elle ne s'étoit pas remariée. Cependant, en
vertu de l'édit, le droit des enfans eft acquis,
quoiqu'il ne foit pas encore ouvert, par le fait
feul des fecondes Noces. Le fidéicommis une fois
établi en leur faveur, ne peut plus devenir caduc
que par leur décès.

§. IV. *De la défenfe faite à celui qui paffe à
de fecondes Noces , de donner, directement ni
indirectement au fecond époux , au delà de la
portion de l'enfant moins prenant.*

Pour mettre de l'ordre dans la difcuffion des
queftions que préfente ce paragraphe , nous ver-
rons, 1°. quelles font les perfonnes auxquelles la
défenfe eft faite, & quelles font celles auxquelles
il leur eft défendu de donner ; 2°. quelles donations & quels avantages font compris dans la prohibition & dans le retranchement qui en eft la
fuite ; 3°. quels font les enfans en faveur defquels
la prohibition eft faite , & quels font les droits &
les actions que la loi leur donne.

En premier lieu , les perfonnes auxquelles la
défenfe eft faite, font d'abord les femmes veuves
ayant *enfant* ou *enfans ,* qui fe remarient ; peu
importe le nombre des enfans qu'elles ont de
leurs précédens mariages : mais la veuve dont les

enfans auroient perdu l'état civil, soit par la profession religieuse, soit par une condamnation capitale, est censée n'en avoir aucun, & n'est pas dès-lors comprise dans la prohibition ; elle y seroit comprise, si ses enfans décédés avoient laissé des descendans habiles à leur succéder ; l'édit ajoute, *ou enfans de leurs enfans.*

Il en seroit de même si la veuve étoit enceinte, ou qu'elle eût une bru enceinte d'un posthume qui vécût dans la suite. *Qui in utero est, pro jam nato habetur quoties de commodo ejus agitur.*

L'édit ne parle pas des hommes veufs qui se remarient ; mais l'édit est tiré de la loi *hac edictali,* qui a lieu contre les père & contre les mères. *Si ex priore matrimonio pater materve ad secunda vota migraverit, non sit eis licitum, &c.* » A l'instar » de cette loi, la grande faveur de l'ordonnance, » dit Ricard, a fait que l'on a étendu aux hommes » ce que la première partie de l'édit n'avoit pro- » noncé que contre les femmes...... L'édit ayant » approuvé la loi *hac edictali,* qui est également » contre les hommes & contre les femmes, l'on » a eu sujet de croire qu'il avoit été conçu contre » les femmes par forme d'exemple, & à cause » des fréquens abus qui arrivent en pareille oc- » casion aux personnes de ce sexe. D'ailleurs, les » hommes ne doivent pas se plaindre de cette » extension, attendu qu'elle ne les regarde qu'au- » tant qu'ils auront autant de foiblesse que les » femmes. Le premier arrêt intervenu à ce sujet » a été très-solennellement prononcé en robes » rouges le 18 juillet 1587, en forme de loi : cet » arrêt déclare en termes généraux, que *l'édit* » *comprend, tant les maris que les femmes convo-* » *lans à de secondes Noces ;* de sorte que l'on

» n'a plus douté de cette queſtion, la cour ayant
» perpétuellement condamné les prétentions de
» ceux qui ont ſoutenu le contraire «.

Selon Brodeau, le principe avoit déjà été con-
ſacré par un arrêt antérieur de la troiſième des
enquêtes, du 13 juillet 1577. Il a été confirmé
par un arrêt donné en robes rouges le 23 mai
1586, & par un autre de la ſeconde des enquêtes,
du 6 août 1639.

La loi *hac edictali* étend la prohibition aux
aïeuls & pro-aïeuls. *Quam obſervationem in per-
ſonis etiam avi vel avia, proavi & proaviæ,
nepotum vel neptium, item in pronepotum vel
proneptium, ſive in poteſtate, ſive emanci-
pati, emancipatæve ſint, ex paternâ vel ma-
ternâ lineâ venientibus cuſtodiri cenſemus.* Les
expreſſions *ou enfans de leurs enfans*, dont ſe ſert
l'édit, font connoître que le légiſlateur a adopté
cette diſpoſition du droit romain.

C'eſt principalement pour reſtreindre les avantages faits à ceux ou à celles qui épouſent des
veufs ou veuves, que la prohibition eſt faite.

Mais ce n'eſt pas ſeulement aux ſeconds maris
& aux ſecondes femmes que l'édit défend de
donner; il ajoute, » pères, mères ou enfans deſdits
» maris, ou autres perſonnes qu'on puiſſe pré-
» ſumer, par dol ou fraude, interpoſées «.

Ainſi la prohibition eſt abſolue à l'égard des
pères & mères, & des enfans des ſeconds maris.

Sans cette précaution, il eût été trop facile
d'éluder la loi. Les ſeconds maris feroient donner
à leurs pères & mères ce qu'ils ne pourroient ſe
faire donner à eux-mêmes; il le feroient donner
à leurs enfans: d'ailleurs, ce qui eſt donné aux
pères, eſt cenſé donné aux enfans, qui doivent leur

succéder dans l'ordre de la nature, & réciproquement, à cause de la tendresse paternelle.

Les dons faits aux aïeux du second mari ou à ses petits-enfans, sont aussi renfermés dans la prohibition ; elle embrasse toute la ligne ascendante, comme la ligne descendante : mais la prohibition n'étant qu'en considération des seconds maris ; lorsque les avantages sont faits après la mort du second mari, ils sont valables, & ne sont sujets à aucune réduction. Ces avantages seroient également valables, selon Bechet & M. Feron, s'ils avoient pour motifs de véritables services. Par exemple, si le donataire avoit couru quelques dangers pour sauver la vie au donateur, le don ne pourroit être réductible que pour ce qui excéderoit la récompense naturelle.

Ce sont proprement les enfans que les seconds maris ont eus de leurs précédens mariages, qui sont compris dans la prohibition de l'édit. C'est ce qu'explique très-bien l'article 283 de la coutume de Paris : » Ne peuvent, lesdits conjoints, » donner aux enfans l'un de l'autre, d'un premier mariage, au cas qu'ils ou l'un d'eux » aient enfans «. Ainsi, les enfans d'un autre lit du second conjoint, sont sans difficulté compris dans la prohibition, aux termes de la coutume de Paris, soit qu'il s'agisse des enfans du second mari ou de la seconde femme.

Mais on a prétendu que cette extension n'avoit lieu, en pays de droit écrit, que contre les dons faits aux enfans du second mari, parce que, d'un côté, ces enfans étant dans la puissance de leur père, celui-ci profite de l'usufruit de ces dons, & que, d'un autre côté, l'édit ne parle point des enfans de la femme. On s'eft prévalu, pour établir cette opinion, d'un arrêt du parlement de Touloufe du 26 janvier 1624, qui eft rapporté par M. de Cambolas. Mais il eft facile de réfuter ce fyftème; il n'eft d'abord pas certain que l'arrêt ait été rendu fur la queftion; d'ailleurs, les femmes ont mille manières de profiter des dons faits à leurs enfans : par exemple, lorfqu'elles leur fuccèdent. D'un autre côté, qu'elles profitent ou non, la fuggeftion que l'édit a également voulu prévenir, n'en feroit pas moins à craindre; auffi, en général, dans la jurifprudence de tous les parlemens, les prohibitions de donner à certaines perfonnes s'étendent aux enfans de la perfonne prohibée, émancipés ou non émancipés. Enfin, la loi *adictalis* ne faifant aucune diftinction entre lés perfonnes interpofées, fa décifion tombe fur lés enfans du fecond conjoint indiftinctement.

La coutume ne parle que des enfans d'un autre lit, & l'édit, des enfans du mari; ainfi, la prohibition ne frappe point fur les enfans communs. *Quia fcilicet*, dit Cujas, *ut donet mater, naturalis affectio facit, privigno ut donet noverca, maritatis affectus facit, non certè novercalis.* Ricard & tous les arrêtiftes rapportent une foule d'arrêts qui ont autorifé cette maxime dans les différens parlemens; il y en a un célèbre du parlement de Nanci du 23 juin 1714.

Il faut cependant obferver, avec Ricard, que les donations feroient réductibles, fi elles paroiffoient faites dans l'efprit de gratifier plutôt le père que les enfans communs; c'eft la décifion de la loi 49, ff. *de donationibus inter virum & uxorem.*

Ainsi, conformément aux conclusions de M.
Servin, par un arrêt du 8 juillet 1696, le parlement de Paris a considéré comme faite à la
seconde femme, une donation faite aux enfans
communs par un père âgé de soixante ans, qui,
ayant des enfans du premier mariage, avoit épousé
en secondes Noces une jeune fille ; la donation
étoit de tous les meubles & acquêts, avec substitution en faveur de la mère.

Un arrêt semblable est intervenu le 29 mai
1654, sur les conclusions de M. Talon. Un marchand d'Amiens, qui avoit une fille du premier
lit, avoit fait un testament mutuel avec sa seconde femme ; ils s'y étoient donné réciproquement leurs meubles, acquêts & conquêts immeubles, & le quint de leurs propres, pour en
jouir par usufruit par le survivant ; & à l'égard de
la propriété des mêmes biens, ils l'avoient donnée à leurs enfans communs. Cette disposition
fut attaquée avec succès par la fille du premier
lit, comme portant les marques d'un avantage
pratiqué par la seconde femme.

Mais si la donation est stipulée dans le contrat du second mariage au profit des enfans à
naître, présumera-t-on qu'elle soit faite en faveur
du second mari ou de la seconde femme ? Si l'on
s'arrête à la jurisprudence des arrêts, la question
restera indécise ; ceux que rapportent Ricard,
Denisart & Dupin, paroissent se contredire....
Ricard établit bien solidement que les donations
doivent être considérées comme faites au second
mari. » L'édit, outre les personnes qui y sont
» nommées, comprend, dit-il, toutes les autres
» en faveur desquelles les donations seront pré-
» sumées avoir été procurées par les seconds

» maris. Il y a grande raison de considérer celles-
» ci comme les purs ouvrages du second mari,
» qui s'est prévalu du désir ardent que la femme
» avoit de l'épouser, pour exiger d'elle toutes
» sortes d'avantage, pour se faire faire des do-
» nations au nom des enfans à naître, après avoir
» épuisé tout ce que l'édit permettoit de faire
» directement pour lui en son nom. Si la mère
» s'étoit conduite avec liberté, elle auroit plutôt
» exercé sa libéralité envers ses enfans qui étoient
» au monde, & qui étoient capables de mériter
» son affection, qu'envers des enfans à naître,
» qui ne subsistoient que dans l'imagination, qui
» n'étoient pas encore dignes d'amitié ni de haine,
» & qui même pouvoient venir au monde im-
» parfaits «.

Cependant il peut se rencontrer dans de pareilles donations, des motifs capables de les faire
confirmer; comme lorsqu'une mère qui n'a que
des filles de son premier mariage, donne à l'aîné
mâle des enfans à naître un préciput considérable.

Pour faire suspecter la donation, il ne suffit
pas que le père y soit nommé, lorsqu'il n'en doit
pas profiter : l'institution du second mari est même
valable, si elle est faite à charge de restituer la
succession aux enfans communs, quoiqu'il doive
en conserver l'usufruit, en vertu de sa puissance
paternelle : ainsi jugé au parlement de Toulouse
par deux arrêts des mois de février 1590 & 25
mai 1582, rapportés par MM. Mainard & de
Cambolas; & au parlement de Bordeaux, par
quatre différens arrêts; le premier de l'an 1665,
le second du mois de mars 1659; les troisième
& quatrième des 8 avril 1764 & 13 juin

1682 , suivant la Peyreire & l'auteur du recueil à la fuite du commentaire d'Automne.

Mais fi la donation étoit faite au fecond mari, avec la claufe, qu'en cas de conteftation elle céderoit au profit des enfans communs, l'acte feroit préfumé fait en fraude des enfans du premier lit ; c'eft l'opinion d'Henrys , de Balde & de Boyer.

Si la femme, après avoir inftitué l'enfant commun, lui fubftituoit exemplairement fon fecond mari, cette fubftitution feroit-elle fujette au retranchement prononcé par l'édit des fecondes Noces ? La Rocheflavin cite un arrêt du parlement de Touloufe du 18 avril 1578 , qui a jugé la négative, fur le fondement, qu'à défaut de cette fubftitution, le fecond mari n'auroit pas moins recueilli *ab inteftat* la fucceffion de l'enfant commun.

Cette décifion auroit encore lieu, fi la mère qui a plufieurs enfans de deux lits, faifoit la fubftitution exemplaire de l'un des enfans communs, en faveur des autres enfans communs au préjudice de ceux du premier lit, & fans diftraction de légitime ni de quarte trébellianique. C'eft ce qui a encore été jugé avant noël 1612 , par arrêt du parlement de Paris , confirmatif d'une fentence du fénéchal de Lyon. Cet arrêt eft recueilli par Montholon. Il eft conftant que cette décifion ne peut fouffrir de difficulté dans les coutumes où les frères germains excluent les non germains, puifque les enfans communs ne font pas compris dans la prohibition de l'édit, la mère peut donner, au nom de l'enfant commun, ce que celui-ci auroit pu lui-même donner.

Mais dans l'ufance de Saintes, où les frères
ont une légitime coutumière, il feroit indifpenfable de la leur réferver ; il faudroit également
leur conferver les quatre quints ou les trois quarts
des propres dans les coutumes qui ne permettent
pas d'en difpofer par teftament au préjudice des
enfans de la ligne.

D'un autre côté, l'anotateur de la Peyreire rapporte un arrêt du parlement de Bordeaux du 21
juin 1661, qui a prononcé la nullité de la donation faite par le frère qui étoit fous la tutelle
du vitric, ên faveur d'un frère utérin, au préjudice de fon frère germain ; la prohibition des
fecondes Noces fe réuniffoit, lors de cet arrêt,
avec la défenfe faite par les ordonnances de donner
aux tuteurs & curateurs.

La prohibition de l'édit eft bien plus étendue que
celle de la loi *hac edictali* ; puifque l'édit comprend expreffément les lignes afcendantes & def-
cendantes dans la prohibition, qu'elle étend enfuite aux autres perfonnes qui pourroient être
préfumées avoir été interpofées par fraude, au
lieu que la loi ne renferme que la dernière difpofition, & confond ainfi les dons faits aux afcendans & aux enfans, avec ceux qui peuvent être
faits à d'autres perfonnes interpofées, & avec les
autres voies indirectes. *Circumfcriptione, fi qua*
per interpofitam perfonam, vel alio quocumque
modo fuerit excogitata, ceffante.

Par cette défignation vague, la prohibition
n'eft point abfolue ; l'effet en eft au contraire
toujours fubordonné à l'évènement des preuves,
& dépend dès-lors des différentes circonftances,
qui font toujours fort arbitraires. La fraude eft fi
attentive à fe déguifer, qu'il eft fouvent im-

poffible de la prouver : ce feroient cependant des préfomptions fuffifantes , fi la donation étoit faite à un frère ou à un autre proche parent du fecond mari qui n'auroit point d'enfant , & dont celui-ci feroit le préfomptif héritier , fi le donataire étoit une perfonne puiffante & riche , avec lequel le mari auroit des liaifons , & avec lequel la femme n'auroit aucune communication. Il en eft de même , dit Ricard , des autres conjectures qui fe tirent des circonftances particulières , dont les unes peuvent fuffire pour faire déclarer la donation fujette à la peine de l'édit , & les autres font toujours capables de faire recevoir la preuve de la fraude qui eft articulée ; fauf aux juges , lors du rapport des preuves , à confidérer fi elle eft fuffifamment juftifiée. Il eft fort difficile d'établir de maximes générales en de pareilles occafions.

La prohibition reçoit également fon application, lorfque celui qui a convolé interpofe des donateurs pour faire des libéralités au fecond conjoint, de même que quand c'eft la perfonne du donataire qui eft interpofée. Ce principe eft fondé fur la n. 11 chap. 23 , *& non difcernimus de dote & ante Nuptias donatione , utrum ipfi hanc dederit pro fe contrahentes , aut aliqui alii pro eis 'hoc egerint, five ex genere , five etiam extrinfecùs.* Ainfi , dit le Brun , lorfque le père de celui qui convole de fecondes Noces donne au fecond conjoint , cette donation eft fujette au retranchement. La raifon en eft au deffus de toutes les préfomptions. Dans ce cas, le fils ou la fille feroient tenus de rapporter à la fucceffion du donateur ce qui auroit été donné au gendre & à la bru , quand même il y auroit eu dans la fuite renonciation à cette fucceffion , parce que la renonciation auroit pu être

déterminée

déterminée par la crainte du rapport ; d'ailleurs, toute perfonne qui renonce *aliquo dato*, eft réputée parragée.

Il n'y a point de difficulté, lorfque celui qui paffe à de fecondes Noces donne à une perfonne étrangère, avec charge de reftituer au fecond conjoint. Le retranchement doit avoir lieu ; la perfonne interpofée n'eft ni mafquée ni déguifée ; la preuve de la volonté du donateur eft écrite.

Si au contraire le conjoint remarié donne au fecond conjoint, à charge de remettre à un tiers, cela peut fouffrir plus de difficulté ; on peut penfer que ce feroit *color quæfitus*, & que la charge n'eft qu'un prétexte, un détour en fraude des enfans du premier lit : felon Balde & Bechet, il faut confidérer le profit que le fecond conjoint retire de cette donation. Selon Dupin, il y a toujours préfomption de fraude. A quoi bon fe fervir du fecond conjoint, perfonne prohibée, lorfqu'on pouvoit donner directement à la tierce perfonne? Si le fecond conjoint reftoit en poffeffion de la chofe, il n'y auroit plus de doute, il faudroit confidérer le fidéicommis comme un déguifement néceffairement fujet à la réduction.

La rigueur de l'édit & de la loi ne comprend pas feulement les feconds mariages, mais encore les troifièmes & quatrièmes, &c. Ainfi, lorfqu'une femme ayant des enfans d'un premier lit, a paffé fucceffivement à différens mariages, & qu'elle a fait des donations à fes fecond, troifième & quatrième maris, il n'eft pas néceffaire, pour donner lieu à la réduction, que la donation faite à l'un de ces maris excède la part de l'enfant moins prenant , il suffit que toutes ces donations excèdent ensemble cette part ; l'édit ne dit pas , *ne pourront donner à chacun de leurs nouveaux maris* ; mais il dit , *ne peuvent donner à leurs nouveaux maris plus qu'à l'un de leurs enfans* ; ces expressions, celles de la loi *hâc ediĉtali* , justifient que les veuves ne peuvent donner à tous leurs nouveaux maris, ensemble ou séparément, lorsqu'elles en ont eu plusieurs , plus que l'équivalent de l'enfant le moins prenant.

Mais le troisième, & successivement les maris postérieurs ne peuvent rien prétendre , qu'après que les donations faites au second mari auront été successivement remplies ; en sorte que si les avantages faits au second mari absorbent ou égalent la part d'un enfant , les donations faites au troisième seront nulles : dans ce cas de différens mariages successifs , il faut faire entre les différens maris un ordre de priorité & de postériorité ; le second mari étant le premier en date , ses héritiers doivent être satisfaits d'abord ; il n'a pu dépendre de la veuve de diminuer leurs droits acquis.

Il faut aussi comprendre dans cette réduction à une seule part d'enfans , avec les donations faites directement aux second & postérieurs maris, celles qui ont été faites aux personnes interposées , ou présumées telles. Mais dans quel ordre doit se faire la réduction à l'égard de ces avantages indirects, lorsqu'ils sont attaqués du chef du même mari ? Il semble que l'on devroit suivre également l'ordre de priorité , comme lorsqu'il s'agit de la légitime des enfans contre les donataires ; mais le Brun décide que la réduction n'étant causée que sur la présomption

que toutes ces donations font faites au profit
de la même perfonne , c'eft-à-dire du fecond
mari, elle doit s'opérer au' fou la livre, comme
celle des legs & des donations à caufe de mort.
Ne feroit-ce pas le cas au contraire de faire d'abord
le retranchement fur les dons faits fous le nom
des tiers , afin que le fecond mari conferve au
moins l'intégrité de fa part d'enfant , fur-tout
fi la donation qui lui eft faite eft par contrat de mariage , & que les˜ autres foient
poftérieures ?

Nous n'avons jufqu'ici confidéré les réductions
que relativement aux perfonnes auxquelles le conjoint qui paffe à des fecondes Noces peut faire
des libéralités & des avantages; nous allons dire
maintenant quelles font les différentes libéralités , les différens avantages qui font fujets à
ces réductions.

En fecond lieu , en général , tous les dons &
avantages qu'une femme fait à fes fecond &
ultérieurs maris , font fujets à la réduction de l'édit.

1°. Les donations rémunératoires y font fujettes,
quelque fignalés que foient les fervices, s'ils ne
font pas appréciables en argent ; mais s'ils peuvent
être appréciés , fi le donataire avoit pu avoir
action en juftice pour en demander le payement,
le don ne feroit réductible que pour ce qui
excéderoit la valeur des fervices. Le Brun dit qu'il
faudroit traiter favorablement la donation faite
par un vieillard à fa feconde femme , pour avoir
paffé la moitié de fa vie à le foigner dans fes
infirmités & fes mala 'ies ; cependant il décide que
le retranchement y auroit lieu.

2°. Si la veuve avoit fait la donation avant les
fecondes Noces , fans qu'il en fût fait mention,

l'on préfumeroit toujours que les fecondes Noces en ont été le motif; mais fi le laps de temps & d'autres circonftances réfiftoient à la préfomption; s'il y avoit eu pendant l'intervalle un mariage intermédiaire, la réduction n'auroit pas lieu, & les fecondes noces poftérieures ne pourroient faire révoquer le droit du donataire.

3°. Les donations onéreufes font également fujettes à la réduction, fi les charges ne font pas appréciables à prix d'argent: par exemple, lorfque la veuve a chargé le fecond mari de prendre fon nom.

Mais fi les charges peuvent être eftimées, la donation n'eft plus alors réductible que pour ce qui excède le prix de ces charges.

4°. On a douté fi la donation mutuelle, lorfqu'elle eft égale, eft fujette au retranchement: on a dit que c'étoit un contrat intéreffé de part & d'autre, & dont la femme recevoit l'équivalent; que fi les enfans du premier lit y courent quelque rifque, ils en font indemnifés par l'efpérance de profiter des biens du fecond mari, dans le cas où il prédécéderoit.

Non feulement les expreffions de l'édit n'admettent point ces confidérations, elles s'étendent à toute efpèce de donation, *ne pourront en quelque façon que ce foit donner* : mais l'efprit de cette loi a voulu prévenir jufqu'à l'incertitude de la perte à laquelle les enfans du premier lit pourroient être expofés : le principe eft conftant; Ricard rapporte un arrêt célèbre du 23 mai 1586, prononcé en robes rouges par le préfident Briffon, qui a jugé en conféquence, que les donations mutuelles, quelque égales qu'on puiffe les fuppofer, ne font pas moins fujettes à la réduction de l'édit, que les donations simples. Depuis cet arrêt, la jurisprudence n'a pas varié.

Cependant Frain fait mention d'un arrêt du parlement de Bretagne, du mois de février 1631, qui a jugé le contraire.

5°. M. le président Boyer croit que la donation de l'usufruit de tous les biens, faite au second conjoint, est valable; mais elle est également sujette à réduction; il n'y a de difficulté que sur la manière dont l'évaluation en doit être faite. Il paroîtroit naturel de considérer l'âge de celui à qui l'usufruit est donné, pour en fixer la valeur: par exemple, cette valeur est moins considérable lorsque le donataire est âgé de soixante ans, que s'il n'en avoit que trente à quarante. Cependant Bechet, Brodeau & l'auteur des nouvelles remarques sur la Peyreire pensent, d'après les arrêts du parlement de Paris, qu'il faut évaluer indistinctement cet usufruit à un tiers de la propriété.

6°. Nous avons dit que les coutumes accordoient à la seconde femme un douaire sur les biens qui n'étoient point affectés à celui des enfans du premier lit. Ce douaire, les secondes femmes le tiennent de la loi, & non de leur mari; il ne peut être dès-lors sujet à la réduction de l'édit. C'est ce qui est bien établi dans la jurisprudence; le premier arrêt qui l'ait décidé est du 18 juillet 1615; il a été rendu *consultis classibus*.

Cependant Ricard prétend que si la seconde femme est de qualité & de condition inférieure à son mari, l'on doit estimer à quoi peut se monter un douaire convenable à la condition &

aux facultés de cette femme , & que son douaire
coutumier doit être pour l'excédent réputé un
avantage sujet à la réduction de l'édit. Le mari ,
ajoute ce jurisconsulte , qui pouvoit avec justice ,
par le traité de mariage , restreindre le douaire
coutumier à cette extinction , est censé avoir fait
à sa seconde femme un avantage de ce que le
douaire coutumier excède , parce que pouvant le
restreindre , il ne l'a pas fait. Pothier s'élève avec
justice contre cette erreur d'un grand homme ,
si judicieux d'ailleurs. Les coutumes , en effet ,
ne règlent le douaire ni sur l'état de la femme
avant son mariage , ni sur les biens qu'elle a
apportés à son mari.

Mais ce principe n'a lieu que pour le douaire
coutumier. Quant au douaire préfix ou conventionnel , il est réductible pour ce qui excède le
coutumier.

Une question bien plus importante , est de savoir si le douaire coutumier , & même le douaire
conventionnel , lorsqu'il n'est pas plus considérable,
doivent être imputés sur la part d'enfant ; ou si la
seconde femme peut exercer dans leur intégrité
les droits de l'enfant moins prenant , indépendamment de son douaire.

On cite contre l'imputation un arrêt du
18 juillet 1615 , & un autre du 10 juillet
1656 ; on invoque pour l'imputation un arrêt du
30 mai 1620. Il paroît que c'est aussi la décision
de celui de 1656 , que l'on prétend mal à propos
avoir jugé le contraire. En voici le prononcé;
» Notredite cour....... a ordonné que ladite
» Godet , *pour le douaire & préciput à elle ac-*
» *cordés par le contrat* dudit Poitevin & d'elle , du
» 1 8 février 1640 , *prendroit telle part & portion*

» ès biens dudit Poitevin, qu'il en pourra appar-
» tenir à celui des enfans qui en aura le moins,
» & aura lieu ledit douaire préfix jufqu'à la va-
» leur du coutumier feulement, fuivant l'article
» 253 de la coutume de Paris «. Cet arrêt eft
au moins obfcur, puifqu'après avoir ordonné
que pour le douaire & préciput la femme prendra
la portion d'un enfant, il réduit enfuite le douaire
préfix au coutumier. Quoi! cette feconde réduction n'étoit-elle pas entiérement confommée,
s'il étoit déjà décidé que le douaire s'imputoit
fur la part d'enfant ?

Quoi qu'il en foit, le Brun ne fait aucun doute
fur la néceffité de l'imputation.

7°. La dot eft également fujette au retranchement. L'on a eu quelques doutes, d'après un arrêt
de la grand'chambre du parlement de Bordeaux,
du 11 février 1579, rendu fur partage des deux
chambres des enquêtes, qui a jugé que la femme
qui a des enfans peut, par fon contrat de mariage, outre la dot conftituée que le fecond
mari gagnoit par fa furvie, donner en troifième partie de fes biens, quoique la coutume
de Bordeaux porte que la femme qui a des enfans ne peut bailler le tiers de fes biens à un
étranger.

Toutefois, felon le commentateur de cette coutume & la glofe, le pacte du gain de la dot ne
peut renverfer la difpofition de la loi *hâc edictali*;
il faut dès-lors fuppofer que dans l'efpèce de cet
arrêt le mari n'étoit pas plus avantagé qu'un des
enfans. C'eft pour cela que par un autre arrêt la
même cour a réduit au tiers, eu égard au nombre
des enfans, tous les avantages faits à fon fecond
mari par une dame Deftignols. Dupin cite un

autre arrêt de ce parlement du 3 avril 1558, par lequel le gain de la dot a été déclaré réductible & sujet à la peine des secondes Noces, en faveur des enfans du premier lit.

La même chose a été jugée au parlement de Toulouse, par arrêt du 20 mars 1694, rapporté par M. Catelan, au sujet d'une constitution de 10000 livres, faite par une femme à son second mari ; & la réduction en a été ordonnée à 2500 livres, eu égard à la légitime qui devoit appartenir à un des enfans. Si la dot avoit été estimée au dessus de sa valeur au temps du décès, & que l'on eût donné à la seconde femme le droit de répéter l'estimation, l'excédent de la valeur tomberoit dans le retranchement. Il faudroit décider la même chose, au préjudice des héritiers de la femme, contre le second mari, si la dot avoit été estimée au dessous de sa valeur ; le surplus devroit être compris dans la part d'enfant.

8°. Par la même raison, la réduction a lieu pour l'augment ; car, dit M. Mainard, quoique l'augment soit moins un gain qu'un droit onéreux & casuel, puisque si la femme prédécède le mari gagne la dot, qui est le double de l'augment ; toutefois, par des arrêts de 1575 & 1578, il a été décidé qu'il étoit sujet au retranchement de la loi *hâc edictali*. MM. d'Olive, la Rocheflavin & Cambolas citent d'autres arrêts conformes, des 3 juin 1613 & 12 septembre 1698.

9°. Les bagues & joyaux doivent aussi être cumulés avec les autres avantages, & imputés sur la part d'enfant. C'est la décision de Ricard & de l'auteur des observations sur Henrys.

10°. L'agencement est un gain de survie. Par exemple, on convient que si la femme survit, elle gagnera 3000 livres, & réciproquement fi l'homme eſt ſurvivant. Cet avantage doit auſſi entrer dans le retranchement, lorſqu'il eſt donné au ſecond conjoint : ainſi jugé au parlement de Bordeaux le 12 mai 1646, & par deux autres arrêts, ſuivant l'auteur desjapoſtilles ſur la Peyreire.

11°. Les libéralités faites au ſecond conjoint ſont ſi peu favorables, dit Bechet, que » ſi le don » lui étoit fait pour ſes alimens, il n'en feroit » pas moins ſujet au retranchement. Il n'y a point » de loi pour excepter les alimens, & les enfans » du premier mariage n'ont point à cet égard » d'obligation naturelle envers un ſecond conjoint «. Il faut avouer, d'après ce qui vient d'être dit ſur les donations onéreuſes, que cette déciſion, adoptée par de graves juriſconſultes, eſt bien rigoureuſe. Si une ſeconde femme après avoir, pendant les plus belles années de ſa vie, ſoulagé & ſervi un vieillard valétudinaire, ſe trouvoit elle-même dans un état d'infirmité & de miſère, des enfans du premier lit, qui auroient d'autres reſſources de fortune ou d'induſtrie, ne ſeroient point reçus à lui conteſter de ſimples alimens.

12°. La renonciation d'un conjoint à un droit acquis, qui paſſe immédiatement au ſecond conjoint, eſt-il un avantage ſujet à la réduction ? Par exemple, lorſque le mari eſt héritier immédiat ou inſtitué, & que la ſeconde femme eſt une héritière médiate ou ſubſtituée, ſi le mari renonce, & que la femme accepte, doit-on imputer la ſucceſſion, la ſubſtitution, ſur la part d'enfans ?

La Peyreire, pour décider cette queſtion, aſſimile le droit des enfans du premier lit à celui du créancier ; il dit que l'héritier étant ſaiſi par la loi, ne peut renoncer aux ſucceſſions qui lui ſont

échues, ni refufer de répéter fa légitime au préjudice de fes créanciers ; mais que l'on peut fe
relâcher des quartes falcidies & trébellianiques.
Il ajoute, que les enfans du premier lit font, à
l'égard de leur père, de véritables créanciers,
puifqu'ils peuvent exiger le retranchement de tous
les dons & avantages faits au fecond conjoint :
Ce· parallèle de la Peyreire eft trop modéré. La
loi traite plus favorablement les enfans du premier
lit que les créanciers, pour empêcher qu'ils ne
foient léfés par des avantages faits à leur préjudice
au fecond conjoint. Elle ne s'arrête point à de
vaines fubtilités ; c'eft l'événement de l'avantage
qu'elle confidère. Si le mari avoit fait donner à
fa feconde femme par fon père ou par fon aïeul,
le don feroit imputé fur la part d'enfant ; à plus
forte raifon, rien ne doit empêcher l'imputation
fur les fucceffions, les fubftitutions, que la feconde femme a recueillies en vertu de la renonciation, & fur les quartes qu'il a négligé de prélever en remettant les legs & fidéicommis, fur-
tout lorfqu'on ne peut attribuer l'abftention du
mari & la répudiation qu'il a faite de fes droits,
à d'autre caufe qu'au défir d'avantager fa feconde
époufe.

13°. Le préciput, quoiqu'il foit une convention ordinaire des contrats de mariage, eft auffi
fujet au retranchement pour la moitié, lorfque
la femme ou fes héritiers acceptent la communauté ; pour le tout, s'il leur eft donné en renonçant : il n'y a plus de préciput lorfqu'il eft ftipulé en faveur du mari, & que la femme ou fes
héritiers renoncent à la communauté.

14°. La ftipulation de la communauté de biens,
lorfque les apports font égaux, n'eft pas un avan-

tage ; elle en eft un lorfque les apports font in-gaux de la part du fecond mari ou de la feconde femme. L'avantage eft de la moitié de ce que l'autre conjoint a apporté de plus. Ainfi le partage égal de la communauté ne peut fe faire qu'après avoir défalqué les apports de part & d'autre.

La ftipulation pure & fimple de communauté feroit auffi comprife dans le retranchement, fi elle avoit été anticipée. Par exemple, dit Brodeau, lorfque dans une coutume, comme celle d'Anjou ou du Maine, dans lefquelles la communauté n'a lieu qu'après la demeure d'an & jour, le mari, en paffant à de fecondes Noces, la ftipule du jour de la bénédiction nuptiale ; s'il vient à décéder avant l'an & jour, cette communauté tombe dans un avantage indirect, devient un titre lucratif, un pur don fujet à réduction, puifque, fans la convention, la feconde femme n'eût pu rien prétendre dans la communauté ni dans les chofes qui y font entrées, & qui euffent appartenu pour le tout aux enfans du premier lit.

En vertu du même principe, lorfque dans les coutumes qui ne donnent à la femme qu'un tiers dans la communauté ou dans les meubles, comme l'article 377 de celle de Normandie, le mari confent que fa feconde femme ait une part égale dans la communauté ; ce qui excéderoit la portion réglée par la coutume, feroit un avantage fujet à réduction. Le Brun eft cependant d'un avis contraire ; mais il faut convenir que la feconde femme n'auroit pu avoir ce que la coutume ne lui accorde pas, fans la libéralité du fecond mari, à moins de circonftances particulières : par exemple, fi, étant à la tête d'une grande fortune, d'un établiffement lucratif, elle

époufoit un mari qui n'auroit pas des branches
de revenus & de gains auffi confidérables ; de
pareilles circonftances peuvent faire déroger au
principe général.

Ce feroit encore un avantage fujet à réduction, fi la part de la feconde femme dans la
communauté avoit été fixée à une certaine fomme qui excédât la moitié ou le tiers qu'elle
auroit eu fans une pareille claufe ; le retranchement auroit lieu fur l'excédent ; ce qui doit
s'entendre dans le cas ou la fomme fixée excède en même temps les apports de la femme
dans la communauté : il ne peut y avoir d'avantage, lorfqu'elle ne retire que fa mife.

15°. La communauté légale qui s'opère en
vertu de la coutume & fans contrat de mariage,
devient auffi un objet de réduction ; fi le mobilier de la veuve eft plus confidérable que celui
du fecond époux, l'inégalité fait au profit de
celui-ci un avantage, comme l'inégalité des apports dans la communauté ftipulée : cet avantage eft également fujet au retranchement ; car,
quoique le fecond mari ne femble le tenir que
de la loi qui a déterminé la communauté &
les biens qui la compofent, cependant, comme
il dépend des époux d'adopter ou non les difpofitions de la coutume à cet égard, & qu'ils
ne peuvent l'adopter fans une convention tacite ;
c'eft de cette convention, de ce confentement tacite
de la femme, & non de la loi, que le fecond
époux eft cenfé tenir immédiatement ces avantages ; la veuve en ne fe réfervant pas propre,
comme elle le pouvoit, & en laiffant tomber à
deffein dans la communauté ce qu'elle avoit
de plus en mobilier que fon fecond mari, eft

cenfée lui avoir fait en cela le même avantage que celui qui eft fait dans le cas d'une communauté conventionnelle , lorfque la femme y apporte plus que lui; & il eft également fujet à la réduction de l'édit. C'eft dans ce fens qu'il faut entendre l'arrêt du 29 janvier 1658, qui a jugé, dit Denizart , que la communauté établie par la coutume entre conjoints par mariage , fe trouvant exceffive de la part de celui des deux qui s'eft remarié, eft un avantage indirect au profit de l'autre, fujet à réduction en faveur des enfans du premier lit , & qu'après la réduction faite , le furplus de la communauté fe doit partager entre lefdits enfans & le furvivant des conjoints.

Mais ne pourroit-on pas compenfer l'inégalité des apports de la femme avec ce que peut produire à la communauté les talens & la profeffion lucrative du fecond mari ? Cet équivalent quoique vrai dans la théorie , n'eft pas généralement reçu dans l'ufage, parce que l'eftimation de cette induftrie du fecond mari eft trop arbitraire & trop difficile, parce que fouvent la femme , par le foin de fon ménage , peut enrichir autant la communauté, que peuvent le faire les gains du mari dans l'exercice de fon art. Cependant fi les gains annuels étoient immenfes, & que la communauté en fût confidérablement enrichie , les enfans du premier lit ne pourroient fe prévaloir de l'excès de l'apport que leur mère auroit fait.

Le fecond mari n'eft cenfé avantagé que de l'excès des apports en principal. Ainfi, lorfqu'une femme qui a, par exemple, dix mille livres de rente, s'eft remariée à un homme qui n'en a pas la dixième partie , & a contracté communauté de biens, en y faisant entrer les revenus pendant tout le temps qu'elle durera, Ricard décide qu'en ce cas, quoique le second mari profite des revenus de la femme, néanmoins cette communauté n'est point réputée un avantage qui puisse être réductible suivant l'édit ; il cite un arrêt qui a jugé, que même dans le pays de droit écrit, où la communauté n'a pas lieu si elle n'est stipulée, celle qui l'avoit été par le contrat de mariage d'une femme avec son second mari, ne pouvoit être attaquée comme un avantage fait au second mari ; à plus forte raison, doit-on le juger dans le pays coutumier, où la communauté est de droit. Pothier atteste que l'avis de Ricard est suivi dans l'usage.

16°. Les successions mobilières qui tombent dans la communauté, faute d'avoir été réservées propres à celui auquel elles sont échues, ne sont pas ordinairement un avantage sujet à réduction. Ces successions étoient incertaines lors du mariage ; il étoit incertain si le second mari n'en auroit pas de plus opulentes de son côté. Bretonnier sur Henris, rapporte un arrêt du 25 juin 1703, qui, sur un appel du bailliage de Sens, a jugé, en conséquence de ce principe, que les enfans du premier mariage n'étoient pas fondés à réputer pour avantage fait par leur mère à leur beau-père, la part qu'il avoit eue dans le mobilier de la succession échue à leur mère pendant le second mariage. Cela doit avoir lieu, ajoute Pothier, dans le cas où le second mari n'auroit de la part aucune succession à espérer : par exemple, s'il étoit bâtard ; s'il ne peut rien lui venir en ce cas à titre de succession, il peut lui venir quelque chose à titre de donations & de legs.

Il nous paroît que c'eſt porter trop loin les con-
ſéquences d'un arrêt ſolitaire ; il n'eſt point douteux que ſi la femme avoit des ſucceſſions certaines, compoſées d'un mobilier conſidérable à
eſpérer ; par exemple, celle de ſes aïeux, ſans
que le ſecond mari eût lui-même une pareille
perſpective, le défaut de réſerve deviendroit un
avantage évident, qui lui auroit été fait au préjudice
des enfans du premier lit, & qui par conſéquent
ſeroit ſujet à la réduction de l'édit : l'on a pu
ſe convaincre, par la diſcuſſion des différentes
queſtions, que la loi & la juriſprudence con-
ſidèrent moins la ſtipulation & l'omiſſion des
conventions en elles-mêmes, que le fait, que l'événement de l'avantage fait au ſecond mari ; dès que
l'avantage eſt conſtant au moment de la diſſolution du ſecond mariage, il doit être réduit.

Tous les doutes ceſſent, lorſque le ſecond
mari a réſervé propres ſes ſucceſſions à venir.
Le défaut d'une réſerve réciproque de la part de
la femme, contient alors une inégalité affectée,
un avantage évidemment réductible.

17°. Il y auroit encore réduction, en cas d'inégalité, ſi, dans le contrat du ſecond mariage, l'on
étoit convenu que les ſucceſſions, de part &
d'autre, tomberoient en communauté, tant pour
le mobilier que pour l'immobilier. Les conjoints,
en s'écartant, dans une pareille clauſe, de la loi
de la communauté conjugale, qui n'y fait pas
tomber les ſucceſſions immobilières, ne peuvent
paroître avoir d'autres vues que celle de s'avantager réciproquement. En vain oppoſeroit-on
qu'il y a réciprocité d'eſpérance ; les donations,
quoiqu'en eſpérances, lorſqu'elles ſont effectuées,
& quoique mutuelles & réciproques, ſont ſu-

jettes à la réduction de l'édit ; il en doit être de même de l'espérance des successions immobilières.

18°. Les arrérages de rentes, les fruits, tant civils que naturels, compris dans la donation, qui ont été perçus depuis le jour du décès de la donatrice, qui est le jour auquel le droit des enfans a été ouvert, leur doivent appartenir pour la portion des biens qui sont retranchés à leur profit ; le mari qui a perçu ces fruits avant le partage ou la licitation, leur en doit faire raison, *deductis impensis*.

19°. La somme promise par le contrat de mariage à une seconde femme pour son deuil, n'est un avantage, qu'autant qu'elle excède celle qui lui est due, eu égard à l'état & aux facultés de son mari : l'excédent tomberoit seul dans le retranchement.

20°. Pour éviter les inconvéniens & les difficultés des retranchemens, on préfère souvent de faire au second mari, dans le contrat de mariage, la donation d'une part d'enfant, au lieu de certains effets déterminés, ou d'une certaine somme en argent : le mari n'est pas héritier de cette part, mais seulement donataire ; il n'est tenu des dettes de la succession, qu'au prorata de l'émolument.

Cependant ces donations tiennent beaucoup des institutions contractuelles ; elles deviennent également caduques par le prédécès du donataire ou de la donatrice : c'est ce qui a été jugé par un arrêt du 13 avril 1688, rapporté au journal du palais. En ce cas, le don d'une part d'enfans, est bien différent de celui d'un corps certain dont le second mari ne perd pas la propriété

par

par son prédécès : mais de même que dans les donations contractuelles on suppose une substition tacite en faveur des enfans du donataire, lorsqu'il prédécède le donateur, de même, dans les donations de part d'enfans, on suppose une substitution en faveur des enfans communs, dans le cas où le second époux viendroit à prédécéder : c'est l'avis de Renusson ; mais, pour plus de sûreté, il vaut mieux exprimer la substitution dans le contrat de mariage.

Le second mari, donataire d'une part d'enfant, a droit de la prendre dans tous les biens de la succession de la donatrice, soit meubles, soit immeubles, soit acquêts, conquêts ou propres, sans autre exception que les retranchemens des avantages faits par le premier mari, & les biens, qui, dans les coutumes plus rigoureuses que l'édit, tombent encore dans la prohibition des secondes Noces ; comme sont les conquêts du premier mariage dans les coutumes de Calais, de Paris & d'Orléans.

La part d'enfant, soit en vertu de contrat de mariage, soit en conséquence des retranchemens ordonnés par l'édit & par le droit, doit être faite en telle forte, que le second conjoint ne puisse avoir au delà de ce qui échet à l'un des enfans du conjoint qui a convolé : la réduction est faite à la portion de celui qui prend le moins : *Sin autem*, dit la loi *hâc edictali, non æquis portionibus ad eosdem liberos memoratæ transferint facultates, tunc quoque non liceat plus eorum, noverca, vel vitrico testamento relinquere, vel donare seu dotis, vel ante nuptias donationis titulo conferre, quam filius, vel filia habet, cui minor portio, ultimâ voluntate derelictâ, vel datâ fuerit aut donata.*

Lorsque les enfans de la donatrice sont prédécédés, quoique la donation de tous ses biens, au profit du second mari, eût été valable, cependant, si elle lui a donné une part d'enfant, le donataire ne peut prétendre la totalité des biens de la donatrice; sa part ne doit être que de la moitié de tous les biens indistinctement, quels ils soient. C'est l'avis de Ricard, fondé sur ce que l'expression *part*, quand elle est indéfinie, se prend, dans le langage ordinaire, pour la moitié, suivant la loi 164, ff. *de verborum significatione*. Cette opinion, contraire à celle de le Brun, a prévalu, lors de l'arrêt du parlement de Paris du 21 juin 1763, cité par Denisard. Voici dans quelles circonstances: Marguerite le Roi, qui avoit un fils de son premier mariage avec Pierre de la Mare, avoit épousé en seconde Noces le sieur Bourgoing, huissier-priseur, & lui avoit fait une donation de part d'enfans. La dame Bourgoing étant morte après son fils du premier lit, le sieur Bourgoing soutint que la totalité de la succession lui appartenoit, parce qu'il ne devoit disoit-il, reconnoître d'autres concurrens que les enfans, & que sa part devoit augmenter ou diminuer, à proportion de ce que le nombre des enfans se multiplie ou s'affoiblit. Cependant, par sentence du châtelet du 22 avril 1762, confirmé par l'arrêt rendu en la grand'chambre, au rapport de M. Lamblin, le partage par moitié, entre le mari, les héritiers & légataires universels, a été ordonné.

Lorsque la donatrice n'a laissé qu'un fils unique, & qu'il y a des biens féodaux, le fils doit y prendre son droit d'aînesse, tel qu'il l'auroit eu s'il eût partagé la succession avec un autre enfant: la donation de part d'enfans est la donation de ce qu'auroit eu un fecond enfant, fi la donatrice en eût laiffé ; mais dans les coutumes , par exemple , où la portion avantageufe de l'aîné eft des deux tiers, un autre enfant n'auroit eu que le tiers des biens meubles, après qu'on auroit prélevé le manoir & le vol du chapon.

Cependant fi dans ces coutumes la donatrice a laiffé deux enfans, un aîné & un puîné, la part du mari dans les biens nobles, après le prélévement du manoir & du vol du chapon en faveur de l'aîné , doit être du quart ; parce que dit Pothier , 1°. c'eft la part qu'auroit eue un autre enfant, s'il y en eût eu un de plus. 2°. En affignant au fecond mari cette portion, la loi qui règle la part du fecond mari à celle de l'enfant le moins prenant dans la fucceffion , & la loi qui attribue à l'aîné les deux tiers outre le manoir & le vol du chapon , fe trouvent à la fois exécutées : la fucceffion de la mère n'eft plus compofée que de ce qui refte dans fes biens, après la diftraction de ce qui a été donné au mari. C'eft le furplus que l'aîné doit partager avec le puîné. L'aîné ne peut à la vérité fouffrir des donations qui font faites de fa part à des puînés ; mais il doit contribuer à celles qui font faites à des étrangers.

Il faut fuivre la même règle , lorfque la mère a laiffé plufieurs puînés , & faire contribuer l'aîné à la fixation de la part d'enfant, dans la même proportion, fuivant le nombre des enfans & les forces de la portion avantageufe que la coutume donne à l'aîné.

Si la mère avoit réduit un de fes enfans à une moindre portion que celle fixée par la loi, la part du mari, qui ne peut pas l'excéder, diminueroit d'autant. Ainfi lorfqu'un des enfans aura été réduit à fa légitime, la part du mari ne pourra être plus forte que cette légitime. Mais dans le cas où les enfans donataires feroient obligés au rapport, le mari, après avoir pris la portion d'un enfant dans les biens libres, pourroit-il encore la prendre dans ceux qui feront rapportés? On dit pour la négative, que le rapport n'étant établi qu'en faveur des cohéritiers, le fecond mari, qui eft un donataire étranger, n'y peut rien prétendre : cependant l'arrêt du 2 avril 1683, rapporté au journal des audiences, a jugé le contraire, parce que la donation faite au fecond mari étant irrévocable, il ne doit pas être au pouvoir de la femme d'y donner atteinte; & il faut donner au mari la part qu'il auroit eue fi les donations n'euffent pas été faites. Si les donations aux enfans étoient antérieures au fecondes Noces, les droits du fecond mari n'y donneroient au contraire aucune atteinte.

Lorfque la mère a réduit la part de l'un des enfans au deffous de la légitime, s'il veut s'en tenir au don ou legs, fans prétendre de fupplément, la donation du fecond mari ne doit pas être réduite à la valeur de ce don, mais doit fe porter jufqu'à concurrence de la légitime que cet enfant auroit droit de prendre. Quand l'édit réduit les avantages faits au fecond conjoint, à la part de l'enfant le moins prenant, c'eft à la part que cet enfant a droit d'avoir, & non à celle dont il veut bien fe contenter : tel eft, felon Ricard, le fens des expreffions de l'édit, *les donations feront mefurées à raifon de celui des enfans qui en aura le moins.* Telle eft la jurifprudence du parlement de Paris; c'eft auffi celle du parlement de Touloufe, fuivant les arrêts recueillis par M. Maynard ; le dernier eft du 16 janvier 1588.

La jurifprudence du parlement de Bordeaux eft contraire ; cette cour a toujours jugé, dit Bechet, que le retranchement des dons faits au fecond conjoint, fe doit faire à la moindre portion, quoiqu'elle n'égale pas la légitime due à l'enfant. On cite différens arrêts, & entre autres, un du 12 mai 1646, qui a jugé la réduction de tous les avantages, au *cui minùs de facto*.

Cependant, fi le legs de l'enfant étoit de peu de valeur, il feroit regardé comme illufoire ; & ce parlement a jugé en 1609, qu'un fimple legs de cinq fous ne pouvoit fervir pour faire réduire les avantages portés par le contrat de mariage du fecond mari ; il a ordonné que, malgré ce legs fait à l'un des enfans, la donation à caufe de Noces fortiroit fon plein & entier effet.

Si l'on en croit M. Expilly, le parlement de Grenoble s'étoit conformé à la jurifprudence de celui de Bordeaux, dans deux arrêts des 22 mai 1570 & 17 juillet 1572 ; mais cette cour a depuis adopté les principes de celles de Paris & de Touloufe ; ç'a été à l'occafion d'un legs de 3 livres, fait à un enfant. Ce legs dérifoire, dit Baffet, fit faire de juftes réflexions à la cour, afin de ne pas fuivre le caprice d'un teftateur : l'arrêt qui intervint le 14 mars 1618, réduifit à la légitime de droit feulement, les avantages faits à la feconde femme. Le principe général a été depuis confirmé par deux arrêts des 2 avril 1642 & 14 mars 1649.

Si une fille a renoncé, au moyen d'une dot inférieure à la légitime, la donation du fecond mari ne doit pas être réduite à cette dot, quoiqu'elle faffe tout l'héritage de l'un des enfans; l'édit ne peut s'entendre de la part d'une fille qui s'eft exclue de la fucceffion, elle n'y a plus de part, au moyen de l'efpèce de tranfport qu'elle a fait à fes frères de fes droits ; il faut s'en tenir à cette décifion de Ricard & de Pothier, fans aucun égard aux fubtilités & aux diftinctions de quelques auteurs & de Dupin, entre les filles qui ont été dotées avant ou après le mariage.

Le Brun, qui eft d'avis de réduire indiftinctement les avantages du fecond mari à la dot de la fille qui a renoncé, en conclut, qu'en Normandie, où, fuivant l'article 249 de la coutume, » les filles ne peuvent demander ni prétendre » aucune portion en l'héritage de leurs pères & » mères contre leurs frères ni contre leurs hoirs, » mais feulement mariage avenant « ; le fecond conjoint doit également être réduit au mariage avenant de celle des filles la moins avantagée. Cette opinion eft encore oppofée aux vrais principes & à la décifion de Ricard, puifque la fille qui a reçu un mariage avenant n'eft point héritière.

La dot d'une fille religieufe ne peut fervir à faire la réduction même dans le parlement de Bordeaux, quoique les retranchemens y aient lieu fur le pied du *cui minùs de facto*. Cette dot n'eft en effet qu'un don de fimples alimens, dont la propriété appartient au monaftère, & non à la fille; ce font les motifs d'un arrêt de ce parlement du 15 avril 1671, qui eft rapporté par la Peyreire.

Par la même raifon, le legs d'alimens fait à l'enfant exhérédé, ne peut fervir de bafe de comparaifon pour fixer le retranchement ou la part d'enfant du fecond mari ; des alimens ne font pas une part dans la fuceffion dont l'exhérédé eft exclu.

Lorfque le conjoint qui a convolé n'a laiffé que des petits-enfans, on demande comment doit fe faire la réduction ; l'on diftingue s'il y a des petits - enfans d'une feule ou de plufieurs fouches.

Lorfqu'il y a. des petits - enfans de différentes fouches, la donation faite au fecond mari ne doit pas être réduite à la part que l'un des petits-enfans a dans la fubdivifion du lot échu à fa fouche, mais fur la part de la fouche qui a le moindre lot. La fucceffion étant partagée par fouches, c'eft chacune des fouches, & non chacun des petits-enfans, qui prend une part dans la fucceffion.

Au contraire, lorfque la femme n'a laiffé que des petits-enfans d'une même fouche, la fucceffion fe partageant, non par fouche, mais par perfonnes, la donation du fecond mari eft réductible à la portion que prendra celui des petits-enfans qui aura la moindre part. C'eft ce qui a été jugé par un arrêt de 1651, rapporté par Brodeau : cependant Ricard prétend, fur le fondement d'un arrêt du parlement de Touloufe, que la part d'enfans devroit fe mefurer à ce que les petits-enfans ont tous enfemble, parce qu'ils n'y viennent tous enfemble qu'au lieu de leur père, fils de la défunte : mais Pothier obferve qu'il eft faux que les petits-enfans viennent en ce cas au lieu de leur père, puifque la fiction de la repréfentation ceffe ; mais qu'ils y viennent de leur chef.

21°. Lorfque le conjoint qui a convolé, a donné à la feconde femme ou au fecond mari, non pas

une part d'enfant , mais un corps certain ou une
fomme fixe , fujets à la réduction , c'eſt une très-
grande queſtion que celle de favoir ſi le ſecond
mari ou la ſeconde femme doivent être admis à
partager l'excédent de la part d'enfant moins prenant, qui a été retranchée ſur leur propre donation,
& à y prendre la même part que celle qu'y prendra
l'un des enfans.

Accurſe, ſur la loi *hâc edictali* , & Renuſſon,
ſe décident pour l'affirmative, par la raiſon que
l'intention du légiſlateur, en défendant aux femmes de donner à leur mari plus qu'à l'enfant
moins prenant, eſt que le mari ne puiſſe avoir
plus que l'un des enfans , & non qu'il puiſſe
avoir moins, & que cependant le mari auroit
moins, s'il n'étoit pas admis à partager le retranchement.

Ricard penſe au contraire , que le ſecond mari
ne doit pas être admis à ce partage ; il ſe fonde
ſur ces termes de la loi *hâc edictali* , §. 6 : *Id
quod relictum vel donatum , vel datum fuerit ,
tanquàm non derelictum , vel donatum , vel datum ſit , ad perſonas deferri liberorum , & inter
eos dividi jubemus.* Les empereurs n'appellent
point le ſecond mari au partage de cette portion,
qui doit être défalquée de ſa donation. Ricard ſe
fonde encore ſur ces expreſſions plus précifes de
la novelle 25 , chapitre 27 : *Quod plus eſt in
eo quod relictum vel datum eſt , aut novercæ , ac
vitrico , ac ſi neque ſcriptum , neque relictum aut
datum , vel donatum competit filiis , & inter eos
ſolos dividitur ut oportet.*

Ces textes du droit, approuvés dans le préambule de l'édit, doivent ſervir d'interprétation au
premier chef de cette loi, qui en a été tirée,

En vain oppofe-t-on qu'elle défend feulement de donner au fecond mari plus qu'à l'un des enfans ; il en réfulte, à la vérité, que la donation ne fera fujette à aucune réduction toutes les fois qu'elle n'excédera pas la part d'enfant ; mais il n'en réfulte pas que lorfque la femme aura contrevenu à l'édit, en faifant au fecond mari une donation plus forte qu'il ne lui étoit permis ; ce qu'elle lui a donné de plus ne doive être, par forme de peine de fa contravention, retranché de la donation & appliqué à fes enfans feuls, conformément à la difpofition de la novelle. On peut même dire, ajoute Pothier, qu'en ce cas l'enfant le moins prenant n'a de fa mère rien de plus que le fecond mari ; car ce qu'il a dans les biens retranchés de la donation, il ne le tient pas de fa mère, qui au contraire a voulu l'en dépouiller, pour le donner au fecond mari.

Si la mère a tout donné au fecond époux, & n'a rien laiffé à fes enfans, M. le préfident Boyer, MM. Catelan & Dupin décident que l'on doit faire la réduction de tous les avantages du fecond conjoint, à une portion légitimaire de l'un des enfans ; c'eft même faire une grâce au fecond conjoint, puifqu'il ne doit avoir que la part de l'un des enfans, & que cette part a été réduite à rien.

22°. Enfin, pour fixer la part d'enfant & le retranchement des avantages faits au fecond mari, il faut liquider la fucceffion de la mère, faire une eftimation de tous les biens meubles & immeubles dont elle eft compofée.

Cette eftimation doit fe faire avec le fecond mari, qui a un intérêt à ce que les biens ne foient pas eftimés au deffous de leur valeur ; ce qui diminueroit la donation ; & si l'estimation eût été faite sans lui , il auroit droit d'en demander une nouvelle,

On doit aussi estimer les biens dont est composée la donation faite au second mari , qu'on prétend sujets à réduction, pour juger si la donation excède le montant de la part de l'enfant qui a le moins dans la succession.

Ces estimations se font sur la valeur des choses au temps de l'ouverture de la succession , pourvu qu'elles n'aient point été détériorées par la faute du second mari donataire. *Tempus illud considerandum est quo binubus moritur ; non ab initio donatione aut scripturâ rescipiendæ , sed qui vocatur eventus considerandus est , porte le chapitre 28 de la novelle 22. Le droit que l'édit donne aux enfans, est la réparation du préjudice que la donation faite au second mari leur cause dans la succession de leur mère ; ce préjudice consiste en ce que les héritages compris dans la donation ne se trouvent pas dans cette succession : la valeur de ce préjudice est par conséquent celle des héritages au temps de l'ouverture de cette succession , & non celle qu'ils avoient au temps de la donation.

Si c'étoit par la faute du donataire , ajoute Pothier, que les héritages ont été dégradés, ils ne devroient pas être estimés, en égard seulement à l'état où ils se trouvent lors de l'ouverture de la succession de la donatrice , mais eu égard à ce qu'ils auroient valu si la donation n'eût pas été faite ; car on doit présumer qu'alors la donatrice eût conservé en bon état son héritage.

Réciproquement, lorsque cet héritage se trouve amélioré , il faut estimer sa valeur au temps de l'ouverture de la fucceſſion : mais lorſque l'augmentation vient des impenſes utiles faites par ce donataire, l'héritage ne doit être eſtimé que ce qu'il vaudroit, ſi les impenſes n'euſſent pas été faites, & qu'il eût été laiſſé au même état qu'il étoit lors de la donation. En effet, la donation ne fait de préjudice aux enfans que de cette valeur ; lorſque ce ſont des impenſes néceſſaires qui ont été faites par le mari ſur l'héritage, il faut les prélever avant l'eſtimation. Si le ſecond mari n'eût pas fait ces dépenſes, la donatrice y eût été obligée, & la ſomme qu'elle y eût employée auroit diminué d'autant ſa fucceſſion.

Les dépenſes d'entretien ne peuvent être déduites; elles ſont une charge des fruits que le donataire perçoit.

Ces obſervations doivent avoir lieu, quand même le mari auroit aliéné l'héritage donné ; car quel qu'ait été le prix de la vente, la donation fait préjudice aux enfans dans la fucceſſion de leur mère, de la valeur qu'auroit l'héritage au moment de l'ouverture de la fucceſſion, s'il s'y fût trouvé.

Cependant ſi la vente avoit été forcée, par exemple, pour la conſtruction d'un ouvrage public, ou par les ſuites d'une clauſe de remiſe, la valeur de l'héritage ne pourroit être portée au delà du prix que le mari en auroit reçu. Il en eſt des rentes comme des héritages, l'eſtimation doit être faite d'après les mêmes principes.

Comme c'eſt au temps de la mort de la donatrice que le droit des enfans eſt ouvert pour demander la réduction, c'eſt à ce temps qu'il faut avoir égard pour juger ſi elle doit avoir lieu, & pour fixer l'eſtimation de l'héritage.

Pothier décide que les diminutions qui seroient arrivées depuis, jusqu'au partage, tomberoient uniquement à la charge du mari, & ne doivent pas empêcher les enfans de demander la réduction, ainsi qu'ils l'auroient fait lors de la mort.

C'est aussi sur le nombre des enfans qui existent au temps du décès qu'il faut régler les droits du second époux ; c'est à cet instant seulement que l'on peut connoître quels seront les droits des enfans dans la succession de leur mère : jusque-là leur nombre peut diminuer par la mort de quelques-uns d'entre eux ; il peut aussi augmenter par la naissance de ceux du second lit. La jurisprudence du parlement de Paris est constante.

Il faut considérer non seulement les enfans qui restent du premier lit, mais il faut encore compter tous ceux, tant du premier que du second mariage ; c'est ce qui est encore décidé par Ricard ; il dit que si l'un des enfans du second lit se trouve le moins avantagé, sa part doit servir de modèle pour régler la donation. Selon Dupin, cette décision n'est infaillible que dans les pays de coutume où les enfans des deux lits prennent part au retranchement indistinctement ; mais il n'en est pas de même en pays de droit écrit, où les parlemens n'accordent le bénéfice de l'édit qu'aux enfans du premier lit. Ce texte de la loi *hâc ediclali*, *cui minor portio ultimâ voluntate derelictâ*, se rapporte, ajoute Dupin, aux enfans dont la loi parle au commencement ; *si ex priore matrimonio procreatis liberis*, *plus quàm ad meum quamque pervenerit*. D'ailleurs, la disposition de la loi *quoniam*, au code *de secundis Nuptiis*, est précise : *Iis ampliora quæ uni filio vel filia ex anteriore matrimonio proge-*

nitis danda vel relinquenda funt revocata. Auffi Cujas n'en fait-il aucun doute fur la loi *hâc edictali.*

Tels font les principes d'après lefquels on doit réduire les avantages accordés au fecond époux ; nous allons voir quels font leurs droits fur les biens retranchés, & comment ils peuvent les exercer.

En troifième lieu, tandis que la loi *hâc edictali* paroiffoit n'accorder de droit dans le retranchement qu'aux enfans du premier lit, la loi *quoniam* ordonnoit que les enfans du fecond lit feroient admis au partage des biens retranchés. Pour faire ceffer la contrariété de ces deux loix, le chapitre 27 de la novelle 22 a ordonné que les feuls enfans du premier mariage partageroient l'excès des donations & libéralités faites par le convolant au fecond conjoint : mais, malgré une difpofition auffi claire, appuyée de l'autorité de Cujas, la queftion a été diverfement jugée au parlement de Paris, pour les provinces de droit écrit de fon reffort.

D'abord, Brodeau rapporte un arrêt du 4 juillet 1606, confirmatif d'une fentence arbitrale rendue en la ville de Lyon, par laquelle le retranchement avoit été adjugé à la fille du premier lit, ou à fa repréfentation (à l'exclufion des enfans du fecond lit), enfemble la légitime, conformément au teftament.

Depuis, il eft intervenu dans cette cour trois arrêts contraires, les 2 mars 1610, 7 feptembre 1645 & 7 mars 1648, qui ont attribué le profit du retranchement aux enfans des deux lits également. Ces arrêts ont été rendus entre des perfonnes domiciliées en pays de droit écrit.

Henris, qui fait mention des deux derniers, dit qu'il les rapporte sans les approuver, ni le départir de la régle établie par les loix Romaines. Bretonnier est du sentiment d'Henris.

Mais la question a été décidée très-solennellement le 14 juillet 1660; le procès avoit été porté en la seconde chambre des enquêtes, qui ordonna d'abord que l'avis seroit demandé aux chambres : & les avis ayant été presque uniformes pour adjuger aux enfans du premier lit seulement le bénefice du retranchement, l'arrêt confirma la sentence du prévôt de Mâcon, par laquelle tous les avantages faits au second mari avoient été réduits à une portion pareille à celle qui arriveroit pour la légitime à l'enfant du premier lit, auquel on avoit en outre adjugé tout ce que le second époux pouvoit avoir amendé de la succession. Cette décision solennelle n'a pu être déterminée par la considération de l'excès des avantages faits aux enfans communs: le second mari avoit été en effet institué seul héritier, à charge de donner à chacun des enfans, tant du premier que du second lit, une somme de 1500 liv.

Quant aux autres parlemens de droit écrit, on ne voit pas d'exemple, dit Dupin, que le principe établi par cet arrêt y ait fait de difficulté. Il y a une foule d'arrêts par lesquels le retranchement a toujours été ordonné en faveur des enfans du premier lit, mais sans que ceux du second lit se soient présentés pour demander d'être admis au partage.

Au contraire, dans les pays de coutume, on suit la disposition de la loi *quoniam*. Cette jurisprudence constante est fondée sur le principe d'équité, que les biens retranchés de la donation faite au fecond mari, étant ceux de la mère commune, & tous les enfans, de quelque mariage qu'ils foient nés, étant autant à leur mère les uns que les autres, ils doivent y avoir un droit égal.

Le droit de demander le retranchement eft dès-lors ouvert, en pays de coutume, aux enfans du fecond lit, dès qu'un feul de ceux du premier lit furvit, quand même ceux-ci en feroient remife, parce qu'ils ne peuvent remettre que la part qui leur appartient dans ce retranchement, & non celles qui appartiennent aux enfans du fecond lit.

Cependant fi, lors du décès de la mère, tous les enfans du premier lit étoient prédécédés, les enfans du fecond mariage ne feroient pas feuls capables de donner lieu à ce retranchement: il eft néceffaire que, pour y être admis, ils concourent avec les enfans du premier lit, qui font le principal motif de l'édit.

Pour que les enfans, foit du premier, foit des autres mariages, puiffent demander la réduction, il n'eft pas néceffaire qu'ils foient héritiers de leur mère; car leur mère ayant mis hors de fes biens la donation, tout ce qui y eft compris ne fait plus partie de fa fucceffion; ce n'eft pas des loix des fucceffions, mais de celles des fecondes Noces, que les enfans tiennent ce retranchement. Ainfi, foit qu'ils renoncent tous, ou feulement quelques-uns d'entre eux, tous font admis à partager le retranchement; les jurifconfultes, les arrêts des différentes claffes du parlement, s'accordent fur ce principe, & donnent aux enfans qui ont renoncé, comme

à ceux qui n'ont pas renoncé, l'action révoca-
toire de l'excédent de la donation.

Mais quoique les enfans n'aient befoin que
de la qualité d'enfans, pour demander le retranchement, ceux qui font exhérédés n'y font pas
admis ; ils s'en font rendus indignes par les
caufes qui, en leur méritant l'exhérédation, les
ont exclus de tous les titres en vertu defquels
les loix les appeloient aux biens de leurs pères &
mères. Non feulement ils n'y ont aucun droit ;
mais comme ils ne font pas comptés pour faire
nombre, afin de former la légitime, ils ne doivent pas l'être pour déterminer la part de chacun des enfans fur le pied de laquelle le retranchement doit être fixé. *Juflè exhæredatus
habetur pro mortuo*, dit M. Boyer ; Ricard,
Barry, Bechet, Dupin, font de ce fentiment.

Il en eft de même des enfans morts civilement, comme les religieufes, religieux profès,
& ceux qui ont été flétris par des condamnations qui emportent la mort civile : les uns ni
les autres ne peuvent être admis à demander le
retranchement, ni à le partager ; ils ne peuvent
faire nombre pour le déterminer.

Quant aux filles, qui, par leur contrat de
mariage, ont renoncé à la fucceffion en faveur
de leurs frères ; quant à celles qui, dans certaines coutumes, font, par leur mariage, exclues des fucceffions de leurs pères & mères qui
les ont dotées, Ricard décide qu'elles ne doivent pas être admifes au partage du retranchement. Quoiqu'il ne foit pas néceffaire pour cela,
de venir à la fucceffion, il faut au moins être

capable

tapable d'y venir, l'objet de l'édit eſt de réparer
le préjudice que fait la donation aux enfans :
mais ceux qui ont renoncé à la ſucceſſion ne
ſouffrent aucun préjudice, puiſque ſi la donation
ceſſoit, ils ne pourroient rien prétendre aux
biens qu'elle comprend ; c'eſt ainſi qu'ils ne peuvent, par exemple, rien demander dans le douaire
des enfans.

Si cependant la fille du premier lit n'avoit
renoncé qu'à la ſucceſſion de ſon père, elle pourroit prendre part à la réduction des libéralités
faites par la mère au ſecond époux, & réciproquement dans celles faites à la ſeconde femme,
ſi elle n'a pas renoncé à la ſucceſſion de ſon père
qui a convolé. Comme les renonciations par contrat de mariage, & les excluſions des coutumes,
ne ſont ordinairement prononcées qu'en faveur
des frères, à leur défaut, les filles peuvent toujours demander le retranchement, malgré leur
renonciation.

Mais, quoiqu'elles ne doivent pas profiter du
retranchement, elles n'en doivent pas moins être
comptées pour faire nombre : on oppoſeroit en
vain la maxime *repudians pro mortuo habetur*,
c'eſt un décès feint en faveur des frères ſeulement ;
le ſecond époux ne peut profiter de la fiction.

Les enfans légitimés par mariage ſubſéquent
doivent être comptés & admis au partage ; le
mariage de leur père a effacé toutes les taches
& détruit tous les obſtacles de l'illégitimité :
mais ceux qui ne ſont légitimés que par reſcrit
du prince, n'étant pas véritablement légitimes,
& ne ſuccédant pas comme tels, ne peuvent en
exercer les droits.

Dans la Saintonge, où l'adoption eſt reçue,

Tome XLII.   H

Bechet demande si la personne adoptée doit être
comptée au nombre des enfans, pour faire
réduire les donations excessives que le convolant a faites au second conjoint; il distingue ceux
qui sont adoptés ou affiliés par subrogation, &
ceux qui sont simplement adoptés. Les premiers
étant subrogés au nombre des enfans légitimes
dont ils remplissent la place, ils doivent en exercer les droits; on peut dire, qu'ils ne le sont
pas de leur chef, mais comme représentant
les véritables enfans, par une espèce d'échange;
il n'en est pas de même de ceux qui, n'étant
pas subrogés, n'ont pas de pareils motifs en leur
faveur.

Nous avons déjà examiné comment les enfans pouvoient remettre à leur père ou à leur
mère qui ont convolé, la perte de la propriété
des libéralités provenant du premier mariage;
nous avons dit que cette remise ne pouvoit
avoir lieu en pays coutumier; il en est de même
à l'égard du retranchement; l'enfant du premier
lit, quoique majeur, qui, du vivant de sa
mère, auroit approuvé la donation faite au second mari, & se feroit obligé de ne jamais y
porter atteinte, pourroit cependant demander le
retranchement après la mort de sa mère; l'approbation feroit présumée avoir été extorquée
par sa mère, en fraude de l'édit; elle tomberoit en tout cas avec le secours des lettres de
restitution: mais si l'approbation n'a été donnée
qu'après la mort de la mère, elle est valable;
il est permis à chacun de renoncer à son
droit.

En général, pour qu'il y ait lieu à la réduction,
il faut que celui qui a convolé à de secondes

Noces ait eu des enfans des mariages précédens ; il faut que l'un de ces enfans survive ; la loi n'ayant été faite qu'en faveur de ces enfans, la prohibition cesse s'il ne s'en trouve aucun au temps où la loi devoit avoir son effet. Cependant, lorsque la femme qui a convolé meurt sans enfans, après avoir donné à son second mari, dans le contrat de mariage, une part d'enfans, les collatéraux qui viennent à la succession conjointement avec le mari, peuvent-ils demander la réduction des autres avantages que la veuve lui auroit faits indirectement ; par exemple, la réduction de l'inégalité des apports dans la seconde communauté ? La question s'est présentée lors de la liquidation de la succession de la dame Bourgoing, en vertu de l'arrêt du 22 avril 1762, dont nous avons déjà rendu compte.

Le sieur Bourgoing, par son contrat de mariage, avoit fait sa mise en communauté à 10,000 liv. celle de sa femme, qui étoit veuve du sieur de la Marre, avoit été fixée à 30,000 liv. à prendre sur les effets mobiliers. Les héritiers collatéraux de la dame Bourgoing demandèrent dans la liquidation le retranchement de 20,000 liv. Ils soutinrent qu'ils n'étoient pas moins dans le vœu de la loi que les enfans ; que la prohibition d'avantages au delà d'une part d'enfant, étoit absolue. Le sieur Bourgoing soutint au contraire, que les collatéraux n'étoient point recevables, attendu que l'édit des secondes Noces n'avoit été fait qu'en faveur des enfans, de manière que la loi disparoissoit avec les enfans. La question fut trouvée sujette à des difficultés, & l'arrêt du 27 mai 1766 a confirmé purement & fimplement la fentence du châtelet, qui avoit appointé, & dont les héritiers avoient interjeté appel. On ne voit pas fi la queftion a été agitée depuis.

L'action des enfans pour demander le retranchement, eft fondée fur ce que le retranchement eft la charge inféparable dont leur mère a transféré la propriété à fon fecond mari, qui ne l'a reçue lui-même qu'à condition de remettre, au moment du décès de fa femme, tout ce qui fe trouveroit excéder la part de l'enfant moins prenant.

C'eft la loi qui forme cette obligation ; elle donne aux enfans, pour fe faire remettre cet excédent, une action que l'on peut appeler *condictio ex lege.*

Cette action eft perfonnelle & réelle ; elle peut être intentée contre les tiers-détenteurs des biens immeubles compris dans la donation, dans le cas où le fecond mari les auroit aliénés, foit pour le total, foit pour partie ; car le fecond mari n'ayant acquis la propriété de ces biens qu'à charge du retranchement, ils y font affectés ; le mari n'a pu les transférer, & des étrangers n'ont pu les acquérir qu'avec cette charge, qu'avec la condition d'être tenus de l'action des enfans.

On pourroit auffi dire que cette action eft refcifoire, puifque la donation, lorfqu'elle fe trouve excéder la part de l'enfant moins prenant à la mort de la donatrice, eft refcindée par l'autorité de la loi, jufqu'à concurrence de cet excédent.

On ne doit pas s'attacher, parmi nous, aux fubtilités du droit romain fur la nature & les caractères des actions ; il faut s'en tenir aux vues de l'édit; aussi-tôt qu'il y a lieu au retranchement, l'on peut regarder les enfans comme devenus déjà propriétaires de la portion dans les biens donnés, que la loi veut être retranchés à leur profit; on peut leur accorder en conséquence l'action *utilis in rem*, pour la revendiquer: il n'importe qu'ils aient une action personnelle réelle, *condictio ex lege*, ou une action *utilis in rem*. Dans notre pratique françoise l'on fait peu d'attention aux noms que les Romains donnoient aux actions.

Cependant, lorsque le mari n'a aliéné qu'une partie des biens compris dans la donation, & qu'il en a conservé suffisamment pour remplir les enfans de la portion entière qui doit être retranchée, il est équitable, pour éviter les circuits des demandes en garantie, que les enfans exercent leurs droits sur les biens qui sont restés au second mari, & qu'ils ne puissent inquiéter les tiers-détenteurs.

Lorsque ces tiers-détenteurs peuvent être présumés avoir acquis sans connoissance de la charge, comme ils sont alors possesseurs de bonne foi, ils ne sont tenus des fruits que depuis la demande formée contre eux, sauf aux enfans à se pourvoir pour ceux perçus avant la demande & depuis le décès de leur mère, contre le second mari qui est obligé personnellement.

Mais lorsque ce sont des sommes d'argent, des marchandises, ou d'autres meubles qui ont été donnés au second mari, & que ces sommes ou le prix de ces effets se trouvent, lors du décès de la donatrice, excéder la valeur de la part de l'enfant le moins prenant, le droit des enfans pour la restitution de cet excédent n'est qu'une simple créance d'une somme d'argent contre le second mari, avec hypothèque sur les biens du jour de la donation ; les enfans n'ont aucune action contre les tiers-détenteurs de ces effets mobiliers ; ils ont seulement un privilége sur ceux qui sont restés en nature au second mari, pour la créance de la somme d'argent qu'il leur doit.

L'action des enfans, soit contre le second mari, soit contre les tiers-détenteurs, n'est ouverte que par la mort de celui des conjoints qui a convolé & fait la donation.

C'est sur ce fondement, dit Denisart, qu'il a été jugé au parlement de Bretagne, par arrêt du 2 avril 1738, qu'une veuve qui avoit des enfans d'un premier lit, s'étant remariée, & ayant fait une donation de 12000 livres, tant à son second mari qu'aux enfans à naître de leur mariage, devoit, après la mort du second mari, payer les 12000 livres à la fille du second lit, nonobstant la résistance de la mère & l'opposition des enfans du premier lit, sauf à ceux-ci à demander la réduction après le décès de leur mère.

Quoique les enfans ne tiennent les biens retranchés que du bénéfice de la loi, & non de la succession de leur mère, cependant ils doivent les partager dans l'ordre des successions ; c'est pour cela que les petits-enfans n'y sont admis qu'à défaut de leurs pères & mères prédécédés ; c'est pour cela que les petits-enfans qui ont renoncé à la succession de leur mère, ou ne se sont portés ses héritiers que par bénéfice d'inventaire, ne sont point tenus des dettes de leur mère, pour raison de ce qu'ils reçoivent dans le retranchement, à moins que les créanciers ne fussent antérieurs à la donation ; ils font en ce cas tenus de leurs créances hypothécairement , & non perfonnellement.

Mais ils ne font pas tenus de celles conftituées par le fecond mari , qui, n'ayant jamais eu de propriété abfolue fur les biens fujets au retranchement, n'a pu les hypothéquer.

Enfin, il faut obferver qu'en conféquence de ce que les enfans ne prennent pas dans la fucceffion de leur mère les biens retranchés des donations faites au fecond mari , ils ne font pas tenus de les imputer, felon Ricard , fur leur légitime , quoique l'aîné doive y prendre fon droit d'aîneffe.

§. V. *Comment dans quelques coutumes les peines des fecondes Noces font - elles étendues aux conquêts de la première communauté ?*

Les coutumes qui ont des difpofitions à cet égard , font celles de Paris , d'Orléans & de Calais.

Il eft d'abord bien important de connoître les textes de ces loix. L'article 279 de la coutume de Paris porte : ɔɔ Femmes convolant à de fecondes ɔɔ Noces ..... quant aux conquêts faits avec fes ɔɔ précédens maris, n'en peut difpofer aucunement ɔɔ au préjudice des portions dont les enfans defɔɔ dits premiers mariages pourroient amender de ɔɔ leur mère ; & néanmoins fuccèdent les enfans ɔɔ de fubféquens mariages auxdits conquêts avec ɔɔ les enfans des mariages précédens également ɔɔ venant à la fucceffion de leur mère, comme ɔɔ auffi les enfans des précédens lits fuccèdent ɔɔ pour leurs parts & portions aux conquêts faits penɔɔ dant & conftant les fubféquens mariages : toute-

H iv

» fois fi ledit mariage eft diffolu, ou que les
» enfans du premier mariage décèdent, elle en
» peut difpofer comme de fa chofe propre «.

Cette coutume ne défend point expreffément
de donner au fecond mari une portion des conquêts
de la première communauté, dont les enfans du
premier mariage ne pourroient amender ; mais
l'art. 23 de la coutume d'Orléans, rédigée 3 ans
après celle de Paris par les mêmes commiffaires, ne
laiffe aucun doute ; il porte : » Et quant aux con-
» quêts faits avec fes précédens maris, elle n'en
» peut aucunement avantager fon fecond ou autres
» maris ; toutefois peut difpofer d'iceux à autres
» perfonnes, fans que telles difpofitions puiffent
» préjudicier aux portions dont les enfans defdits
» premiers mariages pourroient amender de leur
» mère «.

Quoique ces loix, peu fufceptibles d'extenfion,
ne parlent point de l'homme ; quoique le même
motif de prohibition ne paroiffe point avoir lieu
contre lui, le droit de communauté étant une
efpèce de bénéfice que la femme reçoit du mari,
& non le mari de la femme, puifque les conquêts font prefque toujours les fruits des travaux
de l'homme, & non de la femme ; cependant la
difpofition de ces coutumes a été étendue aux
hommes. L'on a penfé que la première partie de
l'article ne faifant aucune diftinction entre le mari
& la femme, il n'en falloit faire aucune dans
l'application de la feconde, qui, bien qu'exorbi-
tante, n'en étoit pas moins favorable ; que d'ailleurs les droits du mari & de la femme étant
égaux dans le partage de la communauté & fur
les biens qui en proviennent, leurs devoirs, leurs
engagemens vis-à-vis de leurs enfans, étoient

néceffairement réciproques. En conféquence, par un arrêt du 4 mars 1697, rendu fur les conclufions de M. d'Aguefleau, le parlement de Paris a jugé qu'un homme n'avoit pu rien donner à une feconde femme, des conquêts de fa première communauté. La même chofe avoit été jugée par un arrêt précédent, appelé *l'arrêt des Poitevins.* Il eft donc conftant que l'homme qui fe remarie ne peut rien donner de fes conquêts à fa feconde femme ; mais il n'eft pas également certain que l'autre partie de cette difpofition de l'article 279, qui défend à là femme qui s'eft remariée de difpofer des conquêts de fa première communauté envers quelque perfonne que ce foit, doive pareillement s'étendre à l'homme.

Cet article n'étant pas compris dans l'édit des fecondes Noces, le droit qu'il établit eft local & particulier aux coutumes de Paris, d'Orléans & de Calais ; il ne doit pas être fuivi dans les coutumes qui ne fe font pas expliquées. C'eft ce qui a été jugé par un arrêt du 2 avril 1683, rapporté au journal des audiences.

Cette difpofition eft un ftatut réel, dont l'autorité ne s'étend que fur les biens fitués dans le territoire de ces coutumes, & non fur ceux qui font fitués ailleurs : ainfi lorfqu'une femme domiciliée dans une province qui n'a point de loi femblable à celle de Paris, fe remarie, & qu'elle a des conquêts de fes précédens mariages, fitués dans le territoire de cette coutume, ces conquêts tombent dans la prohibition de cette loi : quoique la perfonne de cette femme n'y foit point foumife, elle n'en pourra rien donner à fon nouveau mari, ni en difpofer envers quelque perfonne que ce foit.

Réciproquement, fi une veuve domiciliée à Paris, & qui s'y eft remariée, a des conquêts dans une province qui n'auroit pas une loi femblable, elle pourra les donner à fon mari jufqu'à concurrence d'une portion d'enfant, & en difpofer librement envers d'autres perfonnes.

Quant aux rentes conftituées, aux meubles & aux créances mobilières, qui fe régiffent par la loi de la perfonne, une parifienne ne peut en donner à fon fecond conjoint aucune portion, lorfqu'ils proviennent de fon premier mariage; elle ne le pourroit quand même fon fecond époux feroit domicilié dans une autre province qui n'auroit pas une loi femblable à celle de Paris. Quoique cette femme, dès l'inftant du convol, doive prendre le domicile de cet homme & perdre le fien, il fuffit qu'au moment de fon contrat de mariage elle n'ait point encore perdu fon domicile.

Par la même raifon, quand une femme, foumife à une coutume qui n'auroit pas la même difpofition que celle de Paris, époufe en fecondes Noces un parifien, la difpofition qu'elle feroit en fa faveur par fon contrat de mariage, de quelques effets mobiliers, jufqu'à concurrence d'une part d'enfant, feroit valable. Il eft vrai que les conventions matrimoniales font conditionnelles, *fi nuptiæ fequantur ;* & que par conféquent elles ne font confirmées que par l'événement du mariage qui détermine le changement de domicile : mais l'exiftence des conditions appofées à des actes entre vifs, ayant un effet rétroactif au temps de l'acte, la donation eft cenfée avoir eu toute fa perfection au temps où elle a été contractée.

La coutume n'établit pas une fubftitution

légale des conquêts au profit des enfans des précé-
deus mariages, femblable à celle que le fecond
chef de l'édit établit pour les biens dont la veuve
a été avantagée par fes précédens maris ; au contraire, elle appelle expreffément les enfans des
mariages poftérieurs, au partage de ces conquêts ;
en cela la coutume diffère du fecond chef de
l'édit.

Elle diffère du premier chef, en ce qu'au lieu
que la femme peut difpofer de fes propres biens
en faveur de fon fecond mari, jufqu'à concurrence d'une part d'enfant, elle ne peut rien lui
donner de fes conquêts, au préjudice des enfans
des précédens mariages ; elle n'en peut également
difpofer à leur préjudice au profit de quelque
perfonne que ce foit, auxquelles elle pourroit
donner fes propres jufqu'à concurrence de la légitime.

Pour ne rien laiffer à défirer fur les queftions
que font naître les difpofitions de la coutume,
nous dirons, 1°. quels font les biens compris dans
la prohibition ; 2°. quels en font les effets.

En premier lieu, les meubles font compris
dans la prohibition fous l'expreffion *conquêts* :
la coutume, comme l'obfervoit M. d'Agueffeau
dans fon quarante-unième plaidoyer, ayant compris dans la première difpofition, par le terme
d'*acquêts*, tant les meubles que les immeubles,
l'on doit, dans la feconde difpofition, donner la
même étendue au mot *conquêts* : s'il ne fignifioit
que les immeubles acquis pendant la communauté, la coutume, dans un grand nombre d'articles, n'ajouteroit pas le mot *immeubles* à celui
conquêts ; la coutume d'ailleurs n'eft qu'une extenfion de l'édit, qui ne fait aucune diftinction

dans ſes différentes diſpoſitions entre les meubles & les immeubles : enfin , en adoptant l'opinion contraire , la loi ſeroit très-facile à éluder. Un homme voyant ſa première femme infirme , pourroit , dans la vue d'en avantager une ſeconde , convertir en meubles les immeubles de ſa communauté : le légiſlateur n'auroit rempli qu'une partie de ſon objet ; car il n'auroit pas prévu un cas très - commun & très - important , celui auquel toute une communauté ne conſiſte qu'en effets mobiliers , telles que ſont celles de pluſieurs négocians & gens d'affaires. De l'autre côté , nul inconvénient , qu'une femme qui n'auroit d'autres biens que ceux de la communauté de ſon prémier mari , ne puiſſe rien donner au ſecond ; bien loin que ce ſoit un inconvenient , *c'eſt* , dit M. d'Agueſſeau , *un bien public , ... c'eſt le but des légiſlateurs.*

En conſéquence , ſur les concluſions de ce magiſtrat , un arrêt du 4 mars 1697 a jugé que la prohibition comprenoit la part de la femme dans tous les biens de la première communauté avec ſon défunt mari , ſoit meubles , ſoit immeubles , & par conſéquent , que les meubles étoient compris dans la diſpoſition de l'article 279 de la coutume : cet arrêt a , ſuivant tous les auteurs , fixé la juriſprudence.

Les apports mobiliers de la femme dans la première communauté ſont-ils auſſi compris ſous les termes , *conquêts faits de ſes précédens maris ?* Ces expreſſions ne paroiſſent comprendre que les choſes acquiſes pendant le premier mariage : la lettre de la loi eſt préciſe à cet égard ; des apports ne ſont pas des conquêts : le motif de la loi paroît également déciſif ; le motif en vertu duquel

elle oblige la femme à conferver plus particuliérement aux enfans du premier lit , des biens
qui font cenfés avoir été acquis par les fueurs de
leur père , ne peut s'appliquer aux apports.

Auffi dans un acte de notoriété de M.
le Camus , du premier mars 1608 , le châtelet a
attefté que , pour, régler la part d'enfant d'un
fecond mari , l'ufage étoit de faire , fur les biens
que la femme a eus pour fa part , diftraction de
ce qu'elle y a apporté par fon contrat de mariage , en biens meubles & biens immeubles , dans
lefquels biens l'on accorde part d'enfant au fecond mari , comme dans les biens propres de la
veuve ; & on ne la lui dénie que dans ce qui
reftoit à cette femme des biens de la première
communauté , après diftraction faite.

Cependant , fuivant les annotateurs de Dupleffis,
par l'arrêt de Garanger , rendu en la grand'chambre en 1698 , il a été décidé que les deniers
dotaux qu'une femme qui s'étoit remariée avoit
apportés en communauté avec fon premier mari,
étoient compris en la difpofition de l'article 279 ,
& qu'elle n'en avoit pu rien donner à fon fecond
mari. Lacombe prétend que cette maxime a été
confirmée par un arrêt de la quatrième des enquêtes du premier feptembre 1744. Peut-être
que fi les arrêtiftes avoient connu les circonftances de ces arrêts , ils n'en auroient point voulu
faire réfulter des préjugés auffi contraires aux
vrais principes.

Au moins ne pourroit-on étendre ces préjugés aux immeubles qui ont été apportés dans la
communauté , & même mobilifés lors du premier mariage. C'eft la décifion d'un arrêt de la
grand'chambre du parlement de Paris, du 24

juillet 1741. L'arrêt a jugé, dit Denisart, que le survivant remarié, qui avoit ameubli le quart d'une maison, lors du premier mariage, avoit pu disposer d'une part d'enfant dans ce quart de maison située dans la coutume d'Orléans, non-obstant l'ameublissement.

Les biens acquis pendant la continuation de communauté qui a suivi le premier mariage, faute d'inventaire, sont-ils compris dans la prohibition ? Les expressions de l'article 259, & *quant aux conquêts faits avec leurs précédens maris*, résistent à cette extension de l'article 279 de la coutume. Ce qu'une femme n'a acquis que depuis son veuvage, ne l'a pas été avec ses précédens maris : cependant Lacombe cite un arrêt du 28 août 1722, rendu en la quatrième des enquêtes, par lequel il prétend avoir été jugé que les meubles & acquêts acquis durant la continuation de communauté, étoient sujets aux dispositions de l'article 179, comme les conquêts de la communauté. Nous pensons, comme Pothier, que cet arrêt a sans doute été déterminé par des circonstances particulières, peut-être afin d'éviter une discussion difficile & dispendieuse, dans laquelle les parties auroient pu être jetées par la nécessité de constater les distinctions du bien dont étoit composée la communauté au temps de la mort du premier mari. La cour aura regardé les biens acquis durant la continuation de la communauté, comme n'étant que le remplacement de ceux ou l'emploi des deniers qui composoient la communauté au moment de la mort du mari. On peut, selon les circonstances, se conformer à ce préjugé, ou s'en écarter, mais sans qu'il soit possible de faire une règle générale.

Si, lors du premier mariage, le droit de la femme dans la communauté a été fixé à une certaine somme, cette somme lui tenant lieu des acquêts, est comprise, en cas de convol, dans la prohibition de l'article 279 de la coutume concernant les conquêts.

En second lieu, cette prohibition de la coutume a deux effets; l'un contre le second mari ou la seconde femme, qui ne peuvent recevoir aucun avantage dans les conquêts de la première communauté; le second contre les tiers, en faveur desquels le second conjoint ne peut disposer, à certains égards, de ces conquêts.

D'abord, relativement au second conjoint, il n'est pas permis de lui faire aucun avantage sur les conquêts de la première communauté; la disposition de la coutume d'Orléans est précise; & comme elle a été rédigée trois années après celle de Paris, sous l'autorité des mêmes commissaires, l'on a pensé que l'expression de la première de ces loix devoit suppléer le silence de l'autre, & lui servir d'explication & d'interprétation : c'est celle qui a été suivie constamment au châtelet de Paris, comme l'atteste Bourjon.

Mais s'il y avoit des enfans, tant du premier que du second mariage, la disposition de quelques effets conquêts de la première communauté, en faveur du second mari, seroit-elle nulle pour la part des enfans du second comme pour celle des enfans du premier mariage ? Ces expressions de la coutume, *au préjudice des portions des enfans du premier mariage,* semblent restreindre la nullité à la portion que ces enfans y auroient eue si la disposition n'eût pas existé.

Cependant Bourjon atteste encore, que c'est

un ufage ancien & conftant au châtelet de Paris, de regarder comme entiérement nulle la
donation qu'une femme a faire : des conquêts
meubles ou immeubles de fon premier mariage,
à fon fecond mari, & d'admettre tous les enfans, tant du fecond que du premier mariage,
après la mort de leur mère, à faire prononcer
la nullité de la donation, & à s'en faire rendre
les effets.

. Mais s'il ne fe trouvoit, lors de la mort du
conjoint qui a convolé, aucun enfant du premier mariage, la prohibition n'ayant été faire
qu'en leur faveur, la donation doit. fubfifter.

ı. Les enfans des deux lits ont contre leurs père
& beau-père, pour fe faire délaiffer les conquêts;
les mêmes actions que pour obtenir le retranchement de l'excédent de la part d'enfant, excepté
que la donation des autres biens de la femme
n'eft nulle que pour l'excédent, & que celle
des conquêts l'eft pour le tout ; de même qu'ils
peuvent être admis au retranchement fans être
héritiers, ils peuvent revendiquer ces conquêts,
& les partager avec les autres enfans fans avoir
cette qualité : l'aîné y peut également prendre fon
droit d'aîneffe, comme fur les biens retranchés.

Mais quoique les avantages faits au enfans
communs ne tombent point dans la part d'enfant du fecond époux, & ne foient point dès-
lors fujets au retranchement, il n'en eft pas de
même des conquêts de la première communauté.
Lacombe dit que, par un arrêt du premier feptembre 1744, il a été jugé qu'une veuve qui fe
remarie ne peut difpofer de fa portion dans ces
conquêts, en faveur des enfans du fecond lit,
au préjudice de ceux du premier.

Quant

Quant aux tiers, aux étrangers, la coutume ne laisse point à la femme qui a convolé, la liberté de difpofer en leur faveur des conquêts de fes précédens mariages, au préjudice des portions qu'y doivent avoir les enfans qui en font provenus. Cette défenfe d'aliéner eft très-différente de la fubftitution légale, faite par le fecond chef de l'édit, des biens que la femme qui a convolé a reçus de la libéralité de fes précédens maris. Les conquêts appartenant à la femme de fon chef, on ne peut pas fuppofer que fon premier mari l'eût grevée, relativement à ces biens, d'une fubftitution en faveur des enfans du premier mariage, puifqu'elle ne les tient pas de lui ; auffi la coutume n'établit-elle à l'égard de ces biens qu'une fimple interdiction d'aliéner.

Cette interdiction n'étant contractée en vertu de la coutume que lors du convol, les difpofitions des conquêts que la femme a faites auparavant, fubfiftent.

L'interdiction ne changeant rien à l'ordre légal des fucceffions, lorfque l'époux qui a convolé eft décédé fans avoir aliéné les conquêts, ils paffent dans fa fucceffion comme les autres biens ; mais, dans ce cas, les enfans, foit du premier lit, foit des mariages poftérieurs, ne peuvent recueillir les conquêts, qu'en acceptant la fucceffion dans laquelle ils fe trouvent.

L'interdiction faite contre les tiers n'eft point auffi étendue que la prohibition de donner au fecond mari. Tandis que la prohibition profite aux enfans des différens lits, l'interdiction eft toujours reftreinte aux portions des conquêts qui feroient échues aux enfans des premiers mariages, fi leur mère n'en eût pas difpofé : cette diftinction eft bien marquée dans la coutume d'Orléans, qui, dans ce cas, sert d'interprète & comme de supplément à celle de Paris.

Ainsi, lorfqu'une femme qui a convolé, a laissé deux enfans du premier lit, & trois du second, les dispositions qu'elle auroit faites des conquêts du premier mariage en faveur d'étrangers, ne feront nulles que pour les deux cinquièmes, & subsisteront pour les trois autres.

On penfoit autrefois que l'interdiction ne comprenoit pas feulement les donations, mais encore toutes les aliénations, & même les fimples hypothèques, & qu'en conféquence les enfans des premiers mariages pouvoient faire délaisser aux tiers acquéreurs les portions à eux afférentes, pourvu qu'ils ne fussent pas héritiers de leur mère, &, en cette qualité, tenus de la garantie : mais, fi l'on en croit Denifart, on a depuis changé de principe, & la défenfe ne s'étend plus aux aliénations ni aux hypothèques.

C'est ce qui a été jugé, dit-il, par deux arrêts : le premier, du 7 ou 8 feptembre 1731, a été rendu en faveur de François Ferrand, pourfuivant la faifie réelle des conquêts d'une première communauté, qui lui avoient été hypothéqués par Jacques Sourdeval. Malgré les réclamations des enfans du premier lit de Sourdeval, la cour a jugé que la réferve des conquêts, établie par l'article 279 de la coutume, n'est qu'une inftitution légale, qui n'empêche pas le conjoint remarié de difpofer des effets réfervés, pourvu que ce ne foit pas à titre gratuit. Lors du fecond arrêt rendu le 10 juillet 1731, il s'agissoit des conquêts d'une première communauté, hypothéqués par une femme remariée : cette femme avoit acquis avec son premier mari une maison qu'elle avoit hypothéquée sous l'autorité d'un second mari ; en conséquence de cette hypothèque, les créanciers ayant fait saisir réellement sa maison, lés enfans du premier lit réclamerent la disposition de l'article 279 de la coutume, & demandèrent main-levée. L'arrêt les débouta.

Ce sont les expressions de Denisart, mais il seroit essentiel de savoir si ces deux arrêts ont effectivement débouté les enfans des premiers lits, ou s'ils les ont seulement déclarés non recevables, *quant à présent*, c'est à-dire, du vivant de leurs père & mère qui s'étoient remariés : c'est en effet un principe convenu, que la disposition que les pères & mères ont faite de leurs conquêts, contrairement à l'article 279, ne donne pas ouverture au droit des enfans ; ce droit n'est ouvert que par le décès de leurs parens, dont l'interdiction est limitée aux portions que les enfans du premier lit pourroient amender : ce n'est que par la mort des parens que l'on peut savoir si les enfans amenderont une portion, & quelle sera cette portion.

Nous avons dit que les enfans n'avoient pas besoin d'être héritiers de leur mère, pour revendiquer les conquêts du premier mariage, qu'elle auroit donnés au second conjoint ; ils n'ont pas également besoin de cette qualité, lorsqu'ils réclament contre les donations faites de ces biens à des étrangers. Cependant Bourjon décide, au contraire, qu'ils doivent être héritiers. L'article 279 n'établit point, dit-il, de substitution, comme le second chef de l'édit des secondes

Noces, mais une simple réserve coutumière ; semblable à celle que font plusieurs coutumes, d'une certaine portion des propres en faveur des héritiers de la ligne ; & il faut être héritier, pour recueillir ces propres malgré la réserve.

Mais l'article 279 contient plus qu'une réserve, puisqu'il renferme l'interdiction de disposer au préjudice des enfans du premier lit : cette interdiction est faite en faveur des enfans sans condition, sans distinction s'ils sont héritiers ou non. On convient que le premier chef de l'édit, en défendant à la veuve remariée de donner au second mari au delà d'une portion d'enfant, contient une réserve légale de l'excédent au profit des enfans ; on convient qu'ils prennent cette réserve comme enfans, & sans qu'ils soient héritiers : il en est de même de la défense faite par l'article 279 de la coutume, qui n'est qu'une extension de l'édit, & qui a été fait dans les mêmes vues.

Lorsque les enfans des premiers mariages attaquent les dons ou autres dispositions des conquêts, faites en faveur d'un étranger, pour les portions qui devoient leur revenir, ils ont seuls droit à ces portions, sans qu'ils soient tenus d'en faire aucune part à ceux du second lit ; quand même ils viendroient avec eux à la succession, ils ne sont pas pour cela censés avantagés dans la succession, puisqu'ils ne tiennent plus ces portions des conquêts que de la loi, & non de leur mère, qui en avoit disposé.

L'interdiction de celui qui convole, cesse, aux termes de la coutume, ,, si le second mariage ,, est dissous, ou que les enfans du précédent ,, mariage décèdent ,. La raison de cette décifion eft que l'interdiction n'étoit établie qu'en faveur des enfans du premier mariage, dans la crainte que le fecond mari ne portât fa femme à difpofer à leur préjudice.

Dans l'un & dans l'autre cas feulement, l'interdiction ceffe pour l'avenir ; & les aliénations que la femme avoit faites auparavant ne font pas fujettes à révocation.

Voyez les traités fur les fecondes Noces, de Dupin, de Bechet ; la feptième partie du traité des contrats de mariage de Pothier ; le traité de la communauté de Renuffon ; ceux de la communauté & des fucceffions de le Brun ; le traité des donations de Ricard, celui des gains nuptiaux & de furvie par M. Boucher d'Argis ; FRANCISCI BARRI TRACTATUS DE SUCCESSIONIBUS TESTATI ET INTESTATI ; le code & les novelles de Juftinien ; le coutumier général ; les œuvres d'Auzanet, de Dupleffis, de Dumoulin, de d'Argentré, de Henris, de Duperrier, de Chopin & de Bacquet, de M. d'Agueffeau & de Cochin ; le droit commun de la France & de la coutume de Paris par Bourjon ; le dictionnaire des arrêts de Brillon ; les recueils d'arrêts de Montholon, de Papon, de Bouchel, de Bouquier, de Tournet, de Louet, de le Prêtre, de Filleau, de Defmaifons, de Bardet d'Augeard ; ceux de la Rocheflavin, avec les obfervations de Graverol, de Mainard & d'Efcorbiac, de Cambolas, de Catelan, de Vedel, de Frain, de Boniface, de Baffet, de la Peyreire, de Froland, de Bouvot & de Pinault ; le journal des audiences & celui du palais ; la collection de jurifprudence de Deni-

fart ; les actes de notoriété, données au châ-
telet de Paris, avec les notes du même, &c. &c.
Voyez aussi les articles ACCROISSEMENT, Ac-
QUÈT, ADULTÈRE, AÎNÉ, ALIMENS, ALIÉNA-
TIONS, ASCENDANS, AVANTACES, AVANCE-
MENT D'HOIRIE, AÏEUX, BATARD, BÉNÉ-
FICE D'INVENTAIRE, COMMUNAUTE, CONCUBINE,
CONQUÈTS, CONTRATS DE MARIAGE, DETTES,
DEUIL, DONATION, DOT, DOUAIRE, DOUBLE
LIEN, DROIT D'AÎNLSSE, EGALITÉ, ENFANS,
EXCLUSION, EXHÉRÉDATION, FIDEICOMMIS,
GARANTIE, GARDE NOBLE, GROSSESSE, HERI-
TIER, HYPOTHÈQUE, LEGITIME, MARIAGE,
MÈRE, PARTAGE, PART D'ENFANS, PRÉCIPUT,
PRESCRIPTION, PROPRES, RENONCIATION, RE-
LIGIEUX, REPRÉSENTATION, SUBSTITUTION, SUC-
CESSIONS, SURVIVANS, &c.

(Cette article est de M. HENRI, avocat au
parlement.)

NOE, NOHE, NOUE ou NOUHE.

C'est
un lieu aquatique & marécageux, propre à la
pâture, un lieu noyé. Voyez la chartre des libertés de Saint-Palais en Berry, de l'an 1279,
dans les anciennes coutumes de Berri ; la coutume de Chartres, art. 12 ; celle de Château-
Neuf en Thimerais, art. 11, & du Cange aux
mots Necore & Noa.

De Lauriere, dans son glossaire, pense que c'est
une terre nuvellement mise en prés.

(Article de M. GARAN DE COULON, avocat
au parlement.)

NOIR. Voyez ESCLAVAGE & NÈGRE.

NOIRE. C'eſt la monnoie de cuivre, à la différence de la monnoie blanche ou d'argent. Le chapitre 16 des anciennes coutumes de Bourges, recueillies par la Thaumaſſiere, porte: » L'en garde que ſe aulcun traive en ſon fonds » monnoie d'or ou d'argent, ou *Noire*, qui ſoit » monnoie, elle eſt à lui, & ſe il trouve or » ou argent en maſſe, les gens du roi veulent » dire qu'elle eſt au roi «.

C'eſt dans le même ſens qu'on appeloit une certaine eſpèce de ſous, *nérets*, à la différence des *blancs*, ou des ſous argentés. La coutume de Valois, art. 7, dit que les ſept ſous ſix deniers *nérets* valent quatre ſous pariſis, & les ſoixante ſous *nérets*, trente-ſix ſous pariſis. C'eſt à quoi il faut bien faire attention dans les amendes & les autres droits *fixés* en argent par les titres ou par les coutumes. (Voyez Ducange au mot *Moneta nigra*, & de Lauriere au mot *Nerets*.)

(*Article de M. GARAN DE COULON, avocat au parlement.*)

NOM. C'eſt ce qui ſert à diſtinguer les différens citoyens.

Il y avoit chez les Romains une très-grande différence entre les mots ſuivans : *Nomen*, *cognomen*, *prænomen* & *agnomen*.

Ils employoient le premier pour déſigner le Nom de famille qui étoit donné à la race commune, & qui paſſoit à toutes les branches qui en deſcendoient.

Le ſecond marquoit le ſurnom de chaque branche ; on le mettoit après le Nom de famille.

Le troiſième étoit un nom propre, qui appartenoit à un particulier; on le mettoit avant le Nom de famille.

Enfin, le quatrième étoit un ſurnom qui avoit été donné à un citoyen pour une cauſe particulière.

En France, on admet pluſieurs ſortes de Noms. Le Nom de baptême, le Nom de famille, & le Nom de ſeigneurie.

Le Nom de baptême eſt celui d'un ſaint, que le parrain & la marraine donnent à l'enfant quand on le préſente au baptême. Ce Nom (ou ces Noms, car on en donne ſouvent pluſieurs) doit être inſcrit ſur les regiſtres de baptême. Il ſert à diſtinguer les différens citoyens qui portent le même Nom de famille.

Pour éviter les changemens de Noms de baptême des propriétaires de rentes ſur l'hôtel-de-ville de Paris, qui ſont payés par ordre alphabétique, une déclaration du roi leur a fait défenſes de les changer & de les tranſpoſer.

Le Nom de famille eſt celui qui de père en fils a toujours été porté par une famille.

On ne peut changer ſon Nom de famille, ſans en avoir obtenu la permiſſion du roi : c'eſt la diſpoſition formelle de l'ordonnance de 1555. Ces ſortes de grâces ne ſe refuſent point, quand elles ſont fondées ſur des motifs légitimes.

Le Nom de ſeigneurie eſt celui qui eſt pris d'une terre ou d'un fief; on l'ajoute à celui de famille.

Les enfans légitimes portent le Nom de leur père. Les enfans légitimés ont le même droit; mais les bâtards ne l'ont pas. Cependant lorſqu'ils font reconnus par leur père, ils peuvent porter fon Nom. Augeard rapporte un arrêt rendu au parlement de Paris, fur les conclufions de M. le Nain, avocat général, le 18 juin 1707, qui l'a ainfi jugé.

Les filles qui fe marient quittent le Nom de leur père, pour prendre celui de leur mari.

Quand une famille illuftre eft éteinte, perfonne ne peut en prendre le Nom fans la permiffion du prince ; parce que le roi feul peut, par des confidérations particulières, déroger à l'ordre public qui exige que les enfans portent le Nom de leurs pères, & qu'ils ne puiffent en changer.

Il n'eft pas plus permis de vendre fon Nom, que d'en prendre un autre que celui de fa famille. Le Nom eft une propriété inaliénable de chaque famille & de chaque maifon. Il fuffit, pour jouir de cette propriété, d'être defcendant mâle de la race qui porte le Nom ; il ne faut point y joindre la poffeffion des biens qui ont appartenu à ceux qui ont porté les premiers ce Nom, parce que le Nom eft attaché à la naif-fance, & qu'on le reçoit indépendant de la fortune.

Un teftateur peut appofer la condition, à fon inftitution d'héritier, que fon inftitué ou fon légataire univerfel portera fon Nom & fes ar-mes : c'eft le fentiment de plufieurs auteurs. Cependant nous croyons que les héritiers inf-titués & les légataires doivent fe faire autorifer par le prince à changer leur Nom. Nous croyons auffi que la condition inférée dans un teftament de porter le Nom & les armes, ne doit avoir lieu que lorfqu'il n'y a plus de mâles de la famille du teftateur, ou que ceux qui exiftent confentent à l'exécution de cette condition.

Lorfque le roi permet à quelqu'un de porter le Nom & les armes d'une maifon dont il ne defcend point par les mâles, on infère prefque toujours dans les lettres-patentes qui accordent cette grâce, *fauf notre droit en autre chofe & l'autrui en tout*. Cette claufe conferve le droit des intéreffés, & les autorife à former oppofition à l'enregiftrement des lettres patentes.

Les précautions prifes pour affurer à chaque citoyen fon véritable Nom, ont toujours été regardées comme très-importantes à l'ordre public. Auffi, dans tous les temps, les tribunaux fe font empreffés de punir les ufurpateurs de Nom.

C'eft en effet commettre un faux, que de prendre un autre Nom que le fien. Un arrêt récent, qu'on trouve dans le journal des caufes célèbres, dont le rédacteur de cet article eft auteur, a fait défenfes au fils d'un fuiffe d'Etampes, qui prenoit le titre *de comte de Roquelaure*, de porter ce Nom & les armes de cette maifon, jufqu'à ce qu'il eût juftifié qu'il en étoit iffu. Cet arrêt eft du 16 janvier 1778.

L'article 211 de l'ordonnance de 1629, » enjoint à tous gentilshommes de figner du Nom » de leur famille, & non de celui de leur fei- » gneurie, en tous actes & contrats qu'ils » feront, à peine de nullité defdits actes & » contrats «.

La difpofition de cette loi eft fans doute très-fage, cependant elle n'a jamais été fuivie; l'ufage l'a emporté fur la loi, & les tribunaux n'ont jamais déclaré nuls les contrats signés par les gentilshommes du seul Nom de leur seigneurie.

Si c'est un délit aux yeux des loix d'usurper un Nom pour satisfaire sa vanité, c'est un plus grand crime de signer un autre Nom que le sien, pour se mettre à couvert de l'engagement qu'on contracte réellement sous cette fausse signature.

Un arrêt rendu le 11 mars 1735, au rapport de M. Pasquier, a condamné le commis d'un banquier de Paris, qui avoit mis des signatures supposées sur le dos de lettres de change, à les acquitter. Voici l'espèce de cet arrêt :

En 1715, un banquier, nommé Favre, avoit remis au sieur Facio des lettres de change tirées par lui Favre, & endossées en blanc de la signature *Bonneau*, montant à 10367 livres 10 sous.

Ces lettres de change n'ayant point été acquittées à leur échéance, Facio poursuivit le sieur Favre, & le somma de lui indiquer le domicile de l'endosseur *Bonneau*. Favre répondit qu'il demeuroit chez lui. Facio, sur cette déclaration, poursuivit & obtint une condamnation solidaire des lettres de change dont il étoit porteur, tant contre Favre que contre Bonneau.

Comme les affaires de Favre étoient en désordre, le sieur Facio ne put mettre à exécution la condamnation qu'il avoit obtenue contre lui ; mais ayant appris dans la suite que les signatures Bonneau qui étoient sur les lettres de change, y avoient été mises par le sieur Angelini, commis de Favre, le sieur Facio poursuivit Angelini. Ce dernier ayant contesté que les signatures *Bonneau* fussent de lui, on ordonna une vérification des signatures par experts. Le procès-verbal de vé rification ayant conftaté que ces fignatures étoient d'Angelini, celui-ci fut condamné à payer au fieur Facio le montant des lettres de change qu'il avoit endoffées du Nom de Bonneau.

Le fieur Facio, après avoir obtenu cette condamnation contre le faux endoffeur, forma oppofition au décret d'une maifon que M. Anjorrant faifoit faire fur Angelini. M. Anjorrant foutint que l'oppofition du fieur Facio devoit être rejetée. La prétention de M. Anjorrant fut accueillie par une fentence des requêtes du palais ; mais par l'arrêt que nous avons ci-deffus daté, & qui a été rendu au rapport de M. Pafquier, M. Anjorrant fut débouté de fa demande, & il fut ordonné que le fieur Facio feroit payé & colloqué fur le prix de la maifon d'Angelini, faifie réellement à la requête de M. Anjorrant.

Voyez le recueil des ordonnances ; Dumoulin, Augeard, la Rocheflavin, Bouchel, dans fa bibliothèque ; Loifeau, Ferrière, dans fon dictionnaire de droit ; le journal des caufes célèbres, &c. Voyez aufli les articles ARMES, BATARDS, ENFANS, NOBLESSE, &c.

(*Cet article eft de M.* DESESSARTS *, avocat, membre de plufieurs académies*).

ADDITION *à l'article* NOM.

On appelle Nom *propre* celui qui diftingue chaque individu. Les Latins le nommoient *prænomen , quia nomen poft fertur.*

Le furnom *agnomen* eft celui qui appartient à chaque famille. *Nomen gentilitium , & ex majorum fanguine.*

Les Latins appeloient *cognomen* le Nom qui

fe met après le furnom , *quia ad ultimum adji-cicur*. Les Noms de terre que prennent les fei-gneurs , & les fobriquets que donne le peuple, répondent au *cognomen* des anciens.

Les premiers hommes n'avoient point de fur-noms ; tels , Adam , Eve , Noé , Abraham.

Chez les anciens peuples de l'Afie , les indi-vidus n'avoient pareillement qu'un Nom ; témoins Cyrus , Xercès , Alexandre , Priam , Hector, Agamemnon , Ulyffe , Ménélas , &c.

Tel étoit également l'ufage chez les peuples de la Germanie , qui , fortis du fein de leurs marais vers le commencement de l'ère chrétienne , inondèrent l'Europe , & renverfèrent le coloffe de l'empire romain ; tout le monde fait en effet que nos anciens rois n'avoient que leur Nom pro-pre & individuel ; Pharamon , Clovis , Clotaire, Charles , Lothaire , &c.

Il a donc été un temps , qui n'eft pas même fort éloigné, où les furnoms , qui font aujourd'hui la gloire & l'orgueil des familles , étoient inconnus parmi nous.

Ces furnoms , devenus héréditaires , forment le patrimoine le plus précieux de chaque famille ; c'eft une efpèce de cachet imprimé fur chacune d'elles : le père le tranfmet au fils par une ef-pèce de fubftitution ; c'eft de tous les biens celui qui eft le moins dans le commerce ; il eft éga-lement défendu de l'aliéner & de l'envahir.

Le temps où les furnoms fe font établis & font devenus héréditaires , eft , comme nous ve-nons de le dire , affez voifin du nôtre.

La plupart des auteurs réfèrent cette innova-tion à l'hérédité des fiefs ; époque , difent-ils , où les feigneurs prirent les Noms de leurs fei-

gneuries, ou leur impofèrent leurs Noms propres. C'eft l'opinion, ou fi l'on veut, le fyftème
de Jean du Tillet, greffier du parlement, qui dit,
que les nobles de France, en l'an 987, & fur
la fin de la lignée des Carlovingiens, s'attribuè-
rent des furnoms à caufe de leurs fiefs ; que les
ruftiques & les ferfs, qui n'étoient pas capables
des fiefs, les prirent du miniftère où ils s'employoient, des lieux des métairies qu'ils habi-
toient, & des métiers qu'ils exerçoient.

André Duchefne, hiftoriographe, a reconnu
dans le premier chapitre de fon hiftoire de
Montmorenci, que les familles nobles n'avoient
aucuns furnoms avant les rois Hugues Capet &
Robert fon fils, qui vivoient en 987 & 997,
& que de leur temps on commença à les prendre
des terres principales qu'elles poffédoient, mais
avec un ufage fort confus.

Auffi Pierre Matthieu, hiftoriographe, nous
enfeigne que les plus grandes familles de l'Europe ont oublié leurs premiers Noms ou furnoms, pour continuer ceux de leurs partages,
apanages & fucceffions ; c'eft-à-dire, qu'ils n'ont
pas été d'abord héréditaires.

Jean le Laboureur de Blerenval, hiftoriographe,
parlant du temps que les Noms & les armes
ont commencé d'être héréditaires, veut qu'il y en
ait peu qui puiffent prouver leur defcendance au
delà de cinq ou fix cents ans ; parce que les Noms
& les armes n'étoient pas héréditaires, mais feulement attachés aux fiefs que l'on habitoit : ainfi
il fe voit dans l'hiftoire d'Harcourt, liv. 1, que
Robert de Beaumont, fils de Roger, fire de
Beaumont, & d'Adeline de Meulent, prit le
Nom & les armes de Meulent, dont il devint

comte par fucceffion du comte Hugues fon oncle
maternel, & laiffa le furnom de Beaumont.

On remarque que les fils de France, en fe
mariant avec les héritières qui avoient des terres
de grand titre, en prenoient les Noms & les armes, comme Pierre de France en époufant Ifa-
belle, dame de Courtenay.

François Eudes de Mézerai, célèbre hiftoriographe, a écrit, que fur la fin du règne de Philippe II, dit Augufte, les familles commencè-
rent à avoir des Noms fixes & héréditaires ; que
les feigneurs & les gentilshommes les prenoient
le plus fouvent des terres qu'ils poffédoient ; les
gens de lettres du lieu de leur naiffance ; que les
Juifs faifoient de même quand ils fe convertiffoient,
& que les riches marchands les prenoient auffi de
la ville de leur demeure.

Quant à ce qui a donné, felon cet auteur,
les furnoms aux roturiers, ç'a été aux uns la
couleur des cheveux, l'habitude ou les défauts
du corps, la façon des habits, ou l'âge ; aux
autres, la profeffion, l'office, le métier ; à
quelques - uns leurs bonnes ou mauvaifes qualités ; à plufieurs, la province ou le lieu de leur
naiffance.

Néanmoins, pour la plus grande partie, ç'a
été quelque Nom propre qui étoit ordinaire dans
leur famille, ou même quelque fobriquet qui a
paffé à leurs defcendans.

Je m'affure, dit le même hiftorien ; que qui
voudra examiner toutes ces chofes féparément,
avouera qu'il s'en peut rarement trouver d'autres.

Quoi qu'il en foit de l'époque précife à laquelle
les furnoms s'établirent & devinrent héréditaires,

il est certain que cet usage ne fut d'abord observé, même dans les plus grandes maisons, que par les aînés.

Les puînés quittoient le Nom de leur père, de leur maison, pour prendre celui de la principale terre de leur partage, même celui de la femme qu'ils épousoient, ou des terres qu'elle leur apportoit en dot ; &, ce qui n'est pas moins remarquable, ils quittoient jusqu'à leurs armes, de manière qu'il ne restoit aucune trace de leur filiation : il y en a plusieurs exemples, même dans la maison régnante.

Hugues, fils puîné de Henri I, épousa la fille du comte de Vermandois. Robert & Pierre, fils puînés de Louis le Gros, épousèrent, l'un l'héritière de Dreux, l'autre celle de Courtenay, & ces trois princes prirent non seulement le Nom, mais les armes de leurs femmes.

Philippe, fils de Philippe Auguste, fut le premier qui s'écarta de cet usage, mais quant aux armes seulement : il épousa l'héritière du comté de Boulogne, & prit le Nom de Boulogne; mais il retint les armes de France, qu'il chargea d'un *Lambel*.

Les auteurs qui ont remarqué cette innovation, ajoutent : « Ce qui enhardit Philippe à ce faire, fut qu'alors la maison de France commençoit d'entrer en plus grande autorité, comme du Tillet a remarqué, à cause que le roi Philippe son père avoit conquis & réuni plusieurs duchés & comtés, à la faveur des voyages de la Terre sainte, & autres plusieurs bonnes occasions dont il s'étoit bien su prévaloir «. *Loiseau des ordres*, chap. 7, n. 26.

Tel fut aussi l'usage de la maison des comtes
de

de Champagne. Etienne, frère puîné du comte Thiebaut, prit, ainsi que sa postérité, le surnom de Sancerre, parce que le comté de Sancerre étoit tombé dans son partage ; mais il retint les armes de Champagne.

Les enfans de Hugues, sire de Lusignan, comte de la Marche & d'Angoulême ; Hugues, sire de Lusignan ; Guillaume, seigneur d'Angle ; Simon, seigneur de Lezay ; Geoffroy, seigneur de Valence, prirent tous le surnom des terres de leurs apanages, en conservant toutefois les armes de leur maison.

Les ducs d'Arscot, de la maison des princes de Ligne, ont quitté leurs Noms & leurs armes, pour prendre ceux de la seigneurie d'Aremberg. Les sires de Beaumont, comtes de Meulent, ont de même abandonné leurs Noms & leurs armes.

Guillaume le Joffu, seigneur de Conray, gouverneur d'Arras, qui mourut en 1467, quitta le Nom & les armes de Robert son père, pour le Nom & les armes de Conray, seigneurie qui lui appartenoit.

D'autres, en retenant les Noms & les armes de leur maison, changeoient les métaux de leurs armes, pour se distinguer des autres branches.

Un puîné des barons de Garancieres en retint les armes, qui sont de gueule avec trois chevrons d'or, mais en convertissant les chevrons d'or en chevrons d'argent.

Une branche de la maison d'Ailly, en prenant le Nom de Saint, conserva les armes d'Ailly, mais en y ajoutant une face d'or.

Il reste des vestiges de toutes ces variétés dans

la famille régnante. Tous les puînés de cette auguste, maison portent le surnom de France, & leurs enfans prennent leur surnom de la principale province de leur apanage ; surnom qui demeure à la branche, jusqu'à ce qu'elle finisse ; & quant aux armes, ils chargent leur écu d'une brisure que le prince choisit, ou que le roi indique.

On trouve quantité d'exemples de personnes qui ont pris le Nom & les armes de leurs femmes ou de leurs mères.

Guillaume, comte d'Eu, épousant la fille de Renaud, comte de Soissons, en prit le Nom & les armes.

Jean, seigneur de Glimes, épousa Jeanne Bergues, dont une branche a porté le Nom & les armes de Bergues, & l'autre a continué le Nom & les armes de Glimes.

Pierre de Verchin, sénéchal de Hainaut, chevalier de la Toison, n'ayant point de lignée masculine, mais seulement deux filles, il en maria une, nommée Yolande, à Hugues de Melun, à la charge de porter le Nom & les armes de Verchin.

Jean Scohier, en son traité & comportement des armes, chapitre 14, rapporte que Jean, seigneur de Wallincourt & de Cisoing, sénéchal de Hainaut, dernier mâle de sa famille, fut tué en la bataille d'Azincourt l'an 1415, & laissa sa sœur héritière, qui porta avec ses seigneuries, le Nom & les armes de sa maison à Jean de Barbençon, seigneur de Jeumont, son mari. Ainsi, Jean de Barbençon, par ordonnance du bon duc Philippe de Bourgogne, releva le Nom & les armes de Verchin, qu'il prit & porta ; mais n'ayant point d'enfans, Jacques de Barbençon, son frère puîné, laissant son Nom & ses armes, prit ceux de Verchin, aux mêmes conditions qu'avoit fait son frere.

En Bretagne, Allain de Vitré, fils puîné de Robert III, baron de Vitré, & d'Anne de Dinan, laissa le Nom & les armes de Vitré, pour prendre ceux de Dinan.

Ainsi Jean de Monfort, seigneur de Kergoray, prit le Nom & les armes d'Anne de Laval sa femme; sa postérité en fit de même.

Ainsi Pierre de Laumens prit le Nom & les armes de Lenaize de Boiseon, son épouse; & Eon de Boiseon leur fils avoit une fille unique, Marguerite, dame de Boiseon, qui porta ce Nom à Hervé de Coatodres son mari, lequel en eut Hervé, qui continua en 1402 le Nom & les armes de Boiseon.

On remarque dans la maison de Berrie en Loudunois, que Marguerite, héritière d'Amboise, & femme de Renaud, seigneur de Berrie, porta à Jean leur fils le Nom & les armes d'Amboise en Touraine.

Hugues de Geneve, fils puîné d'Amé II, comte de Geneve, épousa l'héritière de la baronnie d'Authou en Dauphiné, dont il prit le Nom & les armes, que leurs enfans portèrent pareillement, en quittant ceux de Geneve.

Marthe de la Chambre, héritière de la maison des comtes de la Chambre de Savoie, épousa Jean, seigneur de Bajat, dont les successeurs prirent le Nom & les armes de la Chambre, en abandonnant ceux de Bajat.

Les enfans de Jeanne de Montlaur, & de Hugues, seigneur de Maubec son mari, vivant en 1453 , portèrent le Nom & les armes de Montlaur ; &, à leur imitation, les enfans de Floride de Montlaur & de Jean de Vefc, baron de Grimaut , fon mari , firent de même.

Archambaut de Bourdeille , fils d'Arnaud & de Bruniffent de Montbron , vivant en 1478 , prit le Nom & les armes de Bergerac du côté des femmes.

Entre les exemples de ceux qui ont pris les armes de leurs mères , je rapporterai que Robert VII , feigneur de la châtellenie de Béthune en 1226 , prit les armes de la maifon de Tenremonde, à caufe de fa mère.

Qu'Enguerrand de Guines, fecond fils d'Arnoul III, comte de Guines, ayant fuccédé aux biens d'Alix de Couci fa mère, prit le Nom & les armes de Couci.

Que Pierre de Mortagne , feigneur de Landas, fils de Baudouin , feigneur de Mortagne , & de Béatrix , dame de Landas , vivant en 1296, prit le Nom & les armes de Landas , à caufe de fa mère.

Et que Jacques de Montboifier, inftitué héritier de la terre de Canillac & du comté d'Alez, par fon grand-oncle maternel, frère d'Ifabaud de Beaufort fa grand'mère, en prit le Nom & les armes.

Entre ceux qui ont quitté leur Nom , & qui ont retenu leurs armes, on voit Guillaume de Verno , cadet des barons de Partenay ; il prit le Nom de Verno du côté maternel , en quittant le Nom d'Archevêque, propre aux mâles de la maifon de Parthenay , & il en retint les armes.

Il y en a d'autres qui portent toujours leur

Nom, mais d'autres armes, comme fit le descendant de Gauthier de Flechelles, seigneur d'Auberville, & de Blanche de Caux, dame du Verbosc, qui quitta ses armes & prit l'écu de Caux.

Il y en a aussi qui ne retiennent ni leur Nom ni leurs armes, ainsi que Philippe de Vendôme, fils de Bouchard, comte de Vendôme, vivant en 1289, lequel épousant Jolande d'Illiers, fille de Geoffroy, sire d'Illiers en Beausse, il fût dit par le contrat d'institution rapporté dans les mémoires d'André Duchesne, que Jean leur fils prendroit le Nom & les armes d'Illiers.

Du nombre de ceux qui ont retenu leurs armes avec celles de leurs femmes, a été Louis de Château-Neuf, baron de Joyeuse, qui conserva ses armes avec une brisure, parce qu'il étoit puîné, & prit en même temps les armes de Tiburge de Saint-Didier, qu'il épousa en 1379.

Il y a des familles qui ont porté le Nom & les armes de la première femme de leurs pères, sans en être sorties. Guillaume Camdenus, *in suâ Britaniâ, sub titulo brigantes rubrica Cumberland*, rapporte que la fille du dernier seigneur de Lucy fut mariée à Henri de Percy, comte de Northumberland; qu'elle fit ses héritiers les enfans qui sortiroient de son mari, à la charge de porter le Nom & les armes de Lucy, conjointement avec celles de Percy; ce que la postérité de ce comte observa religieusement, encore qu'elle fût sortie du mariage d'une autre femme.

Autrefois on changeoit de Nom en France sans

aucune solennité. La preuve s'en tire des registres de la chambre des comptes. Jean Duboulay y est qualifié conseiller du roi, & fils de Jean Paumier, bourgeois de Paris, & maître de la monnoie en 1344, sous le règne de Philippe de Valois.

Ainsi Henri le Corne, premier président au parlement, chancelier de France, prit le Nom de Marle en quittant celui de sa famille sans aucune permission : il fut tué à Paris avec le connétable d'Armagnac, par les Bourguignons, l'an 1458.

Ainsi Guillaume Juvenal, aussi chancelier en 1441, prit le Nom des Ursins, sans avoir eu lettres du prince ; & les descendans de Jean le Boulanger, premier président du parlement en 1471, portèrent le Nom de Montigny.

De même les descendans de Thierri de Bevere, vivant en 1339, prirent le Nom de la châtellenie de Dixmude, & les prédécesseurs de Jean Blainville, de Gilbert de Fayette, de Claude Dennebaud, de Roger de Bellegarde, & d'Antoine, duc de Grammont, maréchaux de France en 1374, 1421, 1541, 1575 & 1641, ont quitté leurs Noms primitifs de Mauquenchy, de Mothier, Dubois, de Saint-Lary & d'Aure, sans aucune solennité.

Mais comme cette licence de changer ainsi de Nom & d'armes, produisoit les plus grands abus, le roi Henri II y remédia par son ordonnance donnée à Amboise le 26 mars avant pâques 1555, art. 9. Elle porte expressément, *que, pour éviter la supposition des Noms & des armes*, défenses sont faites à toutes personnes de changer leurs Noms & leurs armes, sans avoir obtenu des lettres de

difpenfe & permiffion, à peine de mille livres
d'amende, d'être punis comme fauffaires, & être
exautorés & privés de tout degré & privilége de
nobleffe.

A quoi Jacques Miette voulant obéir, il eut
des lettres du roi Henri IV en mars 1603, enregiftrées au parlement de Normandie le 9 juillet
enfuivant, qui lui permirent de quitter fon Nom
en prenant celui de Lauberie. Jacques Thorel
en obtint auffi pour s'attribuer le Nom de Caf-
tillon ; de même que firent Louis Dollebert,
pour s'appeler Philippe ; & François Mignot, pour
prendre celui de Bougueren.

Ce fut apparemment dans cette vue que les
états généraux, affemblés à Paris en 1614 & 1615,
proposèrent dans le cent foixante-deuxième article
de leurs cahiers, qu'il fût enjoint à tous gentilshommes *de figner en tous actes & contrats du
Nom de leurs familles, & non de leurs feigneuries, fur peine de faux & d'amende arbitraire.*

C'étoit auffi avec beaucoup de raifon que le
préfident Barthelemi Chaffanée difoit qu'il étoit
défendu de changer de Nom fans l'autorité du
prince. *Mutatio nominis videtur prohibita fine fcitu
principis ratione legis eos, ff. qui fe pro milite
geffit, ff. de falfis ; fed illa eft licita, dit cet auteur, quæ damnum & fraudem alteri non infert.*

S'il eft défendu de changer de Nom fans la
permiffion du roi, cette défenfe doit auffi s'é-
tendre fur ceux qui ajoutent à leur Nom une
particule, dans le deffein de l'anoblir davantage. Ils veulent reffembler à ce Simon, qui fe
fit appeler Simonides, & ils tombent dans l'er-

K iv

reur de croire qu'il n'y a point de Noms anciens
qui ne soient devancés d'une particule ; mais
ils pourroient se représenter qu'il y en a un
grand nombre, comme Bertrand, Painel, Pel-
let, Damas, Chabot, Sanglier, Tournemine,
Blosset, Faucaut, Rovaut, Chasteignier, Baton,
Tesson, Gouffier, qui n'ont aucune particule.
Les véritab'es gentilshommes ne cherchent point
ces vains ornemens, ils s'offensent même quand
on les leur attribue, & ils ne peuvent souffrir
qu'à regret qu'on leur impose une fausse couleur,
qui, au lieu de donner de l'éclat à leurs familles, en ternit en quelque sorte l'ancienneté. Ç'a
été sans doute pour cette raison que Jacques
Tezart, seigneur des Essarts, Baron de Tour-
nebu, se tint autrefois fort offensé qu'on eût
ajouté la particule *de* à son ancien & illustre
Nom, dont il étoit le dernier des légitimes : la succession tomba par sa fille unique dans la maison
des comtes de Rhingraves, princes de Salme. Enfin
plusieurs, pour plus grande sûreté, ont pris des
lettres, pour éviter la fausseté que commettent
ceux qui prennent ce privilège de plein droit.

Jean Loir, commissaire général de l'artillerie
& de la marine du Ponant, obtint la permission
d'ajouter à son Nom l'article *du*, par lettres patentes du roi Henri IV, données en avril 1596 ;
& le roi Louis XIII, par lettres du 2 mai 1613,
accorda une pareille grâce à Ambroise Vie, sieur
Dumesnil Caujou, & de Saint-Quintin de la
Roche, contrôleur du domaine en Normandie,
en lui permettant de devancer son nom de la
particule *du* ; il fit vérifier & registrer ses lettres
au parlement, à la chambre des comptes & dans
le bailliage de son ressort. Cela doit être toujours observé.

La queſtion la plus intéreſſante de cette matière eſt celle de ſavoir ſi la femme ou la mère
peuvent communiquer à leurs maris ou à leurs
fils leurs Noms & leurs armes , & ſi le roi
peut , par des lettres-patentes, autoriſer cette tranſ-
miſſion de Noms , lorſqu'il exiſte des mâles de
la famille.

Cette importante queſtion ſe décide par quelques
principes univerſellement reconnus ; le premier,
que le Nom & les armes d'une famille noble
appartiennent à la famille, privativement & à l'ex-
cluſion de tout autre.

Le ſecond, que les enfans ne ſont point de
la famille dont leur mère eſt iſſue, parce qu'une
femme eſt le commencement & la fin de ſa
famille , & que les enfans ſuivent la famille du
père, & non celle de la mère.

Il y a dans les familles nobles des biens de
qualité fort différente.

Les uns, comme les terres & d'autres de pareille nature, tombent dans le commerce ; &
comme les particuliers de la famille qui les poſ-
ſèdent en ſont ſeuls propriétaires , ils ne peuvent
être poſſédés par leurs deſcendans , ſans titre ou
univerſel , comme eſt celui d'héritier , ou ſin-
gulier, comme eſt celui de donataire ou celui
d'acquéreur ; ces biens diminuent par les partages,
ou ſortent de la famille par les aliénations.

Les autres au contraire , comme le Nom &
armes, le rang, la nobleſſe, ne tombent point
dans le commerce , ils ſont inaliénables & inceſ-
ſibles : ce n'eſt point par le titre d'héritier , ni
par celui de donataire qu'on les poſſède ; il faut,
pour y avoir droit, deſcendre par les mâles de
ceux qui en ont joui ; c'eſt le ſeul bien indé-

pendant des caprices & des révolutions de la fortune ; ce font ces reftes précieux de la vertu & de la gloire des pères, qui excitent dans leurs defcendans une noble & généreufe ardeur de les imiter : c'eft ce qui a fait dire à un des (*) plus anciens & des plus célèbres interprètes du droit romain, que dans le Nom & dans les armes des nobles réfide principalement la mémoire d'une maifon, & la fplendeur d'une race ; & comme ces biens appartiennent en commun à toute-la famille, chàque particulier qui la compofe y a droit, comme étant de la famille ; mais nul, par la même raifon, n'a le pouvoir de les aliéner ou de les communiquer à une famille étrangère, au préjudice & fans le confentement de toutes les perfonnes de la famille à qui ils appartiennent.

C'eft fur cette raifon fondamentale que font appuyées les règles du droit des armes, conte-nues dans les livres de ceux qui ont traité ce fujet : ces règles tendent toutes au même but, qui eft de conferver aux maifons ce bien inalié-nable, & elles vont jufqu'à marquer en détail les diftinctions que les membres de chàque famille doivent garder entre eux à cet égard.

Selon l'ufage général de France, attefté par les plus favans auteurs (**) du droit françois, auffi bien que par les étrangers, l'aîné feul a droit de por-

---

ter· le cry & les armes pleines ; les puînés ne les peuvent porter fans quelque diff rence, qu'on appelle *brifure* : cet ufage eft fi inviolablement obfervé, que, par un ancien arrêt du 9 mai 1499, des puînés furent condamnés de quitter les armes pleines, & d'y mettre les différences ordinaires, quoiqu'ils euffent une poffeffion de 60 années (*).

Les filles, par le mariage, fortant de leur famille, en perdent tous les avantages, le Nom, les armes, le rang, la nobleffe.

Elles perdent la nobleffe fi elles fe marient à un roturier ; elles perdent le rang qu'elles avoient avant leur mariage, fi le mari qu'elles époufent n'a pas droit d'en jouir. Marguerite de Rohan en eft un exemple ; elle eût perdu fon rang de princeffe par fon mariage avec Henri de Chabot, fi fa majefté ne lui eût fait la grâce de le lui conferver par un brevet expédié avant fon mariage. Leur nom fe perd auffi par le mariage, & ne fe communique point à leurs enfans, qui fuivent toujours la condition du père, & non celle de la mère ; elles prennent le nom de leur mari, & les enfans celui de leur père ; & fi elles confervent les armes de leur famille, c'eft précifément pour faire connoître de quel fang elles font iffues : mais afin que cela ne caufe point de confufion & de trouble, elles ne les peuvent jamais porter feules, elles font obligées de placer celles de la famille de leur mari au côté droit, & celles de leur propre famille, qu'elles quittent, au côté gauche. De ces règles & de ces notions fimples ;

(*) Expilly, arrêt 163.

que l'usage a rendues communes , & qui font voir
si clairement combien les familles nobles ont
été jalouses de leur Nom & de leurs armes, on
peut tirer trois conséquences ; la première , que
les familles ont un droit & un intérêt essentiel
d'empêcher que leurs armes ne soient commu-
niquées à une maison étrangère ; la seconde, que
nul particulier de la famille n'est en pouvoir
de disposer de ce bien, qui est commun à tous
ceux qui la composent ; la troisième, qu'une femme
de la famille a bien moins de pouvoir que les
autres, elle qui , en se mariant, perd, par le mariage même , le droit qu'elle a pu avoir au Nom,
aux armes, au rang & à la noblesse de la maison paternelle.

A ces principes s'en joignent encore d'autres au
nombre de quatre ; le premier, que le Nom &
les armes d'une famille noble appartiennent à la
famille, privativement & à l'exclusion de tout autre.

Le second , que les enfans ne sont point de la
famille dont leur mère est issue, mais de celle
du père ; qu'ainsi la mère ne peut communiquer
son Nom & ses armes à ses enfans, lorsqu'il y
a des mâles de sa famille qui s'y opposent.

Le troisième , qu'une mère ne peut imposer
à son fils la condition de porter son Nom seul
& ses armes seules, sans lettres du souverain qui
permettent de changer de Nom.

Le quatrième , que les lettres étant toujours
accordées sous cette condition sous-entendue, pourvu
que cela ne préjudicie au droit acquis à un tiers,
ne s'exécutent point lorsqu'il y a des mâles intéressés, qui s'opposent à ce changement.

Le premier de ces principes est établi sur
le sentiment des auteurs & sur les loix du royaume.

Alciat, dans son commentaire sur la loi 196, au digeste *de verborum signific.*, pose comme un axiome indubitable, qu'un fils suit la famille de son père, & non celle de sa mère; d'où il tire cette conclusion aussi certaine que l'axiome, que le fils d'une mère noble n'est pas noble, si le père ne l'est pas, parce que la noblesse vient seule du père. De ces deux règles il conclut, qu'un fils ne peut pas porter les armes de la famille de sa mère, & qu'il n'y a que le prince qui puisse accorder cette grâce.

De Prœlis, célèbre jurisconsulte, dans le savant traité qu'il a fait des substitutions, suit le même sentiment, & décide que le prince seul peut ordonner qu'un fils suive la famille de sa mère, parce qu'il est contre le droit qu'un fils porte le Nom de sa mère, & que pour les honneurs de la famille, il suit la condition du père, & non celle de la mère.

Christin, chancelier de Brabant, dans son commentaire sur l'édit des armoiries, donné par les archiducs en 1616, art. 2, n°. 40, décide pareillement qu'on ne peut, sans lettres du prince, faire porter à un fils le Nom & les armes de sa mère, *nemo præter principem potest constituere ut filii originem sequantur matris, & non patris*; les règles de la jurisprudence françoise sont conformes au sentiment de ces auteurs.

Faïl, conseiller au parlement de Bretagne, dans le recueil qu'il a donné des arrêts de ce parlement, en rapporte deux du 28 septembre 1564, par lesquels il est ordonné, qu'avant que d'enregistrer les lettres-patentes obtenues par deux personnes pour changer de Nom, ces lettres seront lues & proclamées à l'issue de la grand'messe de la paroiffe dont les perfonnes qui vouloient changer de Nom étoient originaires, au prochain marché, jours de plaids généraux, & au plus prochain fiége royal.

Il y a une preuve de cette règle dans les lettres-patentes accordées par Charles IX au cardinal de Créqui, au mois de novembre 1572, & enregiftrées au parlement le 23 du même mois.

Le cardinal de Créqui n'avoit qu'une fœur, appelée Marie de Créqui, fa feule & unique héritière préfomptive, mariée à Philbert de Blanchefort; il fit une donation confidérable de plufieurs terres & entre autres de la terre & feigneurie de Créqui, à Antoine de Blanchefort, fils aîné de fa fœur : cette donation fut faite par le contrat de mariage d'Antoine de Blanchefort, à la charge que ce feigneur, neveu du cardinal, porteroit le Nom, cry & armes de la maifon de Créqui, fuivant l'intention des prédéceffeurs du cardinal de Créqui, avec fubftitution aux aînés mâles.

Mais comme il appartient au feul fouverain de permettre le changement de cry, Nom & armes des grandes & illuftres maifons, Antoine de Blanchefort eut recours à l'autorité du roi Charles IX, pour changer le cry, Nom & armes de Blanchefort, & prendre le cry, Nom & armes de Créqui; ce qui lui fut accordé par lettres-patentes du mois de novembre 1572. Les lettres font en ces termes : *Mais d'autant qu'à nous feuls appartient de permettre la mutation & changement de cry, Nom & armes des grandes & illuftres maifons, comme font les maifons de Créqui & de Blanchefort, il nous a très-*

humblement supplié & requis , comme aussi fait ledit Antoine de Blanchefort son neveu , lui vouloir permettre de laisser le cry , Nom & armes de sa maison originaire de Blanchefort , pour en considération & aux fins ci-dessus , de prendre le Nom & les armes de Créqui : il n'y a point là de terme qui ne porte, & qui ne mérite d'être attentivement observé.

Le second principe n'est pas moins facile à établir.

L'intention du souverain n'est point de préjudicier par des lettres-patentes au droit acquis à un tiers, il y en a plusieurs loix précises; le §. 4, & le §. 16 de la loi 2, au digeste *ne quid in loco*; la loi 6, *de jure aut annul.* la loi 2, *de natalibus restituendis*; la loi 39, au digeste *de adoptionibus*, décide, dans un cas semblable, que l'adoption confirmée par lettres du prince né pouvoit avoir lieu, qu'après avoir entendu ceux qui avoient intérêt à s'y opposer. *Quod desideras an impetrare debeas, æstimabunt judices adhibitis his qui contradicent, id est, qui læderentur confirmatione adoptionis.*

Après l'établissement de ces deux principes, il reste, suivant l'ordre proposé, de rapporter le sentiment des auteurs qui ont décidé que la condition imposée de porter le Nom & les armes, ne peut avoir lieu lorsqu'il y a des mâles du Nom & des armes qui s'y opposent.

Boyer, président au parlement de Bordeaux, qui a recueilli les arrêts du même parlement, décision 146, n°. 6, décide que quand il y a des mâles du Nom & des armes, on ne peut imposer à d'autres la condition de porter le Nom & les armes. *Quibus stantibus & suis descenden-*

tibus masculis dicta conditio de nomine & armis deferendis non potest fieri, sed illis de agnatione & familiâ, quibus jure successorio debentur Nomen & arma deficientibus, bene potest alii fieri.

Chassanée, président au parlement d'Aix, décide de la même manière, *quod intelligendum est fieri posse, ubi non est alius de familiâ, cui jure successorio Nomen & arma deberentur.*

Christin, chancelier de Brabant, dans son commentaire sur l'art. 2 de l'édit des archiducs, en 1616, sur la noblesse & les armoiries, suit le même sentiment au §. 38. *Observandum tamen est illas nominis armorumque impositiones, tum demum fieri posse, ubi non sit alius de familiâ, cui jure successorio, idem Nomen & eadem planè arma debeantur, aut nisi omnes de eo consensum ferant; aliàs enim hæc impositio & assumptio illicita.*

Un auteur célèbre d'Allemagne, qui a fait un *traité des substitutions des maisons illustres,* suit le même sentiment.

Théodore Hœping, qui a fait un traité singulier du droit des armoiries, dans lequel il a approfondi les plus importantes questions, décide que quand il y a des mâles du Nom & des armes, on ne peut imposer à d'autres la condition de porter le Nom & les armes.

Jean Scohier, qui a fait un traité de l'état & comportement des armes, en 1597, propose la question; savoir, si le chef d'une maison, n'ayant point d'enfans mâles, peut, par le contrat de mariage, faire porter son Nom & ses armes au fils aîné de sa fille aînée, y ayant d'autres mâles du Nom & des armes; il décide dans

le

le chap. 15, qu'il ne le peut; que l'aîné des mâles du Nom & des armes, portera les armes pleines, & que le fils de sa fille aînée ajoutera seulement aux armes de son père celles de sa mère.

Anne, vicomtesse de Rochechouart, fut mariée sous Louis XI à Jean de Pontville, à condition que leurs enfans prendroient le Nom & les armes de Rochechouart : elle étoit fille de Foucault, vicomte de Rochechouart, aîné du Nom & des armes.

Mais, comme il y avoit des mâles du Nom & des armes de Rochechouart, on ne souffroit pas que les enfans de Jean Pontville & d'Anne de Rochechouart, prissent le Nom & les armes de Rochechouart.

Il y en a trois preuves constantes.

La premiere est, qu'après la mort de Foucault de Rochechouart, père d'Anne, mort sans enfans mâles, les armes pleines sont tombées à l'aîné des Rochechouart, de la branche de Mortemart, qui portoit une panthère sur ses ondes, pour différence : la preuve de ce fait est rapporté au tome 3, page 586 de l'histoire de saint Martial.

Le même fait est attesté par Adam de Sichard, dans l'histoire généalogique de la maison de Rochechouart, p. 938.

La deuxième est, que François de Pontville, issu de ce mariage, ne porta point le Nom & les armes de Rochechouart, & s'appeloit François de Pontville, vicomte de Rochechouart, ou dit de Rochechouart, à cause qu'il possédoit le vicomté de Rochechouart, comme il est marqué au même endroit de l'hiftoire de faint Martial, à la page 589 du même livre.

La troifième eft, que les feigneurs de Rochechouart, de la branche de Mortemart, n'on jamais permis à François de Pontville de prendre d'autre Nom que celui de Pontville, & no de Rochechouart. C'eft ce qui eft dit à la fi de la page 586 : & en effet, François de Pontville & fes enfans ayant voulu prendre l Nom & les armes de Rochechouart, le mêm auteur s'explique en ces termes à la page 589 ,, *Car*, dit il, *encore* qu'ils euffent eu permiffio ,, & commandement au mariage de Jean de Pont ,, ville, père de François, avec Anne de Ro ,, chechouart, héritière unique de Foucault, d ,, prendre le Nom & les armes de Rochechouart ,, ceux de Mortemart pourfuivirent fi vivemen ,, François de Pontville & les fiens, qu'ils fu ,, rent obligés de quitter le Nom & les arme ,, de Rochechouart, & garder feulement le Nom ,, de Pontville ,,. Adam Richard, à la page 12, attefte le même fait en ces termes. ,, Avec ,, ledit Pontville il y eut plufieurs procés & ,, différends finalement terminés par accord ; en ,, tous lefquels les feigneurs de Mortemart n'ont ,, permis que ledit fieur vicomte ait pris autre ,, Nom que celui de Pontville : c'eft pourquoi ,, je ne pourfuivrai plus long-temps de la bran- ,, che des vicomtes, pour être le Nom de Ro ,, chechouart demeuré au feigneur de Mortemart, ,, chef des armes ,,.

Le témoignage de cet auteur eft d'autant plus confidérable, que fon livre eft dédié à Gafpard de Rochechouart ; qu'Adam de Sichard avoit été trente deux ans au fervice de la maifon, & qu'il dit dans l'épître dédicatoire, que ce qu'il a écrit ne peut être révoqué en doute, parce qu'il est justifié par les originaux des titres qu'il a fidélement extraits.

Voilà un exemple célèbre dans une maison illustre ; exemple sur une contestation portée en justice ; exemple qui mérite d'autant plus d'attention, que les trois circonstances qui viennent d'être expliquées, appuyées sur des témoignages non suspects, ne peuvent pas être révoquées en doute.

A ce premier exemple, on en ajoûtera un autre, qui n'établit pas moins bien la règle qui s'observe dans le royaume, quoique le cas soit différent.

Après que le cardinal de Créqui, chef du Nom & des armes de Créqui, eut donné tous ses biens par le contrat de mariage d'Antoine de Blanchefort, fils de Marie de Créqui sa sœur & unique héritière, à condition qu'Antoine de Blanchefort & ses descendans mâles porteroient le cri, Nom & armes de Créqui, il fit deux réflexions sur cette condition : la première, qu'il n'étoit point permis en France de changer de Nom sans l'autorité du souverain ; la seconde, que les branches puînées seroient en état de s'opposer à ce changement.

Pour remédier à cet inconvénient, le cardinal de Créqui & Antoine de Blanchefort son neveu eurent recours à l'autorité du roi Charles IX ; ils lui exposèrent la donation faite à condition de porter le Nom, le cri & armes de Créqui, reconnoissant en même temps qu'il appartenoit au roi seul de permettre le changement du

Nom , cri & armes des grandes & illuſtre:
maiſons.

Ils étoient ſi perſuadés l'un & l'autre que l:
condition de porter le Nom & les armes d:
Créqui , ne donnoit point droit à Antoine d:
Blanchefort de le faire , & de changer de Nom
avant qu'il en eût obtenu la permiſſion du ro:
par des lettres-patentes , que , depuis le mariag:
juſqu'à ce qu'il eût obtenu ces lettres , il port:
toujours le Nom de Blanchefort , comme i:
paroît par les lettres mêmes où il eſt nommé

Par le diſpoſitif des lettres , Charles IX
permet & octroye à Antoine de Blanchefor:
de prendre & porter dorénavant & à toujour:
le cri , le Nom pur & ſimple , & armes pleines de la maiſon de Créqui , ſans que lui ni
ſa poſtérité puiſſe ou doive plus porter à l'avenir d'autre Nom ni armes. Mais comme cette
permiſſion leur eût été inutile , ſi les mâles
du Nom & des armes de Créqui s'étoient op-
poſés à ce changement, le roi ajoute : » Nonobſ-
» tant qu'aucuns deſcendus de quelque puîné de
» la maiſon de Créqui , le vouluſſent contredire
» & empêcher, ce que nous avons prohibé &
» défendu , prohibons & défendons , leur per-
» mettons toutefois de continuer de porter pareil
» Nom & armes qu'ils ont accoutumé de por-
» ter , & non autres «. Ce ſont les termes des
lettres.

Il réſulte de ces deux exemples, que la condition impoſée dans une donation par un contrat de mariage , de quitter ſon Nom & ſes
armes , pour prendre le Nom & les armes du
donateur , ne peut avoir effet ſans lettres du
prince ; que les lettres du prince n'empêchent

pas les mâles du Nom & des armes, de s'oppoſer à ce changement, ſi le prince, par une
défenſe & une prohibition expreſſe, n'impoſe
aux mâles des autres branches la néceſſité abſolue de ſouffrir ce changement. L'application
de ces exemples ſe fait d'elle-même à la queſtion que nous diſcutons. Ainſi lorſqu'un individu
n'a point de lettres-patentes qui l'autoriſent à
prendre le Nom & les armes d'une maiſon, il
ne peut pas le faire; & quand il en auroit, le
droit que les mâles de cette maiſon auroient
de s'oppoſer à l'effet de ces lettres, ſubſiſteroit
juſqu'à ce qu'il leur fût ôté par défenſes expreſſes
du ſouverain.

Si l'on parcourt l'hiſtoire des grandes maiſons,
on voit à la vérité beaucoup d'exemples de
femmes qui ont donné leur Nom à leurs
maris, & de fils qui ont pris celui de leur
mère; mais, dans preſque tous ces exemples,
on voit qu'il n'y avoit plus de mâles de la
maiſon, ou que ceux qui exiſtoient conſentirent
que leur Nom paſſât à une famille étrangère.

Lorſque Pierre de France, ſixième fils de
Louis le Gros, prit le Nom & les armes de
Courtenay, il n'y avoit point de mâles de la
maiſon de Courtenay.

Lorſqu'Archambaud de Grailly prit le Nom
de Foix, par ſon mariage avec Iſabelle de
Foix, il n'y avoit point de mâles du Nom de
Foix.

Lorſque Charles, fils de François, comte de
la Rochefoucault, & de Charlotte de Roye,
comteſſe de Roucy, prit le Nom & les armes
de ſa mère, il ne reſtoit plus de mâles du Nom
& des armes de Roye; Charles, dernier mâle

du Nom de Roye, ne laiſſa que deux filles; dont l'une fut mariée à Louis de Bourbon, prince de Condé, & l'autre à François de la Roche-foucault.

Il en eſt de même des exemples de Beon du Macé, d'Albert, de Clermont-Tonnerre, de Montmorency, qui ont pris le Nom de Luxembourg par les femmes; il n'y avoit plus de mâles du Nom & des armes de Luxembourg.

Lorſque la maiſon de Crevant a pris d'une femme qui y eſt entrée, le Nom & les armes d'Humieres, & que le deuxième fils du Duc d'Aumont a pris le Nom & les armes d'Humieres Crevant, il n'y avoit point de mâles d'Humieres.

Lorſque Matthieu de Montmorency épouſa l'héritière de Laval, & qu'il en prit le Nom, il n'y avoit point de mâles.

Lorſque Léon Dilliers fut inſtitué héritier de la maiſon d'Entragues, par Charlotte d'En-tragues ſa mère, à condition de porter le Nom & les armes d'Entragues, les deux branches d'Entragues ne pouvoient s'y oppoſer, celle d'Entragues Montagu étoit finie à Anne fille unique; la branche d'Entragues Clermont finiſſoit auſſi à Henri d'Entragues, qui n'avoit que des filles de ſon mariage avec Louiſe l'Huillier.

Dans le contrat de mariage de François de Bourbon, comte de ſaint Paul, avec Adrienne Deſtouteville, du 9 février 1534, Jean Deſ-touteville, ſeigneur de Vilbon, qui avoit ſeul intérêt de s'oppoſer comme mâle du Nom & des armes, donna ſon conſentement & ſigna le contrat de mariage. Il eſt rapporté au qua-trième volume de l'hiſtoire d'Harcourt.

Dans le contrat de mariage de Charles de Blois avec Jeanne de Bretagne, nièce du duc Jean, héritière préfomprive du duché, par répréfentation de Guy de Bretagne fon père, du 4 juin 1337, il fut ftipulé que Charles de Blois porteroit le Nom & les armes de Bretagne, & ils furent déclarés héritiers préfomptifs du duché.

Mais Jean de Bretagne, comte de Montfort, frère du duc Jean troifième, feul mâle du Nom & des armes, confentit à cette condition.

Il eft vrai qu'après la mort du duc Jean, il révoqua fon confentement, & qu'il prétendit exclure fa nièce de la fucceffion du duché; mais fa prétention fut condamnée par le célèbre arrêt donné à Conflans le 17 feptembre 1341, par le roi Philippe de Valois, en fon parlement, où étoient les pairs de France.

Lors du contrat de mariage de Jean de Montfort avec Anne de Laval, les males du Nom & des armes de Laval confentirent que Jean de Montfort prît le Nom & les armes de Laval. Guy de Laval, feigneur de Montjan, fut préfent à ce mariage.

Quant aux bâtards, l'auteur du traité des Noms, imprimé à la fuite du traité de la nobleffe, de la Roque, s'en eft occupé. Voici dequelle manière il s'exprime :

» Il y a deux fortes de bâtards au regard des » Noms. Ceux qui font légitimes & avoués, » dont les pères ont été connus, peuvent por- » ter les Noms de leurs familles, ou du moins » ceux des fiefs & feigneuries qui leur appartien- » nent, & même lorfqu'ils font feulement

» avoués par leurs frères naturels & légitimes.
» Mais ceux qui ne font avoués ni légitimés, ne
» font point capables de poſſéder aucuns biens,
» charges, offices ni bénéfices, & n'ont point
» de Nom que celui du baptême. S'ils font des
» acquiſitions fans la permiſſion expreſſe du fou-
» verain, c'eſt en fraude ; tout ce qu'ils poſſè-
» dent eſt acquis au fiſc : ils n'ont pas plus de
» pouvoir que les enfans trouvés, *vulgò quaſiti* ;
» car il n'eſt fait nulle mention d'eux dans les
» regiſtres de la chambre des comptes, qui a le
» dépôt de toutes les légitimations.

» Ainſi, ſi ces bâtards non légitimés ni avoués
» prennent des ſurnoms, c'eſt une uſurpation
» manifeſte. Mais, ce qui eſt bien étrange, le
» plus ſouvent ils s'emparent des Noms des plus
» nobles familles, &, dans l'éloignement des
» parens collatéraux, ils ſe diſent héritiers, &
» s'attribuent injuſtement le bien d'autrui, ſoit
» au préjudice du prince, à qui ces biens font
» dévolus, ſoit au préjudice de parens portant
» d'autres Noms que ceux de la famille, dont la
» ſucceſſion eſt ouverte en leur faveur juſqu'au
» ſeptième degré.

» On a vu des perſonnes ſi lâches que de re-
» connoître ces ſortes d'illégitimes, ſpécialement
» lorſqu'ils font en fortune ; & bien ſouvent ils
» l'ont grande, n'y ayant point de gens plus in-
» duſtrieux que ceux qui ont été engendrés avec
» ruſe & ſubtilité ; enfin, on en a vu monter
» de la plus profonde baſſeſſe, en un haut degré
» de fortune, & d'autres qui, en taiſant leur
» origine, ont poſſédé des charges conſidérables,
» au préjudice de l'autorité du roi & des loix
» du royaume, qui portent contre eux des dé-

» fenfes très-expreffes de les exercer fans dif-
» penfes «.

La connoiffance des Noms, leurs variations, la manière dont on les écrivoit dans les différens fiècles, forment une des parties la plus importante de la diplomatique.

Dans tous les temps, nos rois, comme aujourd'hui, n'ont jamais figné que leur Nom de baptême.

Les évêques ont imité cette coutume. Dans les plus anciens actes, on ne voit que leur Nom de baptême avec celui de leur évêché : les premiers qui ont ajouté leurs Noms de famille dans leurs foufcriptions, font Archambeau de Sully, archevêque de Tours en 986, & Regnaud de Vandôme, évêque de Paris en 988.

Les papes n'ont pas toujours changé de Noms à leur avénement au pontificat ; M. Fleury croit que Sergius IV, couronné l'an 1009, eft l'auteur de cette innovation ; il s'appeloit Pierre, & l'on dit qu'il abdiqua ce Nom par refpect pour le faint apôtre, chef de la dinaftie des papes. dom Mabillon fait remonter cet ufage jufqu'au pape Adrien III, qui fe nommoit *Agapit.* Ce que l'on peut regarder comme certain, c'eft que, dans le cours du onzième fiècle, ce changement paffa en coutume ; & depuis, à l'exception de Marcelle II, tous les papes ont fuivi cette coutume.

L'ufage d'annoncer le rang que les rois & les papes ont tenu parmi les prédéceffeurs du même Nom, n'eft pas fort ancien, il ne remonte guère, à l'égard de nos rois, au delà du quatorzième fiècle ; pour les papes il eft plus ancien ; on trouve cette diftinction dès le neuvième fiècle dans les bulles des papes; & même vers le milieu du onzième siècle, les papes mirent cette précision de second, troisième, quatrième du Nom sur leurs sceaux; il a même été un temps où les évêques avoient adopté cet usage. Selon Muratory, on ne trouve cette distinction, ni pour les papes, ni pour les princes de l'Europe, avant le neuvième siècle.

Les Noms propres, principalement sous la première race de nos rois, étant celtiques ou germains d'origine, étoient très-difficiles à mettre en latin; de là vient qu'un seul Nom avoit quelquefois six & sept dénominations différentes: on voit le Nom d'Henri premier diversement écrit dans les différens diplomes de ce prince. Si l'on varioit sur l'ortographe du Nom du souverain, doit-on s'étonner de voir dans les anciennes chartres le même Nom écrit de plusieurs manières différentes?

Une chose qui n'est pas moins étonnante, c'est de voir le même individu signer à la même époque des Noms différens; un évêque d'Angers signoit indifféremment *Eusebius & Bruno*; un évêque de Langres, *Hugue & Renauld*, un comte de Toulouse & duc d'Aquitaine, signoit tantôt *Raymond* & tantôt *Pons*.

Ce n'est que dans le dernier siècle que l'on a commencé à mettre dans les actes les Noms de famille des femmes; auparavant on ne les désignoit que par leurs Noms de baptême.

A l'égard des hommes, l'usage s'introduisit vers le onzième siècle, de ne les désigner que par la première lettre; au douzième siècle, rien de plus fréquent que des Noms écrits

par la feule lettre initiale ; cet ufage a duré
jufqu'au feizième fiècle : des copiftes ignorans
ont fréquemment pris la liberté d'interpréter
ces lettres initiales , & d'écrire en entier dans
leurs copies le Nom qu'ils fuppofoient être
le véritable ; c'eft ainfi qu'il arrive fouvent que
les copies de chartres paroiffent fauffes, quoique
les originaux foient irréprochables.

L'ufage où font les femmes de porter & de
conferver le Nom de leurs maris , remonte au
treizième fiècle ; mais il paroît qu'alors cette
coutume n'étoit établie que dans les grandes
maifons.

Nous terminerons cet article par le récit d'une
conteftation dont la cour & la ville retentiffent
encore ; nous parlons de la célèbre affaire entre
M. le marquis de Créqui & MM. le Jeune.
Ceux-ci, armés d'un certificat du fieur d'Hofier ,
reconnus par le chef, & portant, aux couleurs
près, les armes de la maifon de Créqui , en
avoient pris le Nom, & jouiffoient, depuis plufieurs années, des prérogatives & des honneurs
attachés à ce Nom auffi illuftre qu'il eft ancien.
Enfin le marquis de Créqui leur a demandé
compte des titres en vertu defquels ils fe prétendoient de fa famille. Cette demande a donné
lieu au procès dont nous parlons. En voici le
fait & les détails, que nous puifons dans les mémoires refpectifs : nous croyons que l'on nous
faura gré de préfenter avec une certaine étendue
les moyens des parties ; on y verra le développement de notre ancienne jurifprudence fur les preuves néceffaires en matière d'état , l'un des points les
plus importans de la légiflation.

MM. le Jeune, qui n'avoient jamais porté le

Nom de Créqui, abſolument dépourvus de poſ-ſeſſion, s'appuyoient principalement ſur une at-teſtation de l'an 1478. L'affaire, dégagée d'une multitude d'acceſſoires inutiles, & réduite à ſon point de préciſion, réſidoit en entier dans cet acte; en conſéquence nous allons le tranſcrire.

Jean le Jeune étoit domicilié à Tours; on l'impoſe ſur le rôle des tailles comme roturier: il ſe pourvoit au tribunal de l'élection. Sentence qui porte: *Avons appointé, que ſommairement de plein & ſans figure de procès, icelui Jean le Jeune nous informeroit de ſa nobleſſe, & comment par ci-devant il a ſuivi les guerres comme noble.*

Conformément à cette ſentence, Jean le Jeune ſe rend à Paris; & le 26 octobre 1478, il con-duit chez un notaire un ancien maire d'Arras, un prêtre, un nommé Garçon, un marchand & un tapiſſier, tous originaires de Picardie.

» Ces cinq témoins diſent, certifient & affir-
» ment pour vérité, qu'ils ont bonne & vraie
» connoiſſance de la perſonne de Jean le Jeune,
» écuyer, valet de chambre de haut & puiſſant
» ſeigneur monſeigneur de Beaujeu, gendre de
» Louis XI, comte de Clermont en Beauvoiſis,
» & ſavent qu'il eſt natif du lieu d'Ambricourt,
» qui eſt du comté de Saint-Pol, ſitué au pays
» d'Artois; ils diſent & affirment que ledit le
» Jeune eſt extrait de noble lignée de père &
» de mère vivans noblement de leurs cens, rentes
» & revenus, *le diſent ſavoir les deſſus nommés,*
» *parce qu'ils ſont natifs près dudit lieu d'Am-*
» *bricourt, comme dit eſt,* & ont eu bonne con-
» noiſſance de la perſonne de feu noble homme
» Taſſart le Jeune, père dudit Jean le Jeune; &

» ledit meffire Baulde dit qu'il a eu bonne con-
» noiffance de la perfonne de noble femme de-
» moifelle Catherine Polette, mère d'icelui écuyer,
» & femme dudit Taffart le Jeune, laquelle
» étoit native de la ville de Hefdin ; lefquels
» père & mère dudit écuyer vivoient noblement
» de leurs rentes & revenus, & étoient tels te-
» nus & réputés audit pays d'Artois ; *& outre*
» *dient les deffus nommés que ledit Jean le Jeune*
» *eft iffu de par père, de ceux de Créqui, dont ils*
» *portent encore de préfent les armes, fors qu'il y*
» *a différence de couleur ;* certifient en outre que
» ledit Jean le Jeune a toujours, depuis le trépas
» de fefdits feus père & mère, vécu noblement
» comme noble perfonne, de fes rentes & re-
» venus, l'ont vu fuivre les guerres & armées
» du roi notre fire, fous & en la compagnie de
» monfeigneur de Beaujeu, avec lequel icelui a
» vécu pendant l'efpace de quinze à feize ans
» ou environ, & mêmement depuis le trépas de
» feu monfeigneur le duc d'Orléans, avec lequel
» il a demeuré par l'efpace de quatre ou cinq
» ans «.

Cette déclaration fut fortifiée le lendemain par
la dépofition de noble Robert Defmarquets,
ancien lieutenant général de la gouvernance d'Arras : » Il certifie & affirme pour vérité, en pré-
» fence des mêmes notaires, que trente ans a
» paffés il a bonne connoiffance du lignage &
» parentage des fufnommés le Jeune d'Ambri-
» court, lefquels font parens & affins dudit Jean
» le Jeune, qu'il a toujours vu & ouï tenir &
» réputer au pays & comté d'Artois, nobles &
» vivans noblement ; le dit favoir, parce que lui
» étant lieutenant général des élus d'Artois, il

» n'a point vu & fu que le lignage & parentage
» des le Jeune, dont ledit écuyer eft iffu & pro-
» créé, aient été mis & impofés à payer tailles ni
» aucun autre fubfide, & que jamais n'en fut
» queftion, pourfuite & demande, lui étant gé-
» néral defdits états, *parce qu'il étoit & eft fi*
» *notoire audit pays d'Artois, que lefdits le Jeune*
» *font nobles, gens vivant noblement de leurs*
» *rentes & revenus, qu'il n'eft mémoire du con-*
» *traire* «. Ce magiftrat, difoient les fieurs le
Jeune, inftruit du motif qui portoit Jean le Jeune
à requérir fa déclaration, fe contente, à la vérité, de parler de la nobleffe des le Jeune ; mais
fi les dépofitions des cinq premiers témoins, qui
atteftoient d'une manière auffi précife que Jean
le Jeune *étoit defcendu par père de ceux de*
Créqui, dont il portoit encore les armes, avec
différence de couleur feulement, euffent été fauffes
& menfongères, auroit-il permis que fa déclaration fût infcrite fur la même feuille de parchemin & dans le même acte qui les renfermoit?
Auroit-il accrédité par fa préfence des impoftures
groffières qu'il eût été impoffible de lui cacher?

Cette enquête, faite dans la forme que la
fentence des élus d'Artois avoit prefcrite, fut remife fous les yeux de ces juges ; les collecteurs,
feuls adverfaires que Jean le Jeune pût avoir
alors, ne propofèrent aucun reproche contre les
témoins, & il intervint en conféquence, le 16
novembre 1478, une fentence contradictoire qui
déclara Jean le Jeune exempt de la taille, dépens compenfés.

Les fieurs le Jeune, qui voyoient dans cette
atteftation leur principal & même leur unique
moyen, n'ont rien négligé pour en faire fortir

la conféquence, qu'ils appartenoient à la maifon de Créqui. Il faut convenir que la chofe n'étoit pas facile. Quoi qu'il en foit, voici de quelle manière ils ont rempli cette pénible tâche.

Il fuffit d'avoir une légère idée de notre légiflation, pour favoir que l'ufage des regiftres de baptêmes, mariages & fépultures, eft récent. L'établiffement des premiers regiftres remonte au plus à cent foixante ans; & comme les meilleures inftitutions font prefque toujours celles, qui éprouvent le plus d'obftacles, il y en a à peine foixante-cinq que celle-ci a reçu fa perfection. Les ordonnances auxquelles nous en fommes redevables, trouveront néceffairement place dans le récit que nous nous propofons de faire de nos recherches à cet égard. Ces ordonnances font toutes de beaucoup poftérieures au temps où vivoit Jean le Jeune; il eft impoffible par conféquent de nous affujettir à rapporter des preuves de la nature de celles qui fervent à fixer aujourd'hui l'état des familles.

C'eft à l'époque où les enquêtes ont été faites qu'il faut fe reporter; c'eft l'efprit des loix exiftant alors qu'il faut prendre; les principes que l'on pourroit invoquer dans une queftion qui s'éleveroit fur l'état d'un homme né depuis foixante ans, feroient déplacés dans celle-ci. En un mot, la cour, juge fuprême de toutes les queftions, ne peut mettre dans la balance que les loix auxquelles étoit foumis celui fur le fort de qui elle prononce.

Si nous parvenons à démontrer que la preuve teftimoniale a été, jufqu'en 1566, la feule manière légale d'établir fon état & de conftater fes rapports avec la famille dont on fe difoit iffu,

il s'enfuivra néceffairement que la cour ne pour
fe difpenfer de regarder l'enquête de 14:
comme une preuve légale de l'état de Je:
le Jeune , neuviéme aïeul connu du comte
Créqui.

Parcourons d'un coup d'œil rapide les différent
révolutions que notre légiflation a éprouvées. To
le monde fait que les Gaulois , conquis d'abo
par les Romains , en adoptèrent leurs loix av
empreffement ; que les Romains , conquis à le
tour par les Francs , furent obligés de fe ploy
aux ufages des barbares , & que du mélan
des loix les plus fages & des coutumes les pl
bizarres , fortit d'abord une efpèce de légiflatic
monftrueufe , moins faite pour guider des hon
mes fages , que pour favorifer l'humeur guerriè
d'un peuple , qui, à proprement parler, ne connoi
foit d'autres loix que celles du plus adroit ou d
plus fort.

La fageffe des loix romaines perça cependar
au travers des préjugés de ces peuples groffiers
ils adoptèrent ces loix pour droit univerfel; & le
ordonnances que nos rois publièrent enfuite , n
firent qu'en développer les difpofitions, fans e
changer l'efprit.

L'ufage de la preuve teftimoniale étoit no
feulement autorifé par le droit romain , mais o
le regardoit comme abfolument indifpenfable
Teftimoniorum ufus frequens ac neceffarius eft.

On y avoit recours dans les caufes civile
comme dans les criminelles , *adhiberi quoque tefte*
poffunt non folùm in criminalibus caufis , fe
etiam in pecuniariis litibus , ficuti res poftulat.

Elle marchoit d'un pas égal avec la preuv
littérale. *In exercendis litibus eamdem vim obtinen*

tam

tam fides inftrumentorum, quàm depofitiones teftium.

Etoit-elle admife en matière d'état ? Ne pourroit-on pas en douter d'après la loi 2 , cod. *de*,
teftibus ?

Si tibi controverfia ingenuitatis fiat, dit cette
loi, *defende caufam tuam argumentis & inftrumentis quibus potes, foli enim teftes ad ingenuitatis probationem non fufficiunt.*

Mais cette loi n'eft relative qu'à la feule preuve
de la liberté. Il fuffifoit à Rome, pour naître libre,
d'être iffu d'une mère libre. Le concours de
l'ingénuité dans les deux individus n'étoit pas
néceffaire. *Si quis ex matre nafcitur liberâ, patre
verò fervo, ingenuus nihilominùs nafcitur.* La preuve
de la liberté étoit donc toujours facile à faire ;
elle ne remontoit pas plus haut que les père &
mère de celui à qui on la conteftoit ; & comme
il étoit impoffible qu'une femme libre & devenue
mère, n'eût pas paffé quelques actes ou obtenu
quelques jugemens, les loix romaines exigeoient
que celui qui s'en difoit iffu les rapportât. *Argumentis & inftrumentis quibus potes defende caufam
tuam.*

Mais elles n'en ufoient pas de même dans les
queftions d'état qui pouvoient dépendre de la
preuve de faits éloignés. La loi 15, au code *de
teftibus*, fixe à cet égard le dernier état de la jurifprudence romaine.

*Requiruntur ad generis probationem teftes quin-
que, fi defint inftrumenta, vel tres, fi illis inftrumenta fuffragentur, quòd fi hujufmodi fint inftrumenta, quæ omnium probationem viæ effe poffint,
illa etiam fine teftibus fufficiant.*

Les dépofitions de cinq témoins formoient alors
une preuve complette de l'état des hommes ; trois

suffisoient quand leurs dépositions étoient accompagnées de quelques actes où l'on appercevoit un commencement de preuves ; & la preuve testimoniale devenoit inutile quand les titres étoient authentiques & concluans.

La preuve testimoniale concouroit donc à Rome avec la littérale, en matière d'état ; & comme les loix romaines ont été pendant long-temps les seules que nous connuffions, elles ont dû avoir une influence très-grande sur les premières ordonnances de nos rois.

Il est inutile de remonter aux premiers temps de la monarchie. Les seules loix de ces siècles barbares, qui soient parvenues jusqu'à nous, ont uniquement pour objet de prévenir le meurtre & les rapines ; elles contiennent un tarif honteux de ce qu'il en coutoit pour voler impunément son voisin ou mutiler son ennemi. Mais aussi-tôt que nos rois purent s'occuper de l'administration intérieure de leur royaume, leur premier soin fut d'assurer l'état de leurs sujets ; & ils regardèrent la preuve testimoniale comme la plus propre à remplir leurs vues. C'est ce dont on ne peut douter si l'on jette les yeux sur un ancien capitulaire de Louis le Débonnaire, qui vivoit en 814. Brussel, auteur de l'usage des fiefs, nous en a donné la traduction.

» Que celui à qui un autre conteste son état,
» jusqu'au point d'amener un procinct de té-
» moins, pour le convaincre qu'il a usurpé cet état,
» produise huit hommes légitimes de la ligne du
» côté de laquelle on attaque sa naissance, soit
» que cette ligne soit paternelle ou maternelle ;
» qu'il ait encore d'ailleurs quatre autres témoins
» non moins légitimes ; que, par le serment de

» ces douze hommes, il établiffe la franchife » de fa naiffance ; que fi le procinct lui manque, *» qu'il prenne d'où il voudra douze hommes li-* *» bres, & qu'il défende par ferment la franchife* » de fon état «.

Duclos, a recueilli dans un de fes difcours qui fait partie des mémoires de l'académie, un trait hiftorique qui prouve l'ufage de la preuve teftimoniale en matière d'état. Gontrand, roi de Bourgogne, *faifoit difficulté de reconnoître Clotaire II pour fils de Chilpéric fon frère : Frédegonde, mère de Clotaire, non feulement jura que fon fils étoit légitime, mais elle le fit jurer par des évêques & des témoins, & Gontrand n'héfita plus à le reconnoître pour fon neveu.*

A la barbarie des premiers fiècles de notre monarchie, fuccédèrent l'ignorance & la fuperftition. On crut pendant long-temps que la divinité étoit obligée de fufpendre les effets de l'eau & du feu, pour affurer le triomphe de l'innocence mife à d'auffi ridicules épreuves.

On fe livra enfuite à la brutalité ; le duel devint la feule manière d'établir fon bon droit, & le vaincu parut toujours avoir tort.

» Avant faint Louis, dit Beaumanoir, il » y avoit huit manières de prouver ce qu'on » avançoit : on pouvoit l'établir par les pré-» fomptions, les dépofitions des témoins & le » gage des batailles. Quand le fait n'étoit pas pu-» blic, les parties en venoient au duel, s'il n'y » avoit point de témoins ; & lorfque le deman-» deur ou l'accufateur préfentoient des témoins, » le défendeur ou l'accufé pouvoient appeler en » duel ces mêmes témoins «.

Saint Louis fut le premier qui réprima ces

abus, & il crut avoir fait un grand pas vers la perfection, en subſtituant la preuve teſtimoniale au gage de bataille.

» Nous défendons à tous, porte l'ordonnance » de 1260, les batailles par-tout notre domaine ; » au lieu de batailles, nous mettons preuve de » témoins «.

» En querelle de ſervage, eſt-il dit encore » dans cette ordonnance, celui qui demandera » homme comme ſon ſerf, fera ſa demande & » pourſuivra ſa querelle juſqu'au point de la ba- » taille ; & ce qu'il prouveroit par bataille, il le » prouvera par témoins «.

Voilà donc la preuve teſtimoniale ſubſtituée à tous les autres genres de preuves qui avoient exiſté juſqu'alors. Loin que les ſucceſſeurs de Saint Louis aient dérogé à l'ordonnance de 1260, ils l'ont au contraire étendue à toutes ſortes de matières ; ils ont voulu que la Nobleſſe ſe prouvât par témoins. L'ordonnance de Louis XII, donnée à Blois en 1498, porte, *que les gradués ſimples & gradués nommés feront apparoir de leurs nobleſſes aux collateurs ou patrons, ou, en leur abſence, à leur vicaire, par atteſtation ou affir-mation de trois ou quatre perſonnages dignes de foi, leſquels, par ſerment, affirmeront pardevant nos juges ordinaires, ou l'un d'eux, la nobleſſe d'ancienne lignée de l'un & de l'autre parent d'iceux gradués ſimples ou gradués nommés, être véritable, & d'icelle affirmation ſera fait acte par nos juges ordinaires ou nos greffiers.*

Tel étoit l'état de notre légiſlation à l'épo-que où Jean le Jeune à fait faire ces deux en-quêtes.

L'ordonnance de Moulins, en 1566, eſt la

première loi qui ait abrogé l'ufage de la preuve teftimoniale en matière civile. *Elle parut à plu- fieurs*, nous dit Danty, *dure, odieufe & con- traire au droit civil : elle étoit odieufe, parce qu'elle reftreignoit les preuves que tous les légif- lateurs ont étendues autant qu'il leur a été poffi- ble ; elle paroiffoit dure, parce qu'elle obligeoit à mener prefque toujours avec foi un notaire ; enfin elle étoit contraire au droit civil, parce qu'en droit les témoins font autant de foi que les actes par écrit.*

Si des preuves générales admifes dans les tri- bunaux, nous paffons à l'examen de celles qui tiennent directement à l'état des hommes, nous trouvons que notre légiflation ne s'eft perfection- née que depuis très-peu de temps fur une matière auffi importante.

François premier en jeta les fondemens en 1539 ; il ordonna *qu'il feroit fait regiftre en forme de preuve de baptême, qui contiendroit le temps & l'heure de la nativité,* & que l'on prou- veroit le temps de fa majorité par l'extrait de ces regiftres qui feroient pleine foi en juftice.

L'ordonnance de Blois, article 181, a depuis ordonné le dépôt de ces regiftres entre les mains des greffiers en chef de chaque fiége royal ; celle de 1667 a voulu qu'il y en eût toujours deux doubles, dont l'un refteroit entre les mains des curés de chaque paroiffe, & l'autre feroit dépofé au greffe de la juridiction royale.

Ces loix, toutes fages qu'elles étoient, ref- tèrent fans exécution, & il fallut que le roi ma- nifeftât fa volonté d'une manière plus précife dans fa déclaration de 1736, qui a été dûment enregiftrée, pour affurer l'exiftence des regiftres ;

M iij

& l'on ne commença qu'à cet inftant à les porter exactement dans les dépôts publics.

Il réfulte du rapprochement que nous venons de faire des loix romaines relatives à l'état des perfonnes, & des ordonnances de nos rois depuis la foudation de la monarchie jufqu'à ce jour, qu'en France, tant que le droit romain y a été en vigueur, on prouvoit indiftinctement fon origine & fa famille par témoins & par titres, & que, depuis le neuvième fiècle jufqu'en 1566, la preuve teftimoniale a été la manière de les conftater l'un & l'autre ; d'où il fuit, que Jean le Jeune, à qui on conteftoit fon état en 1478, a pu légalement l'établir dans les dépofitions des témoins qu'il a fait entendre ; que fes deux enquêtes ont autant de force qu'en auroient aujourd'hui les extraits de baptême, les contrats de mariages & les actes mortuaires.

Si cette differtation laiffoit encore quelque chofe à défirer, nous invoquerions le témoignage des auteurs qui ont le plus approfondi la fcience héraldique.

Le père Meneftrier affure, dans fon traité des ufages des Pays-Bas & des chapitres d'Allemagne, ʺque l'on ne devoit pas de preuves régu-
ʺ lières de Nobleffe avant le treizième fiècle,
ʺ parce qu'alors la nobleffe étant militaire, &
ʺ en ufage de ne faire que des alliances nobles,
ʺ les maifons étoient fuffifamment connues, fans
ʺ qu'il fallût d'autres preuves que la notoriété
ʺ publique ; la plupart étoient reçus fur leur
ʺ ferment, ou *fur la dépofition de quelques té-
ʺ moins qui ne parloient que du père & de la
ʺ mère* ʺ.

ʺ En 1374, Etzias Albert, des feigneurs de

» Bouldon ; fit fa preuve , & les témoins dépo-
» sèrent que fon pére, fon grand-père, fon bi-
» faïeul, & leurs femmes, avoient été *de genere*
» *militari*.

» Jean de Mornay , qui fut reçu en 1396 ,
» fit entendre des témoins qui parlèrent de fon
» père & de fa mère , de fes aïeux & aïeules
» paternels & maternels «.

Les mémoriaux de la chambre des comptes,
L. D. *fol.* 150 , *recto* , & 185 , *verfo* , *font men-*
tion de lettres de confirmation accordées à Jean
Caucheteur d'Abbeville , & à Jacques d'Ambré-
court d'Amiens , d'après la foumiffion qu'ils avoient
faite de prouver par témoins qu'ils étoient
nobles.

La Roque en cite une foule d'autres exemples
qu'il feroit trop long de rapporter.

L'abbé de Velly , en parlant du procès de
Jeanne d'Arc , qui fut inftruit peu de temps avant
que nos deux enquêtes aient été faites , obferve
que toutes les queftions d'état fe décidoient alors par
enquête.

Cette favante differtation eft de M. de Bonières;
M. Treilhard , défenfeur du marquis de Créqui,
répondoit avec cette logique nerveufe qui carac-
térife toutes fes productions : Tel eft donc le fyftême des fieurs le Jeune ?

» Nous vivions en 1478 fous l'empire des loix
» romaines ; or , fuivant ces loix , la preuve de
» l'état des hommes ne pouvoit fe faire que par
» témoins : Jean le Jeune établit fon état de
» cette manière ; il fatisfit donc à ce qu'on pou-
» voit exiger de lui; fa preuve étoit légale , &
» l'on eft fondé à l'invoquer au bout de trois
» fiècles «.

Mais eſt-il vrai que , ſuivant les loix romaines ¿
l'état des citoyens ne ſe prouvoit que par témoins ? Si nous conſultons les diſpoſitions de
ces loix, nous voyons au contraire qu'à Rome
des regiſtres publics conſtatoient la naiſſance de
chaque citoyen ; & la preuve tirée de ces regiſtres étoit , ſans contredit , la première & la plus
puiſſante : on ne pouvoit même pas en admettre
d'autres quand les regiſtres exiſtoient , *non epiſ-*
tolis , non nudis obſervationibus , nec ementitâ
profeſſione , ſed natalibus neceſſitudo conſanguini-
tatis conjungitur.

Mais quand les regiſtres étoient perdus , quand
il n'y avoit pas de regiſtres, & c'étoit , il faut
en convenir , notre poſition en 1478 , permet-
toit-on à une partie ſans indice , ſans préſomp-
tion , ſans commencement de preuves par écrit,
de faire entendre des témoins pour dépoſer en ſa
faveur ?

Ecoutons M. le chancelier d'Agueſſeau dans
le tome ſecond de ſes œuvres , page 46.

» C'eſt un doute , dit ce magiſtrat , qui eſt
» éclairci par la loi ſeconde , au code *de teſtibus.*
» Telle étoit l'eſpèce de cette loi : Un affranchi
» prétendoit être né libre & dans l'état d'ingé-
» nuité : *defende cauſam tuam inſtrumentis &*
» *argumentis quibus potes , ſoli enim teſtes ad*
» *ingenuitatis probationem non ſufficiunt.* Voilà
» donc , continue M. d'Agueſſeau , trois ſortes
» de preuves que l'empereur diſtingue dans les
» queſtions d'état ; les actes , les préſomptions
» & les témoins : il décide nettement que les
» témoins ne peuvent pas ſuffire pour faire une
» preuve certaine. Il faut néceſſairement que les
» dépoſitions des témoins ſoient ſoutenues ou

» par la foi des actes, ou par la force des pré-
» fomptions, & par-là on concilie l'intérêt du
» public avec celui des particuliers : l'utilité pu-
» blique eft fatisfaite, en ce qu'on n'admet
» point légérement à la preuve par témoins,
» & les particuliers ne fauroient pas fe plain-
» dre, puifqu'on ne les réduit pas à l'impoffible
» de prouver leur état, lorfque les actes qui
» pouvoient l'établir font perdus «.

Et qu'on ne dife pas que cette loi citée ici,
& commentée par M. d'Aguefleau, ne s'applique pas aux preuves de la naiffance, mais aux
preuves de l'ingénuité ; il eft évident que fon
efprit embraffe toutes les queftions qui s'élèvent
fur l'état des hommes, & c'eft ainfi quelle a
toujours été entendue & interprétée. Mais veut-
on des textes précis qui s'appliquent uniquement à la filiation ? Que l'on ouvre le code, au
titre des *prob. & præfump.*, & vous verrez
dans la loi 29, ces termes énergiques : *Proba-
tiones quæ de filiis dantur, non in folâ affirma-
tione teftium confiftunt.*

Auffi a-t-il été univerfellement reconnu de
tous les temps, que les loix romaines admettoient trois fortes de preuves pour conftater
l'état des hommes; 1°. les regiftres publics, quand
il y en avoit ; 2°. les titres particuliers, à défaut des regiftres : 3°. enfin la preuve teftimoniale, quand il s'agiffoit de compléter la preuve
littérale.

Voilà quelles étoient les difpofitions des loix
fous lefquelles nous vivions en 1478 ; & de là
il réfulte, que la preuve teftimoniale n'étoit admife alors que pour fortifier la foi des actes ou
la force des préfomptions.

Mais comment parvenoit-on à se faire admettre à cette preuve testimoniale ? & quand elle étoit une fois admise, comment se formoit-elle ?

A Rome, comme en France, on n'admettoit personne à la preuve d'un état, sans qu'il le requît, parce que la raison, qui est antérieure à toutes les loix, le veut ainsi, & que dans aucun gouvernement les loix n'ont jamais été au devant d'un citoyen pour le solliciter à changer d'état; il falloit donc avant tout, pour être admis à une preuve, demander à la faire.

2°. Quand on étoit admis à cette preuve, les témoins devoient être produits en justice & entendus par le juge lui-même. *Divus Adrianus Junio Rufino proconsuli Macedoniæ, rescripsit testibus se non testimoniis crediturum. L. 3, §. 3, ff. de testibus.*

En troisième lieu, les témoins, avant de déposer, devoient faire serment de dire la vérité: *Jurisjurandi religione testes priusquàm perhibeant, testimonium jam dudum arctari præcipimus. L. 9, C. de testibus.*

Renfermons-nous dans ces trois points, & voilà plus qu'il n'en faut dans le moment actuel, & faisons-en l'application.

1°. Jean le Jeune n'a jamais articulé qu'il fût Créqui, il ne demanda pas à faire la preuve de cet état; il ne put donc être admis à cette preuve, & faire une preuve légale.

2°. Les particuliers qui lui donnèrent leur attestation ne parurent pas devant le juge, on ne leur dit même pas si Jean le jeune avoit ou non un procès, & devoit faire quelque preuve: il ne savoient pas à quel usage étoit destinée leur atteſtation ; ils ſe rendirent dans l'étude d'un notaire, & certifièrent tout ce qu'on voulut.

3°. Ces particuliers ne firent précéder leur déclaration d'aucun ſerment de dire la vérité ; rien ne fut donc moins légal que la prétendue preuve de Jean le Jeune, & par conſéquent, d'après vos principes · & d'après vos aveux, vous n'êtes pas Créqui.

Faut-il rappeler actuellement les obſervations que les ſieurs le Jeune ſe ſont permiſes pour donner à l'atteſtation de 1478 une apparence de légalité ?

On a dit d'abord que les particuliers qui la donnèrent avoient juré de dire la vérité, parce que l'atteſtation eſt conçue en ces termes :

» Pardevant les notaires, &c. ſont comparus, » &c. leſquels dient, certifient & affirment pour » vérité, qu'ils ont bonne connoiſſance, &c. « Et l'on n'a pas craint de ſoutenir que cette déclaration étoit un ſerment ! C'eſt donc avec des aſſertions auſſi ridicules & auſſi puériles qu'on ſe flatte d'éluder les diſpoſitions des loix les plus ſaintes ! Non ſans doute, cette déclaration n'eſt pas un ſerment ; il faut, non pas une ſimple affirmation, mais *une affirmation ſous la religion du ſerment*, pour remplir le vœu de la loi : ce ſont les termes de nos ordonnances ; & l'atteſtation de 1478, quand elle n'auroit que ce défaut, ne ſeroit pas légale.

» Qu'importe, diſent encore les ſieurs le » Jeune, ce défaut de ſerment ? qu'importe auſſi » que la déclaration ait été reçue par un notaire » ou par un juge ? A l'époque dont il s'agit, » les notaires au châtelet de Paris avoient le » droit de faire des enquêtes. Pour le prouver,

» on vous a cité l'article 14 d'une ordonnance
» de 1304 «.

Effectivement, l'article cité est conçu en ces
termes : *testes quorum examinatio eis commiss.*
fuerit, diligenter & fideliter examinabunt, &c.

Qui ne croiroit qu'en effet il s'agissoit dans
cet article des notaires au châtelet de Paris? Il
n'en est cependant rien ; il s'agissoit uniquement
des secrétaires de la cour, qu'on appeloit aussi
notaires, & à qui on confioit le soin de quelques
enquêtes.

Pour s'en convaincre, il suffit de jeter les
yeux sur l'article 13, qui précède immédiatement celui dont on argumente. Il est conçu en
ces termes :

Item notarii curiarum processus curiæ vel præ-
cepta in suis propriis cartulariis non ponent, sed
in registris curiæ redigent integrè & diligenter &
fideliter conservabunt, & judicibus integrè reddent
regiminis sibi commissi transito tempore vel
finito.

Voilà l'art. 13 dans lequel on parle évidemment des secrétaires de la cour, & c'est immédiatement après que vient l'article 14, *testes*
quorum examinatio eis commissa fuerit, diligenter
& fideliter examinabunt.

On a donc ouvertement abusé de l'autorité
que l'on a citée, en appliquant à tous les notaires
au châtelet de Paris, ce qui n'étoit prescrit que
pour les secrétaires de la cour.

Mais veut-on détourner le sens de cette ordonnance, & supposer qu'elle concerne tous les
notaires au châtelet? Qu'en conclura-t-on? Les
notaires n'auroient pu entendre des témoins qu'en
vertu d'une commission expresse : *testes quorum*

examinatio eis commiffa fuerit , diligenter exami-nabunt ; & dans ce cas , ils devoient remplir toutes les formalités prefcrites pour les enquêtes. Or, les deux notaires chez qui les témoins des fieurs le Jeune allèrent dépofer leuts certificats, n'avoient aucune commiffion, ne remplirent aucune forme, & ne favoient même pas l'ufage qu'on devoit faire de leur atteftation. Il n'y a donc rien de plus illégal que cette pièce.

Les fieurs le Jeune infiftent cependant, & difent que la fentence des élus de Tours avoit admis Jean le Jeune à informer de fa noblefle fommairement & de plein, & fans figure de procès : or , dans ce cas, c'étoit aux notaires à recevoir les certificats ; & ces mots, *fommairement & de plein* , équivalent à une commiffion générale, adreflée à tous les notaires du royaume.

Vaines & ridicules allégations de la part des fieurs le Jeune : faut-il donner l'intelligence de ces mots, *fommairement & de plein ?* On en trouve l'explication dans un réglement de Charles V, de 1377, art. 5 (*).

» Que parties ne foient mifes en procès de » écriture & audition ordinaire par commiffion » & écriture pour caufe qu'ils aient, qui ne » monte plus de vingt fous parifis, mais foient » délivrées *fommairement & de plein* , & fe » il faut témoins foient examinés en l'audience «.

Ainfi, alors, comme aujourd'hui, une enquête fommaire étoit une enquête faite fommairement à l'audience ; ce qui ne devoit fe pratiquer que dans les matières infiniment légères. Les fieurs

_____

(*) Ordonnances du louvre, tome 6, page 503.

le Jeune ne préfentent donc à la juftice que des
fuppofitions & des erreurs, pour établir que Jean
le Jeune fit, en 1478, une preuve légale de fon
état.

Mais ce n'eft pas feulement par les difpofitions des loix romaines que les fieurs le Jeune
ont voulu prouver que Jean avoit fait une preuve
légale de fon état; ils ont encore oppofé quelques loix françoifes; mais leur défenfe, fous ce
point de vue, préfente toujours les mêmes vices
& les mêmes abus.

» Ce n'eft, a-t-on dit, qu'en 1539 que nous
» avons eu en France des regiftres qui confta-
» toient la naiffance des citoyens ; Jean le Jeune
» n'avoit donc pas pu, en 1478, établir fa filia-
» tion par fon acte de baptême ; il ne put
» faire fa preuve que par témoins : un capitu-
» laire de Louis le Débonnaire, de l'an 801,
» porte expreffément, que la preuve de l'état fe
» feroit de cette manière. Saint Louis, dans fes
» établiffemens, fupprima l'ufage du duel dans
» fes domaines, & y fubftitua la preuve tefti-
» moniale. Louis XII, en 1492, ordonna pareil-
» lement que les gradués établiroient leur no-
» bleffe par témoins ; l'abbeffe de Maubeuge
» ne recevoit dans fon chapitre que fur une
» preuve de cette nature : il n'y avoit donc pas
» d'autre manière de prouver fon état, & Jean
» le Jeune, par conféquent, fit une preuve légale
» du fien «.

Ce raifonnement formoit l'un des plus puiffans
moyens des fieurs le Jeune. M. Treilhard,
toujours fupérieur aux difficultés qu'on lui oppofoit, répondoit à fes adverfaires : Par quelle loi
voulez-vous décider la queftion qui nous divife ?

Eft-ce par le capitulaire de Louis le Débonnaire ? Le voici tel qu'il a été traduit par
Bruffel.

» Que celui à qui un autre contefte fon état,
» jufqu'au point d'amener un procinct de té-
» moins pour le convaincre, produife huit
» hommes légitimes de la ligne du côté de
» laquelle on attaque fa naiffance, foit que cette
» ligne foit la paternelle ou la maternelle; qu'il
» ait encore d'ailleurs quatre autre témoins non
» moins légitimes, & que, par le ferment de ces
» douze hommes, il établiffe la franchife de fa
» naiffance ; que fi le procinct lui manque, qu'il
» prenne d'où il voudra douze hommes libres,
» & qu'il défende par leur ferment la franchife
» de leur état «.

Si c'eft cette loi que les fieurs le Jeune invoquent ; eh bien, pour faire une preuve légale, il falloit, 1°. avoir le défir de prouver
cet état, & le réclamer: 2°. il falloit avoir douze
témoins : 3°. il falloit les amener à la juftice :
4°. ils devoient dépofer fous la religion du
ferment. Jean le Jeune ne fit donc pas une
preuve légale, puifqu'il n'avoit point douze témoins, qu'il ne les produifit pas à la juftice, &
qu'ils ne firent aucun ferment, & par conféquent,
encore d'après vos principes, il n'étoit pas Créqui,
ni vous non plus.

Les fieurs le Jeune aiment-ils mieux être jugés
par les établiffemens de faint Louis ? Ce mo-
narque défend les batailles dans fes domaines ;
& au lieu de batailles, dit-il, *nous mettons
preuves de témoins ou de chartres, felon le droit
écrit.*

Mais Jean le Jeune n'avoit pas fait la preuve

légale de son état, suivant les loix romaines, & par conséquent, encore d'après les établissemens de saint Louis, il n'étoit pas Créqui.

Les sieurs le Jeune préfèrent-ils d'être jugés d'après l'ordonnance de 1492, au sujet des gradués ? Voici comme elle s'exprime :

» Et, de ladite noblesse feront lesdits gradués
» simples & gradués nommés apparoir auxdits
» collateurs ou patrons, ou en leur absence, à
» leursdits vicaires généraux par attestation ou af-
» firmation de trois ou quatre personnes dignes
» de foi, lesquelles, *par serment, affirmeront*
» *pardevant nos juges ordinaires, ou l'un d'eux,*
» la noblesse d'ancienne lignée de l'un & l'autre
» parent d'iceux gradués être véritable, &
» *d'icelle affirmation sera fait registre par nos-*
» *dits juges ordinaires ou leurs greffiers* «.

Ainsi le gradué devoit, 1°. faire affirmer sa noblesse pardevant les juges ordinaires : 2°. la faire affirmer par serment : 3°. en faire faire registre au greffe.

Jean le Jeune ne satisfit pas à ces obligations, & par conséquent il ne fit pas même l'espèce de preuve légale qu'on exigeoit d'un gradué noble pour qu'il pût jouir de son privilége.

Trouve-t-on les dispositions de ces loix trop dures, & veut-on enfin prendre pour règle l'u-sage de l'abbesse de Maubeuge quand elle vé-rifioit la noblesse d'une personne qui se présentoit pour entrer dans son chapitre ? Sur une attesta-tion pareille à celle qui fut donnée à Jean le Jeune, jamais une fille n'auroit été admise dans le chapitre de Maubeuge.

Les sieurs le Jeune ont rapporté deux de ces attestations données en 1485 & 1520 ; la pre-mière,

mière, à demoiselle Marie de Boufflers, & la seconde, à Louise de Boufflers; on y voit que *Ferri de Croi*, chevalier de la toison d'or; *Hugues de Melun*, vicomte de Gand; *Jean d'Hallu*, chambellan du roi, & *Nicolas de Montmorenci*, prochains consanguins & cousins de la demoiselle de Boufflers, attestent que *ladite de Boufflers, leur prochaine consanguine & cousine*, est issue *de par son père Jean, seigneur de Boufflers; de ceux de Boufflers*. L'abbesse de Maubeuge crut, sur la foi des Croi, des Melun, des Hallet & des Montmorenci, *prochains consanguins & cousins des Boufflers*, que *Louise de Boufflers, fille de Jean, seigneur de Boufflers*, étoit de la maison *des Boufflers*; & cela n'étoit pas difficile à croire.

Mais si l'on avoit présenté à l'abbesse de Maubeuge un certificat tel que celui de 1478; si les honorables hommes Baulde le Maitre, Terisard de la Planque, Bauduchon Raoul, & Fremi Garcon, avoient certifié qu'une *Jeanne le Jeune*, par exemple, étoit issue par son père *Tassart le Jeune*, de ceux de Boufflers ou de ceux de Créqui, elle auroit rejeté ce certificat imposteur avec indignation, & Jeanne le Jeune ne seroit jamais entrée, sur cette attestation, dans le chapitre de Maubeuge.

Jean le Jeune, continuoit M. Treilhard, ne fit donc pas même l'espèce de preuve qu'auroit dû faire une fille noble pour être reçue dans un chapitre. Et l'on ose cependant plaider dans le sanctuaire de la justice & sous les yeux des premiers magistrats du royaume, que Jean le Jeune a fait, en 1478, une preuve légale de son état! Et l'on prétend en imposer aux mi-

niftres des loix par un vain étalage d'érudition,
& par des citations faftueufes d'autorités , dont
le fens eft perpétuellement détourné ! Les fieurs
le Jeune ont-ils cru qu'il leur fuffifoit de
fournir ici des prétextes pour obtenir un jugement ? Penfent-ils que les loix fléchiront, pour
flatter leur ambition & leurs défirs ?. Ils fe font
donc formé une idée bien étrange de la juftice
& des tribunaux ?

Voilà cependant à quoi fe réduit tout ce qu'on
a plaidé fur l'atteftation de 1478 , la feule
pièce que les fieurs le Jeune puiffent invoquer;
fans doute il n'y a perfonne qui n'ait pour elle
tout le mépris qu'ont eu & Jean le Jeune lui-
même , & fon fils & tous fes defcendans jufqu'à nous.

Mais combien ce mépris augmenteroit encore , fi l'on vouloit confidérer les circonftances
qui ont accompagné cette atteftation !

Jean le Jeune eft impofé à la taille à Tours,
où il étoit étranger, dit on. Il dit qu'il eft noble ; on l'admet à la preuve : où va-t-il la faire
cette preuve ? Eft-ce dans l'Arrois, dans fa patrie, dans le centre de fa famille? Non , c'eft
à Paris, où perfonne ne le connoît. Qui fait-il
entendre ?

Sont-ce des membres de fa famille , ou des
gentilshommes de M. de Beaujeu, dont il pouvoit être connu, puifqu'il étoit attaché à ce
prince ? Non , il mène chez un notaire quatre
à cinq marchands ou tapiffiers, dont il arrache
un certificat ; & voilà comme il prouve fa nobleffe.

MM. le Jeune faifoient encore fortir un
moyen da la circonftance qu'ils avoient toujours

porté, à quelques nuances près, les armes de la maison de Créqui : en voici le développement.

Chez les peuples qui nous ont précédés, l'homme illustré par quelques hauts-faits pouvoit seul en porter des marques qui les rappelassent sans cesse au souvenir de ses concitoyens ; il ne transmettoit point ces signes honorables à sa postérité, la naissance & les dignités n'y donnoient aucun droit, elles étoient la récompense de la seule vertu militaire.

Chez nous, au contraire, la noblesse s'est attribué le droit exclusif de porter des armoiries ; les écus sont devenus héréditaires, & ont bien moins été la preuve des actions héroïques, qu'un simple signe destiné à rallier tous les individus de la famille qui les avoit originairement adoptés.

Le goût des joûtes & des tournois s'étant introduit en France, la noblesse ne se distingua plus que par les armes. Les chevaliers les faisoient peindre ou graver sur leurs armes, pour se faire connoître dans les lices & les pas d'armes des tournois, où ils combattoient la tête couverte de leur casque. C'est de là, nous dit Tiraqueau dans son traité sur la noblesse, *que les signes de chaque famille ont été appelés armes.*

La noblesse porta bientôt dans les combats le goût qu'elle avoit pris pour ces sortes de gravures. Tous les anciens sceaux représentent les chevaliers armés de pied en cap, portant leurs armes, non seulement sur leur bouclier, mais encore sur toutes les pièces de leur armure, & sur les harnois de leurs chevaux.

Bientôt on ne se crut noblement vêtu, que

quand on fe fut chamarré de fes armes. On s'avifa, dit le dictionnaire de Trévoux, fous Charles V, *qui monta fur le trône en* 1354, *d'armoirier les habits,* c'eft-à-dire, *de les chamarrer, depuis le haut jufqu'en bas, de toutes les pièces de fon écu, & cette mafcarade dura plus de cent ans.*

Tous les monumens, tous les maufolés nous repréfentent les gentilshommes de ce temps dans ce coftume bizarre : on en trouve plufieurs aux céleftins, & il eft peu de perfonnes qui ne connoiffent celui de Juvenal des Urfins, encore exiftant dans l'une des chapelles de Notre-Dame. Un tableau qui repréfente fes funérailles, prouve que tous ceux qui étoient de fa famille portoient le même habit & les mêmes armes fur tous leurs vêtemens.

Cette fureur des armoiries, nous dit l'auteur du blafon de France, dura tant que durèrent les tournois; elle ne ceffa qu'en 1559, époque de la mort d'Henri II, qui périt, comme l'on fait, d'un éclat de lance dont il fut bleffé à l'œil, en joûtant avec Montgommery dans un tournoi.

L'importance que l'on attachoit aux armoiries, annonce affez avec quel foin on les confervoit. André Favier, dans fon livre intitulé, *théâtre de l'honneur,* nous apprend *que le droit de porter les armes n'appartenoit qu'aux nobles d'extraction, & que les bourgeois ou villains qui prenoient de telles armes, étoient punis de groffes amendes.*

C'étoit aux hérauts d'armes que le foin de rechercher les ufurpateurs d'armoiries étoit fpécialement confié; » ils étoient, felon le diction-

» naire de Trévoux, furintendans des armes,
» conſervateurs des honneurs de la guerre ; ils
» recevoient & vérifioient les preuves des Noms
» & armes des chevaliers ; ils avoient droit de
» corriger tous les abus & uſurpations des cou-
» ronnes, caſques, timbres & ſupports ; ils con-
» noiſſoient des différends entre nobles, pour l'an-
» tiquité & prééminence de leur race, & la cour
» les mandoit quelquefois pour avoir leur avis
» ſur les différends de cette eſpèce dont elle s'étoit
» reſervé la connoiſſance «.

Les armes étoient alors dans une telle véné-
ration, que quand le dernier mâle de la famille
venoit à mourir, les hérauts d'armes dépoſoient
ſes écuſſons dans ſon tombeau ; c'eſt ce que nous
apprend le commentateur de l'édit de 1616,.
article 2, n°. 30 & 32.

Qu'étoient donc les armoiries lorſqu'on les
portoit ainſi brodées ou peintes ſur ſes vêtemens ?
Elles étoient bien conſtamment un ſigne auquel
on reconnoiſſoit non ſeulement tel individu,
mais encore que tel individu étoit d'une telle
famille. Le Nom eût été un bien foible ſecours
pour déſigner des hommes dont le corps entier
étoit couvert de fer, & à qui un caſque énorme,
preſque hermétiquement fermé, laiſſoit à peine
la faculté de reſpirer. Les armes qu'ils portoient
devenoient donc néceſſairement pour eux auſſi
précieuſes que les Noms le ſont aujourd'hui pour
nous, puiſqu'elles produiſoient le même effet, &
qu'on y attachoit la même conſidération. C'eſt
ce qui a fait dire à la Roque, en ſon traité
de la nobleſſe, *que les armes ſont des Noms
muets, & les Noms, des armes parlantes, à
cauſe du grand rapport qui eſt entre eux.*

N iij

Les aînés avoient feuls le droit de prendre les armes de leurs pères; & le préfident Fauchet obferve que cette méthode étant changée, & *les puînés ayant retenu les armes de leurs pères avec brifures, on commença à reconnoître qu'ils étoient defcendus de tel ou tel lieu , par la marque, écu ou blafon qu'ils portoient.*

La fimilitude des armes ne pouvoit pas être, comme aujourd'hui, l'effet du pur hafard ; elle indiquoit néceffairement la parenté , fur-tout entre perfonnes du même canton, foumifes à l'infpection du même héraut d'armes ; & celui qui les portoit ne pouvoit les avoir ufurpées, puifque le roi avoit établi *des furintendans des armoiries, vérificateurs des armes.* Il leur avoit même attribué le droit de les ôter à ceux qui s'en feroient emparés fans en avoir le droit.

De ces confidérations, les fieurs le Jeune tiroient la conféquence, qu'ils étoient de la maifon de Créqui, puifqu'ils en portoient les armes. M. Treilhard répondoit :

Taffart le Jeune, procureur du comte d'Artois, avoit un créquier dans fon fceau ; il étoit donc iffu en droite ligne de la maifon de Créqui, & par conféquent les fieurs le Jeune en font auffi iffus, car ils font certainement de la famille de ce Taffart le Jeune ; ce créquier, dans le fceau de Taffart, doit avoir la vertu d'anéantir les inductions accablantes qui réfultent de fon Nom & de fon état, du Nom & de l'état de tous les le Jeune connus pendant trois fiècles, & leur préparer enfin une place dans la maifon de Créqui : telle eft du moins la conféquence qu'on veut tirer de ce créquier.

Que pour flatter l'inquiétude & l'agitation

d'une perfonne tourmentée du défir d'agrandir fon exiftence, on faififfe une préfomption de cette nature ; que fur cette préfomtion on éieve des fyftêmes, qu'on les livre même au public, toujours avide du merveilleux, cela feroit affez indifférent peut-être : mais que dans le temple de la juftice on ofe propofer à fes miniftres de prononcer fur l'état des hommes, & de prodiguer les Noms les plus illuftres d'après des rêves femblables, c'eft ce dont les faftes de nos foibleffes n'offroient encore aucun exemple.

Que l'on ouvre tous nos traités héraldiques, on y verra que quoique les armoiries, dont le premier ufage remonte au neuvième fiècle, aient été prifes dans le principe pour diftinguer les rangs & les maifons, cependant plufieurs maifons, qui n'ont aucune relation entre elles, portent les mêmes armes. Il y a plus, tous les auteurs nous atteftent *que l'identité de nom, jointe à l'identité des armes*, ne fuffit pas encore pour prouver l'identité de l'origine.

C'eft ce qui a fait dire à la Roque, dans fon traité de la nobleffe, que » nonobftant que l'im-» pofition des Noms pour chacun en particulier » ait été mife pour les rendre reconnoiffables, & » que cela ait été fuivi du port des armes pour » la diftinction des familles ; néanmoins tous » ceux qui femblent porter même Nom & mêmes » armes, n'ont pas toujours même origine «.

Et ne penfez pas que ce foit ici une opinion ifolée & particulière à la Roque ; de tous nos auteurs héraldiques, il n'en eft aucun, fans excepter le fieur d'Hofier lui-même, qui n'ait tenu le même langage.

Dans la méthode du blafon, imprimée en 1688,

je lis *qu'il faut s'accoutumer à distinguer les maisons de même Nom, & les maisons différentes qui portent les mêmes armes.* Il y a donc des maisons différentes qui portent les mêmesarmes, & il faut que cela soit bien commun, puisqu'on recommande de s'accoutumer de bonne heure à faire cette distinction.

Dans les recherches du blason, imprimées en 1683, le père Ménétrier, après avoir observé que la ressemblance des Noms a produit bien des erreurs, continue en ces termes énergiques : *La ressemblance des armoiries n'a pas moins fait de fables.*

Dans l'ouvrage intitulé, *le véritable art du blason,* ou *l'usage des armoiries,* nous lisons encore : » Il y a quantité de maisons qui ont les » mêmes armes, sans être sorties du même sang... » *La reconnoissance, les services rendus, l'ami-* » *tié, la société d'armes, & autres pareilles* » *choses* ont contribué assez souvent à cette con- » formité d'armoiries «.

Dans le dictionnaire diplomatique de dom de Vaines, au mot *Armoiries,* nous voyons que sur le déclin du treizième siècle, » même les personnes » de la plus vile condition avoient des sceaux, & » que lorsqu'ils n'en avoient pas, ils se servoient » *de celui de personnes constituées en dignité,* » *même du sceau des témoins «.*

Enfin, il n'existe pas un auteur héraldique qui n'ait regardé comme une maxime incontestable, que l'identité des armes ne prouvoit en aucune manière l'identité de l'origine. » Je dis, continue » M. Treilhard, qu'il n'existe pas un seul auteur » héraldique qui n'ait établi cette maxime, & je » n'en excepte pas le sieur d'Hosier lui-même ;

» la morale n'eft pas fi relâchée que mes adver-
» faires voudroient le faire entendre «. Voici les
principes qu'il établit dans fon armorial général,
regiftre 3 , part. première , page 47 & 48 , au
fujet de la maifon d'Ales.

» Le juge d'armes fe flatte d'avoir affez foli-
» dement prouvé que les feigneurs de Saint-Chrif-
» tophe & de Château étoient , de leur vivant ,
» furnommés d'Aluye , & de cela feul il ré-
» fulte , que la famille d'Alés de Corbet ne peut
» point prétendre être iffue de ces anciens fei-
» gneurs «.

Il faut s'arrêter un inftant fur cette première
partie du paffage du fieur d'Hofier. De ce que
les fieurs d'Ales de Corbet ne portoient pas le
même Nom que les fieurs d'Aluye , feigneur de
Saint-Chriftophe ; de là feul il réfulte , dit-on,
que la famille d'Ales de Corbet ne peut pas
prétendre être iffue de ces anciens feigneurs.

Que cette décifion du fieur d'Hofier eft ri-
goureufe! Par cela feul que la famille d'Ales de
Corbet ne porte pas le Nom d'Aluye , il lui
refufe impitoyablement une place dans la maifon
d'Aluye qui eft éteinte ; quelle rigueur, encore
une fois , de la part de ce généalogifte !

Mais, d'un autre côté , quel excès de relâche-
ment ! Les le Jeune n'ont jamais porté le Nom
de Créqui , & cependant le fieur d'Hofier leur
fait une place dans la maifon de Créqui , bien
plus illuftre que celle d'Aluye , & qui fubfifte
encore.

Ces moyens ont prévalu. Le premier février
1781 , eft intervenu arrêt qui fait défenfes aux
fieurs le Jeune de porter le Nom de Créqui , &
de fe dire iffus de cette maifon.

Cette affaire met le fceau à la réputation de M. Treilhard.

Outre les auteurs cités dans cet article , voyez Loifeau , des ordres , chapitre 7 ; Dumoulin , fur l'article 301 de la coutume de Bourbonnois ; les arrêts d'Expilly ; les décifions du préfident Boyer , décifion 146 ; Chaffeneuz ; Jean Scohier, traité de l'état & comportement des armes; Knipfchile , traité des fubftitutions des maifons illuftres ; Théodore Hœping , traité des armoiries; Benedicti , ad caput Rainutius ; Sainte-Marthe , tome 2 ; Duchefne , hiftoire de Montmorenci ; d'Argentré, hiftoire de Bretagne ; la Roque , traité de la nobleffe , & ci-deffus le mot NOBLESSE.

(*Addition de M. H*** , avocat au parlement.*)

NOMINATION ROYALE. C'eft tout à la fois un droit qu'a le roi de nommer à un béné-fice ; & l'exercice de ce droit.

Le roi nomme aux bénéfices à plufieurs titres dif-férens. Par un droit attaché à la couronne, il confère en régale les bénéfices qui ne font point à charges d'ames ; il accorde les brevets de joyeux avénement & de ferment de fidélité ; il nomme aux bénéfices de collation royale ; il confère les bénéfices en Nor-mandie , dans le cas de litige entre patrons & à caufe de la garde royale. L'indult du parlement de Paris eft une conceffion des papes, par la-quelle le roi peut donner une expectative fur les bénéfices de fon royaume à chacun des con-feillers de ce parlement & des maîtres des requêtes de fon hôtel ; enfin , il nomme , en vertu du concordat, à tous les bénéfices confif-toriaux. C'eft de cette dernière efpèce de no-mination qu'il s'agit ici ; toutes les autres ont été traitées à l'article qui les concerne. SERMENT DE

FIDÉLITÉ, JOYEUX AVÈNEMENT, INDULT, PATRONAGE ET REGALE.

Tant que l'empire romain subsista, les princes ne prirent aucune part à la nomination des évêques ; déjà surchargés du soin de choisir les magistrats dans un empire immense, l'élection d'un nouvel évêque étoit à leurs yeux d'un trop petit intérêt, pour qu'ils s'en occupassent. Les royaumes qui se formèrent des débris de l'Empire en Occident, étant plus resserrés, la dignité d'évêque y devint plus importante. Les évêques, par l'acquisition des fiefs qui donnoient de grands droits temporels à ceux qui les possédoient, & par la faveur des princes qui les appeloient à leurs conseils, cessèrent bientôt d'être uniquement les ministres de la religion ; ils devinrent les premiers seigneurs de l'état & les principaux ministres des princes. L'intérêt de l'état & la sûreté des princes exigeoint donc alors qu'on n'ordonnât point de nouvel évêque sans leur consentement : aussi nos rois crurent-ils devoir faire intervenir leur autorité dans les élections, dès le commencement de notre monarchie. Clotaire II, en confirmant les canons d'un concile de Paris, qui déclaroit nulle la consécration d'un évêque, faite sans le consentement du métropolitain, du clergé & du peuple, ajouta, que celui qui avoit été ainsi canoniquement élu ne pourroit être sacré qu'après avoir obtenu le consentement du roi.

Depuis cette époque, le consentement du roi a toujours été regardé en France comme nécessaire dans les élections. On trouve parmi les formules de Marculphe, la forme des lettres que les églises écrivoient au roi pour lui faire connoître celui qui avoit été élu , sa vertu & son mérite , & pour prier le roi de confirmer ce qui avoit été fait dans l'assemblée du clergé & du peuple. Les capitulaires & les canons qui furent faits sous la seconde race de nos rois , pour conserver l'ancienne discipline au sujet des élections, ne donnèrent aucune atteinte aux droits du roi à cet égard ; ils subsistèrent en leur entier sous la troisième race. Philippe Auguste, en partant pour son expédition d'Outremer , confia la régence du royaume à sa mère & à Guillaume archevêque de Rheims ; & entre les pouvoirs qu'il leur donne , il marque expressément celui d'accorder aux chapitres des cathédrales vacantes , la permission d'élire un évêque. Saint Louis accorda le même pouvoir à la reine Blanche sa mère, quand il lui confia la régence du royaume en partant pour la terre sainte.

Un des objets de la pragmatique - sanction fut de rétablir les élections dans toute la liberté dont elles jouissoient anciennement ; cependant elle ne désapprouve point le consentement que le chapitre étoit obligé d'obtenir du roi avant que de procéder à l'élection d'un évêque. L'assemblée de Bourges a même permis aux rois & aux princes du sang d'employer leur recommandation en faveur des personnes qui avoient rendu service à l'état. Tant que la pragmatique n'a point été abolie, le roi a continué d'écrire des lettres en faveur des clercs qu'il protégeoit, & de nommer des commissaires pour assister aux élections.

Nos rois avoient donc eu la plus grande influence dans les élections , depuis le commencement de la monarchie ; mais ils ne nommoient point encore les évêques; ce fut par le concordat qu'ils en acquirent le droit. La cour de Rome n'avoit vu paroître la pragmatique - sanction qu'avec un déplaisir extrême ; elle la regardoit comme une barrière que l'église de France avoit voulu opposer à toutes ses entreprises ; elle la voyoit détourner toutes les sources des abus sur lesquels elle fondoit principalement ses richesses & sa puissance. Aussi les papes firent-ils dès le commeucement les plus grands efforts pour la faire révoquer. Les parlemens s'y opposèrent avec vigueur, même contre la volonté expresse de Louis XI, qui avoit consenti à son abroga-tion. Jules II assembla un concile au palais de Latran, où il cita le roi, le clergé & les par-lemens. Les ambassadeurs que Louis XII envoya à Rome après la mort de Jules II, firent sus-pendre pour quelque temps les procédures ; mais on les recommença pendant les premières années du règne de François premier. Enfin ce prince ayant appris qu'on avoit décerné une citation finale contre lui & contre l'église gallicane, fit proposer au pape un arrangement. Il y eut à ce sujet une entrevue à Bologne entre Leon X & François premier, en conséquence de laquelle les cardinaux d'Anconne & de Sanctiquatro, de la part du pape, & le chancelier Duprat, de la part de François premier, furent nommés pour dresser le concordat.

, Par ce traité, les élections* furent abolies, & la nomination des prélatures attribuée au roi. On se récria beaucoup contre une manière de pourvoir aux premières dignités de l'église, qui paroissoit si contraire à l'ancien usage. Tous les corps qui composent l'église gallicanne protestè-

rent contre lè concordat ; les parlemens firen
les plus grandes difficultés pour l'enregiftrer
& il ne le fut qu'avec la claufe, *de l'exprès com
mandement du roi.* Cependant, fi on veut y fain
attention, on apperçoit aifément que cette nouvelle difcipline n'étoit, ni fi contraire aux règles eccléfiaftiques, ni un fi grand mal pou
l'églife. Le droit d'élire n'a jamais apparten
effentiellement aux chapitres : les élections fe faifoient, dans l'origine, par les fuffrages du clergé
& du peuple réunis. Le tumulte inféparable de
ces grandes affemblées avoit fait remettre ce droit
entre les mains du clergé, enfuite les chapitres
des cathédrales étoient parvenus à fe ,l'attribuer
feuls. Ne pouvoient-ils pas en être privés*, comme
ils en avoient privé le refte du clergé, & ne le
mériroient-ils pas, pour avoir élu fouvent des
prélats par faveur & par fimonie, contre le ferment qu'ils faifoient à chaque élection de choifir
le plus digne ? D'ailleurs , quand on confidère
les prélats qui ont gouverné l'églife de France
depuis près de trois fiècles, & qu'on les compare avec ceux qui avoient été élus par les chapitres depuis le douzième, on trouve que les
évêques nommés par le roi n'ont pas eu moins
de fcience & de vertu, & n'ont pas fait moins
d'honneur à l'églife , que ceux qui étoient auparavant élus par les chapitres.

Pour mettre quelque ordre dans ce que nous
avons à dire fur le droit de la nomination
royale aux prélatures , nous examinerons, 1°. de
quelle manière s'exerce ce droit du roi : 2°.
quelles font les prélatures qui y font affujetties :
3°. l'âge & les qualités requifes pour être nommé par le roi : 4°. comment le droit de nomi-

nation royale s'est étendu sur toutes les provinces qui ne faisoient point partie de la France au temps du concordat.

Voici de quelle manière le roi nomme aux prélatures : il présente un sujet au pape, qui est obligé de lui accorder des bulles sur la présentation du roi, quand il a les qualités requises pour posséder la prélature.

Le temps accordé au roi pour nommer, par le concordat, est de six mois, à compter du jour de la vacance. Quand la personne présentée par le roi n'a point les qualités requises, le pape ne lui donne point de bulles, & le roi est tenu, dans trois mois du jour que le refus des bulles dans le consistoire a été signifié à celui qui les sollicitoit pour l'incapable, de nommer au pape une autre personne capable d'être pourvue de la prélature. Si dans les trois mois du jour de la signification du refus, le roi n'a point présenté une personne capable, le pape peut y pourvoir de plein droit, sans attendre la Nomination royale.

Cette dernière disposition est trop claire & trop précise, pour qu'elle puisse faire de difficulté ; le concordat ne semble point seulement donner, il donne en termes exprès au pape le droit de nommer aux évêchés & aux autres prélatures, quand le roi n'y nomme point dans les neuf mois de la vacance. Le pape peut donc faire usage de ce droit ; mais alors il est obligé de faire connoître au roi la personne qu'il veut pourvoir, parce qu'il tient la place du chapitre qui demandoit la permission du roi avant que de procéder à l'élection, & dont l'élu devoit obtenir son agrément. Cependant il n'y a point d'exemple que le pape en ait jamais fait usage :

le roi a quelquefois différé plus de neuf mois
pour nommer aux évêchés , & le pape n'a jamais
entrepris de profiter du droit que le concordat
lui accorde pour nommer à son préjudice. C'est
la réflexion de l'auteur du traité de l'usage &
de la pratique de la cour de Rome. » Le temps,
» dit cet auteur , de nommer généralement aux
» bénéfices de Nomination-royale, est étendu
» jusqu'à neuf mois , dans lesquels il est né-
» cessaire que la Nomination vienne à la con-
» noissance du pape; & faute de ce, il pourroit
» pourvoir : toutefois cette rigueur n'est point
» observée à l'égard du roi «. Pastel liv. 1 , tit. 3
de son traité des bénéfices , dit aussi que ce
délai de neuf mois est quelquefois prorogé à la
prière du roi.

Le roi nomme dans toutes sortes de vacances,
par mort , par démission , par résignation en faveur & par dévolut.

C'est le roi seul qui peut nommer au pape,
& par conséquent, pendant la minorité , le régent
ne nomme aux prélatures que sous le nom du
roi. Il suit encore de là, que les apanagistes
n'ont pas le droit de nommer aux bénéfices
consistoriaux qui sont dans leur apanage , ni les
reines douairières à ceux qui sont dans les
terres qui leur ont été assignées pour leur douaire.
Le roi leur accorde quelquefois le droit de
présenter aux bénéfices consistoriaux de leur
apanage ou de leur assignat ; mais il en excepte
toujours les évêchés. Les lettres patentes du 3
février 1701 , portant permission à Philippe,
duc d'Orléans, de présenter des personnes capables aux abbayes, prieurés & autres bénéfices
consistoriaux de son apanage , en exceptoient
les

les évêchés. Celles qu'ont obtenûes M. le comte de Provence & M. le comte d'Artois, frères de Louis XVI, portent la même exception ; encore faut-il obferver, que même, par rapport aux abbayes & aux prieurés, les apanagiftes ne nomment point eux-mêmes, ils préfentent feulement au roi une perfonne capable, & c'eft le roi qui accorde fur cette préfentation un brevet de Nomination pour obtenir des bulles du pape.

De même que c'eft le roi feul qui nomme aux prélatures, c'eft au pape feul que doit fe faire la préfentation, aux termes du concordat, & par conféquent les cardinaux, pendant la vacance du faint fiége, ne peuvent donner des bulles à ceux qui font nommés par le roi aux bénéfices confiftoriaux.

Par le concordat, le pape s'eft réfervé le droit de conférer, fans attendre la Nomination du roi, les bénéfices confiftoriaux qui vaquent par le décès des titulaires en cour de Rome. Quelques auteurs ont prétendu que cette réferve n'avoit été inférée dans le concordat que par inadvertance, & que par conféquent ces vacances *in curiâ* ne doivent point avoir lieu contre le roi.

Il eft vrai que la réferve des bénéfices vacans en cour de Rome ne fut établie que depuis la rédaction du fexte, & qu'elle ne comprit point au commencement les évêches & les abbayes, fuivant la glofe du cardinal le Moine, celle de la pragmatique, & le commentaire de Guillaume de Montferrat fur la même pragmatique. En fuivant cette ancienne maxime, on n'auroit pas dû réferver au pape la difpofition libre des

évêchés & des abbayes qui vaquent par le déc
du titulaire en cour de Rome.

Cependant cette réferve ayant été inférée dar
le concordat en deux endroits du titre de la Nc
mination royale aux prélatures, auffi bien qu
dans les indults pour la Nomination aux béne
fices confiftoriaux de la Bretagne, de la Pre
vence & des trois évêchés, il eft difficile d
croire que cette claufe ait été inférée dans le con
cordat par inadvertance, & qu'elle ne comprenn
ni les évêchés ni les abbayes.

Difons donc, avec M. Louet, que le con
cordat accorde véritablement au pape la difpo
fition des évêchés & des abbayes qui vaquer
en cour de Rome; mais que le pape a coutum
de réferver au roi le droit de Nomination à ce
bénéfices, foit par déférence, foit parce que, n
pouvant les conférer à d'autres que des François
il fe relâche plus facilement de fon droit. Ce
pendant l'archevêché de Lyon ayant vaqué e
cour de Rome dans le fiècle palfé, par le décè
du cardinal de Marquemont, le pape Urbaii
VIII fit ufage de la réferve portée par le con
cordat en faveur du faint fiége, & pourvut d
cet archevêché M. Miron, évêque d'Angers
fans faire mention dans la bulle de la Nomina
tion du roi; il eut feulement foin de ne pe
nommer M. Miron fans l'avoir fait propofe
au roi par le cardinal de Spada, & fans s'êtr
affuté qu'il lui étoit agréable. La lettre que le
roi écrivit au pape pour agréer la perfonne de M.
Miron, & pour confentir au choix qu'il faifoi,
n'empêcha pas M. l'avocat général Talon de croie
les droits du roi bleffés par cette conduite, &
de demander acte à la cour de la protefation

qu'il faifoit contre cette Nomination , pour qu'elle ne pût y préjudicier à l'avenir. » Et la cour fai- » fant droit fur les conclufions du procureur » général, lui a donné & donne acte, ce font » les termes de l'arrêt, de la proteftation par » lui faite, que la bulle obtenue par ledit ar- » chevêque de Lyon, pour n'avoir été expédiée » fur la Nomination du roi, ne puiffe nuire ni » préjudicier aux droits dudit feigneur «. Arrêt du parlement de Paris du 6 juillet 1636.

Mais Louis XIII s'étant une fois foumis à la règle qui réferve à la Nomination du pape les bénéfices confiftoriaux vacans en cour de Rome, il y a tout lieu de croire que fes fucceffeurs s'y foumettront, pourvu que les papes, de leur côté, imitent l'exemple d'Urbain VIII, & ne nomment perfonne aux prélatures qui auront vaqué *in curiâ*, fans avoir confulté le roi & fans avoir obtenu fon agrément. En effet, il n'eft point naturel que le pape, qui, comme prince étranger, peut avoir des intérêts temporels contraires à ceux du roi, ou des liaifons avec les ennemis de l'état, confère, fans le confente- ment du roi, des dignités auffi importantes que les évêchés & les abbayes. Ce fut apparemment parce que le pape avoit manqué à cette forma- lité effentielle, que Claude Gallard fut main- tenu, par arrêt du grand confeil, en poffeffion de l'abbaye de Charnie, qui avoit vaqué en cour de Rome, par le décès du cardinal de Bichi, fans avoir égard aux bulles de François Joifel, pourvu de cette abbaye du propre mou- vement du pape Alexandre VII.

Au refte, il y a un moyen bien fimple, & que le roi emploie quelquefois, pour prévenir toutes les contestations qui peuvent s'élever au sujet des vacances en cour de Rome. Lorsqu'un ecclésiastique qui possède des bénéfices consistoriaux, va résider en cour de Rome, le roi obtient du pape un indult, par lequel il déclare qu'il n'usera point du droit de la vacance *in curiâ*, en cas que le bénéficier décède à la cour. Doujat rapporte un de ces indults dans le livre intitulé *specimen juris ecclesiastici*.

Si le roi avoit accordé deux brevets de Nomination du même bénéfice consistorial à deux personnes différentes, à laquelle des deux appartiendroit le bénéfice ? Il n'y a point de doute que ce ne fût à celui qui auroit obtenu le premier. C'est une règle générale & qui s'étend à toutes les espèces de Nominations royales, aux brevets de joyeux avénement & de serment de fidélité, comme aux brevets de Nomination pour les bénéfices consistoriaux, que le premier nommé est préféré. Tous les jurisconsultes l'enseignent unanimement ; Louet, *de infirmis* ; Chopin, *de dominio*, liv. 2, tit. 10, n. 13 ; Rebuffe sur le concordat, §. 1, *in verbo vacantibus*, sont de cet avis. Il est de la dignité du prince, dit Dumoulin, *de infirmis resign.* n. 408, qu'il ne puisse varier. *Hoc enim ad regiæ dignitatis culmen spectat, ut variare non possit, stabilis enim esse debet ut polus arcticus, & immobilis sicut lapis angularis.*

Cette question conduit naturellement à celle de savoir si le roi peut révoquer un brevet de Nomination qu'il a accordé pour un bénéfice consistorial. S'il s'agissoit d'un brevet de joyeux avénement ou de serment de fidélité, il ne pourroit y avoir aucune difficulté à ce sujet, parce que ces brevets ne font autre chofe que des mandats, en tout femblables à ceux que les papes avoient coutume d'accorder, & par conféquent révocables fi ces premiers l'étoient. Or, les mandats que les papes accordoient autrefois étoient révocables à leur volonté ; nous en avons une preuve bien convaincante dans le chapitre *quamvis in 6°.*, qui décide, que lorfque le pape, après avoir révoqué un mandat, le rétabliffoit, cet acte ne portoit aucun préjudice à celui qui avoit acquis un droit fur le bénéfice dans le temps qui s'étoit écoulé entre la révocation & la reftitution du mandat ; ce qui fuppofe clairement que la révocation étoit bonne & valable, & devoit avoir fon effet.

Mais on compare ordinairement les brevets de Nomination royale, aux élections qui avoient lieu pour les prélatures. En fuivant rigoureufement cette comparaifon, il eft certain qu'il faudroit conclure que le roi ne peut pas les révoquer : car c'étoit une règle des élections, que lorfque le fcrutin étoit une fois confommé, les électeurs ne pouvoient plus varier ni révoquer leur élection, pour nommer une autre perfonne que celle à laquelle ils avoient donné leur voix. *Publicato fcrutinio*, dit Grégoire IX, cap. publica extra. de elect. & elect. poteftate, *variare nequeant electores, cùm fit facienda collatio & electio celebranda.*

Comme la Nomination royale tient effectivement la place de l'élection, cette difficulté feroit de quelque poids, fi le roi étoit affujetti à toutes les règles des élections. Mais c'eft un principe parmi nous, que le roi n'y eft point affujetti ; & c'eft ce principe même qui engage Lacombe à décider, comme nous le faifons ici, que le roi

O iij.

peut révoquer un brevet de Nomination royale, après l'avoir accordé. Si le fecond brevet, dit ce canonifte, *verbo* Nomination du roi, contient révocation du premier, le fecond nommé eft préféré, parce que le roi n'eft point foumis aux règles des élections. Il n'y a par conféquent aucune raifon de douter que le roi ne puiffe révoquer un brevet de Nomination qu'il a accordé pour un bénéfice confiftorial.

Il étoit jufte que les électeurs ne puffent point révoquer une élection qu'ils avoient faite, parce qu'étant en grand nombre, il n'étoit pas poffible qu'ils ne connuffent parfaitement, dans le temps même de l'élection, les bonnes & les mauvaifes qualités de celui qu'ils élifoient : ils n'étoient donc pas cenfés, l'élection une fois faite, pouvoir acquérir de nouvelles lumières à fon fujet, qui les miffent dans le cas de la révoquer. D'ailleurs, les élections fuppofant beaucoup de formalités, & pouvant à tout inftant être arrêtées par quelque oppofition, quelque omiffion dans les formes, ou par le peu d'accord des électeurs, il eût été à craindre que les prélatures ne demeuraffent trop long-temps vacantes, s'il eût été permis aux électeurs de varier ou de révoquer leur élection.

Toutes ces raifons, au contraire, n'ont point lieu contre le roi. Chargé de pourvoir à un très-grand nombre de bénéfices, & connoiffant rarement les fujets par lui-même, il peut acquérir par rapport à eux, après qu'il les a nommés, des lumières qui l'engagent à révoquer le brevet de Nomination royale qu'il leur a accordé. Cette révocation n'entraîne aucun inconvénient ; elle fe fait par un fimple acte de révocation fignifié à la partie intéreffée, ou par un fecond brevet de

Nomination du même bénéfice, contenant révocation du premier. Difons donc que le roi peut révoquer les brevets de Nomination qu'il accorde pour les prélatures ; difons quelque chofe de plus, qu'il feroit très à fouhaiter pour l'églife qu'il ufât fouvent de ce droit, qu'il profitât des connoiffances qu'il peut acquérir fur l'indignité de ceux qu'il nomme aux dignités eccléfiaftiques, en quelque temps qu'elles lui vinffent, pour les en exclure avant qu'ils y fuffent irrévocablement établis, & qu'il devînt prefque impoffible de les empêcher d'être l'opprobre de l'églife & le fcandale des fidèles.

Quand le roi a donné un brevet de Nomination pour quelque bénéfice confiftorial, celui qui eft nommé doit dans neuf mois, à compter du jour de la délivrance de fes lettres de Nomination, obtenir des bulles, finon il demeure déchu, fans qu'il foit befoin d'aucune déclaration de tout le droit que la Nomination du roi lui donnoit fur le bénéfice. C'eft la difpofition précife de l'article 5 de l'ordonnance de Blois. » Pour obvier au fcandale & défordre, y eft- » il dit, qui proviennent de la trop longue va- » cation des bénéfices étant à notre Nomination, » ordonnons que ceux que nous y nommerons » ci après feront tenus, dedans neuf mois après » la délivrance de nos lettres de Nomination, » obtenir les bulles & provifions, ou faire appa- » roit à l'évêque diocéfain dés diligences vala- » bles & fuffifantes, & à faute de ce faire, de- » meurérout déchus de leur droit de Nomina- » tion, fans qu'il en foit befoin obtenir autre » déclaration que la Nomination que nous ferons

« d'autres perfonnes des qualités & fuffifances
» que deffus «. Cette difpofition a depuis été
renouvelée par la déclaration du 14 octobre 1726,
enregiftrée au grand confeil le 14 novembre de
la même année.

Il peut fe faire que le pape refufe des bulles
à ceux que le roi a nommés aux prélatures,
comme il arriva fous le pontificat d'Innocent XI.
Ce pape, irrité de la déclaration du clergé en
1692, n'accordoit point de bulles à ceux que
le roi avoit nommés aux évêchés. Ceux qui
avoient obtenu des brevets de Nomination royale
fe pourvurent pardevant les parlemens, qui dé-
clarèrent abufif le refus de bulles qu'ils effuyoient
de la part du pape, & les mirent en poffeffion
du temporel. On n'a point eu recours à d'autres
moyens depuis le concordat, toutes les fois que
le pape a refufé d'accorder des bulles à ceux
qui lui étoient préfentés par le roi. Cependant,
s'il plaifoit encore à la cour de Rome de renouveler quelque jour ces refus injuftes de bulles,
qui empêcheroit qu'on ne prît les mefures que
M. le procureur général du Harlay indiquoit au
parlement à l'occafion du différend dont nous
venons de parler ? Ce magiftrat étoit d'avis qu'on
propofât au roi de convoquer un concile national,
ou d'affembler les notables de fon royaume, pour
avifer aux moyens de prévenir les inconvéniens
de la trop longue vacance des archevêchés &
des évêchés. Il ajoutoit, qu'un de ces moyens
pourroit être de faire facrer les évêques par
le métropolitain, affifté des évêques de la province, comme cela fe faifoit autrefois ; & en
effet, la Nomination royale tenant lieu d'élection fuivant le concordat, & le pape qui doit

la confirmer refufant de le faire, le parti le plus naturel à prendre ne feroit-il pas d'avoir recours à ce qui fe pratiquoit avant le concordat, & de demander la confirmation du métropolitain ?

Quant à ce qui concerne les prélatures auxquelles le roi a le droit de nommer, ce font non feulement les évêchés, mais encore les abbayes & les prieurés conventuels, à l'élection defquels on procédoit fuivant la forme du chapitre *quia propter*, & dont on avoit coutume de demander la confirmation. C'eft la difpofition précife du concordat, §. 2, titre *de regiâ ad prælaturas nominatione*.

Le concordat ne faifoit point de différence entre les abbayes chefs d'ordre, & celles qui ne l'étoient point; il paroiffoit les mettre toutes également à la Nomination du roi : mais comme il importe fur-tout à l'obfervation de la difcipline régulière, que le fupérieur en faffe luimême profeffion, l'ordonnance de Blois a confervé la liberté de l'élection aux abbayes chefs d'ordre, auffi bien qu'aux quatre premières filles de Cîteaux, parce que ces abbayes, quoique foumifes au chef d'ordre, ont cependant beaucoup d'autorité fur les monafteres de leur filiation. » Pour rétablir, conferver & entretenir, dit » l'article 3 de l'ordonnance de Blois, l'état » régulier & difcipline monaftique, voulons qu'a- » venant vacation des abbayes & monaftères qui » font chefs d'ordres, comme Cluny, Cîteaux, » Prémontré, Gramont, Leval-des-Ecoliers, » Saint-Antoine de Viennois, la Trinité dite des » Mathurins, Leval-des-Choux . . . . fembla- » blement ès abbayes & monaftères de Saint- » Edme de Pontigny, la Ferté, Clairvaux &

» Morimond , appelées les quatre premières filles
» de Cîteaux , y soit pourvu par élection des re
» ligieux profès desdits monastères , suivant la
» forme des saints décrets & constitutions ca
» noniques «.

Les abbayes qui étoient triennales dans le
temps du concordat , le sont demeurées depuis,
parce qu'il n'accorde au roi que la Nomination
des abbayes qui sont des titres de bénéfices. Mais
une abbaye qui a été mise alors à la Nomina
tion du roi , n'a pu devenir triennale depuis , par
quelque reglement que ce fût , sans le consen
tement du roi , & sans qu'il ait accordé des
lettres-patentes à cet effet , parce que ces régle
mens ne peuvent préjudicier à ses droits. C'est
pour cette raison que lorsque dans l'établissement
de la congrégation de France on voulut , pour
décorer le généralat de cette congrégation , y unir
le titre d'abbé de sainte Geneviève , & cepen
dant le rendre triennal , pour éviter les inconvé
niens qui résultoient de l'énorme autorité & de
l'indépendance extrême des abbés; il fallut ob
tenir le consentement du roi , & des lettres-pa
tentes qui permissent aux religieux d'élire leur
abbé tous les trois ans. Les lettres-patentes qu'ob
tinrent pour ce sujet les chanoines réguliers de
cette congrégation ; sont du mois de novembre
1626.

Puisque le concordat ne réserve à la Nomi
nation du roi que les prieurés qui sont vraiment
électifs , & que la plupart des prieurés de l'ordre
de Cluny sont à la collation de l'abbé général
de Cluny ou des autres prieurs de l'ordre ,
s'ensuit que la plupart de ces prieurés n'ont pas
dû être assujettis à la Nomination royale. Dans

les autres congrégations, au contraire, les religieux du monastère élisoient ordinairement leurs prieurs dans le temps du concordat; ils ont donc été assujettis à la Nomination royale; & voilà la raison pour laquelle le roi nomme la plus grande partie des prieurés de l'ordre de saint Augustin.

Depuis que l'usage des coadjutoreries est établi pour les abbayes & pour les évêchés, avec l'espérance de la future succession, si les coadjuteurs pouvoient être nommés par d'autres que par le roi, toutes les prélatures ne seroient plus à sa disposition; voilà pourquoi on ne peut donner de coadjuteur à un évêque que sur la Nomination du roi.

Dans le §. 3 du titre *de regiâ ad prelaturas Nominatione*, du concordat, le pape déclare qu'il n'entend préjudicier en rien aux droits des cathédrales, des abbayes ou des prieurés qui ont obtenu du siége apostolique des priviléges pour nommer leurs prélats, ni les empêcher de procéder librement à l'élection de leurs évêques, abbés ou prieurs, selon les priviléges qui leur ont été accordés, & suivant la forme contenue en ces priviléges.

Aussi, dès qu'il fut question d'exécuter le concordat, vit-on paroître une multitude de ces priviléges; un grand nombre d'églises prétendirent en conséquence que le droit d'élection leur devoit être conservé. Pour ne pas perdre l'avantage qu'il espéroit retirer du concordat, François I obtint du pape Clément VII, en 1531, un indult qui suspendoit pendant sa vie l'effet de tous ces priviléges, & lui permettoit de jouir librement du droit qui lui avoit été accordé sur les églises de son royaume. Ses successeurs, jus-

qu'à Charles IX , en obtinrent de femblables.
Enfin , les priviléges furent abolis par une bulle
de Pie IV ; & quoique cette bulle n'ait pas été
enregiftrée , elle n'a pas laiffé de paffer en
ufage, & de faire le droit commun du royaume.
Depuis ce temps , nos rois fe font maintenu
en poffeffion de difpofer des prélatures électives,
fans avoir égard aux priviléges particuliers, &
fans obtenir pour ce fujet d'indult de la cour de
Rome.

Les abbayes chefs d'ordre avoient prefque
toutes obtenu , avant le concordat, des priviléges qui leur confervoient la liberté d'élire leurs
abbés. Les indults obtenus par François I & par
fes fucceffeurs, qui fufpendirent l'effet des priviléges accordés aux autres églifes , ne touchèrent
point aux leurs. La bulle de Pie IV , qui étei-
gnit tous les priviléges , laiffa fubfifter en leur
entier ceux des abbayes chefs d'ordre ; en forte
que ces abbayes continuèrent, depuis le concordat, d'élire leurs abbés , d'abord en vertu de
leurs priviléges , & enfuite par la difpofition
de l'ordonnance de Blois , qui , comme nous
l'avons déjà vu , réferve expreffément la liberté
de l'élection à toutes les abbayes chefs d'ordre.

Les abbayes & les prieurés des religieufes
ayant toujours été électifs, felon la forme du
chapitre *quia propter,* avoient été compris dans
le concordat , & par conféquent la Nomination en
appartenoit au roi. Auffi nos rois commencèrent-ils
à y nommer auffi-tôt après le concordat, quoique la
plupart des monaftères de religieufes fiffent tous
leurs efforts pour réfifter à la Nomination royale de
leurs abbeffes. La cour de Rome accordoit fans
difficulté des provifions aux religieufes fur la

Nomination du roi ; mais , fous le pontificat de
Paul III , les officiers de cette cour commencè-
rent à refuſer d'admettre la Nomination du roi
pour les abbayes de filles. On eut recours au
moyen d'uſage en pareil cas ; les religieuſes
nommées furent miſes en poſſeſſion en vertu
d'arrêts du conſeil. Enfin, Henri III voulant terminer l'affaire , & cependant la terminer ſans
bruit, pour ne pas réveiller les prétentions des
chapitres & des monaſtères de ſon royaume ,
ſe contenta de déclarer ſon intention ſur ce ſujet
à trois préſidens & à deux conſeillers du grand
conſeil , qu'il fit entrer dans ſon cabinet , &
auxquels il enjoignit d'en avertir leur compagnie
& de faire inſcrire ſur ſes regiſtres la déclaration
verbale qu'il leur donnoit. Cette déclaration eſt
trop remarquable , pour ne pas la rapporter ici
telle qu'elle eſt enregiſtrée ſur les regiſtres du
grand conſeil. » Cejourd'hui 21 mars , l'an 1580,
» MM. Arnoul, Bouchée & André de Hacque-
» ville , préſidens & maîtres ; Henri le Maré-
» chal & François Ruré , conſeillers au conſeil ,
» ont fait entendre en icelui ..... qu'étant in-
» troduits au cabinet du roi , ledit ſeigneur leur
» auroit dit qu'il les auroit mandés pour entendre
» une déclaration de ſa volonté, qui étoit que ,
» déſirant conſerver les priviléges , prérogatives
» & droits appartenans à ſa majeſté , ſon inten-
» tion avoit toujours été & étoit de nommer
» aux abbayes & prieurés électifs des moniales ,
» tout ainſi que lui & ſes prédéceſſeurs ont
» accoutumé de faire aux bénéfices conſiſtoriaux
» des hommes ...... & qu'il a renvoyé & ren-
» voye à ſondit grand conſeil tous les procès
» mus & à mouvoir pour raiſon deſdits prieurés

» & abbayes de moniales ...... laquelle décla-
» ration il auroit voulu faire entendre aux fuf-
» dits préfidens & confeillers pour toute la com-
» pagnie de fondit grand confeil , auquel il en-
» joint expreffément de faire enregiftrer la pré-
» fente déclaration ...... n'ayant voulu fadite
» majefté , pour certaines confidérations , en faire
» ou publier autre édit & déclaration que
» la préfente , qu'il veut être de tel effet &
» vertu que s'il étoit paffé par édit. .... Après
» lequel rapport le confeil ayant mûrement dé-
» libéré, a ordonné & ordonne la préfente décla-
» ration de la volonté du roi être enregiftrée en
» un regiftre à part & féparé des expéditions
» communes des parties , pour y avoir égard au
» jugement defdits procès , & fe régler par icelle,
» fuivant l'exprès commandement du roi .... «

Depuis ce temps , les rois de France ont conf-
tamment nommé aux abbayes de religieufes , &
les officiers de la cour de Rome ont pourvu les
nommées : ils ne font cependant aucune mention
de la Nomination royale dans la fignature qu'ils
leur accordent ; ils y infèrent au contraire, que la
nommée a en fa faveur les fuffrages de la plus
grande partie de la communauté. Cette claufe
eft vicieufe en elle-même ; mais nous la mettons
au nombre de plufieurs claufes de cette efpèce,
à l'égard defquelles nous faifons ufage de la
maxime *vitiantur fed non vitiant* , c'eft-à-dire
que nous les regardons comme nulles, fans pour
cela que nous regardions comme nulles les provifions où elles fe trouvent. Louis XIV excepta
feulement de la Nomination royale les abbayes
de Sainte-Claire , les monaftères de Sainte-Elifa-
fabeth de l'Annonciade. Ainfi les abbayes de

Bénédictines, des religieuses de Cîteaux, & les prieurés de l'ancienne Observance de saint François, sont de Nomination royale.

Après avoir vu de quelle manière s'exerce le droit de la Nomination royale aux prélatures, & ce qu'on doit entendre par les prélatures qui y sont assujetties, passons maintenant aux qualités qui sont nécessaires pour en être pourvu. Selon les constitutions ecclésiastiques, contenues dans les décrétales, un évêque devoit avoir trente ans dans le temps de sa Nomination ; mais le concordat n'en exige que vingt-sept. Il suffit aujourd'hui d'être dans sa vingt-septième année pour pouvoir être nommé à un évêché par le roi. Nos rois ont cependant quelquefois nommé à des évêchés, des personnes qui n'avoient pas atteint l'âge de vingt-sept ans, même depuis le concile de Trente. Le cardinal de Richelieu, par exemple, n'avoit que vingt-deux ans lorsqu'il fut pourvu de l'évêché de Laon. Les papes alors leur en avoient accordé des dispenses ; mais il y a long-temps que nos rois ne sont plus dans l'usage de nommer des sujets qui n'aient pas l'âge requis par le concordat.

Celui que le roi nomme à une abbaye ou à un prieuré conventuel, doit être dans sa vingt-troisième année. Le pape accorde difficilement dispense à ce sujet, lorsque l'abbaye ou le prieuré est conféré en titre ; mais on l'obtient aisément quand il est donné en commande, pourvu que celui qui a la Nomination du roi soit âgé de seize à dix-huit ans.

Une autre qualité qu'exige le concordat pour être nommé à un évêché, c'est d'être licencié, docteur en théologie ou en droit ; il excepte de cette règle les princes du sang, les personnes les

plus diftinguées par leur naiffance , & les religieux
d'une fcience éminente , quand , fuivant leur inf-
titut , ils ne peuvent prendre de degrés dans les
univerfités.

Quoique les canons défendent d'élire pour
évêque une perfonne qui ne foit au moins fous-
diacre , il n'eft point néceffaire que celui qui eft
nommé par le roi à un évêché foit dans les
ordres facrés. Le concordat n'exige point que
ceux que le roi nomme aux évêchés foient fous-
diacres ; & l'ordonnance de Blois , portant que les
archevêques & les évêques feront tenus de fe faire
promouvoir aux ordres facrés dans les trois mois
qui fuivront leurs provifions , fuppofe bien ma-
nifeftement qu'un clerc peut être nommé à un
évêché , fans être dans les ordres facrés.

A l'égard des religieufes , elles ne peuvent être
pourvues d'abbayes ni de prieurés conventuels , à
moins qu'elles n'aient dix ans de profeffion , ou
qu'elles n'aient exercé un office clauftral pendant
fix ans entiers. Cette condition ne fe trouve point
exprimée dans le concordat , parce qu'il ne parle
point expreffément des abbayes de religieufes. C'eft
l'édit du mois de décembre de 1606, qui l'a rendue
néceffaire. » Les religieufes , dit l'article 4 de cet
» édit , ne pourront ci-après être pourvues d'ab-
» bayes & prieurés conventuels , qu'elles n'aient
» été dix ans auparavant profeffes , ou exercé un
» office clauftral par fix ans entiers «. Cependant
le roi difpenfe quelquefois de la loi portée par
cet édit.

Il ne nous refte plus qu'à parler de la manière
dont le droit de la Nomination royale, par rapport
aux bénéfices confiftoriaux , s'eft étendu fucceffivement fur toutes les provinces qui n'étoient point
foumifes

foumifes à la France lors du concordat, & qui ont été depuis réunies à la couronne.

Le droit de Nomination aux bénéfices confifto-riaux ayant été donné au roi par le concordat pour tout le royaume de France à perpétuité, il devoit s'étendre fur tout ce qui dans la fuite en deviendroit partie. Les provinces qui paffent fous la domination de la France, font par cela même réunies à la couronne; elles deviennent fujettes aux mêmes charges, elles jouiffent des mêmes privilèges, elles doivent obferver les mêmes loix que toutes les autres provinces, à moins que les traités par lefquels elles fe font foumifes, ne leur réfervent expreffément leurs loix, leurs ufages & leurs privilèges. Toutes les provinces qui dans la fuite font devenues parties de la France, devoient donc être regardées comme pays de concordat; & dès-lors le roi pouvoit s'attribuer le droit de nommer aux bénéfices con-fiftoriaux qui y font fitués.

Cependant les officiers de la cour de Rome, toujours attentifs à profiter des moindres équi-voques, pour augmenter leurs droits & reffufciter leurs prétentions, voyant qu'il n'y avoit plus rien à craindre de la pragmatique, parce que le con-cordat, enregiftré & exécuté par toutes les cours du royaume, étoit devenu une loi de l'état, pré-tendirent non feulement qu'il ne pouvoit s'étendre à d'autres provinces que celles qui y étoient difer-tement énoncées, mais même qu'il ne devoit point avoir lieu dans tout ce que le royaume compre-noit alors. Le concordat, difoient-ils, n'avoit été établi qu'à la place de la pragmatique & pour en tenir lieu; il ne devoit par conféquent faire loi que dans les endroits où la pragmatique avoit

Tome XLII. P

été reçue. Or, comme fous Charles VII, lors de l'établiffement de la pragmatique, le royaume ne comprenoit ni la Bretagne, ni la Provence, ces deux provinces, felon eux, n'étoient point foumifes au concordat.

Pour éviter les conteftations, François premier reçut du pape Clément VII un indult qui lui permit de nommer aux bénéfices confiftoriaux du duché de Bretagne & du comté de Provence, daté du 6 octobre 1516. Nos rois l'ont imité dans la fuite ; toutes les fois qu'ils ont ajouté quelque nouvelle province à leur domination, ils ont reçu des indults du pape pour nommer aux bénéfices confiftoriaux de ces provinces ; mais jamais ils n'ont prétendu déroger par cette acceptation au droit qui leur étoit acquis en vertu du concordat. Et pour montrer encore, dans ce fiècle, qu'une acceptation de cette efpèce ne pouvoit tirer à conféquence, le parlement de Paris eut foin d'inférer la claufe fuivante dans l'enregiftrement de l'indult accordé pour la Lorraine par le pape Clément XII, en 1740.

„ Regiftré au parlement de Paris, ce requérant „ le procureur général du roi, pour être exécuté „ felon fa forme & teneur, jouir & ufer par „ ledit feigneur roi en conféquence du concordat «.

L'indult accordé à François premier pour la Bretagne & la Provence, contient à peu-près les mêmes claufes que le concordat. Le roi doit nommer dans les fix mois de la vacance des bénéfices ; le pape fe réferve de pourvoir aux bénéfices confiftoriaux vacans en cour de Rome, fans attendre la Nomination du roi. Il contient cependant, par rapport à la Nomination des abbayes & des prieurés conventuels, une claufe très-favorable au roi , & qui ne se trouve point dans le concordat. Le concordat ne permet pas au roi de nommer aux abbayes & aux prieurés électifs, des ecclésiastiques séculiers , ou des religieux d'un autre ordre , & veut que, dans le cas où il aura nommé des personnes de cette espèce , il soit tenu d'en nommer d'autres dans trois mois du jour que le refus du pape seroit déclaré : au lieu qu'en vertu de l'indult accordé pour la Bretagne & la Provence , le roi peut nommer aux abbayes & aux prieurés , des clercs séculiers , des religieux d'un autre ordre , même des mendians , à la charge de prendre l'habit du monastère dont ils seront pourvus , & d'y faire profession suivant la règle qui y est observée. Cet indult n'avoit été accordé à François premier que pour lui en particulier ; de sorte que tous les rois qui lui ont succédé ont été obligés de le faire renouveler en leur faveur. Mais comme il est devenu de droit commun , le pape ne pourroit le refuser aujourd'hui sans abus.

Les conquêtes de Louis XIV donnèrent lieu à un grand nombre de ces indults. Les églises de Metz , Toul & Verdun , n'avoient point d'abord été comprises sous le concordat germanique, mais elles y furent assujetties par un indult ampliatif de 1518 , comme étant sous la protection de l'Empire , & faisant partie de l'archevêché de Trèves. Ce droit de protection passa aux rois de France par le traité de Cateau-Cambresis , mais ils n'en avoient point encore la pleine souveraineté ; c'est pourquoi le concordat germanique y étoit toujours observé , & les chapitres de Metz , Toul & Verdun , continuoient d'élire leurs évêques.

Ce fut par la paix de Weftphalie, conclue
en 1648, que les trois évêchés furent véritablement réunis à la France ; l'empereur & l'Empire
cédèrent, par le foixante-dixième article du traité
de Munfter, au roi de France, pour être réunis
à fa couronne, tous leurs droits fur les villes &
évêchés de Metz, Toul & Verdun, & fur
leurs dépendances. L'Efpagne, n'ayant pas voulu
accéder au traité de Munfter, continua feule la
guerre contre la France, & cette guerre ne fut
terminée qu'en 1689, par le traité des Pyrénées.
Par ce traité, les comtés & vigueries de Rouffillon, Conflans & Cerdagne, furent cédés à la
France, auffi bien que le comté d'Artois, à la
réferve des villes d'Aire & de Saint-Omer.

Louis XIV follicita alors des indults pour
nommer aux bénéfices confiftoriaux de ces provinces nouvellement affujetties à fa couronne.
Clément IX lui accorda quatre indults différens
le 9 avril 1668 : le premier pour nommer aux
évêchés de Metz, Toul & Verdun, & aux bénéfices confiftoriaux qui y font fitués ; le deuxième,
pour nommer à l'évêché d'Elné ou Perpignan,
& aux bénéfices confiftoriaux des comtés & vigueries de Rouffillon, de Conflans & de Cerdagne ; le troifième, pour nommer à l'évêché
d'Arras ; & le quatrième, pour nommer aux
bénéfices confiftoriaux de l'Artois & de la partie
de la Flandre qui lui avoit été cédée par le
traité des Pyrénées. Les trois premiers indults
ne lui font pas perfonnels, ils font accordés à lui &
à tous les rois de France fes fucceffeurs. Par le
premier, le roi doit nommer dans les fix mois
de la vacance ; il peut le faire dans toutes fortes
de vacances, excepté celles qui arriveroient par

le décès des titulaires en cour de Rome, & il
lui est permis de nommer aux bénéfices réguliers,
des clercs féculiers ou des religieux d'un autre
ordre que celui dont dépend le bénéfice, à la
charge que le nommé prendra l'habit de l'ordre, & fera profession de la règle qui s'y observe.

L'indult concernant le Roussillon & les
comtés de Conflans & de Cerdagne, ne contient point la réserve des bénéfices vacans en
cour de Rome. Le pape, il est vrai, n'accorde
cette grâce particulière à nos rois, qu'à condition qu'ils conserveront dans ce pays le tribunal
de l'inquisition; qu'ils y feront exécuter le concile. de Trente & la bulle *in cœnâ domini*;
qu'ils maintiendront les juges ecclésiastiques dans
la connoissance du possessoire & du pétitoire des
bénéfices, les réserves des mois apostoliques, les
dépouilles & les annates pour les bénéfices & les
bénéficiers. Le grand conseil enregistra même
l'indult sans aucune modification, quelque contraires que fussent ces clauses à nos libertés, selon toute apparence parce que le pape, par une
grâce singulière, ne s'étoit pas réservé la vacance
en cour de Rome. Cependant le tribunal de l'inquisition n'a pas subsisté dans ces comtés pour cela,
& les autres conditions de l'indult n'y sont point
observées. On a pensé que ces peuples, devenant
François, devoient participer à toute la liberté
dont jouissent les François; & ces conditions ont
paru trop contraires à nos usages & à nos maximes, pour qu'on ait cru devoir y assujettir une
partie de la France, quelque peu considérable
qu'elle fût.

L'indult accordé à Louis XIV pour la Nomination des bénéfices consistoriaux de la partie

P iij

des Pays-Bas acquife à la France par le traité des Pyrénées, étant le même que celui qui avoit été accordé à Charles V & aux rois d'Efpagne fes fucceffeurs, fut un peu différent de ceux que nos rois avoient coutume d'obtenir. Il eut dix mois pour nommer aux bénéfices, à compter du jour de la vacance, au lieu que le concordat & les indults poftérieurs obligent nos rois de nommer dans les fix mois. Cet indult fut perfonnel à Louis XIV, & feulement pour le temps de fa vie, *tibi, tuâque tantùm vitâ durante.*

Lorfque le Pape Clément IX accorda tous les indults dont nous venons de parler, le traité d'Aix-la-Chapelle étoit fur le point de fe conclure, puifqu'il fut figné le 2 mai fuivant. Par ce traité, la France acquit plufieurs autres villes de Flandres, pour lefquelles Louis XIV eut befoin de nouveaux indults; le pape lui en accorda deux datés du 27 août 1666 : le premier donne à Louis XIV & aux rois de France fes fucceffeurs, le droit de nommer à l'évêché de Tournai, & il eft devenu inutile depuis que cette ville eft repaffée fous la domination étrangère. Le fecond accorde à Louis XIV feulement le droit de nommer aux abbayes & aux prieurés de la partie de la Flandre qui venoit de lui être cédée par le traité d'Aix-la-Chapelle, de la même manière qu'il pouvoit le faire par l'indult concernant les abbayes & les prieurés de la partie de la Flandre qui lui avoit été précédemment cédée par la paix des Pyrénées.

La paix de Nimègue, en 1679, acquit encore à la France plufieurs autres villes de Flandres & de la Franche-Comté; ce qui donna lieu à

deux indults accordés à Louis XIV, le 20 mai
1686, par le pape Innocent X : par le premier,
le pape lui accorde & à ses successeurs le droit
de nommer aux évêchés d'Ypres & de Saint-
Omer, sans faire mention de la réserve de la
vacance en cour de Rome ; & par le second, il
permet à Louis XIV seulement de nommer
aux abbayes & aux prieurés de la Franche-Comté, suivant les indults accordés par Clément IX
pour les bénéfices de cette nature des pays cédés par les traités des Pyrénées & d'Aix-la-Chapelle.

Louis XIV & Louis XV ont obtenu des indults particuliers, pour nommer aux archevêchés
de Cambrai & de Besançon.

L'indult obtenu par Louis XV pour la Nomination de l'archévêché de Besançon, est du 30
août 1722.

L'indult concernant la Lorraine, qui avoit été
remise à perpétuité à la France par le traité de
Vienne, est du 15 janvier 1740. Clément XII y
accorde au Roi Stanislas, pendant sa vie, & après
sa mort à Louis XV & ses successeurs à perpétuité, le droit de nommer aux bénéfices consistoriaux des duchés de Lorraine & de Bar.
Il a été enregistré au parlement de Paris le 6 septembre 1740.

Le dernier indult accordé à nos rois pour leur
permettre de nommer aux bénéfices consistoriaux,
a été obtenu pour la Corse. La république de Gê-
nes, souveraine de l'Isle, ne pouvant en soumettre
les habitans, qui refusoient de reconnoître son
autorité, la céda à la France. En conséquence,
Louis XV obtint du pape Clément XIV un
indult daté du 14 mars 1770, pour nommer

P iv

aux cinq évêchés de l'Isle & aux autres bénéfices consistoriaux qui y sont situés. Le pape s'y réferve les vacances en cour de Rome. L'indult a été enregistré au conseil supérieur de Corse, à Bastia le 22 mai 1770.

(*Article de M. l'abbé LAUBRY, avocat au parlement*).

NONCE. C'est un prélat que le pape envoie en ambassade vers quelque prince ou état catholique.

Les Nonces n'ont en France aucun territoire, tribunal, ni jurisdiction volontaire ou contentieuse ; ils n'y sont considérés que comme les autres ambassadeurs des puissances étrangères. Ils n'ont aucun emploi que proche la personne du roi, & n'ont aucune autre fonction dans le royaume ; tellement qu'en 1647, le Nonce du pape en France, ayant pris dans un écrit la qualité de Nonce dans tout le royaume de France, & un autre Nonce ayant pris la qualité de Nonce au parlement & au royaume, le parlement s'éleva contre ces nouveautés.

Cependant la cour de Rome, ou les Nonces mêmes ont fait de temps en temps quelques entreprises contraires à nos maximes, mais dès qu'elles ont été connues, le ministère public s'y est opposé, & elles ont été réprimées par plusieurs ordonnances & arrêts du parlement.

Pour les informations des vies, mœurs & doctrine de ceux qui sont nommés aux bénéfices consistoriaux, que les évêques de France sont en possession de faire, le concile de Trente donne le même pouvoir aux légats & aux Nonces ; mais en France, les évêques se sont toujours

maintenus dans le droit & poſſeſſion de faire
ſeuls ces informations ; il ne paroît pas même
qu'avant le règne de Henri IV la cour de Rome ait voulu troubler les évêques de France dans
la poſſeſſion de faire ces informations. Lorſque
cette cour eut formé ce deſſein, elle ne penſa,
juſqu'au pontificat d'Urbain VIII , qu'à établir que
ces informations pourroient être faites en France
par les légats & les Nonces, ou par les ordinaires : tel étoit le réglement de Clément VIII
& de Grégoire XIV. Sous le pape Urbain VIII,
la cour de Rome alla juſqu'à prétendre qu'en
France même les ordinaires ne pouvoient les
faire qu'en l'abſence des légats & des Nonces.
« Mais l'ordonnance de Blois, articles 1 & 2 ; la
réſiſtance du roi Henri IV à l'article qui lui fut
propoſé de réſerver ces informations aux Nonces ;
l'avis de l'aſſemblée des notables, tenue à Rouen
en 1596 ; les remontrances de l'aſſemblée du
clergé, convoquée en 1605 , l'ordonnance de 1606,
dreſſée ſur ces remontrances ; celles de la chambre
eccléſiaſtique des états de 1614 ; enfin les arrêts de
réglement de 1639 & de 1672 , juſtifient l'attachement du clergé & de tous les corps du royaume
à maintenir les ordinaires dans la poſſeſſion de faire
ſeuls ces informations.

Le Nonce du pape en France ne peut pareillement donner aucune proviſion pour les bénéfices, ni aucune diſpenſe ; il ne peut fulminer
les bulles qui lui ſont adreſſées ; il ne peut même
être délégué juge *in partibus*, pour ouïr & terminer les différends des ſujets du roi, parce que
ces ſortes de juges doivent être régnicoles.

Il n'a pas non plus droit de viſitation ni de
correction ſur les monaſtères exempts ou non

exempts ; c'eft pourquoi l'arrêt du parlement du 29 mars 1582 , déclara abufif un refcrit de Grégoire XIII, qui commettoit fon Nonce pour terminer un différend furvenu entre le général des cordeliers & les gardien & couvent des cordeliers de Paris , au fujet d'un vifiteur , avec ample pouvoir d'ouïr les parties.

L'arrêt du 26 mars 1633, en ordonnant la vérification des lettres-patentes du roi , qui permettoient l'établiffement d'un monaftère de religieufes de S. Auguftin, mit cette modification , que le pape ne pourroit exercer aucune juridiction , correction, ni vifitation dans ce monaftère , conformément aux droits & privilèges de l'églife gallicane.

Le Nonce ne peut pareillement prendre connoiffance des caufes de mariage , par la raifon qu'il n'a en France aucune juridiction ; & s'il y a quelques exemples de caufes de mariage & autres, pour lefquelles nos rois ont bien voulu que les Nonces, autorifés par lettres-patentes, aient été commiffaires avec d'autres prélats du royaume , ces exemples ne doivent point être tirés à conféquence.

NONE. Ce terme s'eft dit autrefois de la neuvième partie des fruits ou de leur valeur, que l'on payoit, par forme de redevance, pour la jouiffance de certains biens , de même que l'on appela dîme ou décime , une autre preftation qui dans fon origine étoit par-tout du dixième des fruits. Le concile de Meaux , de l'an 845 , demande que ceux qui doivent à l'églife les Nones & les dîmes à caufe des héritages qu'ils poffèdent, foient excommuniés s'ils ne les payent pour fournir aux réparations & à l'entretien des clercs. On voit par-là que les laïcs qui tenoient des tertes par conceſſion de l'égliſe, lui devoient double preſtation ; ſavoir, la dîme eccléſiaſtique, & en outre une redevance du neuvième des fruits, comme rente ſeigneuriale ou emphyhéotique.

NONES. c'étoit chez les Romains le cinquième jour des mois de janvier, février, avril, juin, août, ſeptembre, novembre & décembre, & le ſeptième des mois de mars, mai, juillet & octobre, & toujours le huitième jour avant les ides.

On comptoit les jours depuis les Nones en rétrogradant, comme depuis les calendes, de ſorte que le premier jour après les calendes, ou le ſecond du mois, s'appeloit *ſextus nonarum*, pour les mois qui avoient ſix jours avant les Nones, *quartus nonarum*, pour ceux qui n'en avoient que quatre.

NONOBSTANCE. On appelle ainſi en termes de juriſprudence canonique, une clauſe uſitée dans les proviſions de cour de Rome, & dans les reſcrits qui commencent par ces mots, *nonobſtantibus*, d'où l'on a fait Nonobſtance. Cette clauſe fait ordinairement la troiſième partie des proviſions de cour de Rome ; elle comprend l'abſolution des cenſures, les réhabilitations & diſpenſes néceſſaires pour jouir du bénéfice impétré, nonobſtant les incapacités ou obſtacles qu'on pourroit propoſer à l'encontre ; ainſi ces Nonobſtances ſont impoſées en faveur des impétrans. Dans les reſcrits, la quatrième claſſe eſt celle des Nonobſtances & dérogatoires. Ceux qui ſont inférieurs au pape ne peuvent uſer de la clause de Nonobstance & dérogatoire aux constitutions canoniques, si ce n'est dans certaines dispenses que les archevêques & évêques peuvent donner.

NONOBSTANT. Ce mot signifie malgré, sans avoir égard.

Quand un tribunal inférieur a rendu une sentence qui est dans le cas d'être exécutée par provision, les juges prononcent ordinairement que cette sentence *sera exécutée Nonobstant l'appel & sans y préjudicier*, ou *Nonobstant opposition ou appellation quelconque*, &c.

L'appel qu'on peut interjeter d'une sentence qui renferme une pareille disposition, n'a aucun effet suspensif, à moins que l'appelant n'ait obtenu du tribunal supérieur un jugement portant défense d'exécuter cette sentence. *Voyez* EXECUTION.

En Lorraine, on appelle *contrat de Nonobstant*, une sorte de contre-lettre, par laquelle on stipuloit autrefois une faculté de réméré en faveur du vendeur d'un héritage, ou que le prix de cet héritage restoit dû au vendeur, Nonobstant la stipulation contraire inférée dans le contrat de vente.

Les contrats de Nonobstant ont été supprimés par une ordonnance du duc Léopold, du 8 mars 1723, enregistrée à la cour souveraine de Lorraine le 15 du même mois (*).

_____

(*) *Voici cette ordonnance :*

Léopold, par la grâce de dieu, duc de Lorraine, de Bar & de Montferrat, roi de Jérusalem, Marchis, duc de Calabre, &c. à tous présens & à venir ; Salut : Entre les

NOTAIRE. C'eſt un officier public établi
pour recevoir les actes dont les particuliers con-

---

différens abus que la malice ou l'ignorance ont introduits
dans nos états pendant les temps de trouble, nous en
trouvons un dans les ſubſtitutions qui ſe font en fait de
ventes d'immeubles, qui nous a paru digne d'être réformé.
Quoique la vérité doive éclater dans toutes les ſtipulations,
il s'en fait néanmoins où elle eſt entiérement éludée par
un acte formé ſéparément de celui de vente, dans lequel,
après que le notaire ou tabellion a déclaré formellement
que l'acquéreur a payé tout le prix de ſon acquiſition,
ou que la vente eſt pure & ſimple, il ſtipule en même
temps, par un acte à part en forme de contre-lettre, à
laquelle le vulgaire a donné le nom de *contrat de Nonobſtant*, que le vendeur ſe réſerve une faculté de réméré,
ou que le tout ou partie du prix n'a point été payé ; qu'il
reſte encore dû au vendeur, & que, pour ſûreté de ſon
payement, il ſe réſerve privi 'ége & hypothè que ſpéciale ſur
le bien vendu. La contradiction frauduleuſe de ces actes,
dont les énonciations ſe détruiſent mutuellement, eſt condamnable, non ſeulement par le faux qu'elle renferme,
mais encore parce qu'elle tend un piége ruineux à ceux qui,
ſur la vue du contrat d'acquiſition quittancé, prêtent facilement leurs deniers à l'acquéreur, en ſe croyant aſſurés
d'une hypothèque ſur le bien acquis, laquelle ſe trouve réellement inutile par les réſerves portées dans le ſecond acte
ou contrat de Nonobſtant, ou acquièrent comme bien
libre, un immeuble rachetable. Le déſir que nous avons
de faire régner la bonne foi dans tous les actes de la ſociété
civile, ne nous permet pas de tolérer un uſage auſſi abu-
ſif. A ces cauſes, la matière miſe en délibération en notre
conſeil, de l'avis des gens d'icelui, & de notre certaine
ſcience, pleine puiſſance & autorité ſouveraine, nous
avons fait & faiſons très-expreſſes inhibitions & défenſes à
tous tabellions & notaires, de recevoir ni paſſer en matière
de vente & d'achat d'immeubles, dont le prix n'aura pas
été payé comptant, ou pour lequel on ſera convenu d'une
faculté de réméré, deux actes ſéparés, l'un pour rendre le
contrat de vente pur & ſimple ou quittancé, l'autre pour

viennent volontairement entre eux, & pour donner à ces actes la forme & l'autorité néceſſaire pour les faire exécuter.

Cet article ſera diviſé en huit ſections.

Dans la première, on parlera de l'origine & de l'établiſſement des Notaires.

Dans la ſeconde, de la réception des Notaires.

Dans la troiſième, des fonctions des Notaires.

Dans la quatrième, des devoirs des Notaires, & des règles concernant les actes qu'ils paſſent.

Dans la cinquième, des ſalaires & vacations des Notaires.

Dans la ſixième, des priviléges, préſéances & prérogatives des Notaires.

réſerver la faculté de réméré, ou le dû de la totalité ou de partie du prix de la choſe vendue ; leur enjoignons, au contraire, de rédiger en un ſeul & même acte toutes les conventions des parties, & nota.mment d'y exprimer s'il y a faculté de réméré, & ſi le prix de la vente reſte dû pour le tout ou pour partie, ſauf à l'acquéreur de faire quittancer ſon contrat d'acquiſition à meſure qu'il fera les payemens du prix qui en reſtera dû. Déclarons tous contrats de Nonobſtant & tous autres actes, de quels noms qu'ils puiſſent être appelés, qui ſeront faits à l'avenir ſéparément de celui de vente & d'achat d'immeubles, pour en modifier, reſtreindre, ou anéantir les cauſes, nuls & de nul effet & valeur. Voulons que les parties qui les auront fait faire, & les tabellions ou notaires qui les auront reçus, ſoient condamnés chacun en cinq cents francs d'amende envers nous, & que leſdits tabellions & notaires ſoient en outre, pour la première fois, interdits de leurs fonctions pour ſix mois, & privés de leurs offices pour toujours, en cas de récidive ; dérogeant à tous édits, ordonnances, us & coutumes, faiſant au contraire.

Si donnons en mandement, &c.

Dans la feptième, des Notaires apoftoliques.
Et dans la huitième, des Notaires des Seigneurs.

SECTION PREMIÈRE.

Origine & établiffement des Notaires.

Le titre de Notaire a été inconnu chez plufieurs peuples de l'antiquité. La plupart des
conventions n'étoient alors que verbales, & l'on
en faifoit la preuve par témoins; ou fi l'on ré-
digeoit le contrat par écrit, il ne tiroit ordinairement fon authenticité que de la fignature ou
fceau des parties, & de la préfence d'un certain
nombre de témoins, qui, pour plus de fûreté,
appofoient aufli leurs fceaux.

Il y avoit pourtant certains actes qui étoient
reçus par un fcribe ou écrivain public, ou qui
étoient cachetés du fceau public.

Les fcribes, chez les juifs, étoient de trois fortes : les uns, qu'on appeloit fcribes de la loi,
écrivoient & interprétoient l'écriture ; d'autres,
que l'on appeloit fcribes du peuple, étoient, de
même que chez les Grecs, une certaine claffe
de magiftrature ; d'autres enfin, dont la fonction
avoit un peu plus de rapport à celle des Notaires, étoient proprement les greffiers ou fecrétaires du confeil, lefquels tenoient lieu de Notaires, en ce qu'ils recevoient & cachetoient les
actes qui devoient être munis du fceau public.

Ariftote, liv. VI de fes polit. ch. VII, faifant le dénombrement des officiers néceffaires à
une cité, y met celui qui reçoit les fentences
& contrats, dont il ne fait qu'un feul & même

office ; il convient néanmoins qu'en quelques té
publiques ces offices font féparés, mais il le
confidère toujours comme n'ayant qu'un même
pouvoir & autorité.

Les Athéniens paſſoient auſſi quelquefois leur
contrats devant des perfonnes publiques, que l'on
appeloit comme à Rome *argentarii ;* c'étoient
des banquiers & changeurs qui faifoient trafic
d'argent, & en même temps fe mêloient de
négocier les affaires des particuliers.

Chez les Romains, ceux à qui ces argentiers
faifoient prêter de l'argent, reconnoiſſoient avoir
reçu la fomme, quoiqu'elle ne leur eût pas encore
été payée, comptée & délivrée ; ils écrivoient le
nom du créancier & du débiteur fur leur livre,
qui s'appeloit *kalendarium*, lequel étoit public
& faifoit foi en juſtice ; & cette fimple infcrip-
tion fur ce livre, étoit ce qu'ils appeloient *litterarum feu nominum obligatio.*

Cette façon de contraĉter avoir ceſſé d'être en
ufage dès le temps de Juſtinien, comme il eſt
marqué au commencement du titre 22 des inftitutes, *de litter. oblig.*

Ils étoient obligés de communiquer ces livres
à tous ceux qui y avoient intérêt, parce que
leur miniſtère étoit public, comme l'a remarqué Cujas ; & s'ils le refufoient, on les y con-
traignoit *aĉtione in faĉtum pretoriâ*, qui avoit
été introduite fpécialement contre eux à cet
effet, comme dit Colombet en fes paratitles, *ff.
de edendo.* Cujas, *ad leg.* 11, *leg. aquil. lib.*
3. *Pauli ad ediĉt.*, dit que fi, faute par l'argentier de reprélenter fes livres, quelqu'un perdoit fon procès, l'argentier étoit tenu de l'indemnifer du principal & des frais : mais l'argentier
n'étoit

n'étoit tenu de montrer à chacun que l'endroit de son registre qui le concernoit, & non le registre en entier.

Tout ce qui vient d'être dit avoit lieu aussi contre les héritiers, quoiqu'ils ne fussent pas argentiers, sur quoi il faut voir au digeste le titre *de edendo* & la novelle 136, *de argentarii contractibus.*

La forme requise dans ces livres, étoit que le jour & le consulat, c'est-à-dire, l'année où l'affaire s'étoit faite, y fût marquée.

Ceux qui avoient remis leur argent en dépôt, avoient un privilége sur les biens des argentiers; mais il n'y avoit point de semblable privilége pour ceux qui avoient donné leur argent, afin qu'on le fît profiter & pour en tirer intérêt; comme il est décidé dans la loi *si ventri ff. de rebus autorit. jud. possid.*

Pancirol, *var. quæ. lib.* 10, *ch.* 31, prétend que si on ajoutoit foi à leurs registres, ce n'étoit pas, comme Accurse a prétendu, parce qu'ils étoient choisis & nommés par le peuple, mais parce que leur fonction étoit d'elle-même toute publique, *& ob publicam causam*, étant d'ailleurs permis à tout le monde de l'exercer.

Everhard, *de fide instrum. chap.* 1. *n.* 34, prétend au contraire qu'il y avoit deux sortes d'argentiers; les uns établis par la ville en certain lieu, où chacun pouvoit sûrement porter son argent; d'autres qui faisoient commerce de leur argent pour leur compte. Il y a apparence que les premiers étoient les seuls dont les registres fissent une foi pleine & entière, ceux-là étant les seuls qui fussent vraiment officiers publics.

Les argentiers pouvoient exercer leur commerce par leurs enfans, & même par leurs esclaves;

Tome XLII. Q

ceux - ci pouvoient auffi exercer en leur nom, jufqu'à concurrence de leur pécule, mais les femmes n'y étoient pas reçues.

Il paroît au furplus que les argentiers ne recevoient pas indifféremment toutes fortes de contrats, mais feulement ceux qui fe faifoient pour prêt, dépôt ou autre négociation d'argent.

En effet, il y avoit chez les Romains, outre les argentiers, plufieurs autres perfonnes qui recevoient les contrats & autres actes publics; favoir, des Notaires, tabellions & autres.

Les fonctions des notaires & tabellions ont tant de connexité avec celles de greffier, que dans les loix romaines ces termes *fcriba & tabularius* font communément joints enfemble, comme on voit au code *de tabulariis, fcribis & logographis;* & quoique dans l'ufage le terme de *fcriba* fe prenne ordinairement pour greffier, & *tabularius* pour tabellion, il eft néanmoins certain que dans les anciens textes le terme de *fcriba* comprend auffi tous les praticiens en général, & particuliérement les tabellions auffi bien que les greffiers, témoin la vingt-unième épître de Caffiodore, *lib.* 12 *variar.*, écrite au fcribe de Ravenne, où l'on voit qu'il étoit à la fois greffier & tabellion. Auffi dans le *vetus gloffarium, tabularius, five tabellio, dicitur fcriba publicus,* le terme de *tabularius* eft auffi fouvent pris pour greffier.

Pour ce qui eft de la qualité de Notaire, elle étoit commune chez les Romains à tous ceux qui écrivoient fous autrui, foit les fentences, foit les contrats, fuivant ce que dit Lampride dans la vie d'Alexandre Severe, où il rapporte qu'un Notaire, *Notarium*, qui avoit falsifié un jugement rendu dans le conseil de l'empereur, fut banni, après avoir eu les nerfs des doigts coupés; afin qu'il ne pût jamais écrire.

Loiseau tient que par le terme de Notaire, on entendoit proprement ceux qui recevoient & faisoient le plumitif des sentences ou contrats, & que l'on distinguoit des scribes & tabellions par le titre d'*exceptores*; on comprenoit même sous ce terme Notaire, ceux qui recevoient les contrats sous les tabellions, & en général tous ceux qui avoient l'art & l'industrie d'écrire par notes & abréviations : ces notes n'étoient point composées de mots écrits en toutes lettres, une seule lettre exprimoit tout un mot; on se servoit même de signes particuliers, que Justinien dit avoir été appelés de son temps *signes*, dont il fut obligé de défendre l'usage, à cause de diverses interprétations qu'on leur donnoit. Ces sortes de notes furent appelées *notes de Tyron*, du nom de celui qui en introduisit l'usage à Rome. Tyron étoit un affranchi de Cicéron; qui s'adonna à écrire en figures qui n'étoient caractères d'aucune langue connue. Il ne fut pas le premier inventeur de cette manière d'écrire, car elle venoit des Grecs, mais il y ajouta plusieurs choses de son invention, & la perfectionna : c'est pourquoi on appela notes de Tyron, tous les caractères semblables. Gruter a donné des principes pour déchiffrer ces sortes d'écritures, & M. l'abbé Carpentier a donné un alphabet tyronien pour le déchiffrement d'un manuscrit du temps de Charlemagne; écrit en notes de Tyron, qui est à la bibliothèque du roi.

Q ij

Cet art d'écrire en notes n'est point venu jusqu'à nous; il en est cependant resté des vestiges en la chancellerie de Rome, où l'on délivre des signatures pleines d'abréviations; c'est peut-être aussi de là qu'est venue l'invention de l'écriture par chiffres.

On appela donc Notaires à Rome, ceux qui avoient l'art d'écrire par notes & abréviations; & comme on s'adressoit à eux pour recevoir toutes sortes d'actes, c'est de là que le nom de notaire est demeuré aux officiers publics qui exercent la même fonction.

Les notaires Romains étoient appelés *cursores*, à cause de la rapidité avec laquelle ils écrivoient.

Il étoit d'usage à Rome de faire apprendre aux jeunes gens, & principalement aux esclaves qui avoient de l'intelligence, cet art d'écrire en notes, afin qu'ils servissent de clercs aux greffiers & tabellions.

Tous les scribes publics, soit greffiers, tabellions ou Notaires, étoient même, au commencement, des esclaves publics, c'est-à-dire, appartenant aux corps de chaque ville qui étoient employés à faire ces sortes d'expéditions, afin qu'elles ne coutassent rien au peuple : cela étoit si ordinaire alors, qu'en la loi dernière, au code *de servis reipublicæ*, on met en question si l'esclave d'une cité ou république, ayant été affranchi, & ayant depuis continué l'exercice du notariat de cette ville, n'avoit pas dérogé à sa liberté.

Comme les esclaves, chez les Romains, étoient dans le domaine du maître, c'est de là, selon Loiseau, que nos Notaires se mettent encore stipulans & acceptans pour les parties; ce qu'ils

n'auroient pas pu faire dans l'origine, s'ils n'euſſent été eſclaves publics, étant une règle de droit,
que perſonne ne peut ſtipuler pour autrui, de
laquelle règle néanmoins étoient exceptés les
eſclaves, leſquels pouvoient ſtipuler & acquérir
pour leur maître : ſi c'étoit un eſclave commun
à pluſieurs, il pouvoit ſtipuler pour chacun
d'eux; & ſi c'étoit un eſclave public, c'eſt-à-
dire appartenant à une ville, il pouvoit ſtipuler
pour chaque habitant, comme il paroît par pluſieurs loix du digeſte.

Mais il faut bien prendre garde que les eſclaves
qui, dans ces premiers temps, faiſoient la fonction de Notaires à Rome, ne peuvent être com-
parés aux Notaires d'aujourd'hui : en effet, ils
n'étoient point officiers en titre, ils n'étoient
proprement que les clercs des tabellions, & leurs
écritures n'étoient point authentiques, ce n'étoient
que des écritures privées.

Bien loin que la fonction de tabellion & de
Notaire eût quelque choſe d'ignoble chez les
Romains, on voit que les patrons ſe faiſoient un
devoir & un honneur de recevoir les contrats de
leurs cliens. Or, Plutarque & Denys d'Halicarnaſſe
nous apprennent que *les plus riches & les plus nobles
citoyens* eurent le nom de patrons ; ainſi, l'on
doit conclure que la fonction de recevoir des
contrats a toujours été regardée comme importante & honorable, & que l'on a mal à propos comparé les clercs des greffiers & tabellions romains, avec les Notaires d'aujourd'hui,
qui n'ont rien de commun avec eux que le
nom.

Auſſi voit-on que les empereurs Arcadius &

Honorius défendirent de prendre des esclaves pour remplir les fonctions de greffier & de Notaire, de sorte que depuis ce temps on les élisoit dans les villes, de même que les juges; c'est pourquoi ces fonctions de Notaire étoient comptées entre les charges municipales.

Les Notaires, greffiers & autres praticiens étoient du nombre des ministres des magistrats; ils faisoient néanmoins un ordre séparé de celui des ministres inférieurs, appelés *appariteurs* : la fonction des greffiers & des Notaires étoit estimée beaucoup plus honorable, parce que les actes publics étoient confiés à leur fidélité.

Les fonctions de Notaire étoient exercées gratuitement, comme des charges publiques & ordinaires, que chaque honnête citoyen exerçoit à son tour ; aussi étoient-elles regardées comme si onéreuses, que plusieurs, pour les éviter, quittoient les villes & s'en alloient à la guerre, ou bien se faisoient officiers domestiques de l'empereur ; ce qu'il fallut enfin défendre par une loi expresse.

Il ne faut pas confondre les Notaires des Romains avec d'autres officiers appelés *actuarii seu ab actis*, chaque gouverneur en avoit un près de lui, pour recevoir & registrer les actes de juridiction volontaire, tels que les émancipations, manumissions, & singuliérement les contrats & testamens qu'on vouloit insinuer, publier & registrer, qui est ce que l'on appeloit mettre *apud acta*.

Le pouvoir des tabellions & Notaires étoit grand chez les Romains, de même que parmi nous. Justinien, dans la loi *jubemus*, au code de *sacrosancti eccle.*, les appelle juges cartulaires;

ils font en effet tout à la fois la fonction de greffiers & de juges, &, dans quelques provinces de France, ils ont confervé l'ufage de mettre qu'ils ont jugé & condamné les parties à remplir leurs conventions. Caffiodore, en fa formule des Notaires, élève même-ceux-ci beaucoup au deffus des juges, en ce que ces derniers ne font que juger les procès, au lieu que les Notaires les préviennent, & qu'il n'y a pas d'appel de leurs jugemens.

On voit dans la novelle 44, que la méthode des Romains, par rapport aux actes qu'ils paffoient devant Notaires, étoit que le Notaire ou clerc du tabellion écrivoit d'abord l'acte en note : cette minute ou projet de l'acte s'appeloit *fcheda* ; l'acte n'étoit ni obligatoire ni parfait avant d'avoir été écrit en toutes lettres, & mis au net, ce que l'on appeloit *in purum feu in mundum*, rédiger. Cette opération, qui revient affez à ce que nous appelons *groffe des contrats*, fe faifoit par les tabellions, & s'appeloit *completio contractûs* : c'eft pourquoi en la loi *contractus*, au code *de fide inftrum.*, il eft dit que les parties pourroient fe rétracter jufqu'à ce que le contrat fût mit au net & confirmé par la foufcription des parties.

Cette foufcription n'étoit pas un feing manuel de leur nom ; elle confiftoit à écrire au bas du contrat que les parties l'avoient pour agréable, & accordoient ce qui y étoit contenu ; & à l'égard de leur feing, appelé *fignum*, ce n'étoit autre chofe que l'appofition de leur fceau ou un cachet particulier, dont elles ufoient communément outre la foufcription.

Lorfque les contractans ne favoient pas écrire,

un ami étoit reçu à souscrire pour eux, ou bien
le tabellion; celui-ci ne souscrivoit pas le contrat, il falloit seulement qu'il l'écrivît tout au
long; il n'étoit pas non plus nécessaire que les
témoins souscrivissent l'acte; il suffisoit de faire
mention de leur présence, excepté dans les donations faites par l'empereur, qu'ils devoient
souscrire.

Ce que les parties & les témoins souscri-
voient & scelloient de leurs sceaux, n'étoit pas
la note ou minute du notaire, c'étoit la grosse,
appelée *completio*. En effet, suivant la loi *contractus*, il eût été inutile de signer une schède,
puisqu'elle n'étoit point obligatoire : d'ailleurs
le tabellion délivroit sa grosse sans être tenu
d'en faire registre ni de conserver ensuite la
note sur laquelle il avoit expédié la grosse, en
sorte que cette note n'étoit plus regardée que
comme un brouillard inutile; car ce que l'on
appeloit en droit *breves*, *brevia*, *brevicula*, n'é-
toient point les notes & minutes des obligations, mais seulement des notes particulières,
écrites brièvement.

Tous ces usages passèrent dans les Gaules
avec la domination des Romains.

Les formules de Marculphe & celles qui ont
été depuis recueillies par les plus célèbres auteurs, contiennent divers contrats, où il est fait
mention qu'un Notaire a été appelé pour les
écrire; mais tous ne sont conçus qu'en termes
d'écriture privée : on y trouve même la formule de l'acte d'apport, par lequel le magistrat,
sur le réquisitoire des parties, ordonnoit que
des écritures seroient registrées *apud acta*, pour
les rendre authentiques & exécutoires.

Il y avoit auffi des Notaires en France dès le commencement de la monarchie : le roi avoit fes Notaires ou fecrétaires qui expédioient les actes de fa chancellerie.

Les évêques, les abbés, les comtes, étoient obligés d'avoir auffi leur Notaire, comme il paroît par un capitulaire de Charlemagne de l'an 805.

Mais on paffoit alors peu d'actes par écrit; l'ignorance étoit fi grande, que peu de perfonnes favoient écrire, la plupart des conventions n'étoient que verbales; pour y donner plus de force, on les faifoit en préfence de témoins.

Lorfqu'il s'agiffoit d'actes importans que l'on vouloit rédiger par écrit, on les paffoit affez ordinairement en préfence & fous l'autorité des comtes ou des évêques; & il eft à croire que les Notaires de ceux-ci étoient employés à écrire les actes; mais ils ne les recevoient point comme officiers publics, ils prêtoient feulement leur main, foit comme fecrétaires de celui en préfence duquel on contractoit, foit comme perfonnes verfées dans l'écriture; & l'acte ne tiroit fa force & fon authenticité que du fceau qui y étoit appofé, & de la préfence des témoins que l'on y appeloit.

Le P. Mabillon, dans fa diplomatique, attefte qu'il n'a trouvé aucun acte paffé devant Notaire comme officier public, avant l'an 1270; & il y a tout lieu de préfumer que les Notaires de Paris furent les premiers établis en titre d'office.

Le commiffaire de la Mare, en fon traité de la police, liv. 1, titre 17, dit, que comme nos rois appliquoient à léur profit ce qui étoit payé au prévôt de Paris pour les expéditions des Notaires, & que ce magistrat étoit obligé d'en rendre compte ; saint Louis voulant débarasser le prévôt de Paris de ce qui pouvoit avoir quelque rapport à la finance, créa soixante Notaires en titre d'office, pour recevoir tous les actes volontaires de sa juridiction. Il avance ce fait sur la foi de Joinville, en son histoire de saint Louis ; de la chronique de saint Denis, de Nicolas Gilles & Gaguin, hist. de saint Louis, & de Loiseau, en son traité des offices, liv. 2, ch. 5, & liv. 3, ch. 1.

Il observe encore, que suivant les ordonnances qui furent faites dans la suite touchant la fonction de ces officiers pour rendre leurs actes exécutoires & authentiques sans avoir recours au magistrat, ils étoient obligés, 1°. d'être assidus dans leurs fonctions ; 2°. de ne passer aucun acte que dans le châtelet, où ils avoient une salle pour mettre leurs bureaux ; 3°. d'intituler tous leurs actes du nom du magistrat, & de ne parler d'eux qu'en tierce personne ; 4°. les deux qui avoient reçu l'acte devoient le porter ensemble au scelleur, qui avoit aussi son bureau proche leur salle, afin que, sur leur témoignage, cet officier y apposât, sous l'autorité du prévôt de Paris, le sceau de la juridiction ; 5°. enfin ils devoient, sur leurs émolumens, en payer au roi les trois quarts, que cet officier remettoit ensuite au receveur du domaine, pour en compter à la chambre des comptes.

Nonobstant ce qui vient d'être dit, M. Langlois, dans son traité des droits, priviléges & fonctions des Notaires au châtelet de Paris, n'a point voulu entreprendre de fixer l'époque de leur établissement ; il s'est contenté de dire qu'il y a lieu de présumer qu'ils sont environ de même date que la juridiction dont ils sont membres, qui est l'une des plus anciennes du royaume.

Il avoue que les titres qu'ils ont dans leurs archives ne remontent qu'à 1300 ; mais il observe que, dès l'an 1384, leur établissement étoit qualifié d'immémorial, comme il paroît par un arrêt du parlement du 20 juillet de cette année, contenant que de toute ancienneté les Notaires avoient été ordonnés & établis au châtelet pour les affaires volontaires d'entre les parties.

On peut encore ajouter que Philippe le Bel, qui commença à régner en 1285, dit dans un mandement de l'an 1300, que depuis longtemps, *dudum*, il avoit reconnu les inconvéniens qui résultoient de la multitude des Notaires au châtelet ; ce qui fait juger que leur établissement étoit déjà fort ancien, puisque leur nombre s'étoit accru à tel point, que depuis longtemps on songeoit à le réduire.

Il falloit que ce nombre fût bien excessif, puisque Philippe le Bel crut qu'il suffisoit d'en réserver soixante, comme il l'ordonna par douze lettres-patentes ou mandemens adressés au prévôt de Paris, des années 1300, 1301, 1302, 1303 & 1304.

M. de Lauriere, dans une note sur le troisième de ces mandemens, dit que le prévôt de Paris étoit contrevenu à l'ordonnance, & que ce fut ce qui occasionna le troisième mandement ; on voit par-là qu'ils étoient commis par le prévôt de Paris, mais on ne le laissa pas le maître de disposer seul de ces places.

Philippe le Bel, par une ordonnance du mois de mai 1313, ordonna que, comme il y avoit plusieurs Notaires au châtelet qui n'avoient pas les qualités & capacités requises, ils seroient ôtés par les commissaires à ce députés, lesquels y mettroient des personnes capables, & que ces députés suspendroient de leur office ceux contre lesquels il y auroit des preuves des faits dont il y avoit plainte contre eux.

Philippe de Valois ordonna au mois de février 1327, qu'en cas de vacation de l'un de ces soixante offices, soit par mort ou autrement, il y seroit pourvu de sujets capables par le chancelier, lequel appelleroit à cet effet avec lui quatre conseillers au parlement, & le prévôt de Paris. Il est dit un peu plus loin dans la même ordonnance, que les Notaires étoient mis par le prévôt de Paris ; mais cela doit s'entendre relativement à ce qui précède; présentement ils sont pourvus par le roi, de même que les autres Notaires du royaume.

Depuis 1304, leur nombre a été augmenté différentes fois, & enfin fixé à 113 par lettres-patentes de Louis XIII, du mois d'octobre 1639, enregistrées au parlement le 24 novembre de la même année.

Louis XIV ayant, par édit du mois de mars 1673, créé pour la ville de Paris vingt conseillers de sa majesté, greffiers des conventions, supprima ensuite le titre de ces vingt offices, & en réunit les fonctions aux cent treize notaires du châtelet de Paris, par un autre édit du mois d'août suivant.

Le roi déclara par ce second édit, qu'il se portoit d'autant plus volontiers à ces suppressions

& réunion, qu'il trouvoit par ce moyen occaſion de témoigner aux cent treize Notaires du châtelet de Paris l'eſtime particulière qu'il faiſoit de la bonne conduite, qu'ils tiennent dans l'exercice de leurs offices, en leur donnant des marques d'honneur qui les diſtinguent des autres Notaires du royaume, & pour cet effet leur attribua la qualité de conſeillers du roi à chacun d'eux & à leurs ſucceſſeurs.

SECTION DEUXIÈME.

De la réception des Notaires.

Il n'y a que les gens de la religion catholique, apoſtolique & romaine, qui puiſſent être Notaires en France; ceux de la religion prétendue réformée ne peuvent être admis à cet état. C'eſt ce qui réſulte de l'édit du 13 juillet 1682.

Lorſqu'on a obtenu des proviſions d'office de Notaires, & qu'on ſe préſente pour être admis à en faire les fonctions, le juge ordonne, ſur les concluſions du miniſtère public, qu'il ſera préalablement informé des vie & mœurs, & de la religion catholique, apoſtolique & romaine du récipiendaire. Si les témoins qu'on entend lui ſont favorables, on le reçoit; autrement il ne ſeroit point admis.

La déclaration du 13 décembre 1698, conforme aux anciennes ordonnances, défend de recevoir aucun Notaire avant que le curé ou le vicaire de ſa paroiſſe n'ait atteſté les bonnes vie & mœurs du récipiendaire, & qu'il eſt de la religion catholique, apoſtolique & romaine. Dans l'uſage, cette atteſtation du curé ou vicaire n'eſt

autre chofe que la dépofition qu'il fait en juftice, comme les autres témoins, quand on procède
à l'information des vie & mœurs du récipiendaire.

On a coutume d'entendre dans cette information un prêtre & au moins deux autres témoins
que la partie publique choifit dans le nombre de
ceux qui lui font propofés par l'afpirant.

Suivant l'article 82 de l'ordonnance d'Orléans,
on ne peut pas être reçu Notaire avant l'âge de
vingt cinq ans ; mais le roï accorde quelquefois
des difpenfes d'âge, fur-tout quand celui qui
fe préfente eft fils de Notaire, &c. Au refte, un
Notaire mineur eft réputé majeur relativement à
l'exercice de fa charge.

Anciennement, les religieux & les prêtres
pouvoient être Notaires ; mais l'ordonnance donnée par Charles VIII le 22 décembre 1480, a
réglé que les offices de Notaires ne pourroient
être exercés que par des laïcs. C'eft auffi une di-
pofition de la coutume de Poitou, dont l'article
384 porte, que *les prêtres ne pourront être Notaires en cour féculière.*

Comme il importe que la profeffion de Notaire ne foit exercée que par des gens inftruits
les ordonnances, & finguliérement celle du mois
d'octobre 1535, ont affujetti ceux qui fe préfentent pour être notaires, à fubir un examen
devant les juges. Cet examen fe fait à Paris en
la chambre du confeil du châtelet, tous les fervices
affemblés.

Suivant l'article 9 des ftatuts des Notaires de
Paris, on ne doit admettre à cet examen que
ceux qui ont rempli au moins pendant cinq ans
la place de maître clerc de Notaire : mais il

paroît que les avocats font difpenfés de cette règle ; il y en a du moins des exemples : tel eft celui de Me Hazon , fucceffeur de Me Foucault , &c.

Dans les provinces, il n'y a aucune règle fur le temps de cléricature ; c'eft l'évènement de l'examen qui décide feul du mérite du fujet.

Lorfqu'un Notaire eft reçu & qu'il a prêté le ferment au cas requis, il doit , fuivant l'article 2 du chapitre 19 de l'ordonnance du mois d'octobre 1535 (*), être immatriculé , c'eft-à-à-dire infcrit dans la matricule du lieu où il doit exercer fes fonctions. Cette matricule doit contenir le jour de la réception du Notaire , fon nom, fon furnom , & la fignature dont il entend fe fervir.

SECTION TROISIÈME.

Des fonctions des Notaires.

Les fonctions des Notaires confiftent à recevoir, privativement à tout autre officier, même à l'exclufion des juges & de leurs greffiers, les différens actes de juridiction volontaire, tels que

---

(*) Cet article eft ainfi conçu :

Le ferment prêté , lefdits Notaires feront reçus & infcrits en la matricule du lieu qui fera ordonné & député à ce, & y fera mis le jour de la réception d'un chacun, qui fera tenu de mettre fon nom, furnom & feing manuel de quoi il entend foi aider, le lieu dont il eft, & en quel lieu & pour quel lieu il eft créé Notaire ; dès quel temps, par qui & comme , le jour de la réception d'icelui, lequel nom & furnom d'icelui il ne pourra changer ni muer.

les contrats de mariage, les teftamens, les donations, les ventes, &c. L'édit de novembre 1542 s'exprime ainfi fur cette matiere : *Sans qu'il foit loifible à nofdits greffiers & juges, leurs lieutenans & commis, de plus recevoir aucuns contrats volontaires entre quelques perfonne ne pour quelques caufes que ce foit, ains la laiffent recevoir à nofdits Notaires, fous peine tous de rendre le quadruple du profit & emolumens qu'ils en auront reçus, auffi de nullité defdits contrats, & de tous dommages & intérêt envers les parties intéreffées.*

Il faut néanmoins excepter des difpofitions de cette loi les contrats de mariage des princes & des princeffes du fang. L'ufage a établi que ces contrats de mariage feroient reçus par un fecrétaire d'état ; mais on en dépofe enfuite une copie collationnée chez un Notaire, qui peut en délivrer des expéditions.

Les inventaires, même ceux qui font ordonnés en juftice, font auffi du nombre des actes que les Notaires peuvent recevoir ; mais ils ne jouiffent pas de ce droit privativement à tout autre officier. Voyez fur cela l'article INVENTAIRE.

Les partages font pareillement des actes qui doivent être faits par les Notaires, fur-tout quand ils font volontaires ; mais lorfqu'il s'eft élevé au fujet de ces actes quelques conteftations férieufes en juftice, c'eft aux juges à procéder à ces partages, fauf toutefois aux parties à employer, fi elles le jugent à propos, le miniftère des Notaires pour ces partages, quand, nonobftant les jugemens, elles veulent les faire volontairement. C'eft ce qui réfulte de divers arrêts, & notamment

ment d'un rendu au conseil le 27 mai 1737,
entre les juges & les Notaires de Tours ; cet
arrêt a été revêtu de lettres-patentes que le parlement de Paris a enregistrées le 17 janvier
1738.

Cette décision est absolument conforme à l'arrêt de réglement intervenu au parlement de
Paris le 3 décembre 1569, entre la communauté
des Notaires au châtelet & plusieurs autres parties. Le dispositif de cet arrêt, sur l'objet dont il
s'agit, est ainsi conçu :

» Et quand, par sentence & jugement contra-
» dictoire de juge compétent, donné sans fraude
» & supposition d'instance, aura été ordonné
» partages être faits entre les parties qui auront
» contracté & poursuivi par justice en jugement
» lesdits partages ; en ce cas, en exécutant les-
» dites sentences & jugemens, seront lesdits par-
» tages faits par les examinateurs du châtelet,
» haut-justiciers ou leurs officiers, chacun en leur
» endroit, en tant qu'à eux appartiendra, priva-
» tivement auxdits Notaires ; sinon que, par com-
» mun accord & consentement des parties, les
» Notaires du châtelet fussent requis faire,
» passer & recevoir lesdits partages, aux-
» quels cas pourront iceux Notaires, faire, passer
» & recevoir lesdits partages, nonobstant lesdites
» sentences & jugemens «.

Les comptes volontaires peuvent se rendre devant Notaires. Le parlement l'a ainsi jugé par
arrêt du 23 août 1752, rendu en faveur des Notaires de Paris, contre les commissaires au châtelet, qui prétendoient avoir droit de recevoir
les comptes des tuteurs touchant la liquidation
des biens de leurs mineurs, quoique non ordon-

nés en justice : cet arrêt a maintenu les Notaires *dans le droit de faire tous comptes, partages & liquidations volontaires, même entre mineurs.*

Il s'agissoit dans cette espèce d'un compte non ordonné en justice, & rendu par un tuteur à un autre tuteur à l'amiable : mais si le compte avoit été ordonné en justice, & qu'il y eût des mineurs en cause, il faudroit, pour qu'il fût valable, le rendre devant un commissaire enquêteur dans les lieux où il y en a d'établis, sinon pardevant le juge.

Les reconnoissances d'écritures, quand elles sont volontaires, peuvent aussi se faire pardevant Notaires, & alors elles deviennent exécutoires, & emportent hypothèque sur les biens de l'obligé.

C'est aux Notaires à recevoir les dépôts des testamens, privativement à tout autre officier. C'est ce qui résulte de divers arrêts, & entre autres d'un du 27 juillet 1729, rendu au parlement de Paris en forme de réglement, en faveur des Notaires de la ville de Poitiers, contre les officiers de la sénéchaussée de cette ville & la communauté des procureurs. Par cet arrêt, la cour a maintenu les Notaires de Poitiers *au droit & possession de recevoir le dépôt des testamens olographes & délivrer des expéditions.*

Par un autre arrêt du 21 mai 1740, le même parlement a maintenu les Notaires royaux d'Issoudun *dans le droit & possession de recevoir seuls les dépôts des testamens olographes & mystiques, codicilles, quittances de remboursemens, jugemens & actes des arbitres, & généralement de tous actes volontaires, avec faculté d'en délivrer les extraits & expéditions dont ils seront requis;*

dans la confection & dépôt desquels actes il est fait défenses aux prévôts & autres officiers de la prévôté d'Issoudun, de s'immiscer, ni troubler lesdits Notaires directement ni indirectement, à peine de tous dépens, dommages & intérêts.

La même cour a encore rendu un autre arrêt semblable le 29 août 1758, en faveur des Notaires royaux de la ville de Chauny, qui de plus rappelle le droit qu'ont tous les Notaires en général de recevoir seuls les dépôts des testamens reçus par les curés ou desservans.

Les Notaires ont, concurremment avec les secrétaires du roi, le droit de faire les collations volontaires de toutes sortes d'actes ou pièces.

Il y a des cas où les Notaires reçoivent le serment des parties, & en cela ils font en quelque sorte les fonctions de juges. C'est ainsi que, quand ils sont appelés pour procéder à un inventaire après le décès d'une personne, ils font prêter serment à ceux qui sont dans la maison, pour savoir s'il n'y a point d'effets détournés.

Il y a certains actes du ministère des huissiers, que les Notaires peuvent faire concurremment avec eux. Tels sont les protêts des lettres & billets de change, qui, suivant l'article 8 du titre 5 de l'ordonnance du mois de mars 1673, peuvent être faits par deux Notaires, ou un Notaire & deux témoins.

Les Notaires peuvent aussi, conformément à l'arrêt de réglement du parlement de Paris du 17 août 1692, faire les sommations respectueuses. Ils font pareillement les révocations de procuration *ad resignandum*, les notifications de grades, les réquisitions de bénéfices, & plusieurs autres fonctions qui appartenoient aux huissiers avant l'édit du mois de décembre 1691.

Les Notaires sont autorisés, concurremment avec les greffiers & huissiers ou sergens royaux, à faire les prisées & ventes de biens meubles, lorsqu'ils en sont requis. C'est ce qui résulte des lettres-patentes du 7 juillet 1771, dont nous avons parlé à l'article HUISSIER, *tome* 29, *page* 513.

D'autres lettres-patentes du 7 août 1772 ont confirmé cette disposition, & ont ordonné que les Notaires, greffiers, huissiers ou sergens royaux qui seroient requis de faire des prisées & ventes de biens meubles, se pourvoiroient pardevant les juges royaux ou municipaux où la vente devroit être faite, à l'effet d'en obtenir la permission (*).

(*) *Ces lettres-patentes sont composées des cinq articles suivans :*

ARTICLE I. Les Notaires, greffiers, huissiers ou sergens royaux, qui seront requis de faire les prisées & ventes de biens meubles, seront tenus, avant de procéder auxdites ventes, de se pourvoir pardevant les juges royaux ou municipaux dans le ressort desquels la vente devra être faite, à l'effet d'obtenir la permission de la faire, laquelle permission sera enregistrée au greffe de la juridiction des juges qui l'auront accordée, à peine de nullité d'icelle ; leur enjoignons pareillement de rédiger des procès-verbaux par écrit de toutes les ventes qu'ils feront, & d'en rapporter, dans la huitaine du jour de la clôture desdites ventes, des extraits certifiés d'eux, contenant les dates desdits procès-verbaux, les noms, demeures & qualités de ceux a la requête desquels les ventes auront été faites, & le montant total desdites ventes, desquels extraits, qui demeureront déposés au greffe de la juridiction, il sera fait mention à côté de l'enregistrement des permissions accordées par les juges pour faire lesdites ventes ; attribuons auxdits juges sept sous six deniers par chaque permission, & pareille

Il y a des actes, même volontaires, qui doivent nécessairement être passés devant Notaires,

---

somme au greffier, tant pour l'enregistrement de la permission, que pour celui de l'extrait qui sera rapporté du procès-verbal de vente.

2. Les greffiers seront tenus, à toute réquisition des commis ou préposés de Jean-Baptiste Roussel, chargé de la régie & perception des quatre deniers pour livre du montant des ventes des biens meubles, de leur donner communication des registres qui contiendront les permissions ci-dessus, ainsi que des extraits des procès-verbaux de vente qui leur auront été rapportés ; & en cas de refus de leur part, ils seront condamnés en deux cents livres d'amende pour chaque contravention.

3. Les officiers qui auront procédé aux ventes de meubles, seront tenus de représenter les minutes des procès-verbaux desdites ventes, dans la huitaine du jour de la clôture d'icelles, aux bureaux qui seront établis par ledit Jean-Baptiste Roussel, & d'y payer les quatre deniers pour livre du prix total desdites ventes, dans le même délai, dont il leur sera donné quittance sur les minutes desdits procès-verbaux, à peine du double dudit droit, & de deux cents livres d'amende pour chaque contravention, laquelle ne pourra être remise ni modérée, sous quelque prétexte que ce soit.

6. Faisons très-expresses inhibitions & défenses à toutes personnes, autres que les Notaires, greffiers, huissiers ou sergens royaux, de faire les prisées, expositions & ventes de biens meubles, même celles ordonnées par les siéges des amirautés, à peine de mille livres d'amende.

5. N'entendons néanmoins rien innover à l'égard des seigneurs hauts-justiciers, dont les officiers pourront faire les prisées & ventes de biens meubles, en vertu des sentences émanées de leurs juges, & entre les justiciables de leurs justices, à la charge toutefois par eux de nous payer les quatre deniers pour livre du prix desdites ventes, de la manière expliquée & dans le délai fixé par l'article 3 des présentes, & sous les mêmes peines y portées ; leur défendons, hors le cas ci-dessus exprimé, de s'immiscer à faire les ventes de meubles, à peine de trois cents livres d'amende. Si donnons en mandement, &c.

R iij

& qui seroient nuls s'ils étoient passés sous signature privée. Telles sont les donations entre vifs, suivant l'article 1 de l'ordonnance du mois de février 1731; les baux des biens dépendans des bénéfices, suivant les déclarations des 19 mars 1696, 14 juillet 1699, & 20 mai 1708; les traités concernant des héritages ou autres immeubles, suivant l'article 5 du chapitre 19 de l'ordonnance de 1535; les quittances de dot & de rapport, suivant l'article 130 de l'ordonnance du mois de janvier 1629; les concordats en matière bénéficiale, les procurations & autres actes qui ont pour objet la résignation des bénéfices; les créations & extinctions des pensions sur les bénéfices; les révocations de ces actes; les rétractations des révocations; les acceptations ou refus d'accepter les bénéfices; les provisions, les prises de possession & autres actes concernant les bénéfices, suivant les édits de novembre 1637 & décembre 1691, & la déclaration du 14 février 1637.

Il y a aussi des actes qui ne peuvent être reçus que par les Notaires royaux, & non par ceux des seigneurs. Tels sont les actes concernant les cas royaux, comme sont ceux qui ont rapport aux bénéfices; les inventaires en cas d'aubaine, bâtardise & déshérence, & autres semblables.

Cette règle a été appliquée, par l'ordonnance du mois d'août 1747, aux inventaires qui ont lieu dans le cas de substitution.

Les Notaires ne peuvent instrumenter hors de leur ressort, soit pour passer un contrat, soit pour recevoir un testament, à peine de nullité des actes, qui ne valent alors que comme écritures privées, si ce sont des contrats & qu'ils soient signés des parties.

Il faut néanmoins excepter de cette règle les Notaires au châtelet de Paris, au châtelet d'Orléans, & au châtelet de Montpellier, qui ont le droit d'instrumenter dans toute l'étendue du royaume ; avec cette différence néanmoins que les Notaires d'Orléans & de Montpellier ne peuvent exercer leurs fonctions à Paris, au lieu que les Notaires de Paris peuvent instrumenter à Orléans & à Montpellier.

Il n'est pas permis aux Notaires de recevoir des actes contraires aux bonnes mœurs ou à l'intérêt public ; tels sont les contrats usuraires. Les ordonnances de juin 1510 & d'octobre 1535, veulent que les contrevenans, en pareil cas, soient interdits de leurs fonctions, & condamnés à une amende, ou même privés de leurs offices.

Tels sont aussi les contrats simoniaques & ceux où il s'agit de quelque assemblée défendue.

Il est pareillement défendu aux Notaires de passer aucun acte qui contienne des déclarations injurieuses & calomnieuses. Un Notaire qui avoit reçu un acte de cette espèce, a été condamné, par arrêt du parlement de Bordeaux du 5 février 1734, à comparoître à l'audience le même jour que les calomniateurs y subiroient la peine prononcée contre eux, *& là, debout & nue tête, déclarer, qu'inconsiderement & mal à propos il avoit reçu ledit acte, qu'il s'en repentoit & en demandoit pardon à la partie offensée.* L'arrêt l'a en outre interdit des fonctions de son office pendant un an, & l'a condamné à une amende de 500 livres.

Différentes loix ont aussi défendu aux Notaires, sous peine d'interdiction, de passer des actes par lesquels des hommes & des femmes déclareroient se prendre pour mari & femme. Et un arrêt du 29 décembre 1639, rapporté par Bardet, leur a fait défense de recevoir des actes portant sommation aux curés de célébrer des mariages.

Suivant l'édit du mois d'août 1749, les Notaires ne peuvent passer aucun contrat d'acquisition d'immeubles, ni constitution de rentes sur des particuliers, ni pour l'exécution des fondations, qu'après qu'il leur est apparu des lettres-patentes du roi, obtenues à cet effet; de quoi ils doivent faire mention dans ces actes, à peine de nullité, d'interdiction & des dommages & intérêts des parties.

L'article 2 du titre 3 de l'ordonnance du mois d'août 1670, a défendu aux Notaires de recevoir aucune plainte, sous peine de nullité.

QUATRIÈME SECTION.

Devoirs des Notaires, & règles concernant les actes qu'ils passent.

Quand un Notaire reçoit un acte, il faut qu'il connoisse les parties, ou qu'elles lui soient certifiées être telles par d'autres personnes de sa connoissance, à peine de privation d'office. C'est ce qui résulte de différentes loix, & particuliérement des ordonnances d'avril 1498, & d'octobre 1535.

Les Notaires sont pareillement assujettis à connoître les témoins qu'ils emploient pour être présens aux actes qu'ils reçoivent.

Quoique les Notaires puissent valablement stipuler pour un absent en matière d'obligation, ils n'ont pas cette faculté quand il s'agit d'une donation entre vifs. Cela leur eft défendu, à peine de nullité de la ftipulation, par l'article 5 de l'ordonnance des donations.

Cette défenfe ne s'étend néanmoins pas aux donations faites par contrat de mariage aux enfans à naître des futurs mariages ; ils peuvent accepter les donations de cette efpèce, en qualité d'officiers publics, comme l'ont remarqué Ricard & Louet.

Les ordonnances d'octobre 1535, de février 1543, & du 24 juillet 1544, ont défendu aux Notaires d'inférer dans les actes des chofes qui ne leur aient pas été dites par les parties contractantes.

Les Notaires ne doivent recevoir aucun contrat d'héritage, foit pour vente, échange, donation ou autrement, fans déclarer en quel fief ou cenfive font fituées les chofes cédées ou tranfportées, & à quelles redevances elles font affujetties envers les feigneurs féodaux ou cenfuels. Différentes loix l'ont ainfi ordonné, & finguliérement l'ordonnance du mois d'août 1539, l'édit de février 1549, l'ordonnance de Blois, & un édit du mois de février 1657, enregiftré au párlement de Touloufe. C'eft auffi une difpofition des coutumes du Nivernois & de Bourbonnois, & cela a été enjoint expreffément aux Notaires par deux arrêts du confeil des 26 avril 1712, & 29 août 1721.

Les Notaires qui reçoivent des réfignations, des permutations, & des démiffions de bénéfices, font obligés, par la déclaration du 14 février 1737, de faire mention dans ces actes, fous peine de nullité, non feulement de l'état de fanté ou de maladie du bénéficier, mais encore de la lecture qui doit être faite de l'acte aux parties.

Par arrêt de réglement du 9 mars 1620, le parlement de Paris a défendu aux Notaires d'in-férer dans les contrats & obligations, les décla-rations de majorité & extraits baptiftaires, à peine de nullité & d'en répondre en leur propre & privé nom.

Par un autre arrêt du 31 août 1676, rapporté au journal des audiences, la même cour leur a défendu, fous peine de nullité, de recevoir des déclarations & fubrogations d'emprunts, finon par les quittances & rachats des dettes.

Des arrêts des 29 juillet 1595 & juin 1560, rapportés par Carondas, avoient obligé les No-taires d'exprimer dans les contrats où des fem-mes mariées étoient parties, la renonciation de ces femmes au fénatufconfulte Velléïen ; mais, par un édit du mois d'août 1606, il leur a été défendu d'inférer à l'avenir cette claufe dans les contrats.

Suivant l'ordonnance du mois d'octobre 1535, & un arrêt de réglement du 4 feptembre 1685, les Notaires doivent rédiger entièrement par écrit les contrats qu'ils reçoivent, fans pouvoir ufer de chiffres, notes, ni abréviations.

Un arrêt de réglement du 6 juillet 1577, a enjoint expreffément aux Notaires d'inférer dans les contrats qu'ils reçoivent les procurations des parties contractantes.

Deux autres arrêts du parlement de Paris, des 23 décembre 1592 & 16 juillet 1633, ont jugé que les Notaires qui reçoivent des contrats de vente d'immeubles, ne font pas tenus de déclarer à l'acquéreur les dettes hypothécaires du vendeur, contenues aux contrats qu'il a passés précédemment devant eux, ou dont ils peuvent avoir connoissance.

Les ordonnances d'octobre 1535, du 11 février 1543 & du 24 juillet 1544, ont défendu aux Notaires, sous peine d'amende arbitraire, d'insérer dans les actes qu'ils reçoivent, des choses superflues, & d'y multiplier les termes inutiles.

A l'exception des inventaires & des compulsoires, les Notaires peuvent recevoir toutes sortes d'actes les jours de dimanche & de fêtes: on suit en cela les disposition de la loi, *actus omnes*, de la loi *dies festos*, & de la loi *provinciarum*, au code *de feriis*, qui permettent de passer toutes sortes d'actes de juridiction volontaire les jours de fêtes.

Il y a néanmoins des lieux où l'on suit d'autres règles; car dans le Cambresis on déclare nuls tous les actes que les Notaires reçoivent les jours des fêtes & de dimanche.

Nous avons une ordonnance du mois d'avril 1383, qui défend aux Notaires du châtelet de Paris de s'assembler les jours de dimanche au châtelet, pour y faire leurs fonctions.

Et les réglemens généraux de police, faits pour la principauté de Joinville le premier janvier 1735, défendent aux Notaires de cette principauté de passer ou recevoir aucun contrat, obligation ou autre acte volontaire, les jours de dimanche & de fêtes, à peine de nullité de ces actes, de trente livres d'amende, & des dépens dommages & intérêts des parties: mais ces réglemens ont excepté de la prohibition les testamens & autres actes qui ne peuvent souffrir de retard.

Par arrêt de réglement du 22 mai 1550, le parlement de Paris a défendu aux Notaires proches parens, de se joindre ensemble pour instrumenter & passer des actes ; savoir, le père avec le fils ou avec le gendre ; les deux frères ; l'oncle & le neveu : mais cet arrêt n'a pas prononcé la peine de nullité.

Par un autre arrêt du 3 avril 1559, la même cour a ordonné l'exécution du précédent, & enjoint aux Notaires du Poitou de s'y conformer, à peine d'interdiction & même de privation de leur état.

Par un autre arrêt de réglement du 8 juillet 1635, le même parlement a défendu aux Notaires d'instrumenter pour leurs fils, gendres & parens ; jusqu'aux cousins germains inclusivement, à peine de faux.

En général, les Notaires ne doivent recevoir aucun contrat où leurs cousins-germains & autres plus proches parens, ou même leurs domestiques, se trouvent intéressés.

Un arrêt du 17 août 1707, rapporté par Langlois, a défendu aux Notaires de recevoir aucun acte passé par des personnes interdites, lorsque l'interdiction auroit été signifiée à la communauté des Notaires.

Lorsqu'un Notaire reçoit un contrat de vente d'une chose qui lui est hypothéquée, il perd son hypothèque si cette chose est déclarée franche & quitte par le vendeur, parce qu'alors le Notaire est censé avoir renoncé tacitement à cette hypothèque.

Quand un acte a reçu sa forme, & que les Notaires l'ont rédigé, il n'est plus en leur pouvoir ni en celui des parties de le déchirer ; il ne peut plus être annullé que par un autre acte. C'est ce qu'ont jugé divers arrêts des 3 décembre 1643, 21 mars 1659, 7 avril 1664, & 3 avril 1677. Ce dernier est rapporté au journal des audiences.

Il faut pour la validité d'un acte passé devant Notaires, qu'il ait été reçu par deux Notaires, ou par un Notaire & deux témoins. C'est ce qu'ont réglé l'ordonnance du mois de mars 1498, celle du mois de novembre 1507, celle du 11 décembre 1543, & l'article 166 de l'ordonnance de Blois.

Dans les coutumes qui exigent pour la validité d'un acte la présence d'un Notaire & de deux ou trois témoins, l'acte passé devant deux Notaires sans témoins ne pourroit être considéré que comme un acte sous signature privée.

Quand un acte est reçu par deux Notaires, il faut qu'ils aient tous deux le droit d'instrumenter dans le lieu où l'acte est passé; car si l'un des deux étoit privé de cette faculté, l'acte ne seroit pas valable, comme l'a remarqué Bacquet dans son traité des droits de justice.

Il est nécessaire que les témoins en présence desquels les Notaires passent des actes, soient mâles âgés au moins de vingt ans accomplis.

Observez néanmoins que dans les pays régis par le droit écrit, & dans les coutumes qui permettent de tester avant l'âge de vingt ans accomplis, on peut employer des témoins qui ont l'âge auquel on a la capacité de disposer de son bien. C'est ce qui résulte, tant de l'article 39 de l'ordonnance des testamens, que de deux arrêts de réglement rendus au parlement de

Paris les 2 juillet 1708 & 25 avril 1709 (*).
— Les Notaires ne peuvent employer pour témoins, ni leurs enfans, ni leurs clercs, ni leurs domestiques ; cela leur a été défendu par un arrêt de réglement du 4 septembre 1685 ; & c'est d'ailleurs une disposition de l'article 42 de l'ordonnance des testamens, & de l'article 3 de la déclaration du 14 février 1737.

Il faut aussi, en matière de résignation de bénéfices, que les témoins ne soient ni parens ni alliés du résignant, non plus que du résignataire, jusqu'au degré de cousin-germain inclusivement, ni serviteurs, ni domestiques de l'un ou de l'autre. L'édit des petites dates & l'édit du contrôle des bénéfices l'ont ainsi prescrit.

L'article 166 de l'ordonnance de Blois veut que des deux témoins appelés pour la confection d'un acte dans les villes & gros bourgs, il y en ait au moins un qui sache signer, si les parties ne signent point.

(*) Par le premier de ces arrêts, il fut fait défense à tous Notaires de se servir, dans les contrats, actes & testamens qu'ils recevroient, de témoins qui fussent leurs clercs, ou qui n'eussent pas l'âge de vingt ans accomplis, sous peine de faux & de nullité desdits contrats, actes & testamens.

Par le second, il fut ordonné, en expliquant autant que de besoin le premier, que les défenses faites aux Notaires par cet arrêt, de se servir de témoins qui fussent au dessous de l'âge de vingt ans accomplis, n'auroient pas lieu dans les provinces du ressort régies par le droit écrit, ni dans les pays coutumiers où il est permis de disposer par testament avant cet âge, dans tous lesquels lieux les Notaires pourroient se servir de témoins au dessous de l'âge de vingt ans accomplis, pourvu qu'ils eussent atteint celui auquel on y peut tester.

Mais quand il s'agit de sommations respectueuses, de testamens, de codicilles & autres dispositions de dernière volonté, ou de résignations, permutations & démissions de bénéfices,
il faut que les deux témoins sachent signer.
Un arrêt de réglement du 27 août 1692, l'a
ainsi ordonné à l'égard des sommations respectueuses ; l'article 23 de l'ordonnance du mois
d'août 1735, l'a prescrit de même pour les dispositions de dernière volonté, & la déclaration
du 14 février 1737, pour les résignations, permutations & démissions de bénéfices.

. L'ordonnance & la déclaration qu'on vient
de citer, exigent que les témoins instrumen-
taires des actes soient régnicoles & capables
des effets civils : ainsi on ne peut employer pour
cette fonction un religieux, de quelque ordre
que ce soit. Il faut d'ailleurs que les témoins
soient connus & domiciliés.

En matière de testament, on ne peut pas,
sous peine de nullité, employer pour témoins
les héritiers institués, ni les légataires, soit universels, soit particuliers. C'est une disposition
de l'article 43 de l'ordonnance des testamens.

Les Notaires doivent écrire les actes en présence des parties contractantes, & ensuite leur
en faire lecture. C'est ce qu'ont ordonné divers
arrêts ; mais, en matière d'obligation, il suffit
que l'obligé ou débiteur soit présent ; & rien
n'empêche que l'obligation ne se passe en l'absence du créancier. Bouvot rapporte un arrêt du
4 juillet 1611, qui l'a ainsi jugé.

Les témoins doivent assister, tant à la pas-
sation de l'acte, qu'à la lecture que le Notaire
en fait aux parties, & ils doivent les voir signer

l'acte , & le figner eux-mêmes devant elles, le tout à peine de faux. Voici le difpofitif de l'arrêt de réglement rendu fur cette matière, relativement aux Notaires de Mantes , le 4 décembre 1703 :

» La cour enjoint aux Notaires & tabellions » du bailliage de Mantes, d'obferver les ordonnances , arrêts & réglemens ; ce faifant, leur » fait défenfes de paffer aucuns actes & con-» trats, que les témoins y dénommés ne foient » préfens lors de la paffation entière defdits » actes & contrats, & que lecture ne leur ait » été faite d'iceux avant leur fignature, ou leur » déclaration qu'ils ne favent écrire ni figner, » dont fera fait mention dans lefdits actes & » contrats. Leur fait pareillement défenfes de » faire figner les témoins hors la préfence des » parties contractantes , & que, tant tous lefdits » témoins, que lefdites parties ne foient pré-» fens; le tout à peine de faux , & des dom-» mages, intérêts & dépens des parties , & en » outre d'être pourfuivis extraordinairement «.

Réguliérement , lorfqu'un acte eft reçu par deux Notaires, il devroit être figné de l'un & de l'autre fur le champ , immédiatement après que les parties l'ont figné. Carondas rapporte même un arrêt du 2 décembre 1599, qui a déclaré nul un contrat, parce qu'un des Notaires qui l'avoient figné n'avoit pas été préfent à la paffation de l'acte. Mais l'ufage qui s'obferve aujourd'hui & qui eft toléré , eft que la préfence des deux Notaires n'eft pas effentiellement néceffaire, & qu'il fuffit qu'un des deux Notaires foit préfent à l'acte , & qu'il le faffe enfuite figner à fon confrère. La déclaration du 4 feptembre 1706,

donne

donnée en interprétation de l'édit du mois de mars précédent, portant création de Notaires syndics dans les villes & bourgs du royaume, porte, que les Notaires syndics ne pourront être repris pour les actes qu'ils auront signés en second, mais seulement pour ceux qu'ils auront passés comme Notaires.

Il y a néanmoins certains actes où la présence des deux Notaires qui les reçoivent est essentiellement nécessaire : tels sont, 1°. les testamens & autres dispositions de dernière volonté. L'article 48 de l'ordonnance du mois d'août 1735, prononce même la peine de mort contre les Notaires qui signent des testamens ou autres actes de dernière volonté, sans avoir vu le testateur, & l'avoir entendu prononcer ses dispositions.

2°. Les résignations, permutations ou démissions de bénéfices, & les procurations données pour ces objets. La déclaration du 14 février 1737 veut qu'il soit procédé extraordinairement contre les Notaires qui signent ces actes sans avoir entendu les parties exprimer leurs intentions.

3°. L'arrêt de réglement du 27 août 1692, a ordonné que la même règle seroit observée, sous peine de nullité, relativement aux sommations respectueuses.

Anciennement les actes passés devant Notaires n'étoient signés que des Notaires, & non des parties ; mais, suivant les ordonnances d'Orléans & de Blois, la signature des parties & celle des témoins est nécessaire, quand ils peuvent signer ; sinon il doit être fait mention que les uns ou les autres ne savent pas signer, ou qu'ils ne le peuvent pas , auquel cas la caufe qui les en empêche doit être exprimée , fous peine de nullité.

Par deux arrêts de réglement des 21 mars 1659 & 4 feptembre 1685, le parlement de Paris a fait défenfe an Notaire qui reçoit un acte, de figner le premier avant les parties & les témoins, parce que c'eft la fignature du No-taire qui doit terminer l'acte, & faire foi que cet acte eft parfait, c'eft-à dire qu'il a été figné par les parties & par les témoins.

L'ordonnance de Blois veut que la date des actes reçus par les Notaires contienne l'année, le mois & le jour, & qu'il y foit même fait mention fi c'eft avant ou après midi ; mais ceci n'eft néceffaire que dans les actes obligatoires, à caufe de l'hypothèque qui en réfulte. La même loi a enjoint aux Notaires d'annoncer dans leurs contrats & actes le lieu & la maifon où ces actes fe paffent, ainfi que les qualités des parties contractantes & celles des témoins.

L'article 13 de la déclaration du 14 juillet 1699, porte, que les Notaires ne pourront figner ni faire figner aucun acte par les parties, que la date n'en foit remplie, à peine de 200 livres d'amende, & d'être procédé extraordinairement contre eux, comme pour crime de faux.

Suivant un édit de juin 1550, il ne doit être ajouté foi aux actes des Notaires, qu'autant qu'il y eft fait mention de la qualité de ces Notaires, du lieu où ils font reçus, & de leur demeure.

L'ordonnance du mois d'octobre 1535, a dé-fendu aux Notaires de laiffer aucun blanc dans leurs minutes, & d'y faire des apoftilles, foit en marge, foit en tête, & a ordonné que, dans le

cas où il seroit nécessaire d'en faire, ils les mis-
sent à la fin du contrat, avant qu'il fût signé
des parties : mais, suivant un arrêt de réglement du 4 septembre 1681, les ratures &
apostilles doivent être approuvées à la marge,
& l'approbation signée & paraphée dans l'instant par les parties, les témoins & le Notaire ;
le tout à peine de nullité des actes, de tous
dommages & intérêts, & de cent livres d'amende.
Il est ordonné par le même arrêt que les ratures ne pourront être faites que par une barre
& trait de plume simple passant sur les mots,
afin qu'on puisse compter & distinguer facilement
la quantité des mots rayés, à peine d'amende
arbitraire. L'édit du mois de février 1719, &
un arrêt du 21 juin 1723, ont confirmé ces dispositions.

Boniface rapporte un arrêt du 20 décembre
1662, qui a condamné un Notaire à une amende
envers le roi, & aux dépens du procès, pour
avoir laissé un feuillet blanc dans ses registres.

L'ordonnance de 1539, & celle d'Orléans
du mois de janvier 1560, ont enjoint aux Notaires de signer leurs actes avec les parties. Et,
par arrêt de réglement du 27 février 1655, le
parlement de Paris a ordonné qu'immédiatement
après que les Notaires auroient fait signer aux
parties les minutes des actes qu'elles auroient
passés devant eux, ils seroient tenus, sans délai, de signer les mêmes minutes en présence des
parties.

Le conseil a pareillement ordonné, par arrêt
du 15 janvier 1697, qu'au même instant que
les actes avoient été signés par les parties, ils
le seroient aussi par les Notaires, greffiers ou

tabellions qui les auroient reçus, à peine de deux cents livres d'amende, pour chacun des actes qui ne se trouveroient pas signés d'eux.

La même chose a encore été ordonnée par un autre arrêt du conseil du 28 octobre 1698, à peine d'interdiction & de deux cents livres d'amende contre chaque contrevenant.

Par un autre arrêt du 18 octobre 1718, le conseil a condamné un Notaire à seize cents livres d'amende, pour n'avoir pas signé huit actes qu'il avoit reçus, en même temps qu'ils avoient été signés par les parties.

Par un autre arrêt du conseil du 23 janvier 1725, le sieur Lucas, Notaire en Bretagne, a pareillement été condamné à deux cents livres d'amende, pour n'avoir pas signé une démission en même temps que les parties.

Observez d'ailleurs, que quand un Notaire oublie ou néglige de signer un acte, il est tenu, ainsi que ses héritiers, des dommages & intérêts des parties ; & même il peut être poursuivi extraordinairement. Papon rapporte un arrêt du 11 mai 1604, qui a décrété d'ajournement personnel un Notaire de Bourges, pour avoir omis de signer un acte, & a déclaré cet acte nul.

Suivant l'ordonnance de Roussillon du mois de janvier 1563, les actes des Notaires ne peuvent être rédigés qu'en françois, à l'exception néanmoins des actes concernant les matières ecclésiastiques & bénéficiales, dont plusieurs se rédigent en latin.

Le Notaire qui passe un acte dont la minute doit être conservée, est tenu de déclarer à la fin que cette minute est restée pardevers lui ; & si l'acte est reçu par deux Notaires, ils doivent déclarer entre les mains duquel la minute est restée. Cela est ainsi prescrit par l'ordonnance du mois d'août 1539.

Par édit du mois de mars 1693, il a été enjoint aux Notaires de faire contrôler leurs actes à leur diligence, au bureau le plus prochain, dans la quinzaine au plus tard, à peine de deux cents livres d'amende contre eux, & de pareille amende contre la partie qui se serviroit de l'acte avant que cette formalité fût remplie.

Un arrêt du conseil du 2 juin 1693, a condamné un Notaire à une amende de douze cents livres, pour n'avoir pas fait contrôler un acte qu'il avoit délivré en minute, & a prononcé une pareille amende contre la partie qui s'étoit servie de l'acte, & contre l'huissier qui l'avoit signifié.

Les dispositions de l'édit de mars 1693 ont non seulement été renouvelées par différentes loix postérieures, telles que la déclaration du 19 mars 1696, celle du 14 juillet 1699, l'édit du mois d'août 1706, la déclaration du 29 septembre 1722, &c; mais ces loix ont encore prononcé la peine de nullité contre les actes des Notaires qui n'auroient point été revêtus de la formalité du contrôle dans le délai prescrit.

Par arrêt rendu au conseil le 21 mars 1719, le roi, sans avoir égard à une ordonnance de l'intendant de Châlons, qui avoit permis de faire contrôler dans un délai fixe quelques anciens actes non contrôlés, a défendu aux fermiers & à leurs commis de contrôler aucun acte après la quinzaine, à peine de nullité & de trois cents livres d'amende, sauf aux fermiers à poursuivre les Notaires , inftrumentaires des actes , pour les faire condamner aux amendes par eux encourues , faute de les avoir fait contrôler dans le temps prefcrit. Le même arrêt a déclaré nuls tous les actes qui pouvoient avoir été contrôlés après la quinzaine , fans que ces contrôles puffent les faire valider , ni qu'il pût être fait de pareils contrôles à l'avenir , fans préjudice des dommages & intérêts des parties , réfultans de la nullité des actes , pour lefquels il leur a été réfervé le droit de fe pourvoir contre les Notaires.

Par un autre arrêt du 27 juin 1721 , le confeil d'état a déclaré nul un contrat de vente paffé devant Notaires en 1721 , quoiqu'il eût été contrôlé en vertu d'une ordonnance de l'intendant de Bordeaux du 25 janvier 1712 , qui avoit ordonné le contrôle , fans tirer à conféquence , attendu le décès du Notaire & de la partie. Le même arrêt a renouvelé les défenfes faites aux commis du contrôle , de contrôler aucun acte paffé devant Notaires , après la quinzaine de la date , à peine de nullité , de deux cents livres d'amende pour chaque contravention , & des dommages & intérêts des parties.

Par un autre arrêt du 29 août de la même année , le confeil a condamné le fieur Kermaner, Notaire en Bretagne , au payement , tant de quatre cent quatre-vingt-feize amendes de deux cents livres chacune , pour autant d'actes non contrôlés , que des droits de ces actes , & il a été interdit de fes fonctions , jufqu'à ce qu'il eût farisfait à ces condamnations.

Par un autre arrêt du 21 novembre fuivant , le confeil a réformé une ordonnance de l'intendant de Bourges , en ce qu'elle ne prononçoit pas la nullité de plusieurs actes contrôlés quelques jours après la quinzaine. Il a été ordonné au surplus, que cette ordonnance seroit exécutée pour les amendes prononcées contre les Notaires & les parties.

Par un autre arrêt du 11 juillet 1724, le conseil, sans avoir égard à une ordonnance de l'intendant de Bretagne, a condamné le sieur Bellanger, Notaire à Brondineuf, à plusieurs amendes, & à payer les droits de différens actes non contrôlés, sans pouvoir former aucune répétition contre les parties. Le même arrêt a déclaré ces actes nuls, sauf le recours des parties contre ce Notaire, pour les dommages & intérêts résultans de cette nullité.

Par un autre arrêt du 7 novembre 1724, le conseil a ordonné l'exécution de l'ordonnance de l'intendant de Bordeaux, par laquelle les Notaires de Bergerat avoient été condamnés à 93300 livres d'amende, pour trois cent trente-huit actes non contrôlés. Ils avoient remis ces actes aux commis en 1723, &, par un procès-verbal du mois de décembre de la même année, il étoit constaté que ces actes avoient été trouvés au bureau non contrôlés : les Notaires disoient qu'ils les y avoient remis dans la quinzaine, & que c'étoit la faute du commis, qui étoit dérangé, & auquel on avoit même fait le procès : mais il ne suffit pas de remettre les actes au bureau du contrôle dans la quinzaine, il faut les faire contrôler & payer les droits dans le même délai.

Par décision du conseil du 3 octobre 1733, il a été jugé, que quoique des actes fussent déclarés nuls par le défaut de contrôle, les droits

en devoient être payés au fermier par forme de
restitution, outre les amendes encourues.

Comme les testamens & les donations à cause
de mort sont exceptés de la règle générale, &
ne sont sujets au contrôle qu'après le décès des
testateurs, les Notaires sont seulement tenus d'en
fournir des extraits au fermier, pour qu'il puisse
en demander les droits aux héritiers ou légataires.

Un acte passé devant Notaire étant parfait en
soi aussi-tôt qu'il est signé des parties, il ne peut
plus être anéanti ni changé que par un autre
acte : il suit de là, que si un acte vient à être
résilié dans la quinzaine, le Notaire n'est pas moins
obligé de le faire contrôler.

Le sieur Baudoin, Notaire à Verdun, ayant
passé, le 20 mars 1720, un contrat de vente
contenant une délégation acceptée & payable
dans trois ans, biffa & bâtonna ce contrat le
22 du même mois, du consentement des parties, qui en firent au pied la résiliation sous signature privée ; & le même jour il fut fait un
nouvel acte contenant les mêmes clauses, avec
la seule différence du temps de payement. Cette
contravention a donné lieu à un arrêt rendu au
conseil le 23 décembre 1721, par lequel la veuve
du Notaire a été condamnée en son nom, &
comme tutrice de ses enfans, à l'amende, &,
par forme de restitution, dommages & intérêts,
au payement des droits du contrat résilié, & de
l'acte de résiliation, & les parties ont été pareillement condamnées à l'amende.

Les Notaires ne peuvent faire contrôler leurs
actes que dans le bureau du lieu où ils sont passés,
à peine de nullité des actes, & de deux cents

livres d'amende ; c'est ce qui résulte, tant de la déclaration du roi du 19 mars 1696, que de divers réglemens.

C'est en conséquence de cette disposition, que, par arrêt du 24 mai 1718, le conseil a déclaré nul un acte reçu par un Notaire de la généralité de Tours, & contrôlé dans celle d'Alençon après la quinzaine : le Notaire a été condamné à deux cents livres d'amende, pour ne l'avoir pas fait contrôler dans la quinzaine, & à pareille amende, pour l'avoir fait contrôler dans un autre bureau que celui de sa résidence ; & le commis qui l'avoit contrôlé, a été condamné à une pareille amende, & à restituer au fermier de Tours le droit par lui perçu.

Par un autre arrêt du 14 décembre 1728, le conseil a confirmé une ordonnance de l'intendant d'Auvergne, par laquelle le sieur Chaize, Notaire résident à Volore, & le sieur Cottier, aussi Notaire résident à Thiers, avoient été condamnés à quatre cents livres d'amende, & interdits de leurs fonctions, pour avoir fait contrôler à Thiers un acte qu'ils avoient passé conjointement, dont la minute étoit restée entre les mains du sieur Chaize, & qui par conséquent auroit dû être contrôlé à Volore. Ces Notaires prétendoient avoir satisfait aux réglemens, sur le fondement que le Notaire qui signe en second, n'est pas moins censé avoir reçu l'acte, que celui qui signe en premier : mais la loi est positive ; elle veut que l'acte soit contrôlé au bureau de la résidence du Notaire entre les mains duquel reste la minute.

Quand un contrat ou acte est passé en double minute, il doit être contrôlé sur l'une & l'autre

minute ; mais le droit de contrôle n'eſt dû que
ſur la minute que garde le plus ancien des deux
Notaires qui ont inſtrumenté. C'eſt ce qui réſulte
d'un arrêt rendu au conſeil d'état du roi le 7 décembre 1769 (*).

(*) *Voici cet arrêt :*

Le roi s'étant fait repréſenter en ſon conſeil la déclaration du 19 mars 1696, par l'article premier de laquelle
il a été ordonné que tous les contrats & actes ſujets au
contrôle ſeront contrôlés dans les bureaux établis dans les
lieux de la réſidence des Notaires, greffiers & tabellions
qui les auront reçus ; & s'il n'y en a point d'établis, dans les
bureaux les plus prochains, dans la quinzaine de leur date,
à peine de nullité & de deux cents livres d'amende contre
les Notaires qui les feront contrôler en d'autres bureaux,
& contre les parties qui s'en ſerviront : & ſa majeſté étant
informée que l'uſage s'eſt introduit dans quelques provinces
du royaume, de faire recevoir des contrats de mariage &
autres actes en doubles minutes, par deux Notaires différens, ſoit de la même ville, ſoit de deux villes particulières, ſoit même de deux généralités différentes, & qu'alors
il s'élève journellement des difficultés au ſujet du contrôle
des actes de cette eſpèce, ſous prétexte que les précédens
réglemens n'ont pas déſigné poſitivement le lieu où les
droits doivent en être payés ; ce qui embaraſſe les commis
de la perception de ces droits, & les Notaires mêmes,
dépoſitaires des minutes des actes, dans l'incertitude de
ſavoir lequel d'entre eux eſt tenu de ſatisfaire à une obligation qui leur eſt commune, & qui ne doit cependant
pas être remplie à la fois dans deux bureaux différens. À
quoi déſirant pourvoir : oui le rapport du ſieur Maynon
d'Invau, conſeiller ordinaire & au conſeil royal, contrôleur général des finances ; le roi étant en ſon conſeil, a
ordonné & ordonne que les contrats & actes paſſés en
doubles minutes ſeront contrôlés, tant ſur la première que
ſur la ſeconde minute, dans la quinzaine de leur date, aux
bureaux de la réſidence de chacun des Notaires qui les recevront, & à leur diligence, ſous les peines portées par
l'article premier de la déclaration du 19 mars 1696. Veut

Comme certains Notaires, tels que ceux d'Orléans & de Montpellier (*), ont le droit d'instrumenter par-tout le royaume, il leur est permis de faire contrôler les actes qu'ils passent hors de chez eux, soit à Orléans ou à Montpellier, lieux de leur résidence, soit au bureau du lieu où l'acte a été passé; mais ils ne peuvent pas faire contrôler leurs actes ailleurs. C'est ce qui résulte d'un arrêt du conseil du 12 janvier 1745, qui a condamné un Notaire d'Orléans à deux cents livres d'amende, pour une contravention à cette règle, & un autre Notaire de la même ville à six cents

---

& entend néanmoins sa majesté, que les droits de contrôle qui seront dus pour raison desdits actes & contrats, ne puissent être perçus que sur l'une des deux minutes seulement, & que l'autre soit enregistrée & contrôlée *gratis:* ordonne en conséquence, que lesdits droits seront payés, savoir, par le plus ancien des deux Notaires qui auront instrumenté, lorsqu'ils seront domiciliés l'un & l'autre dans l'arrondissement du même bureau, & par celui dans le district duquel le lieu où l'acte aura été fait se trouvera situé, s'ils résident dans deux villes ou deux provinces différentes: ordonne en outre que les droits d'insinuation & de centième denier, qui pourront résulter des mêmes actes, seront acquittés, comme par le passé, dans les délais fixés & dans les lieux indiqués par les précédens réglemens, qui continueront d'être exécutés selon leur forme & teneur. Enjoint sa majesté aux sieurs intendans & commissaires départis dans les provinces & généralités du royaume, de tenir la main à l'exécution du présent arrêt, qui sera imprimé, lu, publié & affiché par-tout où besoin sera. Fait, &c.

(*) Les Notaires de Paris, qui ont un pareil droit, sont dispensés de faire contrôler les actes qu'ils passent à Paris, comme on l'a dit à l'article *Contrôle;* mais quand ils instrumentent dans un lieu où le contrôle est établi, ils sont obligés de faire remplir cette formalité dans ce lieu.

livres d'amende, pour trois contraventions semblables, quoique leurs actes eussent été contrôlés
dans la généralité d'Orléans.

Par arrêt du 25 juin 1718, le roi en son
conseil, a enjoint aux Notaires, greffiers & autres, de ne faire contrôler, sceller & insinuer
leurs actes, jugemens & sentences, que par les
préposés du fermier, pourvus de commissions à
cet effet, & a fait défense à toutes personnes de
s'immiscer dans ces fonctions sans pouvoir & sans
avoir prêté serment, à peine de faux, de nullité des actes, de mille livres d'amende, & des
dommages & intérêts du fermier, tant contre
ces personnes que contre les Notaires ou autres
qui auroient fait contrôler.

Par un autre arrêt du 11 janvier 1724, le
conseil a commis l'intendant de Bourgogne pour
faire le procès à Gueniot, ancien commis à
Marigny, pour avoir, sans caractère, contrôlé
des actes.

Les Notaires & autres qui reçoivent des actes,
sont obligés de faire mention dans les expéditions,
non seulement du contrôle, mais encore de l'insinuation de ces actes, lorsqu'elle doit être faite
au bureau où ils sont contrôlés. Et à l'égard des
actes dont l'insinuation n'est pas à leur charge,
ils doivent, sur les expéditions, faire mention
qu'ils ont averti les parties de les faire insinuer.
Voyez l'article INSINUATION.

Les réglemens, & singulièrement deux arrêts
du conseil des 20 novembre 1717 & 23 décembre 1718, obligent les Notaires, greffiers &
autres, non seulement à faire contrôler, insinuer & sceller leurs actes, mais encore à payer
en même temps les droits de ces formalités. Les

commis ne font tenus de contrôler, infinuer
& fceller, qu'autant qu'on leur paye ces droits,
parce qu'ils en font perfonnellement refponfables auffi-tôt que les actes font enregiftrés. Il
n'y a par conféquent pas lieu d'élever, fur la
quotité des mêmes droits, des conteftations qui,
en retardant le payement, retarderoient également la formalité, & pourroient occafionner la
nullité des actes : ainfi les droits doivent être
provifoirement payés comme le commis les demande, fauf à fe pourvoir enfuite, fi l'on prétend
qu'il a trop perçu.

C'eft en conformité de ces règles, que, par
arrêt du 24 février 1722, le confeil a confirmé
une ordonnance de l'intendant d'Auch, par laquelle le fieur Dépié, Notaire, avoit été condamné à 500 livres d'amende, pour n'avoir pas
fait contrôler & infinuer dans la quinzaine
un contrat de mariage, qu'il difoit avoir porté
au bureau du contrôle dans le délai, & que le
commis avoit refufé de le contrôler & infinuer
pour la fomme qu'il avoit offerte.

Par un autre arrêt du 2 février 1723, le confeil, en ordonnant l'exécution de ceux des 20
novembre 1717 & 23 décembre 1718, a déclaré nulles des fommations faites à la requête
de trois Notaires de Paris, de contrôler & infinuer des actes, aux offres de payer des droits
inférieurs à ceux qui leur étoient demandés ; &,
fans y avoir égard, il a été permis au fermier
de fe pourvoir pour faire prononcer la nullité
des actes, dans le cas où ils n'auroient pas été
contrôlés & infinués dans les délais, enfemble
les amendes contre les Notaires & contre les
parties : il a en même temps été fait défenfes à tous

Notaires, huiffiers & autres, de faire aucune
femblable fommation ni fignification au fermier,
fes commis & prépofés, à peine d'interdiction &
de 300 livres d'amende pour chaque contravention, fauf aux parties, après le payement des
droits, à fe pourvoir pour répéter les fommes
qui pourroient avoir été exigées de trop.

Par un autre arrêt du 21 juin 1723, le confeil a caffé une ordonnance du lieutenant général
d'Etampes, qui avoit enjoint au premier huiffier
requis de faire fommation de contrôler une tranfaction en payant les droits offerts par les parties ; a
condamné le même lieutenant général à 500 liv.
d'amende, avec defenfe, à lui & à tous autres juges,
de connoître des conteftations concernant la régie
& perception des droits de la ferme, à peine d'interdiction & de pareille amende de 500 livres;
a condamné la partie, le procureur & l'huiffier, chacun à 100 livres d'amende ; a déclaré
nulle la tranfaction, & condamné le Notaire à
200 livres d'amende, pour ne l'avoir pas fait
contrôler dans la quinzaine.

Les Notaires & les autres officiers qui ont
avancé les droits, ont pour leur recours les mêmes
préférences & priviléges que le fermier avoit
contre eux ; mais cela ne s'applique pas aux droits
qu'ils font tenus de payer, par forme de reffi-
turion, à caufe des actes qu'ils n'ont pas fait contrôler, & qui, par le défaut de cette formalité,
font nuls. Ils n'ont à cet égard aucun recours à
exercer contres les parties.

C'eft en conformité de ce principe, que, par
arrêt du 15 mars 1713, le confeil a ordonné
que le fieur Lauverjon, Notaire à Paris, feroit
rembourfé, par préférence à tous créanciers, fur

les effets de la fucceffion de l'abbé de Dangeau,
de ce qu'il avoit payé pour droits de contrôle
& d'infinuation _ du teftament de cet abbé.

Les Notaires, greffiers & autres officiers
ne peuvent être pourfuivis dans aucun temps
pour le fupplément des droits réfultans des
actes qu'ils ont fait revêtir de leurs formalités ;
& il ne peut être formé contre les parties contractantes aucune demande en fupplément ou en
recours, deux années après que les actes ont
été contrôlés, infinués & fcellés, foit que les
quittances des commis aient été fournies avec
réferve de plus amples droits, ou qu'elles foient
pures & fimples. C'eft ce qui réfulte d'un arrêt du confeil du 11 novembre 1767 (*).

(*) *Voici cet arrêt :*

Le roi s'étant fait repréfenter en fon confeil la déclaration
du 20 janvier 1699, par laquelle il eft ordonné que, deux
ans après l'expiration d'un bail général des fermes, on ne
pourra être recevable en aucunes demandes contre les fermiers de fa majefté, pour prétendues reftitutions de droits,
loyers de bureaux & greniers, appointemens de commis,
vacations d'officiers en titre ou commis ; enfemble les
lettres-patentes portant bail des fermes générales en faveur
de Jean-Jacques Prevoft, données le 30 août 1762, fur le
réfultat du confeil du 30 décembre précédent, par l'article
3 defquelles il eft dit que, conformément aux articles 229
& 235 du bail de Forceville, le preneur ne pourra faire
aucunes recherches ni demandes d'aucuns droits de contrôle
des actes des Notaires, infinuation, centième denier, petit
fcel, amortiffemens, francs-fiefs, nouveaux acquêts &
droits d'ufages, récélés ou négligés, au dela de vingt années antérieures au jour de la demande qu'il en fera, fans
que cette réferve puiffe préjudicier à la nullité des actes,
ordonnée par les réglemens, & fauf à fa majefté de faire
faire à fon profit, fi elle le juge à propos, le recouvrement

Les Notaires ne peuvent recevoir en dépôt aucun acte sous signature privée, ni le collation

---

de ceux échus avant l'époque des vingt années : & sa majesté considérant que la dénonciation générale de droits négligés paroît comprendre & désigner non seulement les droits qui ont été omis en entier, mais encore ceux qui ne sont dus que par supplément, pour raison des actes & contrats qui ont été contrôlés, insinués & scellés provisoirement, avec ou sans réserve de plus grands droits ; de sorte que l'adjudicataire des fermes semble autorisé à faire remonter la recherche des uns & des autres à la même époque de vingt dernières années. Et voulant sa majesté procurer à l'avenir la tranquillité nécessaire aux Notaires, greffiers & autres officiers ayant la faculté d'instrumenter, qui auront rempli leurs obligations, en soumettant les actes qu'ils auront reçus, au payement des droits dont ils sont tenus de faire l'avance, & assurer le repos des particuliers qui auront passé ces actes ; sa majesté auroit résolu de décharger les Notaires, greffiers & autres officiers, de toutes demandes en supplément de droits résultans des actes qui auront été revêtus de leurs formalités, en même temps qu'elle fixera un bref délai, au delà duquel il ne pourra plus être formé de demandes en supplément ni de recours contre les parties contractantes, pour raison des sommes dont les perceptions se trouveront insuffisantes, & en laissant subsister néanmoins, en faveur des parties, le terme porté par la déclaration du 20 janvier 1699, pour la répétition des droits indûment perçus. A quoi désirant pourvoir : oui le rapport du sieur de l'Averdy, conseiller ordinaire & au conseil royal, contrôleur général des finances ; le roi étant en son conseil, a ordonné & ordonne ce qui suit :

ARTICLE I. Les Notaires, greffiers & autres officiers publics, à la diligence desquels les actes & contrats auront été contrôlés, insinués & scellés, ne seront recherchés ni poursuivis dans aucun temps, ni sous aucun prétexte, pour le supplément des droits qui en résulteront.

2. L'adjudicataire des fermes, ses commis & préposés, ne pourront former contre les parties contractantes aucunes demandes en supplément de droits ou en recours

ner,

ner, ni l'annexer à leurs minutes, à moins qu'il ne soit contrôlé. *Voyez ce que nous avons*

---

deux années après que les actes qui y donneront lieu auront été contrôlés, insinués & scellés, soit que les quittances délivrées par les commis buralistes aient été fournies avec réserve de plus amples droits, soit qu'elles soient pures & simples, sauf néanmoins à l'adjudicataire des fermes à forcer ses commis en recette des sommes dont leurs perceptions seront insuffisantes, avant comme après l'expiration des deux années fixées pour l'exercice du recours des commis contre les recevables.

3. A l'égard des demandes en recours ou en supplément, qui auront été faites dans le délai porté par l'article précédent, les frais de la signification de la première contrainte seront à la charge de l'adjudicataire des fermes ou de ses préposés, qui ne pourront répéter contre les parties que ceux dus pour les autres poursuites ou diligences dont le premier commandement aura été suivi.

4. N'entend sa majesté comprendre dans la disposition de l'article 2, les droits entiers qui auront été omis ou négligés par les commis en contrôlant les actes, ni ceux qui auront été recélés, en tout ou en partie, par les redevables; voulant que le recouvrement en soit fait, comme par le passé, dans les vingt années du jour de leur ouverture, & même que les parties puissent être poursuivies & contraintes au payement des peines qu'elles auront encourues en exécution des précédens réglemens.

5. Ordonne au surplus que la déclaration du 20 janvier 1690 sera exécutée selon sa forme & teneur: en conséquence, que dans les deux années qui suivront l'expiration des baux pendant le cours desquels les droits auront été perçus, les parties pourront se pourvoir contre les perceptions, & demander la restitution des sommes qu'elles prétendront avoir payées de trop. Enjoint sa majesté aux sieurs intendans & commissaires départis dans les provinces & généralités du royaume, de tenir la main à l'exécution du présent arrêt, qui sera imprimé, lu, publié & affiché par-tout où besoin sera. Fait au conseil d'état du roi, &c.

dit à ce sujet à l'article ACTE SOUS SEING PRIVÉ.

Par arrêt de réglement, rendu au conseil le 9 novembre 1706, le roi a fait d'expresses défenses à tous Notaires, tabellions, greffiers & autres personnes publiques, de faire sur les minutes des actes qu'ils reçoivent, aucune mention des quittances sous signatures privées, qui ont pu être données par les parties, soit qu'elles soient écrites sur les grosses ou expéditions des contrats & actes ou autrement; & de souffrir que les parties écrivent ou signent elles-mêmes sur leurs minutes, aucune quittance, ratification, acceptation ou autre acte quelconque, sous signature privée, à peine d'interdiction des Notaires & autres officiers, de nullité de ces actes, & de 200 livres d'amende, tant contre les parties qui écrivent ou signent de pareils actes sous signature privée, que contre les Notaires ou greffiers qui le permettent.

C'est en exécution de cette règle, que, par arrêt du 24 février 1722, le conseil a condamné le sieur Dépié, Notaire royal à Lille-Jourdain, à 3600 livres d'amende, pour avoir souffert que les parties écrivissent & signassent sur ses minutes, des quittances de lods, des ratifications, des acceptations & autres actes sous signatures privées, & les parties chacune à 200 livres d'amende, pour avoir écrit & signé ces actes.

Par un autre arrêt du premier septembre de la même année, le conseil a déclaré nuls sept quittances & deux réductions de rente, écrites par le sieur Galle, Notaire à Saint-Sauge, département de Nevers, & signées des parties au pied de ses minutes, & a prononcé les amendes encourues.

Différentes loix, telles que les déclarations du

14 juillet 1699, & du 20 mars 1708, ont ordonné que les Notaires seroient tenus à toute réquisition, de communiquer leurs minutes, liasses & regiftres, aux employés de la régie des domaines, afin de mettre les adminiftrateurs de cette partie en état de connoître fi les Notaires & autres officiers font exacts à faire contrôler & imprimer leurs actes, & fi les commis fe chargent en recette des droits qu'ils ont perçus ou dû percevoir. Il est d'ailleurs important à l'adminiftration des domaines d'avoir cette communication, pour relever les différens droits feigneuriaux, de franc-fief, d'amortiffement & autres qui peuvent être dus au roi.

La peine qu'encourent les Notaires & autres officiers publics, en refufant la communication de leurs minutes, liasses & regiftres, eft de 200 livres d'amende pour chaque contravention

Cette peine a été prononcée par deux arrêts du confeil des 7 feptembre 1720 & 13 mai 1721, contre deux Notaires, l'un de Moncontour en Bretagne, & l'autre de Clermont, généralité de Soiffons, pour le refus qu'ils avoient fait de communiquer leurs minutes aux prépofés du fermier.

Par un autre arrêt du 11 juillet 1721, le confeil a confirmé une ordonnance de l'intendant de Paris, par laquelle des Notaires de Pontoife avoient été condamnés chacun à 200 liv. d'amende pour de pareils refus. Ils prétendoient que la déclaration de 1708 ne les obligeoit qu'à repréfenter des répertoires, & qu'ils n'étoient pas tenus de communiquer leurs minutes, pour ne pas divulguer les fecrets des familles.

Par un autre arrêt du 6 décembre 1768, le

confeil a confirmé les ordonnances de l'intendant de Lyon, des 11 & 20 juin 1768, & en conféquence ordonné que les Notaires de Feurs & de Montbrifon, ainfi que tous les autres Notaires, tabellions & greffiers du Forez, feroient tenus de communiquer à toutes réquifitions, aux commis & prépofés de la ferme générale des domaines, leurs minutes, regiftres, liaffes & répertoires, à peine, en cas de refus, de 200 livres d'amende pour chaque contravention & contre chacun des contrevenans (*).

(*) *Comme la· matière dont il s'agit fe trouve amplement difcutée dans le vu de l'arrêt cité, nous allons le rapporter avec cet arrêt.*

Vu au confeil d'état du roi le mémoire préfenté en icelui par les communautés des Notaires royaux des villes de Montbrifon, Feurs, Saint-Galmier, Bœuf, Neronde, Parnifliers, & autres Notaires royaux de la province de Forez, contenant que les actes dont ils font dépofitaires, intéreffant l'état & la fortune des citoyens, ils croyent, lorfque les droits en ont été perçus, ne devoir les repréfenter qu'aux parties intéreffées ; cependant il fe préfente de temps à autre dans leurs études différentes perfonnes qui, fous les diverfes qualifications d'employés de la ferme, demandent la communication de toutes leurs minutes, & particuliérement des teftamens ; de pareilles vifites troublent les Notaires dans leurs fonctions, elles attaquent le bien public, en bleffant la foi du dépôt qui leur eft confié ; il en réfulte fouvent la révélation même des teftamens fecrets de perfonnes encore vivantes, & un bouleverfement dans les études : les fuppliant ne peuvent fe perfuader qu'ils foient forcés de violer le fecret dû aux actes dont ils font dépofitaires, tandis qu'un fimple citoyen pourra être muet fur la foi d'un dépôt qu'on lui aura confié ; tant de motifs les ont déterminés à refufer l'exhibition de leurs actes, qu'on ne demande a vifiter que pour exiger des droits plus confidérables que ceux qui ont été perçus ; ils font informés d'ail-

A l'égard des actes dont les Notaires peuvent remettre les minutes aux parties, *voyez l'article* MINUTE.

leurs que toutes les fois que le fermier a prétendu faire des recherches chez les Notaires de Lyon, leur exactitude à faire contrôler leurs actes, & le dépôt des citoyens, ont fait proscrire sa prétention ; les supplians ne sont pas moins exacts à porter leurs actes au contrôle, & leur dépôt, pour être peut-être moins considérable, n'est pas moins précieux. Un père aura fait une disposition par laquelle il aura préféré celui de ses enfans qui aura le mieux répondu à sa tendresse ; il maintient la paix entre eux par le secret de cette juste prédilection, & il aura le chagrin de voir troubler cette harmonie par des perquisitions indiscrètes : une femme, tyrannisée par son mari, aura changé une disposition qu'elle avoit faite à son profit ; la révélation de ce changement l'exposera aux plus grands excès. Le fermier n'osera pas dire que le secret est gardé par ses employés ; souvent ils ont demandé à des héritiers institués le contrôle des testamens de personnes encore vivantes. Telles sont les suites funestes du système de l'adjudicataire ; système trop nuisible au bonheur de la société, pour n'être pas proscrit. Personne n'osera se servir du ministère des Notaires, dès qu'on saura que leurs actes sont sujets à être fouillés, du matin au soir, par autant de commis qu'il plaît au fermier d'en envoyer ; par lequel mémoire les supplians auroient conclu à ce qu'il plût à sa majesté les mettre à l'abri des employés, & interdire les recherches du fermier, qui ne tendent qu'à vexer les citoyens, à troubler le repos & la tranquillité des familles, & à fatiguer des officiers publics. La réponse de Jean-Jacques Prevost, adjudicataire général des fermes, contenant que le vérificateur de la ferme des domaines dans la généralité de Lyon, s'est successivement présenté au mois d'avril 1768 chez les différens Notaires de la ville de Montbrison, à l'effet d'y prendre dans leurs études la communication de leurs registres, liasses & minutes, & d'y procéder aux vérifications dépendantes de son emploi ; les uns ont refusé cette communication, sous le seul prétexte du secret dû aux familles, dont les actes se trouvent entre leurs mains ; d'autres ont

Par arrêt du 16 mai 1773, le roi en son
conseil a ordonné que les Notaires, greffiers &

évité la rencontre du vérificateur, toutes les fois qu'il s'est
présenté pour entrer dans leurs études ; tous enfin, ont,
par différens moyens ou sous différens prétextes, refusé la
vérification de leurs minutes à l'employé de la ferme : ces
contraventions ont été constatées par neuf procès-verbaux
des 13 avril, 2, 3 & 12 mai 1768, sur lesquels le sieur
intendant de Lyon a rendu les 11 & 20 juin suivant, tant
contre les Notaires de Montbrison en corps, que contre
quelqu'un d'eux en particulier, quatre ordonnances, par
lesquelles il leur a été enjoint de communiquer aux préposés du fermier leurs liasses, minutes & répertoires, à la
première réquisition, sous les peines portées par les déclarations & arrêts du conseil. Ces Notaires n'ont pas été les
seuls qui ont tenté de se soustraire aux vérifications de-
mandées ; ceux de la ville de Feurs ont fait le même
refus au vérificateur, qui en a rapporté encore ses procès-
verbaux les 18, 25, 26, 28 juillet & 2 août 1768 ; c'est
dans cette circonstance que les Notaires qui ont été condamnés ont engagé les autres Notaires du Forez à se réunir
à eux, pour se plaindre conjointement d'un usage autorisé
par les réglemens pratiqués dans tout le royaume, & dans
lequel le fermier du roi a été maintenu autant de fois
qu'il a été fait des tentatives pour l'abolir ; ils ont cru
sans doute que des représentations faites en commun opé-
reroient plus d'effet ; mais ils ont affecté de garder le
silence sur les ordonnances rendues par le sieur intendant
de Lyon. Quoi qu'il en soit, l'affaire des Notaires de
Montbrison étant devenue commune à celle des autres
Notaires qu'ils se sont associés dans leur mémoire, l'adjudicataire ne mettra aucune distinction dans les moyens qu'il
va employer pour détruire leur chimérique prétention. Les
vérifications que le fermier est dans la possession de faire
faire par ses préposés dans les études des Notaires,
sont autorisées par les réglemens les plus précis ; l'article
13 de la déclaration du 14 juillet 1699, concernant les
droits de contrôle, ordonne que les Notaires tiendront des
répertoires des actes qu'ils recevront, dont ils donneront
communication au fermier du contrôle, ses procureurs &

autres tranfcriroient en entier dans les expéditions ou extraits des actes qu'ils délivreroient,

---

commis, à la première fommation, à peine de deux cents livres d'amende. Cette injonction fut renouvelée aux Notaires par l'arrêt du confeil du 5 mai 1705 ; & le motif expliqué dans cet arrêt, fut de mettre le fermier du contrôle & droits y joints, en état de connoître fi les Notaires, tabellions & greffiers étoient exacts à faire contrôler & infinuer leurs actes, & fi les commis étoient fideles à fe charger en recette des droits dus & par eux quittancés fur la minute. L'article 6 de la déclaration du roi du 20 mars 1708, concernant le contrôle, & l'article 13 de celle du même jour, concernant l'infinuation, portent encore la même injonction, fous pareille peine de deux cents livres d'amende. Les Notaires de Montbrifon avoient prétendu d'abord que cette communication ne pouvoit leur-être demandée que tous les vingt ans ; ils vont plus loin aujourd'hui, puifque leur objet eft de fe fouftraire entiérement à cette obligation. Le fecret dû aux actes qu'ils reçoivent, eft le motif le plus fpécieux qu'ils employent pour couvrir celui qui les fait agir : ce moyen, avant eux, avoit été propofé fans fuccès par les Notaires, qui, en différens temps, ont eu le même but, mais qui ont tous été condamnés à fe conformer à la règle établie par les réglemens. Ce prétexte, au furplus, eft auffi frivole que mal fondé. Les employés de la ferme, & finguliérement ceux qui rempliffent les emplois fupérieurs, connoiffent l'importance des fonctions qui leur font confiées, ils ne les rempliffent qu'après avoir préalablement prêté ferment devant les fieurs intendans ou leurs fubdélégués ; ils peuvent donc à cet égard être affimilés aux officiers reçus en juftice, & toute confiance doit leur être accordée jufqu'à la preuve de l'abus ; ce ne font point des allégations vagues qui peuvent leur faire perdre cette confiance ; il faut des faits, & les Notaires du Forez n'en produifent point. Les teftamens font des actes dont, par une difpofition particulière des réglemens, les droits ne font ouverts qu'après le décès des teftateurs. Le fermier a l'attention de s'affurer de ces décès avant d'en former la demande ; mais il eft autorifé par les réglemens, à prendre des relevés des teftamens qui

les quittances ou relations des droits qui auroient été mises sur les minutes , & qu'ils y

font déposés chez les Notaires , pour veiller à leur ouverture & suivre le recouvrement des droits lorsqu'il est temps.
Il n'y a rien dans cette opération qui puisse intéresser le
secret qu'exigent ces actes ; & si le fermier étoit instruit
que quelqu'un de ses préposés eût commis dans son emploi
quelque indiscrétion, il seroit le premier à sévir contre lui:
mais, on le répète , cet inconvénient n'est point à craindre.
Il est sensible que les vaines terreurs des Notaires du Forez n'ont pour objet que le désir de se soustraire à des
vérifications qui ne tendent pas moins à donner au fermier
connoissance de tout ce qu'il a intérêt de savoir, pour la
conservation des droits qui lui sont confiés, qu'à maintenir
les Notaires eux mêmes dans l'exacte observation des règles
qu'ils doivent suivre ; ce qui, comme on l'a déjà remarqué, a été le principal motif de l'arrêt de réglement du 5
mai 1705. Plusieurs fois d'autres Notaires, avant ceux de
Montbrison, ont tenté, comme ces derniers, de se dispenser de la communication de leurs minutes ; les uns ont
opposé le secret dû à leurs actes , les autres ont prétendu
que des minutes, une fois vérifiées, ne devoient plus être
représentées ; quelques-uns, que, par la déclaration de
1708, ils n'étoient tenus qu'à la communication de leurs
répertoires ; d'autres enfin vouloient qu'il ne pût être
demandé communication des testamens qu'après le décès
des testateurs ; mais le conseil a toujours soutenu, par ses
arrêts & décisions, la jurisprudence qui n'a cessé de subsister à cet égard. Par arrêt des 9 juin & 20 octobre 1716,
les Notaires de Bordeaux & de Lyon ont été assujettis à la
communication de leurs registres, minutes, liasses, papiers
& répertoires, à la première réquisition du fermier ou de
ses commis, à peine de deux cents livres d'amende pour
chaque contravention. Il a été rendu, les 16 septembre 1718
& 14 mars 1719, de semblables arrêts contre deux Notaires d'Amboise, & quatre de Grenoble ; ceux de Pontoise,
d'Orléans & de Meaux, ont éprouvé les mêmes condamnations par autres arrêts des 11 juillet 1721, 6 septembre
& 8 octobre 1723. Enfin, plus récemment encore, par
arrêt du 28 juillet 1767, pareille injonction a été faite

feroient mention du nom du commis, de celui du bureau, du montant des fommes payées,

---

aux Notaires d'Alface, fous peine de l'amende de deux cents livres. Apres des preuves auffi multipliées de l'obligation dans laquelle font tous les Notaires & dépofitaires publics, de donner à toutes réquifitions l'entrée dans leurs études & la communication de leurs minutes & papiers aux prépofés du fermier, il ne devoit pas fans doute s'attendre au refus des Notaires de Montbrifon, ni à celui des autres Notaires qui ont fuivi leur exemple : leur affociation eft une entreprife d'autant moins excufable, qu'ils doivent connoître les réglemens qui les affujettiffent à la communication qu'ils prétendent refufer. Le filence gardé fur les ordonnances qui ont condamné les Notaires de Montbrifon, eft une affectation également condamnable. La néceffité des vérifications dans les études des Notaires, a été de tout temps reconnue ; fans elles, les prévarications, qui ne font que trop communes, & dont les exemples fe rencontrent chaque jour, fe multiplieroient à l'infini par la certitude de l'impunité ; les droits du roi en fouffriroient confidérablement, & les intérêts du public fe trouveroient tous les jours compromis par l'infidélité des Notaires, qui pourroient fouftraire partie de leurs actes aux formalités du contrôle, pour s'en attribuer les droits ; ce qui entraîneroit la nullité des actes. Si de femblables contraventions fe commettent journellement malgré la rigueur des réglemens & la vigilance des employés de la ferme, que n'auroit-on pas à craindre fi l'entrée des études des Notaires & des dépôts publics leur étoit fermée ? Requéroit à ces caufes ledit Jean-Jacques Prevoft, adjudicataire général des fermes, qu'il plût à fa majefté, fans avoir égard aux conclufions prifes par les Notaires du Forez, ordonner que les ordonnances du fieur intendant de Lyon, des 11 & 20 juin 1768, feront exécutées felon leur forme & teneur ; en conféquence, que tous Notaires, fans exception, greffiers & autres dépofitaires publics feront tenus de donner aux commis & prépofés de la ferme, à toutes réquifitions, communication de leurs minutes, liaffes, regiftres & papiers, fous peine de deux cents livres d'amende pour chacune contravention ; & pour celle commife

& de la date du contrôle & de l'infinuation, à
peine de deux cents livres d'amende pour chaque
omiſſion.

Les Notaires & les autres officiers qui reçoivent des actes, font aſſujettis à en tenir des répertoires, pour empêcher le divertiſſement des mi-

---

par les Notaires de Montbriſon & de Feurs, dénommés
aux procès-verbaux ci-joints, les condamner chacun en
l'amende de deux cents livres par eux encourue, & tous
ſolidairement au coût de l'arrêt qui interviendra. Vu auſſi
les neuf procès-verbaux dreſſés contre les Notaires de Montbriſon, par le ſieur Rolin de l'Emont, vérificateur des domaines de la généralité de Lyon, les 13 avril, 2, 3 &
12 mai 1768, ceux qu'il a rapportés encore au nombre de
ſix, contre les Notaires de la ville de Feurs, les 18, 25, 26,
28 juillet & 2 août ſuivans ; les quatre ordonnances rendues
par le ſieur intendant de la généralité de Lyon, les 11 & 20
juin dernier ; enſemble les déclarations des 14 juillet 1699 &
mars 1708 ; & les arrêts du conſeil du 5 mai 1705, 9 juin
& 20 octobre 1716, 16 ſeptembre 1718, 14 mars 1719,
11 juillet 1721, 6 ſeptembre, 8 octobre 1723, & 28
juillet 1767. Oui le rapport du ſieur Maynon d'Invau,
conſeiller ordinaire au conſeil royal, contrôleur général
des finances ; le roi en ſon conſeil, ſans avoir égard
à la demande formée par les communautés des Notaires
royaux de la province de Forez, dont ſa majeſté les a déboutés & déboute, a ordonné & ordonne que les ordonnances du ſieur intendant de la généralité de Lyon, des 11
& 20 juin 1768, ſeront exécutées ſuivant leur forme &
teneur : en conſéquence, que les Notaires de Feurs & de
Montbriſon, & tous autres Notaires, tabellions & greffiers
du Forez, ſeront tenus de communiquer à toutes réquiſi-
tions, aux commis & prépoſés de la ferme générale des
domaines & droits y joints, leurs minutes, regiſtres,
liaſſes & répertoires, à peine, en cas de refus, de deux
cents livres d'amende pour chaque contravention & contre
chacun des contrevenans : condamne ſa majeſté les Notaires
de Montbriſon & de Feurs ſolidairement au coût du préſent
arrêt, liquidé à ſoixante quinze livres. Fait, &c.

nutes & en affurer la confervation. *Voyez l'article* RÉPERTOIRE.

Les Notaires font obligés de fournir des extraits de leurs actes aux commis de la régie des domaines. C'eſt ce qui réfulte de différentes loix & réglemens, & finguliérement de la déclaration du 19 juillet 1704, & de deux arrêts de réglement rendus au confeil les 10 mars 1705 & 18 juillet 1724. Ces arrêts portent, que les Notaires, les greffiers & autres perfonnes publiques, tant des provinces que de la ville de Paris, » fourniront aux fermiers ou régiſſeurs » des droits d'infinuation, ou à leurs commis » & prépofés, tous les extraits des actes & con- » trats, fentences & jugemens fujets à infinua- » tion ou au centième denier, qu'ils recevront, » contenant les noms des parties, le lieu de leur » demeure, ceux de la juridiction royale, évêché » ou élection defdits lieux, avec la fituation des » immeubles y mentionnés, également par juri- » diction royale, évêché ou élection ; la nature, » qualité & mouvance defdits biens, & s'ils font » nobles ou roturiers ; le prix porté par les con- » trats, fentences ou jugemens, & la date d'iceux, » à l'exception des teſtamens & donations à caufe » de mort, dont les extraits ne feront délivrés » qu'après le décès des teſtateurs & donateurs. » Ordonné pareillement qu'ils délivreront des » extraits fommaires des inventaires, partages » & actes de notoriété qui font faits entre toutes » fortes de perfonnes, de quelque qualité & » condition qu'elles foient, pour raifon de fuc- » ceſſions collatérales, même de partages en » ligne directe, lorſqu'ils contiendront des lici- » tations volontaires, foultes ou retours de lots.

» Ordonné en outre qu'au pied des états de
» tous lesdits extraits, lesdits officiers certifie-
» ront n'avoir reçu autres actes, contrats, sen-
» tences & jugemens sujets à l'insinuation,
» centième denier, droits seigneuriaux appar-
» tenans au roi, amortissemens & francs-fiefs,
» ni d'autres inventaires, partages & actes de
» notoriété, dans le cas ci-dessus; le tout à
» peine de trois cents livres d'amende pour cha-
» cune omission, & de demeurer responsables
» en leur nom du payement desdits droits &
» autres peines portées par les réglemens; au
» payement desquelles amendes ils seront pour-
» suivis sur les simples contraintes du fermier,
» ses procureurs & commis, lesquels seront
» exécutées, sans qu'il soit besoin de jugement,
» nonobstant toutes oppositions «.

Par arrêt du 5 décembre 1758, le conseil a
condamné le sieur Duval à trois cents livres d'a-
mende, pour n'avoir pas fourni au fermier l'extrait d'une démission de biens immeubles.

On demande si un Notaire est responsable
envers les parties, des nullités dont un acte se
trouve infecté par la faute, ignorance ou impéritie de cet officier.

Louet, Brodeau & Boughier citent plusieurs
arrêts par lesquels des particuliers ont été, en
pareils cas, deboutés de leurs demandes contre
des Notaires.

Rebuffe pense néanmoins que, malgré ces autorités, les Notaires doivent être tenus des
nullités auxquelles ils donnent lieu quand ils
omettent d'observer les formalités établies par les
ordonnances; & cette opinion de Rebuffe doit
être suivie. C'est même ce qui est établi par

divers réglemens du conseil, & entre autres par l'arrêt du 21 mars 1719, dont nous avons parlé précédemment.

Quand il y a dol de la part du Notaire, on ne peut douter qu'il ne soit responsable des dommages & intérêts des parties. Filleau & Papon rapportent un arrêt du 15 février 1590, par lequel un Notaire qui avoit sollicité quelqu'un d'acquérir la maison d'une personne qu'il savoit être incapable de la garantir, a été condamné aux dommages & intérêts de l'acquéreur évincé.

Il a été jugé par arrêt du 17 janvier 1662, rapporté au journal des audiences, qu'un Notaire est assujetti à la garantie des actes qu'il passe pour un interdit, toutes les fois qu'il a connu l'interdiction : mais il en seroit autrement s'il avoit ignoré l'interdiction, comme l'a décidé un autre arrêt du 11 février 1633, rapporté par Bardet. Ç'a été pour prévenir les inconvéniens qui peuvent résulter d'une telle ignorance, que ce dernier arrêt a ordonné qu'à la diligence des syndics des Notaires du châtelet de Paris, il seroit fait un tableau contenant les noms & les surnoms de toutes les personnes interdites, lequel tableau seroit affiché dans la chapelle du châtelet, & que chaque Notaire seroit obligé d'en prendre copie & de la tenir publique dans son étude ; le tout à peine contre les contrevenans de répondre des dépens, dommages & intérêts des parties.

L'ordonnance du mois d'août 1539 a enjoint expressément aux juges, sous peine d'en répondre en leur propre & privé nom, d'informer d'office des prévarications commifes par les Notaires dans leurs fonctions.

Chenu rapporte un arrêt du 23 décembre 1592, par lequel il a été jugé que les Notaires ne font tenus que de leur fait, fans être garans de ce que portent les contrats qu'ils ont reçus.

C'eft conformément à cette jurifprudence, que, par un autre arrêt du 7 mars 1684, rapporté au journal des audiences, il a été jugé qu'un Notaire qui avoit paffé un contrat d'une femme mariée, comme autorifée par juftice en vertu d'un arrêt qui n'exiftoit pas, n'étoit pas tenu en fon nom de la validité de l'acte, attendu que cette déclaration n'étoit pas de fon fait.

Divers arrêts du parlement de Paris, des 7 juillet 1741, 12 avril 1745, 26 avril 1747, & 16 juillet 1750, ont jugé que les biens des Notaires qui s'étoient conftitués dépofitaires de deniers par des actes qu'ils avoient eux mêmes reçus, étoient hypothéquées aux parties contractantes, à compter du jour du dépôt.

Les Notaires font obligés de faire leur réfidence dans l'étendue des lieux où ils ont droit d'inftrumenter. Il fuit de là, qu'un Notaire immatriculé dans un bailliage, ne peut pas réfider dans un autre bailliage, quand même il offriroit de ne paffer des actes qu'en fe tranfportant dans fon territoire. Le parlement de Paris l'a ainfi jugé par trois arrêts des 30 janvier 1724, 15 mars 1726, & 18 avril 1744.

L'edit d'établiffement de l'hôpital général de Paris, du mois d'avril 1656, & trois arrêts du parlement des 18 novembre 1662, 10 janvier

1668, & 7 feptembre 1701, ont enjoint aux Notaires qui auroient reçu des teftamens, compromis & autres actes contenant des legs, aumônes & difpofitions au profit des hôpitaux, églifes, communautés, prifonniers & perfonnes qui font dans la néceffité, de remettre des extraits en bonne forme de ces actes à M. le procureur général ou à fes fubftituts, auffi-tôt qu'ils auroient connoiffance que ces difpofitions feroient dans le cas d'être exécutées.

Les Notaires ne peuvent pas convenir entre eux de partager les émolumens de leurs actes & de faire bourfe commune. Filleau rapporte un arrêt du 7 février 1611, qui l'a ainfi jugé contre les Notaires de Senlis.

SECTION CINQUIÈME.

Des falaires & vacations des Notaires.

Une ordonnance de Philippe le Bel du mois de mars 1302, avoit attribué aux Notaires un denier pour trois lignes d'écriture, & la ligne devoit contenir au moins foixante-dix lettres.

Suivant une autre ordonnance du 11 décembre 1543, les Notaires pouvoient percevoir pour chaque feuillet de papier & minute des contrats qu'ils recevoient, deux fous tournois, à la charge d'employer du papier de longueur & largeur convenables.

La même ordonnance avoit réglé, que quand les Notaires feroient mandés pour recevoir des actes dans les maifons des parties, ils pourroient percevoir cinq fous tournois pour leur vacation au lieu de leur réfidence, & qu'ils per-

cevroient à proportion de la diftance des lieux &
du féjour qu'ils feroient obligés de faire lori
qu'ils feroient mandés hors du lieu de leur
domicile.

Il étoit encore dit par cette ordonnance, que
les Notaires feroient les partages & inventaires
des biens & héritages, & qu'ils en feroient payés,
tant pour vacation qu'écritures, à raifon de deux
fous tournois par feuillet de papier, la groffe
demeurant au tabellion.

Il ne paroît pas qu'aucun réglement moderne
ait fixé les falaires & vacations des Notaires
royaux, fi ce n'eft pour quelques articles. Par
exemple, les frais de vacations d'inventaires &
autres actes pour lefquels les Notaires de Paris
perçoivent des vacations, ont été fixés par une
fentence du châtelet de Paris du 24 févner
1688, confirmée par arrêt du 4 décembre fuivant, à la fomme de fix livres par vacation
aux actes qu'ils font hors de leurs études. Ces
vacations ont depuis été augmentées de quarante fous, & fixées à huit livres par une déclaration du roi du 24 avril 1694.

Les groffes de ces actes doivent être payées,
fuivant le réglement de 1688, à *raifon de dix fous
par rôle en grand papier, & de vingt fous à
parchemin, rempli de vingt deux lignes à la page,
& de quinze fyllabes à la ligne, & ce, non compris le papier & parchemin timbrés.*

Par arrêt du 26 août 1765, le parlement
a attribué aux Notaires trente fous pour le droit
de recherche de toutes fortes de minutes.

Suivant l'ordonnance d'Orléans, la taxe des
droits, falaires & vacations des Notaires, doit fe
faire

faire par les juges, quand il n'y a point de tarif à ce sujet fixé par les réglemens.

L'ordonnance de Blois veut que les Notaires mettent leur reçu au bas des actes qu'ils délivrent aux parties. Et par arrêt du 15 janvier 1684, le parlement de Paris leur a défendu de prendre directement ou indirectement aucune promesse ou obligation sous leur nom ou sous ceux d'autres personnes, pour les taxes, salaires & vacations qui leur appartiennent.

Papon rapporte un arrêt des grands jours de Moulins du 14 octobre 1550, qui porte, que les Notaires ne pourront obliger les parties à lever l'expédition des actes qu'elles auront passés devant eux, & que, pour lever ces expéditions, ils doivent en être requis.

Par arrêt du 21 juin 1615, le parlement de Dijon a jugé que les Notaires ne pouvoient saisir pour raison de leurs salaires, mais qu'ils devoient les faire taxer ou se pourvoir par action.

Expilly rapporte un arrêt du 17 mai 1607, par lequel le parlement de Grenoble a ordonné qu'après deux ans de la date des actes, les Notaires ne pourroient plus répéter leurs salaires. c'est aussi une disposition de l'ordonnance d'Abbeville.

En Languedoc, les salaires des Notaires & des greffiers se prescrivent par cinq ans, conformément à l'article 27 de l'ordonnance de Charles VIII, donnée à Moulins le 28 décembre 1490.

Il en est de même au parlement de Dijon, suivant un arrêt de réglement du 17 juin 1689, rapporté par Raviot.

Tome XLII. V

Au parlement de Paris, le temps pendant lequel les Notaires peuvent demander le payement de leurs falaires & vacations, n'eſt point fixé; ainſi il dépend des circonſtances & de l'arbitrage du juge.

Des priviléges, préféances & prérogatives des Notaires.

Les fentimens font partagés fur la queſtion de favoir ſi les fonctions des Notaires, autres que ceux de Paris, font compatibles avec la nobleſſe. La Roque a ſoutenu l'affirmative dans ſon traité de la nobleſſe : mais cet auteur n'a point diſſimulé que Guypape, Barthole & Loyfeau étoient d'opinion contraire, & avoient mis les Notaires & les tabellions au rang des profeſſions qui dérogeoient à la nobleſſe. Il y a même un arrêt du conſeil du 4 juin 1668, qui porte, que les perſonnes nobles pourvues d'offices de Notaires, même avant 1560, feront cenſées avoir dérogé à la nobleſſe.

Cette déciſion paroît d'ailleurs confirmée par les lettres-patentes qu'ont obtenues les Notaires de Paris au mois d'août 1673, leſquelles portent, que *le titre & les fonctions de Notaires au châtelet de Paris ne pourront être reputés déroger à la nobleſſe.* En effet, ſi la nondérogeance eſt un privilége attribué aux Notaires de Paris, il faut en tirer la conſéquence, que ce privilége n'ayant été étendu par aucune loi aux Notaires des provinces, ils ne peuvent pas s'en prévaloir.

Les caufes des Notaires royaux concernant leurs fonctions & droits, doivent être portées en première inftance devant les juges ordinaires, à la charge de l'appel au parlement. C'eft ce qui réfulte d'une déclaration du 5 avril 1699.

Les Notaires au châtelet de Paris jouiffent du droit de garde gardienne ; & leurs caufes, tant en demandant qu'en défendant, fe portent en première inftance au châtelet, & par appel au parlement.

Les Notaires royaux précèdent les procureurs, & ont le pas fur eux dans toutes les affemblées publiques & particulières. Le parlement de Paris l'a ainfi jugé par arrêt du 16 juillet 1611, en faveur des Notaires du Berry, contre les procureurs au bailliage & fiége préfidial de Bourges.

Par un autre arrêt du 18 feptembre 1666, la même cour a pareillement ordonné que les Notaires de Paris précéderoient les procureurs au châtelet de cette ville, conformément à d'autres arrêts antérieurs dont l'exécution a été ordonnée, avec défenfe aux procureurs d'y contrevenir.

Par un autre arrêt du 6 mars 1709, le même parlement a maintenu & gardé les Notaires au châtelet d'Orléans dans la poffeffion de précéder les procureurs au même châtelet, en toute affemblée publique & particulière.

Le préambule de cet arrêt en rappelle plufieurs autres qui font pareillement intervenus en faveur des Notaires, contre les procureurs de plufieurs autres villes : tels font l'arrêt du 21 mai 1617 pour les Notaires de Beaugenci ; celui du 11 mai 1643 pour les Notaires de

V ij

Langres ; celui du 4 mai 1669, pour les No taires de Chaumont en Baffigni ; celui du juillet 1688 pour les Notaires de Troies e Champagne, &c.

Par un autre arrêt du 7 mai 1742, il a ét jugé en faveur des Notaires de Beauvais, qu'il auroient la préféance fur les procureurs de cett ville, dans toutes les affemblées publiques & par ticulières.

La même chofe a encore été jugée par arrê du 12 août 1755, en faveur des Notaires d Saumur, contre les procureurs de la fénéchauffé de cette ville.

Mais il paroît que dans les villes de parle ment, les procureurs au parlement ont la pré féance fur les Notaires. C'eft du moins ce que le parlement de Touloufe a jugé par arrêt d 30 octobre 1715.

Le parlement de Grenoble a rendu un arrê femblable en faveur des procureurs de cett cour le 26 juin 1721.

Cependant, par arrêt du 12 octobre 1695 le confeil a attribué aux Notaires de Dijo la préféance fur les procureurs au parlement d là même ville.

Différentes loix ont attribué aux Notaires l'exemption de tutelle, curatelle, guet & gard & autres charges publiques.

SECTION SEPTIÈME.

Des Notaires apoftoliques.

Dans l'origine, les Notaires apoftoliques étoien des officiers publics, établis par le pape pou

recevoir les actes concernant les matières spirituelles & ecclésiastiques.

Les premiers Notaires apostoliques qui furent
institués dans la chrétienté, furent les sept Notaires surnommés *regionarii* ou *scriniarii*, que saint
Clément établit à Rome pour écrire les actes des
martyrs ; leur fonction ne se bornoit pourtant pas
à ce seul objet, car on voit qu'entre autres choses
ils étoient chargés d'annoncer au peuple les li-
tanies, processions ou rogations, le lieu où le
pape alloit dire la messe ou faire quelque station ;
ils rapportoient aussi au pape le nom & le nombre de ceux qui étoient baptisés.

On conçoit par-là qu'ils étendirent aussi leurs
fonctions à recevoir tous les actes qui concernoient
les matières spirituelles & canoniques, &c. ; ensuite les bénéfices, lorsqu'il y en eut de formés.

Le nombre de ces Notaires ayant été augmenté
par saint Clément, ceux qui étoient du nombre
des sept premiers Notaires, ou du moins qui
les représentoient, prirent le titre de protono-
taires apostoliques, c'est-à-dire de premiers
Notaires.

· Mais ce ne fut pas seulement dans les terres
du pape que les Notaires apostoliques exercèrent
leurs fonctions, ils en usoient de même en France,
en Angleterre & en Espagne ; car alors on regardoit comme un droit certain, qu'un Notaire ou
tabellion établi par l'empereur, ou par le pape,
ou par quelque autre auquel ce droit avoit été
accordé par un privilége spécial, pouvoit instrumenter non seulement dans les terres soumises à
celui qui l'avoit commis, mais aussi qu'il avoit
le même pouvoir dans les autres états dont on
vient de parler.

Quelques - uns de ces Notaires apostoliques étoient en même temps Notaires impériaux & royaux, apparemment, pour rendre leur pouvoir plus étendu & moins sujet à contestation.

On voit dans les lettres de Charles V du mois de janvier 1364, qu'il y avoit à Auxerre un Notaire apostolique, qui se qualifioit, *tabellion de notre saint père le pape*, & que ce tabellion s'ingéroit de recevoir des actes pour affaires temporelles, telles que des lettres d'affranchissement.

Dans d'autres lettres du même prince, du mois d'août 1367, il est fait mention d'un Notaire apostolique, qui étoit résident en Dauphiné; ce Notaire étoit un clerc du diocèse de Grenoble, qui se qualifioit, *apostolicâ, imperiali & domini Francorum regis autoritatibus Notarius publicus*. Il réunissoit, comme on voit, les trois qualités.

Les évêques établirent aussi des Notaires ecclésiastiques dans leurs diocèses; ces Notaires étoient quelquefois qualifiés de Notaires apostoliques, & confondus avec ceux du pape; d'autres fois on les appeloit seulement Notaires ecclésiastiques, Notaires de l'évêque, ou épiscopaux, ou de la cour épiscopale, ou Notaires jurés de l'officialité, parce qu'ils prêtoient serment devant l'official.

La plupart des évêques avoient plusieurs Notaires, & le premier d'entre eux prenoit le titre de chancelier, même d'archichancelier : celui-ci dictoit aux Notaires; c'est de là que vient la dignité de chancelier, qui s'est encore conservée dans plusieurs églises cathédrales.

Les abbés avoient même leurs Notaires, ainsi

qu'il leur avoit été ordonné par un capitulaire de l'an 805.

Innocent III, qui fiégeoit fur la fin du douzième fiècle & au commencement du treizième, défendit qu'aucun prêrre, diacre ou foudiacre, exerçât l'emploi de tabellion ; mais cela n'empêcha pas que les évêques & abbés ne priffent pour tabellions de fimples clercs ; ceux des comtes mêmes étoient auffi la plupart des eccléfiaftiques ; l'ignorance étoit alors fi grande, que les clercs étoient prefque les feuls qui fuffent écrire.

Il ne faut donc pas s'étonner fi les Notaires eccléfiaftiques s'ingéroient de recevoir toutes fortes d'actes, même concernant les affaires temporelles.

Dans la fuite, les Notaires royaux fe plaignirent de ces entreprifes : ceux du châtelet de Paris obtinrent, le 19 juin 1421, une fentence du prévôt de Paris, tant contre ces Notaires & tabellions apoftoliques & impériaux, que contre ceux de l'évêque de Paris, qui défendit à ceux-ci de faire aucun inventaire ni prifée de biens, & aux officiaux de donner aucune commiffion à cet effet.

Charles VIII alla plus loin ; il défendit, par un édit de l'an 1490, de faire, paffer ou recévoir aucun contrat par Notaires impériaux, apoftoliques ou épifcopaux, en matières temporelles, *fur peine de n'être foi ajoutée auxdits inftrumens*, lefquels dorénavant feroient réputés nuls.

La facilité que chacun avoit d'obtenir en cour de Rome des commiffions de Notaires apoftoliques, fit que le nombre de ces Notaires devint, exceffif. La plupart de ceux qui obtenoient ces

V iv

commiffions étoient des perfonnes pauvres & in-
digentes, ou des ferviteurs ou domeftiques des
gens d'églife, lefquels commettoient divers abus
dans l'exercice de cet emploi.

Dès le temps de François I, il en fut fait
de grandes plaintes, même de la part des gens
d'églife & bénéficiers.

Ces plaintes ayant été réitérées devant Henri
II, ce prince y pourvut par un édit du mois de
feptembre 1547, par lequel il ordonna que les
baillis, fénéchaux & juges préfidiaux, de concert
avec leurs confeillers, & par l'avis des gens du
roi, arrêteroient & limiteroient, chacun dans
leur juridiction, le nombre des Notaires apoftoliques qui feroit fuffifant, & en quelles villes
& lieux ils devroient faire leur réfidence; qu'ils
choifiroient les plus capables, & que ceux qui
feroient ainfi réfervés feroient immatriculés au
greffe de la juridiction dans laquelle ils feroient
départis, pour recevoir, dans l'étendue de cette
juridiction, toutes procurations à réfigner bénéfices
& autres actes dépendans de leur état.

Cet édit fut regiftré au grand confeil féant à
Melun, & publié au châtelet.

Henri II donna au mois de juin 1550, un
autre édit, appelé communément l'édit des petites
dates, par lequel il ordonna, entre autres chofes,
que l'on n'ajouteroit point foi aux procurations pour
réfigner, ni aux révocations d'icelles, prifes de
poffeffion, & autres actes paffés par les Notaires
apoftoliques, à moins que ces officiers n'euffent
été préalablement examinés & reçus par les archevêques ou évêques, leurs vicaires ou officiaux,
& prêté ferment entre leurs mains, & qu'ils
n'euffent fait enregiftrer leurs lettres aux greffes

des cours des archevêques ou évêques, & des cours préfidiales, & déclarer leur nom, furnom & le lieu de leur réfidence, qu'ils feroient tenus de faire dans les villes & lieux les plus notables du diocèfe, felon le département & nombre qui en feroit avifé.

. Que les archevêques ou évêques feroient tenus, dans trois mois après la publication de cet édit, d'arrêter, par l'avis de leur clergé, le nombre de ces Notaires, auxquels il ne pourroit en être fubrogé aucun que par mort, ou par vacation, ou forfaiture, fans les augmenter; que fi aucun de ces Notaires étoit interdit par l'évêque, fon vicaire ou official, l'interdiction feroit regiftrée. Que ces Notaires ne pourroient inftrumenter que dans un feul diocèfe, à peine de faux & de nullité des actes qu'ils auroient reçus.

Qu'il ne feroit point ajouté foi à leurs actes, à moins qu'ils n'y fiffent mention de leurs qualités, & du lieu où ils auroient été immatriculés, & de celui de leur demeure.

Que, dans les procurations pour réfigner bénéfices, ils feroient tenus d'appeler deux témoins, pour le moins, gens connus & domiciliés, non parens ni domeftiques, & que ces témoins figneroient l'acte, au cas que le réfignant ne pût figner.

Enfin, que ces Notaires feroient tenus de faire bon & loyal regiftre, tant des procurations pour réfigner, que du temps qu'ils les auroient délivrées, combien de fois & à quelles perfonnes; qu'ils feroient tenus de remettre chaque année, dans le mois de janvier au plus tard, aux greffes des archevêques dans lefquels ils auroient inftrumenté, une copie fignée de leur main, & un extrait collationné de leur regiftre, contenant tous les actes qu'ils auroient faits pendant l'année, tant procurations que révocations, & autres dépendans d'icelles ; qu'ils garderoient seulement leurs notes sur lesquelles ils auroient dressé leurs registres ou extraits.

Cet édit fut enregistré au parlement.

Louis XIII, par édit du mois de novembre 1637, leur défendit, à peine de faux, de délivrer aux parties les minutes des procurations pour résigner, & des autres actes qu'ils passoient en matière bénéficiale.

Louis XIV fut obligé de leur réitérer les mêmes défenses, par une déclaration du mois d'octobre 1691.

Cet abus ne laissa pas de continuer ; il y avoit d'ailleurs plusieurs inconvéniens dans les fonctions de ces Notaires, en ce que, suivant les anciennes ordonnances, les actes qu'ils recevoient n'emportoient point d'hypothèque, & n'étoient point exécutoires sous le scel de la juridiction ecclésiastique, de manière que c'étoient des actes imparfaits.

D'un autre côté, les Notaires & huissiers royaux, & ceux des seigneurs, expédioient la plupart des actes de leur compétence concurremment avec les Notaires apostoliques ; de sorte que ces derniers ne trouvoient pas dans leur emploi de quoi subsister avec honneur.

Enfin, ces Notaires apostoliques n'étant pas officiers en titre, ils n'avoient point de successeurs obligés de conserver leurs minutes.

Pour remédier à tous ces inconvéniens, Louis XIV, par édit du mois de décembre 1691, créa en titre d'office formé & héréditaire, dans chaque archevêché & évêché du royaume, terres

& pays de son obéissance , des offices de Notaires royaux , pour être tenus par les Notaires
apostoliques qui seroient établis dans les villes où
il seroit jugé nécessaire, & dont le nombre seroit fixé par les états qui seroient arrêtés dans
le conseil, suivant les avis des archevêques & évêques , chacun dans leur diocèse.

L'édit attribua à ces Notaires royaux & apostoliques le pouvoir de faire seuls , & privativement à tous autres Notaires & tabellions, huissiers & sergens , toutes sortes de procurations à
résigner bénéfices , ministreries , commanderies ,
provisoireries , bourses, &c. révocations & signi-
fications d'icelles , démissions d'archevêchés , évêchés, abbayes , prieurés , & tous bénéfices &
charges ecclésiastiques , & généralement tous les
actes qui ont rapport aux bénéfices & fonctions
ecclésiastiques , & qui sont détaillés dans cet
édit.

Ils sont autorisés par ce même édit à faire, concurremment avec les autres Notaires & tabellions,
les titres sacerdotaux , fondations de bénéfices ,
monastères , obits , & autres prières & service
divin ; donations aux communautés ecclésiastiques,
séculières & régulières , fabriques, confréries &
hôpitaux ; les baux à ferme & sous-baux des biens
d'église ; les devis & marchés des constructions,
nouvelles réfections & réparations de bâtimens
appartenans à l'église ; les quittances des ouvriers,
contrats de pensions viagères promises à un couvent
lors de l'entrée d'une fille en religion ; les testamens de gens d'église, & l'inventaire des meubles trouvés après le décès des ecclésiastiques.
Et il est dit , que quand le curé de la paroisse ou
son vicaire auront reçu un testament , ils en dé-

poferont la minute, huit jours après le décès du teftateur, dans l'étude d'un Notaire royal & apoftolique du diocèfe, pour la groffe en être par lui expédiée.

. Perfonne ne peut, fuivant cet édit, exercer la fonction de Notaire apoftolique, fans être revêtu de l'un des offices de Notaires royaux & apoftoliques créés par cet édit.

Il leur eft ordonné de faire regiftrer les actes qu'ils auront reçus, & l'édit renouvelle les défenfes qui leur avoient été faites d'inftrumenter qu'en un feul diocèfe, à peine de faux & de nullité des actes. ‑ '

L'édit ordonne encore qu'ils feront reçus, après information de vie & mœurs, par les baillis & fénéchaux, ou juges royaux dans la juridiction defquels ils feront établis ; & après qu'ils auront prêté ferment devant le juge royal, il leur eft enjoint de préfenter leurs lettres de Notaires apoftoliques aux archevêques & évêques, leurs vicaires généraux ou officiaux, & de faire ferment entre leurs mains, fans cependant qu'il foit befoin de nouvelles informations de vie & mœurs.

Les archevêques & évêques, & tous officiers ne peuvent néanmoins, fous prétexte de ce ferment ni autrement, s'attribuer la connoiffance de l'exécution des actes qui font paffés par les Notaires royaux & apoftoliques, & prétendre aucune juridiction autre que celle qui leur appartient de droit, fuivant les ordonnances.

‑ Les charges de Notaires apoftoliques, créées pour le diocèfe de Paris en vertu de l'édit de 1691, ont été réunies aux charges de Notaires au châtelet de Paris par l'édit du mois de février 1693, regiftré au parlement. C'eft pourquoi les Notaires du châtelet reçoivent, dans le diocèfe de

Paris, les actes qui, suivant l'édit de 1691, doivent être passés devant les Notaires royaux & apostoliques. L'édit de 1693 n'excepte de cette règle que les résignations des bénéfices, que tous les Notaires royaux du diocèse de Paris peuvent recevoir chacun dans leur district, dans les lieux situés à quatre lieues de Paris & au delà pour les personnes qui y sont domiciliées, comme on le pratiquoit avant l'édit de 1691.

Dans quelques autres diocèses, les offices de Notaires royaux apostoliques ont été pareillement réunis aux offices de Notaires royaux séculiers du même lieu; dans d'autres diocèses, ils ont été acquis seulement par les Notaires de certaines villes, qui exercent seuls les fonctions de Notaires apostoliques dans tout le diocèse.

Enfin, dans quelques endroits le clergé a acquis ces offices de Notaires royaux & apostoliques, & les fait exercer par commission.

Des Notaires des seigneurs.

On appelle *Notaire de seigneur* ou *Notaire seigneurial*, celui qui est commis par un seigneur pour instrumenter dans l'étendue de sa justice, & qui a prêté serment devant le juge de cette justice.

Les Notaires seigneuriaux sont aussi appelés Notaires subalternes, soit parce qu'ils sont inférieurs aux Notaires royaux pour l'étendue de leur pouvoir, soit parce qu'ils exercent leur ministère sous l'autorité d'un juge seigneurial ou subalterne, par lequel ils sont reçus.

L'origine des Notaires seigneuriaux est fort incertaine; il paroît néanmoins qu'on peut la rapporter aux Notaires que les comtes, du temps de la première & de la seconde race, étoient

obligés d'avoir, comme il eſt dit dans un capitulaire de Charlemagne, de l'an 805.

Il y a apparence que les comtés ayant été in-
féodés au commencement de la troiſième race
les ſeigneurs, devenus propriétaires de ces comtés
continuèrent d'avoir des Notaires, comme ils e
avoient du temps qu'ils n'étoient encore que gou-
verneurs des provinces ou villes dont ils étoiet
comtes, & qu'à leur imitation les autres ſeigneurs auxquels on inféoda ou ſous-inféoda d
moindre terres, s'étant pareillement attribué l'adminiſtration de la juſtice par une extenſion d
gouvernement militaire qu'ils avoient eu dan
ces mêmes terres, & qu'ils conſervèrent encor
ſur leurs vaſſaux & autres ſujets, ils s'arrogèrem
auſſi le droit d'avoir des Notaires qui faiſoiem
d'abord la fonction de greffiers de leurs juſtices,
de même que les Notaires royaux la faiſoiem
dans les cours & autres tribunaux royaux, &
que ces Notaires de ſeigneurs recevoient auſſi le
peu d'actes de juridiction volontaire que l'on pa-
ſoit alors; ce qu'ils faiſoient en préſence du juge
& ſous l'autorité de ſon nom & du ſcel authentique du ſeigneur.

Ce qui eſt de certain, c'eſt que, long-temps
avant Philippe le Bel, il y avoit un nombre de
prélats, barons & autres ſeigneurs, qui étoient
en poſſeſſion immémoriale d'inſtituer des Notaires
dans leurs terres, tellement que Philippe le Bel,
en défendant par ſon ordonnance du 23 mars
1302, à tous ſénéchaux, baillis, juſticiers, & à
toutes autres perſonnes d'inſtituer en ſon nom
des Notaires publics, à cauſe de la multitude
exceſſive qu'il y en avoit, ſe réſerva à lui ſeul
& à ſes ſucceſſeurs rois le pouvoir d'en créer;
il déclara en même temps qu'il n'entendoit pas

néanmoins préjudicier par-là aux prélats, barons, & à tous ſes autres ſujets, qui, par coutume ancienne, étoient fondés à établir des Notaires.

Ce même prince, par des lettres du mois de mars 1304, accordées en faveur des barons, des nobles & habitans du pays d'Auvergne, autoriſa de plus en plus les Notaires ſubalternes, en ordonnant que les chanceliers d'Auvergne (c'étoient des gardes des petits ſceaux royaux) n'auroient aucuns Notaires dans les terres & juſtices des barons & des autres ſeigneurs qui avoient haute juſtice, & qu'ils ne recevroient aucuns contrats dans les terres de ces ſeigneurs.

Philippe le long fit plus ; car, par une ordonnance qu'il donna au mois de juin 1319, ſur les remontrances des habitans d'Auvergne, il leur accorda que dorénavant il n'y auroit dans toute la baillie d'Auvergne & reſſort d'icelle, aucun Notaire public établi de ſon autorité, ni qui y fît les fonctions de Notaire en aucune manière ; en ſorte que, ſuivant cette ordonnance, il ne devoit alors y avoir d'autres Notaires que ceux des ſeigneurs, leſquels étoient même les ſeuls qui puſſent inſtrumenter dans ce pays.

L'ordonnance de Philippe le Bel, du 23 mars 1302, touchant la faculté qu'il avoit conſervée aux ſeigneurs d'avoir des Notaires, fut confirmée par le roi Jean au mois d'octobre 1351, avec la ſeule différence qu'en rappelant la diſpoſition qui autoriſoit les ſeigneurs qui ſeroient fondés ſur une ancienne coutume, il ajoute ces mots, & approuveé.

Les ſeigneurs n'ont donc pas tous droit de tabellion, mais ſeulement ceux qui ſont fondés en titre ou poſſeſſion immémoriale.

Quelques coutumes, comme Blois & Senlis, donnent au ſeigneur châtelain le droit de tabellionage ; celle de Touraine porte, que les comtes & les barons peuvent avoir douze Notaires, & les châtelains six.

François I, par son ordonnance donnée à Angoulême au mois de novembre 1542, accorde aux seigneurs, barons & châtelains des provinces réglées par le droit écrit, le pouvoir d'établir des tabellions, ainsi que faisoient déjà les barons & châtelains des pays coutumiers.

Les seigneurs qui n'ont simplement que la haute justice, n'ont pas droit de tabellionage, à moins qu'ils ne soient fondés sur une concession expresse, ou sur une possession immémoriale, ou sur la disposition de la coutume.

Quoique les Notaires de seigneurs ne soient souvent qualifiés que de tabellions, il est néanmoins certain qu'ils réunissent ordinairement la qualité de Notaire à celle de tabellion.

Les Notaires de seigneurs ne peuvent instrumenter que dans leur ressort.

L'ordonnance de 1539 leur défend de passer aucun acte entre ceux qui ne sont point sujets à leur juridiction.

Plusieurs édits & déclarations postérieurs leur ont réitéré la même défense de passer aucun acte, sinon entre personnes demeurantes dans leur territoire, & pour des héritages & choses qui y sont situés, le tout à peine de faux & de nullité. Le dernier réglement fait sur cette matière, est l'édit du mois d'octobre 1705.

Néanmoins, suivant la dernière jurisprudence, il suffit que l'acte soit passé dans le territoire de la justice du seigneur, quoiqu'aucune des parties n'y soit résidente, & que les biens n'y soient pas situés. La question a été ainsi jugée par trois
arrêts

arrêts des 3 février 1721 , 18 juin 1738 , & premier août 1739.

L'acte reçu par un Notaire de seigneur, dans son ressort, emporte hypothèque sur tous les biens du contractant, en quelque lieu qu'ils soient situés.

Il est exécutoire dans le ressort de la seigneurie, pourvu qu'il soit scellé du sceau de la juridiction seigneuriale ; mais, pour le mettre à exécution dans l'étendue d'une autre justice, il faut la permission du juge du lieu : telle est la disposition de l'ordonnance de 1539, article 66.

Les droits des Notaires seigneuriaux ont été taxés par deux fameux arrêts de réglement rendus au parlement de Paris les 23 juillet 1676 & 15 mai 1714. Quoique ces arrêts n'aient eu pour objet que les Notaires des duchés de Mazarin & de la Meilleray, & du comté de Pontchartrain, on peut en étendre les dispositions aux Notaires des autres justices seigneuriales.

Suivant ces réglemens, il doit être taxé à ces Notaires, 1°. pour les actes dont il ne reste point de minute, tels que les quittances, obligations & transports ; les procurations, pour agir, plaider & négocier ; les ratifications, les attestations, certificats, cautionnemens, déclarations ; les actes de reconnoissance de signature privée, les brevets d'apprentissage, & autres actes de pareille qualité, deux sous six deniers.

Et si les parties désirent qu'il en reste minute, il doit être pareillement taxé, outre l'expédition, deux sous six derniers.

2°. Pour les actes dont il reste minute, il doit être taxé aux Notaires dont il s'agit, pour les contrats de constitution de rente, cessions & transports, les contrats d'échange, les actes d'indemnité, les compromis, les transactions, les contrats de mariage, les dons mutuels, les donations entre vifs, les testamens, les codicilles, les baux à ferme, les baux d'héritages, les rachats de rentes foncières ou constituées, les marchés, les désistemens, les actes de consignation ou dépôts, les actes de renonciation, les titres nouvels, & les autres actes de conséquence, dix sous, outre l'expédition, quand les parties veulent les lever.

3°. Il doit être taxé pour l'expédition de tous les actes dont on vient de parler; savoir, pour chaque rôle en petit papier de quinze lignes à la page, & de huit syllabes à la ligne, trois sous neuf deniers; & en grand papier de vingt-deux lignes, & de quinze syllabes, cinq sous.

Les rôles de parchemin doivent être taxés à raison du double des rôles en papier, avec pareil nombre de lignes & de syllabes.

4°. Il doit être taxé, pour la collation & copie des pièces de la minute desquelles les Notaires ne sont pas dépositaires, un sou par rôle de vingt-deux lignes à la page, & de quinze syllabes à la ligne, outre le papier.

5°. Pour les inventaires de meubles ou papiers & autres actes où il y a vacation de trois heures, soit du matin ou de relevée, il doit être payé une livre dix sous par vacation, outre la grosse.

6°. Pour les inventaires, partages, sentences arbitrales & autres actes, chaque rôle en grand papier de vingt-deux lignes à la page, & de quinze syllabes à la ligne, doit être payé cinq sous; & en petit papier de quatorze lignes & de huit syllabes, trois sous neuf deniers.

Les grosses en parchemin doivent être payées

le double de cette taxe , qui doit être diminuée à proportion , s'il y a moins de lignes & de syllabes.

On doit d'ailleurs rembourser aux Notaires dont nous parlons le prix du papier & parchemins timbré, & leurs autres débourfés.

Voyez Loiseau , traité des offices ; Pasquier , recherches de la France ; le traité de diplomatique du père Mabillon ; le traité des Notaires par Langlois ; Chorier, en sa jurisprudence de Guypape ; Feviet , traité de l'abus ; la science des Notaires par Ferrières ; la Roque , traité de la noblesse ; le recueil de Blanchard ; Joly , traité des offices ; le journal des audiences ; les arrêts de Brillon ; Brodeau sur Louet ; le président de Perchambault sur la coutume de Bretagne ; la Rocheflavin en ses arrêts ; le recueil de Bardet ; les arrêts de Papon ; Carondas sur le code Henri ; la bibliothèque des arrêts ; le recueil de Boniface & celui de Bouvot ; les œuvres de d'Héricourt ; la jurisprudence civile de Lacombe ; le traité de l'administration de la justice ; les statuts des Notaires de Paris ; les ordonnances d'Orléans & de Blois , & les autres loix citées dans cet article, &c. Voyez aussi les articles MINUTE ; CONTRÔLE, TESTAMENT, DONATION , CONTRAT DE MARIAGE , &c.

NOTIFICATION. C'est un acte par lequel on donne connoissance de quelque chose dans les formes juridiques.

Un gradué doit notifier ses grades tous les ans, dans le temps de carême, & ces Notifications doivent se faire par des Notaires royaux apostoliques, conformément à l'article 5 de l'édit du mois de décembre 1691.

X ij

Le seigneur féodal qui saisit le fief de son vassal, doit lui notifier la saisie.

Suivant l'article 20 de la coutume de Paris, lorsqu'un vassal vend son fief, le seigneur peut le retirer dans quarante jours après qu'on lui a notifié la vente, qu'on lui a exhibé le contrat, & qu'on lui en a donné copie.

L'article 77 de la même coutume prononce un écu & quart d'écu d'amende, pour vente recélée & non notifiée au seigneur censier dans vingt jours de l'acquisition.

On peut au surplus notifier le contrat au seigneur, à personne ou domicile, sans qu'il soit nécessaire que cela se fasse au fief.

Lorsqu'il y a plusieurs acquéreurs, la Notification faite par un seul profite aux autres. *Voyez* SIGNIFICATION.

NOTORIÉTÉ. Ce mot se dit en général de ce qui est connu publiquement.

Les jurisconsultes appelent *Notoriété de fait*, celle qui est fondée sur une certaine croyance publique, & *Notoriété de droit*, celle qui a pour cause un jugement ou quelque autre acte juridique.

La Notoriété d'un fait le rend en quelque sorte certain, tellement qu'en matière criminelle, la Notoriété d'un crime tient lieu d'information, comme le prouve l'article 9 du titre 10 de l'ordonnance du mois d'août 1670.

On appelle *acte de Notoriété*, un certificat authentique, délivré par des officiers de judicature, de ce qui se pratique dans leurs sièges sur quelque matière de jurisprudence ou quelque forme de procédure.

Ces sortes d'actes sont ordinairement accordés

à la réquisition de quelqu'un qui a intérêt de constater l'usage.

Le juge qui les délivre, ne le doit faire qu'après avoir consulté les autres officiers de son siége, s'il y en a, & même après avoir pris l'avis des avocats & procureurs, ou autres praticiens de son siége, s'il n'y a ni avocats ni procureurs en titre.

L'usage des actes de Notoriété s'est introduit depuis l'abrogation des enquêtes par turbes, qui a été faite par l'ordonnance de 1667.

Pour que les actes de Notoriété puissent avoir quelque autorité dans une cause ou procès, il faut qu'ils aient été délivrés en vertu d'un jugement d'un juge supérieur, autrement ces sortes d'actes ne passent que pour des certificats mendiés, que le juge a accordés par complaisance & à force d'importunités.

Il faut aussi qu'il y ait requête présentée par l'une des parties ; qu'on appelle devant les juges les parties qui peuvent y avoir intérêt ; que les avocats soient ouïs de vive voix à l'audience, & le syndic des procureurs pour tous ceux du siége ; que le ministère public ait donné ses conclusions ; que l'acte fasse mention des jugemens sur lesquels la Notoriété est établie ; enfin, qu'il soit ordonné qu'acte en sera délivré à la partie requérante, pour lui servir ce que de raison.

Les juges sont les seuls qui aient caractère pour donner des actes de Notoriété ; les avocats d'un siége, même en corps, ne peuvent donner que des consultations ; les gens du roi ou autres personnes qui exercent le ministère public, ne sont pas non plus parties capables pour donner des actes de Notoriété en forme.

On appelle encore actes de Notoriété, des

actes passés pardevant notaires, par lesquels des témoins suppléent à des preuves par écrit.

Les actes de Notoriété de cette espèce, ne sont, à proprement parler, que des certificats sur un point de fait ; ils sont particuliérement en usage dans ce qui concerne la perception & le payement des rentes dues par le roi.

Autrefois ces sortes d'actes appartenoient à la juridiction ordinaire ; mais une déclaration du 28 mai 1706 autorise les notaires au châtelet de Paris à passer tout acte de Notoriété pour le fait des rentes sur l'hôtel de ville de Paris, & l'on a étendu la disposition de cette loi aux notaires des provinces, sans néanmoins leur donner ce droit à l'exclusion des juges. Aussi voit-on souvent des actes de cette nature, donnés par des cours de justice.

NOVALES. On donne ce nom aux dîmes que l'on perçoit sur les fruits des héritages nouvellement défrichés, & qui, de temps immémorial, n'avoient pas été cultivés ou n'avoient pas porté de fruits sujets à la dîme.

Voyez ce que nous avons dit sur les Novales *dans la troisième partie de l'article* Dîme.

NOVATION. C'est le changement d'une obligation en une autre.

La matière des Novations, qui, dans notre droit, devroit être entiérement réglée par la raison naturelle, & qui, sous ce point de vue, n'auroit presque point de difficultés, présente néanmoins des questions très-controversées. La plupart de ces doutes proviennent de l'application qu'on y a faite mal-à-propos des loix romaines, qui, à cet égard comme à tant d'au-

tres, ont des principes puremeut relatifs à leur
fyftême particulier de légiflation.

Il eft donc effentiel, avant de rendre compte
des maximes qu'on doit fuivre en France fur les
Novations, d'expofer en abrégé l'économie des
loix romaines fur cet objet. Il en réfultera, que
la plupart des principes qui font dans le corps
de droit, & fur-tout dans le digefte, font inad-
miffibles en France.

Pour mettre de l'ordre dans cette difcuffion,
on examinera, dans autant de fections diftinctes,
1°. le fyftême & l'efprit du droit romain fur
les Novations ; 2°. les différentes fortes de Novations ; 3°. les obligations qui en font l'objet ;
4°. les perfonnes qui les peuvent faire ; 5°. la
manière dont elles fe font ; 6°. leurs divers effets.

Une grande partie de ces cinq dernières fections fera employée à réfuter les erreurs qui fe
trouvent dans des ouvrages juftement eftimés
d'ailleurs. Mais la fcience du droit, comme
prefque toutes les autres, confifte autant dans la
réfutation des faux principes, que dans la connoiffance des véritables.

SECTION PREMIÈRE.

*Abrégé du fyftême & de l'efprit des loix
romaines fur les Novations.*

Pour me faire entendre, il faut reprendre
ici les chofes de fort loin.

Plus on comparera les loix des différens peuples, plus on fe convaincra qu'il eft bien
rare d'y trouver les principes du droit naturel bien
appliqués à l'état des hommes, foit qu'ils
viennent de fe réunir en fociété, foit qu'ils y

X iv

soient depuis plusieurs siècles. Ce n'est pas seulement parce qu'il faut être déjà très-éclairé pour suivre les indications de la nature, qui laisse d'ailleurs sur certains objets des indéterminations très-embarrassantes, & qu'un pas d'égarement entraîne bientôt loin de la véritable route; c'est aussi que les circonstances particulières & cette sorte de hasard qui préside à la formation des sociétés, obligent souvent de s'en écarter, '& que les passions des chefs & leurs intérêts mal entendus les engagent à le faire volontairement.

La législation romaine a moins été à l'abri que celle de tout autre peuple, de ces divers inconvéniens ; ils ont influé singuliérement sur les loix relatives aux conventions, qui de toutes les parties du droit semblent pourtant devoir être celle qui prête le moins à l'arbitraire. Or, c'est dans la manière de contracter & de dissoudre les conventions, que les Romains ont pris leurs idées sur la Novation contractuelle.

Des brigands, ramassés du fond du Latium, devoient ignorer presque tout autre art que celui de la rapine & de l'injustice. Si leurs chefs audacieux sentirent la nécessité des loix pour maintenir quelque subordination dans leur association, ils n'avoient ni les lumières propres à leur en donner de bonnes, ni assez de sagesse pour en désirer, ni même de bons modèles dans le gouvernement des cantons voisins. Enfin, le besoin qu'ils avoient de devenir nécessaires, pour perpétuer leur autorité, dut les porter à rendre, autant qu'il étoit en eux, la législation obscure & pleine de subtilités, dont ils se réservoient l'interprétation.

Chez un tel peuple, on ne dut connoître

d'abord qu'un petit nombre de contrats ; le prêt à usage (*commodatum*), le prêt de consomption (*mutuum*), le dépôt & l'engagement (*pignus*) ; ces quatre sortes de contrats font d'un usage si familier dans tous les états de la société, qu'ils devoient être pratiqués avant la formation même des loix, & que ç'eût été, pour ainsi dire, attenter à la liberté de la manière la plus criante, que de les astreindre à des formalités gênantes. La tradition des choses qui en étoient les objets, étoit si facile, elle entroit si nécessairement dans l'idée du contrat, qu'on se contenta de l'exiger, pour en déterminer la perfection & la preuve (*).

Il n'en étoit pas ainsi des autres conventions des hommes ; elles supposent pour la plupart un peuple civilisé, & où la monnoie est déjà en usage. Plusieurs concernent des fonds de terre & d'autres choses dont la tradition réelle est impossible ou très-difficile ; d'autres n'acquièrent souvent leur perfection que par de longues opérations, & leur objet est même, à bien des égards, plutôt intellectuel que sensible. C'étoit donc en rendre l'usage presque impossible, que de ne pas s'y contenter du simple consentement. Cependant la tradition paroissoit tellement nécessaire à la perfection des contrats chez un peuple nouveau (**), que les Romains l'exigeoient aussi dans toutes les autres obligations, qu'ils désignoient sous le nom général de *contrats innominés*.

On n'excepta de cette règle que la vente, le louage, la société & le mandat (***), où l'on

---

(*) *Toto tit. instit. quib. modis re contrahitur obligatio.*
(**) *Toto tit. instit. eod., & toto tit. de obligationibus.*
(***) *Toto tit. instit. de verborum obligationibus.*

se contenta du simple consentement. L'origine &
les motifs de cette distinction exigeroient de
trop longs détails pour les développer ici ; quant
aux autres conventions, lorsqu'elles n'étoient pas
suivies, de tradition, elles formoient ce qu'on
appeloit de simples pactes, lesquels obligeoient
bien dans le for intérieur, mais qui ne donnoient contre l'obligé aucune action civile, quoiqu'ils pussent opérer la compensation contre des
obligations civiles , & fournir des exceptions
dans quelques autres cas (*).

Cependant la nécessité de rendre les simples
conventions obligatoires dut se faire sentir bientôt. Il eût été plus sûr sans doute d'en écrire les
clauses , afin d'éviter les incertitudes qui résultent du peu de mémoire, du défaut d'intelligence, de la mauvaise foi, de l'éloignement &
de la mort des témoins ; mais les Romains étoient
un peuple trop grossier, pour que l'écriture y
fût d'un grand usage.

Aussi le droit romain ne connut-il , même dans
les derniers temps , de convention rendue valable
par l'écriture , que les billets pour prêt d'argent,
qu'on appeloit exclusivement obligations par écrit
(*litterarum obligationes*). Encore parurent-ils si
opposés à l'ancienne maxime de la nécessité de la
tradition pour la validité du prêt, que l'obligé
pouvoit, durant deux ans, nier la dette, en
rejetant sur le créancier la preuve du prêt, au
moyen de l'exception *non numeratæ pecuniæ* (**).

Il fallut donc s'en tenir à la preuve par té-

(*) L. 7 , l. 4, ff. *de pactis*, l. 10, l. 21, l. 28, cod. *ead.*
(**) *Toto tit. instit. de litterarum obligationibus.*

moins, qu'on tâcha de rendre plus affurée par un
appareil propre à frapper les fens. Les patriciens inventèrent diverfes formules pour les actes
les plus importans de la fociété ; ils y joignirent
fouvent des folennités religieufes, dont l'obfervation étoit requife à peine de nullité. Les contractans y trouvoient leur fûreté, parce que ce
moyen donnoit une véritable authenticité à leurs
conventions. La vente fimulée & folennelle,
connue fous le nom de *mancipation* ou fous d'autres termes, devint fur-tout d'un ufage fréquent
dans les contrats même les plus étrangers à la
vente. On faifoit ainfi les mariages, les émancipations, les adoptions, les teftamens, & une
foule d'autres actes qui n'avoient d'ailleurs aucun rapport entre eux (*). Les anciens, dit fort
bien Gravina (**), aliénoient la propriété des
chofes par un acte de vente fimulée, accom-
pagnée des cérémonies ufitées, & ils contractoient prefque toutes les obligations de cette
manière.

Les formalités de ces ventes fimulées & des
autres actes, avoient été diverfifiées jufqu'à l'infini
par l'artifice des patriciens, qui en étoient à la
fois les auteurs, les dépofitaires & les juges. Elles
étoient devenues néceffaires, au moins dans bien
des cas, pour les contrats même, où, comme
dans la vente, le fimple confentement étoit réputé fuffifant, fuivant le droit général ; & les
formules varioient fuivant les différentes fortes

(*) *Vide antiquitates B. Briffonii, & Calvini Lexicon,
in verbis* Coemptio, Emancipatio, Arrogatio, Teftamen-
tum, &c.

(**) *Origines juris.*

de biens qui étoient les objets du même contrat. On peut voir des détails curieux à ce sujet dans les règles d'Ulpien (*).

Plusieurs de ces formules, qu'on appeloit par cette raison *actions de la loi*, exigeoient la présence du magistrat, comme on l'exigeoit autrefois parmi nous aux actes pardevant notaires, qui devoient être scellés du sceau du juge du lieu, pour attester son assistance. D'autres pouvoient être passés hors la présence du magistrat, en y observant d'ailleurs des formalités tout aussi rigoureuses; on les nommoit *actes légitimes*. Mais les premières de ces opérations & la plupart des dernières n'étoient susceptibles ni de conditions ni de terme, le tuteur, le curateur, le fondé de procuration, ne pouvoient s'engager de cette manière.

Tant d'obstacles, tant de variétés dans la manière de contracter les obligations, mettoient nécessairement beaucoup d'embarras dans le commerce, & tendoient sans cesse des piéges à la bonne foi. Les patriciens mêmes n'eurent plus tant d'intérêt à conserver toutes ces pratiques, quand les formules en eurent été divulguées à différentes époques. On avoit commencé par légitimer, soit par des loix précises, soit par la jurisprudence (*jure prætorio*), certains pactes, tels que ceux de la dot, des donations, de l'hypothèque (**), & plusieurs autres, que Vinnius a recueillis dans le chapitre 4 de son traité *de pactis*.

_____

(*) *Toto tit. de dominiis, & adquisit. rerum.*
(**) L. 6, ff. *de dote prom.* L. 35, cod. *de donation.* L. 17, parag. 2, ff. *de pactis.*

Pour rendre la réforme plus générale, on inventa les obligations verbales, & fur-tout la ftipulation (*).

Cette forte d'obligation pouvoit s'étendre à toutes les conventions imaginables, & on lui donnoit telle caufe qu'on jugeoit à propos. La forme en étoit on ne peut plus fimple. Celui envers qui l'on s'obligeoit interrogeoit l'autre contractant en cette forte : *Vous engagez-vous de me donner ou de me faire telle chofe ?* en ajoutant telle caufe qu'il jugeoit à propos à l'obligation. Celui qui vouloit s'obliger répondoit fimplement : *Je m'y engage.* Ce peu de mots fuffifoit pour conftituer la ftipulation pure & fimple ; mais on pouvoit y inférer telle condition ou tel terme qu'on jugeoit à propos. On pouvoit même s'engager en cette forte pour autrui, & de la manière la plus indéterminée ; par exemple, pour tout ce qu'il devoit, & c'étoit la· feule manière dont les cautionnemens pouvoient être faits. On faifoit de même engager civilement celui qui n'étoit obligé que naturellement (**).

On concevra facilement, d'après cela, comment fe font formées les règles du droit romain fur les Novations. C'étoit un principe général à toutes les obligations, qu'elles fe dif-

---

(*) Suivant les inftitutes même, *pr. de verb. oblig.* & la loi 17, cod. *de pactis*, la ftipulation a été inventée pour rendre valables les promeffes des hommes, attendu que la fimple promeffe ne donnoit pas d'action dans le droit romain. La loi 3 au code, dit que la promeffe de faire un échange ne peut valoir qu'autant qu'on s'eft affuré une action, en y joignant la ftipulation.

(**) Voyez la note précédente, & tout le titre des inftituts *de verborum obligationibus.*

folvoient de la même manière dont elles avoient
été contractées. A l'exception donc du petit nombre
des obligations qui fe contractoient par le confentement , aucune d'elles ne pouvoit être remife de cette manière , fans quoi l'on eût
donné aux pactes une force que la loi leur re-
fufoit.

Quand les ftipulations furent introduites , on
imagina une manière de faire la remife de ces
fortes d'obligations , par la formule qu'on appeloit *acceptilation*. C'étoit une efpèce de ftipulation , par laquelle le débiteur demandoit au
créancier *s'il tenoit pour reçu ce à quoi il
étoit obligé envers lui* , & le créancier répondoit : *Je le tiens pour reçu*. Mais cette formule,
qui étoit un acte légitime , en avoit tous les
inconvéniens ; elle n'étoit donc fufceptible, ni
de terme , ni de condition ; elle ne pouvoit
être mife en ufage par le tuteur , le curateur &
le fondé de procuration ; enfin , on ne pouvoit
éteindre de cette manière les obligations qui
avoient été contractées autrement que par la
ftipulation (*).

Un jurifconfulte célèbre par plufieurs autres découvertes , nommé C. Aquilius Gallus,
trouva le moyen de parer à tous ces inconvéniens par une double ftipulation , qu'on appela par cette raifon *ftipulation* ou *acceptilation aquilienne*. Ce moyen confiftoit à convertir l'obligation qu'on vouloit éteindre par l'acceptilation , en ftipulation , de la manière fui-

_____

(*) Parag. 1 , *inftit. quib. modis tollitur obl. Toto tit.
ff. de acceptilationib.*

vante. Demande : *Ce que vous me devez à titre de prêt* (ou à tout autre titre), *vous engagez-vous à me le payer?* Réponse : *Je m'y engage.* Cette stipulation étoit ensuite détruite immédiatement par l'acceptilation, conçue dans la formule ordinaire (*).

L'usage & la forme de la Novation se font établis à peu près de la même manière dans le droit romain. Suivant l'ancien droit , une obligation ne pouvoit être altérée ou modifiée , qu'en la détruisant de la même manière dont elle avoit été contractée, c'est-à-dire, pour presque tous les contrats par la tradition réelle , ou par une tradition fictive, telle que la mancipation. Après quoi on la renouveloit de la manière dont il convenoit pour les modifications qu'on y vouloit mettre.

La stipulation seule , qui étoit susceptible de termes, de conditions , de telles modifications qu'on jugeoit à propos , & qui convenoit à toutes sortes d'obligations , soit naturelles , soit civiles , alloit à tous les buts qu'on se proposoit dans la Novation. Lors donc qu'on vouloit ajouter un terme , une condition , une peine , une clause nouvelle à un contrat; lorsqu'on vouloit y supprimer quelque chose , on faisoit engager verbalement le débiteur à faire ou à donner telle ou telle chose , dans tel délai , sous telle ou telle condition , au lieu de l'obligation qu'il avoit contractée antérieurement (**).

Cette obligation antérieure étoit reputée comme

(*) Parag. 2 , *instit. eodem.*
(**) Parag. 3 , *instit. eodem.*

non avenue ; car chaque efpèce d'obligation donnant dans le droit romain une action qui lui étoit analogue, celui qui étoit créancier en vertu de la ftipulation, ne·pouvoit agir qu'en vertu de cette caufe feule (*). D'ailleurs, la ftipuation produifant une de ces actions qu'on appeloit de droit étroit (*ftricti juris*), & dans lefquelles le juge étoit aftreint à fuivre, de la manière la plus littérale, la convention qui étoit l'objet du procès, fans pouvoir s'en écarter, même fous prétexte d'équité (**), on ne pouvoit plus argumenter de l'obligation qui avoit été modifiée par la ftipulation ; il falloit condamner l'obligé à remplir à la lettre ce à quoi il s'étoit engagé de cette manière, fans plus s'occuper de la première obligation.

Il y avoit néanmoins une autre forte de Novation, que les commentateurs du droit romain ont appelée *néceffaire*, & qu'on nommeroit mieux *judiciaire*, laquelle avoit lieu dans les jugemens, foit par la conteftation en caufe formée entre le créancier & le débiteur qu'on lui avoit délégué, foit par le jugement rendu entre le créancier & le débiteur, qui, au moyen de la condamnation, étoit déformais tenu par l'action du jugement (*actione judicati*) (***).

Cette Novation opéroit bien quelques changemens dans les droits des parties : par exemple, elle avoit l'effet de rendre perpétuelle, c'est-à-

---

(*) L. 19, ff. *de Novationibus.*

(**) L. 99, ff. *de verborum obligat.* parag. 30, *inftit. de actionib.*

(***) L. 3, cod. *de Novationibus.* L. 11, parag. 1, ff. *eodem.*

dire,

dire, de proroger jufqu'à trente ans l'action à temps (*actio temporalis*), dont la durée étoit bornée à un moindre nombre d'années, & de faire paffer contre les héritiers de l'obligé, l'action pénale qui lui étoit purement perfonnelle en vertu de la fimple obligation (*). Mais cette forte . de Novation ne détruifoit point l'obligation qui avoit été l'objet du procés, quoiqu'elle y ajoutât quelque chofe ; ce qui prouve bien que les principes fur les Novations, que l'on trouve dans le droit romain, étoient, fuivant les Romains mêmes, . une fuite de leurs loix civiles, & non pas une conféquence des maximes du droit naturel fur les Novations.

Hors le cas de la Novation judiciaire, fur laquelle il feroit inutile de s'étendre, parce qu'on n'a point fongé à en appliquer les principes à nos mœurs, il ne pouvoit jamais y avoir de changement dans une obligation encore fubfiftante. Lorfque les mêmes parties, & à plus forte raifon des tiers contractoient une nouvelle obligation, la première étoit abfolument éteinte, s'il paroiffoit que les parties euffent eu l'intention de faire une Novation, & fi la feconde obligation avoit été contractée par la ftipulation ; autrement les deux obligations fubfiftoient, quelque rapport qu'elles puffent avoir l'une avec l'autre (**). Mais, fous prétexte qu'il étoit affez

---

(*) L. 6, parag. *ult.* ff. *de re jud.* L. 26, ff. *de O & A* ; parag. 1, *inflit. de perpet. & temporal. actionib.*

(**) La loi 1, ff. *de Novationib. & de legat.* dit qu'il y a Novation, *cùm ex præcedenti caufa ita nova conflituitur, ut prior perimatur.* La loi fuivante ajoute : *Novatio ità demùm fit fi hoc agatur ut fiat Novatio. Cæterùm fi non hoc agatur, duæ erunt obligationes.*

souvent difficile de juger du deſſein des contra
rans par les circonſtances, l'empereur Juſtini¢
ordonna, en 530, qu'à l'avenir on pourroit faı̈
tel changement qu'on jugeroit à propos dans l
obligations, ſoit en y ajoutant, ſoit en y d
minuant, ſans qu'il y eût de Novation. Il décie
même qu'on ne pourroit admettre de Novations,
qu'autant que les parties contractantes auroient
fait remiſe de la précédente obligation, en déclarant expreſſément qu'elles préféroient la det-
nière à la première (*).

D'après la manière ſimple dont on contracte
parmi nous les obligations, il ſuit de tous ces
détails, que preſque toutes les loix ſur les Novations antérieures à la conſtitution de Juſtinien,
ne ſont pas plus admiſſibles dans notre droit,
que celles ſur la forme des ſtipulations, des
actes légitimes, des actions de la loi, & toutes
les différences que le droit romain avoit miſes

(*) Novationum nocentia corrigentes volumina, &
veteris juris ambiguitates reſecantes ſancimus : ſi quis vel
aliam perſonam adhibuerit, vel mutaverit, vel pignus
acceperit, vel quantitatem augendam, vel minuendam eſſe
crediderit, vel conditionem ſeu tempus addiderit, vel de-
traxerit, vel cautionem minorem acceperit, vel aliquid fece-
rit ex quo veteris juris conditores introducebant Novatio-
res ; nihil penitùs priori cautelæ innovati, ſed anteriora
ſtare & poſteriora incrementum illis accedere, *niſi ipſi*
ſpecialiter quidem remiſerint priorem obligationem, & hoc
expreſſerint quod ſecundam magis pro anterioribus elegerint;
& generaliter definimus voluntate ſolùm eſſe, non lege
novandum ; & *ſi non verbis exprimatur, ut ſine Novatione*
(quod ſolito vocabulo εν καινότητος Græci dicunt) *cauſa*
procedat. Hoc enim naturalibus eſſe rebus volumus & non
verbis extrinſecus ſuper venire. (*L. fin. de Nov. & delegat.*)

entre les simples pactes ou conventions, & les obligations réelles, verbales, consensuelles & littérales, auxquelles les principes du corps du droit sur les Novations, se rapportent si évidemment. La constitution même de Justinien, si contraire à l'esprit du droit romain, ne s'observe pas à la rigueur, comme on le verra dans la section quatrième.

SECTION SECONDE.

Des différentes sortes de Novations.

Cujas, suivi dans ce point par presque tous nos jurisconsultes François, a distingué dans ses paratitles sur le code, quatre sortes de Novations volontaires ou contractuelles; la première a lieu lorsque les mêmes parties changent le titre ou l'état d'une obligation précédente; par exemple, quand vous vous engagez à me devoir à titre de depôt, ce que vous me deviez à titre de prêt.

La seconde espèce se fait par l'intervention d'un nouveau débiteur; lors, par exemple, qu'un tiers, que je n'ai point délégué à mon créancier, & qui n'est point mon débiteur, se charge d'acquitter mon obligation envers mon créancier, qui le reçoit pour son débiteur, & me tient quitte en conséquence de mon obligation. Il ne faut pas confondre cette sorte de Novation avec l'obligation solidaire ou le cautionnement, qui ne détruisent point l'obligation du débiteur originaire.

La troisième espèce est celle qui se fait par l'intervention d'un nouveau créancier, lorsqu'un débiteur, pour demeurer quitte envers son créancier, s'oblige, par l'ordre de ce créancier, envers un tiers à qui ce créancier ne devoit rien.

La quatrième espèce de Novation, qui est ce qu'on appelle *délégation*, se fait aussi par le changement de débiteur, lorsque, pour m'acquitter de l'obligation que j'avois contractée envers vous, je vous délègue une autre personne pour être votre débiteur en ma place. Comme la personne déléguée est presque toujours débitrice du déléguant, cette sorte de Novation en contient ordinairement deux, puisqu'elle innove la dette du déléguant & celle du délégué.

On a parlé des *délégations* dans un article particulier, on ne s'en occupera donc point ici. On observera seulement qu'il peut y avoir d'autres espèces de Novations, composées des précédentes. Mais toutes ces divisions ne sont guère utiles dans l'usage.

En général, on doit distinguer parmi nous deux sortes de Novations, l'une *parfaite*, qui est assez rare, & qui détruit tellement la première obligation, qu'elle est regardée comme non avenue; l'autre *imparfaite*, qui, sans anéantir la première obligation, en altère les clauses, & la modifie en diverses manières. Il suit de là, que la distinction des Novations en Novations volontaires ou contractuelles, & en Novations nécessaires ou judiciaires, n'est point absolument étrangère à nos mœurs, car les jugemens modifient souvent les obligations en diverses manières. Ils y ajoutent, par exemple, des intérêts, des hypothèques, des délais qui n'étoient pas dans l'obligation primitive. Ces modifications & plusieurs autres semblables forment, comme on le voit, une Novation imparfaite, quoique nos maximes sur les Novations judiciaires soient très-différentes de celles du droit romain.

SECTION TROISIÈME.

Des obligations qui peuvent être l'objet de la Novation.

Toutes sortes d'obligations peuvent être l'objet de la Novation, soit qu'elles soient valables dans les principes de notre droit civil, soit qu'elles tirent seulement leur force du droit naturel. Nos principes sont ici d'accord, à peu de chose près, avec ceux du droit romain. Ainsi, lorsqu'une obligation est anéantie civilement par quelque prescription que ce soit, elle peut néanmoins servir de base à un nouvel engagement civil qu'on y substitue par la Novation, parce que la prescription, en éteignant l'action civile, n'ôte point l'obligation naturelle qui résultoit du premier engagement.

Remarquez néanmoins que les dettes qui sont rejetées par la loi civile, par rapport à la défaveur de leur origine, ou à cause du défaut d'habileté de la personne qui les a contractées, ne peuvent être rendues valables au moyen de la Novation, tant que ces mêmes vices subsistent encore. Par exemple, un cabaretier ne pourroit pas valider une créance telle que celle qui est rejetée part l'art. 128 de la coutume de Paris, en en faisant faire le lendemain une Novation dans son cabaret. Une femme, tant qu'elle est sous l'autorité de son mari, ne peut pas valider, par la Novation, un engagement qu'élle auroit contracté fans fon autorifation hors les cas permis par nos loix.

Suivant la loi 8, §. 1, au digefte *de Nova-tionibus*, » lorfqu'on a fait promettre le paye- » ment d'un legs ou d'un fidéicommis, afin de » faire Novation, la Novation n'aura lieu qu'au- » tant que le legs ou le fidéicommis aura été » laiffé fans condition, foit qu'il y ait un » terme appofé au payement, foit qu'il n'y en » ait point. Mais fi le legs a été laiffé fous » condition, il n'y aura Novation qu'autant & » *lors feulement que la condition arrivera.* Il n'en » feroit pas ainfi du terme du payement, parce » que ce terme devant certainement arriver un » jour, la Novation a lieu dès le moment de la » ftipulation «.

La partie de cette loi qui a rapport au terme du payement, eft inconteftable. M. Pothier en a auffi adopté la partie qui eft relative aux conditions, dans fon traité des obligations, n°. 550; il décide en conféquence généralement, » que fi la dette dont on veut faire Novation » par un autre engagement, eft une dette con- » ditionnelle, la Novation ne peut avoir lieu » *que lorfque la condition exiftera;* en forte que » fi la condition vient à manquer, il n'y aura » point de Novation, parce qu'il n'y aura point » eu de première dette à laquelle la nouvelle ait » pû être fubftituée «.

Le même auteur veut qu'on fuive la même règle dans le cas inverfe, » lorfque la première » dette ne dépend d'aucune condition, mais que » le fecond engagement par lequel on a voulu » faire Novation de cette première dette, dé-

» pend d'une condition «. Basnage & plusieurs autres auteurs sont du même avis.

Il me paroît que ces décisions, assez conséquentes aux principes du droit romain sur les stipulations & sur les donations testamentaires, ne doivent point être admises parmi nous, lors sur-tout qu'il s'agit de la Novation d'un droit qui ne résulte point d'une donation testamentaire. A Rome même, l'accomplissement de la condition avoit du moins un effet rétroactif au temps de la stipulation ou de tel autre engagement qui la contenoit, quand il n'étoit pas question d'une donation testamentaire. (*L.* 18, *l.* 144, *ff. de regulis juris; l.* 5, §. 1, *ff. quando dies legati cedat.*)

A plus forte raison, rien n'empêche-t-il parmi nous qu'on ne puisse échanger efficacement un droit ou une créance éventuelle, contre une créance assurée, ou *vice verfâ.* Cela peut se faire & se fait tous les jours, en compensant l'incertitude de la créance conditionnelle, par la *moins value* de la créance assurée.

On ne dira pas sans doute que dans l'hypothèse où la condition n'arriveroit point, il n'y auroit point de Novation dans toute la rigueur des termes, mais un contrat aléatoire, qui donneroit un droit assuré au créancier qui l'a faite.

Ce ne seroit là qu'une dispute de mots peu convenable à la nature du droit françois; il faut donc ici, comme ailleurs, rechercher avec soin quelle a été l'intention des parties, & voir si elles ont entendu substituer un engagement pur & simple à l'engagement conditionnel, ou n'y en fubftituer qu'un autre conditionnel comme le premier.

SECTION QUATRIEME.

Des perfonnes qui peuvent faire Novation.

Suivant l'auteur du traité des obligations, n°. 555, » le confentement que donne le créan-
» cier à la Novation de la dette, étant quel-
» que chofe d'équipollent, quant à l'extinction
» de la dette, au payement qui lui en feroit fait,
» il fuit, qu'il n'y a que ceux à qui on peut
» payer valablement, qui puiffent faire Nova-
» tion de la dette. Donc, par la même raifon
» qu'on ne peut payer valablement à un mineur,
» à une femme non autorifée de fon mari, à
» un interdit, on doit décider que ces perfonnes
» ne peuvent faire Novation de ce qui leur
» eft dû «. (*L.* 3, *l.* 10, §. 1, *ff. de Novationib.*)

» *Vice verfâ*, celui à qui on peut payer une
» dette, peut ordinairement faire Novation :
» *cui rectè folvitur, is etiam novare poteft.* (*L.* 10,
» *ff. eodem.*) Il fuit de là, qu'un créancier foli-
» daire peut faire Novation. Ainfi le décide
» Venulejus (*l.* 31, §. 1, *ff. de Novat. & deleg.*),
» dont la décifion me paroît devoir être fuivie,
» quoique Paul foit d'un fentiment contraire.
» (*L.* 27, *ff. de pactis.*) Les interprètes ont
» fait de vains efforts pour les concilier. Voyez
» Wiffembach *ad tit. de Novat.* 10.

» Pareillement un tuteur, un curateur, un
» mari, peuvent faire Novation (*l.* 20, §. 1,

» *l. fin.* §. 1, *ff. d. tit.*); un fondé de procu-
» ration générale du créancier le peut auffi ;
» celui qui n'a qu'un pouvoir particulier pour
» recevoir des débiteurs, ne le peut, parce que
» fon pouvoir étant borné à recevoir, *non debet*
» *egredi fines mandati.* Il en eft de même de
» ceux qu'on appelle *adjecti folutionis gratiâ*; ils
» ne peuvent faire Novation (*l.* 10, *ff. de*
» *folutionibus*), quoiqu'on puiffe leur payer va-
» lablement «.

, Quelque refpect que l'auteur de cet article
conferve pour M. Pothier, il a appris de lui à
ne *point jurer fur la parole de fon maître;* il
penfe donc que plufieurs de ces décifions, &
le fondement fur lequel elles font appuyées,
ne font point sûs. Voici le principe qu'il y
voudroit fubftituer : *Puifque la Novation eft la*
fubftitution d'une dette à une autre, il faut, pour
la rendre valable civilement, que le créancier ait
la capacité de remettre l'obligation que la Nova-
tion doit détruire, & que le débiteur de fon côté
foit habile à contracter la nouvelle obligation qu'on
y fubftitue, ou du moins que le créancier & le
débiteur aient un caractère qui les autorife à
faire les changemens par lefquels la nouvelle
obligation diffère de la première. Ce principe
fimple & fans exception eft la clef de toutes
les queftions fur cette matière. Il explique pourquoi les fondés de procuration fpéciale, & ceux
qui font indiqués pour recevoir le payement
(*adjecti folutionis gratiâ*), ne peuvent faire Novation. Il en réfulte encore, que les mineurs,
les interdits & les femmes mariées, qui ne
peuvent innover dans les cas ordinaires, le
peuvent néanmoins quelquefois, lorfque l'obli-

gation qu'ils contractent par la Novation ; est de la nature de celles qu'ils peuvent contracter ; par exemple, la femme pour tirer son mari d'esclavage, suivant l'ordonnance de la marine, liv. 3, tit. 6, art. 12 & 13 ; les mineurs & les interdits, lorsqu'ils rendent leur condition meilleure. La loi 3 au digeste, citée par M. Pothier même, le décide ainsi pour les interdits.

Par la même raison, les tuteurs, les curateurs, les maris, les fondés de procuration ne peuvent faire de Novation, qu'autant que la nouvelle créance, ou du moins les changemens qu'ils veulent faire dans l'ancienne, n'excèdent pas les pouvoirs qu'ils tiennent ou de la loi, ou de leur mandant. Ainsi un tuteur, un curateur, peuvent bien rendre la condition de leur pupille meilleure par la Novation, mais ils ne peuvent l'empirer de cette manière, même pour les obligations dont ils ont le droit de recevoir seuls le payement. C'est encore la décision expresse de la loi 20, au digeste sur les Novations, pareillement citée par M. Pothier, & de la loi dernière, §. 1, au même titre.

De même enfin un fondé de procuration générale peut bien faire les Novations qui sont conformes à une sage administration, & qui ne font aucun changement essentiel dans les droits de son constituant. Mais comme il ne pourroit former une demande en rescision, ou l'admettre, transiger, vendre & faire tous les autres actes qui emporteroient aliénation d'immeubles ou la perte des droits de celui qui l'a constituée, il ne peut pas davantage faire des Novations qui auroient le même effet ; convertir, par exemple, une vente d'immeubles non exécutée, ou toute autre obligation immobilière, en une simple créance mobilière. Bien loin qu'un fondé de procuration générale puisse faire toutes sortes de Novations indéfiniment, il ne peut pas même faire la plupart des Novations imparfaites, comme changer l'hypothèque d'une créance, & en réduire ou éteindre les intérêts. Lors donc que Pomponius, dans la loi 20, au digeste sur les Novations, décide qu'un procureur *omnium bonorum* peut innover, il y a lieu de croire qu'il a seulement voulu indiquer que ce caractère n'étoit par un obstacle à la validité de la Novation dans la forme, comme c'en étoit un à la validité de l'acceptilation & de tous les autres actes légitimes ; mais non pas qu'un pareil procureur pût faire toutes sortes de Novations , puisque tant de loix romaines décident que le procureur ne peut jamais empirer le sort de son constituant sans sa participation. (*L.* 3 , *pr.* & §. 2 , *l.* 5 , *ff. mandati.* §. 8 , *instit. eodem.*)

Ces exemples nous conduisent naturellement à la fameuse question de la validité des Novations faites par un des créanciers solidaires ; les auteurs modernes l'ont diversement résolue ; mais la plupart désavouent l'argument tiré par M. Pothier, du payement à la Novation. Claude de Ferrière, qui, sur toutes les questions précédentes, est du même avis que lui, a suivi néanmoins sur cette dernière l'opinion contraire ; il l'a présentée, avec beaucoup de force, dans sa conférence sur le code, titre 40. On ne peut se dispenser de transcrire ici une partie de ce qu'il a dit sur cette question, parce qu'il en a fort bien expofé les difficultés à l'occafion d'une autre queftion qui y a beaucoup de rapport.

» On demande, dit-il, fi le paête réel fait par
» un de plufieuis banquiers affociés avec le dé-
» biteur, ne nuit point aux autres banquiers fes
» affociés. Cette queftion eft décidée par la loi
» 25 *in principio ff. de paêtis*, en ces termes:
» *Si unus ex argentariis fociis cum debitore pac-*
» *tus fit, an etiam alteri noceat exceptio. Nera-*
» *tius, Aticilinus, Proculus nec fi in rem pac-*
» *tus fit (*), alteri nocere. Tantum enim conf-*
» *titutum ut folidum alter petere poffit : idem*
» *Labeo, nam nec novare alium poffe, quamvis t*
» *reêtè folvatur. Sic enim & his qui in noftrâ*
» *poteftate funt reêtè folvi quod crediderint, licet*
» *novare non poffint, quod eft verum ; idemque in*
» *duobus reis ftipulandis dicendum eft «.*

» Le jurifconfulte l'aul dit dans cette loi, que
» le paête, quoique réel, fait par un de plufieurs
» banquiers, ne nuit point aux autres banquiers
» fes affociés . . . . & , comme dit fort bien
» Cujas, *Non licet nobis ftatim ita argumentari,*
» *uni ex argentariis folidum folvi poteft, ergo*
» *& pacifci unus poteft de folido ; tantùm enim*
» *abeft ut valeat argumentum à folutione ad pac-*
» *tum, ut nec valeat femper à folutione ad*
» *Novationes cæterafque liberationes legitimas.*
» *Nam interdum is cui folvi poteft novare, at-*
» *que adeò pacifci non poteft, ut adjeêtus folu-*

_____

(*) On appelle *paêtum in rem*, le paête par lequel on s'engage, dans les termes les p'us généraux, à ne rien demander ; & *paêtum in perfonam*, celui par lequel on promet feulement de ne rien demander à la perfonne.

» *tionis gratiâ cui debitorem meum juſſi ſolvere &*
» *qui eſt in meâ poteſtate . . . . . . «.*

» La raiſon de cette loi (dit Ferrière après
» quelques autres détails) eſt que la nature de
» la ſociété veut qu'un des aſſociés ou des créan-
» ciers ſolidaires d'une même dette, puiſſe exiger
» ou recevoir le payement de toute la dette,
» toute la dette étant ſolidairement due à chacun
» des aſſociés ; de ſorte néanmoins que le dé-
» biteur ſoit déchargé envers tous ſes créanciers
» pour cette dette, par le payement qu'il en
» auroit fait à un d'entre eux : mais la nature
» de la ſociété ne veut pas qu'un des aſſociés
» puiſſe remettre à un débiteur commun la dette
» qu'il doit à la ſociété & à tous les aſſociés;
» car le pacte *de non petendo* n'eſt pas une eſ-
» pèce de non payement ; & il n'y a aucune
» raiſon qui puiſſe permettre à un aſſocié de
» faire un tel pacte ſans le conſentement de ſes
» aſſociés «.

Ferrière paſſe enſuite à la Novation faite par
un de pluſieurs créanciers ſolidaires. Il réfute,
d'après Faber, une interprétation vicieuſe que
Cujas a donnée aux derniers termes de la loi,
pour concilier le ſentiment de Paul avec celui
de Venulejus ; puis il continue ainſi : » C'eſt
» pourquoi Faber, ſur cette loi & dans le livre
» 11 de ſes conjectures, dit que ces deux juriſ-
» conſultes ne ſont pas du même ſentiment, &
» il dit qu'il faut ſuivre le ſentiment du juriſ-
» conſulte Paul en cette loi *ſi unus*. La raiſon
» en eſt, que la Novation eſt un acte volontaire
» qui n'eſt point ſemblable, & qu'on ne peut
» juſtement comparer à la ſolution ; car on ne

» peut pas dire que ce foit ni une vraie, ni
» une forme de folution (*l. penult. infrà de fo-*
» *lutionibus*) ; & elle n'a de rapport avec la fo-
» lution, que parce qu'elle détruit entiérement
» l'obligation de même que la folution : mais
» d'ailleurs, parce qu'elle ne décharge pas telle-
» ment le débiteur qu'il ne demeure obligé par
» le moyen de la nouvelle obligation en laquelle
» l'ancienne eft changée, c'eft pour cela qu'on
» peut dire que ce n'eft pas une folution, & qu'elle
» n'eft pas femblable à la folution «.

» On objecte qu'un de, banquiers affociés peut
» éteindre l'obligation du débiteur par accepti-
» lation, ou déférer le ferment au débiteur, &
» diffoudre par ce moyen la dette à laquelle il
» étoit obligé (*l. jusjurandum* 15 , §. *ult. de*
» *acceptil. l. in-duobus* 26, *in principio* , & §.
» *ex duobus , infrà-de jurejur.*) ; & partant il
» femble qu'il puiffe faire auffi Novation de
» l'obligation.

» On répond que la Novation eft bien diffé-
» rente de l'acceptilation & du ferment ; car celui
» qui peut recevoir le payement peut auffi en
» décharger le débiteur par acceptilation , laquelle
» eft une efpèce de folution; car celui dont on
» a tenu la dette pour reçue , eft cenfé l'avoir
» payée; en forte qu'il ne peut plus être contraint
» d'en faire le payement (*l. Julianus infrà de*
» *conditionibus, & demonftrationibus*) , d'autant
» que l'acceptilation détruit entiérement l'obliga-
» tion, de même que le ferment déféré & prêté
» contre l'obligation de celui qui l'a déféré...
» La raifon eft que, n'y ayant qu'une dette &
» un débiteur , il n'eft pas poffible qu'il foit

» chargé de l'obligation à l'égard de l'un , &
» qu'à l'égard de l'autre il en foit déchargé , &
» que la même dette fubfifte & foit éteinte ;
» de plus , puifqu'un des créanciers peut exiger
» toute la dette , il n'eft pas abfurde qu'il puiffe
» déférer le ferment au débiteur , puifque déférer
» le ferment regarde la demande de la dette ,
» lorfqu'on ne la peut pas prouver autrement
» (*l. tutor* 35 *de jurejurando*) : & on ne peut
» pas dire que le ferment prêté n'ait le même
» effet que la folution , puifqu'il empêche que
» celui qui l'a déféré ait aucune action pour
» pourfuivre la dette dont le débiteur s'eft dé-
» chargé par fon ferment (*l. nam pofteà quan.*
» 9 *in princ. infrà d. tit.*); car il a le même
» effet que la chofe jugée. (*L.* 28 , *fuprà H.*
» *tit.*) ».

Un grand nombre d'auteurs ont effayé , comme
Cujas , de concilier les fentimens de Paul & de
Venulejus ; mais perfonne ne paroît y avoir
mieux réuffi que Perez, dans fes *prælectiones ad*
codicem , lib. 8 , *tit.* 40. » Le deffein de Paul,
» dit-il , n'a point été d'enfeigner qu'un des
» créanciers folidaires ou des banquiers ne peut
» faire Novation ; mais il a voulu montrer que
» l'on ne pouvoit pas conclure que l'un des ban-
» quiers pût faire le pacte de ne rien demander,
» de ce qu'il avoit le droit de demander la_to-
» talité de la dette ; il rapporte , pour le prou-
» ver , l'autorité de Labeon , qui décide qu'il y
» a plufieurs perfonnes qui ne peuvent innover,
» quoiqu'on puiffe leur payer valablement , tels
» que font les fils de famille ; d'où il fuit que
» l'argument fuivant n'eft pas jufte : *On peut*
» *payer la totalité d'une dette à l'un des ban-*

» *quiers, donc il pourra faire le pacte de ne pas*
» *demander la dette au préjudice de son com-*
» *pagnon* «.

» Paul, continue Perez, n'a donc point agité
» la question de savoir si l'un des banquiers ou
» de plusieurs créanciers solidaires pouvoit inno-
» ver valablement ; son objet principal est d'exa-
» miner la question élevée par ses prédécesseurs
» sur les effets que le pacte, fait par un des ban-
» quiers ou des créanciers solidaires, a contre les
» autres banquiers ou créanciers solidaires, comme
» il décide que ce pacte ne peut pas nuire aux
» associés, on auroit pu croire qu'il auroit nui
» à ceux qui ne seroient pas associés ; mais il est
» plus sûr de tenir indistinctement qu'il ne peut
» jamais leur nuire, *parce que ce pacte ne tient*
» *point lieu de payement, & ne détruit pas l'o-*
» *bligation de plein droit.* Car quand on dit que
» la Novation ou l'acceptilation faite par l'un des
» créanciers solidaires, nuit aux autres, les juris-
» consultes Ulpien & Venulejus en indiquent
» cette raison, que l'acceptilation & la Novation
» ressemblent au payement ; ce qui est encore
» confirmé par la loi 93, au digeste *de solutioni-*
» *bus.* La loi 27, sur les Novations dont il s'agit
» ici, ne doit donc pas embarrasser. Paul y sup-
» pose des banquiers qui sont associés par neces-
» sité, parce que des banquiers ne peuvent guère
» avoir une caisse commune (*mensas habere com-*
» *munes*), sans être associés. Aussi ce qu'il avoit
» dit des banquiers associés, il le répète ensuite
» des créanciers solidaires, sans distinguer s'ils
» sont associés ou non. Quelque justes que soient
» ces maximes, on ne manque pas de passages
» où le même jurisconsulte Paul assure que le
» fait

» fait (*) de l'un des créanciers solidaires nuit à
» l'autre, s'il est son associé. On en trouve un dans la
» loi 34 , *ff. de arbitris* . . . . . & un autre dans
» la loi 5 , *princ. ff. si quis caut. in jud. sisti.* . . . .
» Mais dans l'une ni l'autre de ces loix il n'est
» question d'un pacte . . . . . . mais *du fait* de l'un
» des associés , qui peut nuire à son associé, quoi-
» que *le pacte* ne le puisse pas «.

Si l'on se rappelle en effet les principes du
droit romain sur la nature des pactes, qui, sans
donner une action civile contre celui qui s'étoit
engagé naturellement de cette manière , fournis-
soient néanmoins une exception & un moyen de
compensation à celui envers qui l'engagement
avoit été ainsi contracté, on concevra que le
jurisconsulte Paul, sans être d'un avis contraire à
Venulejus sur la validité de la Novation faite
par un créancier solidaire, a pu soutenir que le
pacte de ne pas demander la dette, fait par un

(*) On a traduit très-fidélement tout ce passage de
Perez , en omettant seulement les détails qu'il donne sur les
deux dernières loix qu'il a citées, parce qu'ils auroient prolongé
cette discussion , déja trop étendue ; mais on a cru devoir
lire ici dans le texte *factum* au lieu de *pactum* ; autrement
Perez seroit en contradiction avec lui-même. Voici en effet
le texte latin de Perez , suivant l'édition des Elzevirs : *Verum-*
tamen licet hæc vera sint, non desunt alia ejusdem Pauli
loca, quibus asseritur pactum, *unius correi alteri nocere*
præsertim socio. Unum est in l. 34 , ff. de arbitris . . . . . .
alterum in l. 5 , in pr. ff. si quis caut in jud. sisti . . . . . .
at in neutro loco tractatur de pacto . . . . *utrobique*
enim factum *versatur, non* pactum. *Hoc socio non nocet,*
illud nocet.

On a corrigé de pareilles fautes d'imprimerie en assez
grand nombre dans le texte de Ferriere ci-dessus cité. Mais
le sens étoit trop clair, pour en avertir à chaque fois.

des banquiers associés, ou des créanciers solidaires
ne devoit nuire à l'autre, la compensation
l'exception résultante du pacte ne pouvant être
opposée qu'à celui avec qui l'on a ainsi contracté.

Quoi qu'il en soit de ces vaines subtilités du
droit Romain, dont on se seroit bien moins occupé, si tous nos auteurs ne les citoient pas
comme leurs principaux motifs de décisions, on
croit qu'il faut parmi nous chercher la solution
de toutes ces difficultés dans le caractère que les
associés ou les créanciers solidaires ont entre eux,
& à l'égard des étrangers avec qui ils peuvent
contracter. Si, outre le droit de recevoir seul la
dette, l'un des associés ou des créanciers avoit
celui de la faire tourner exclusivement à son
profit, comme c'est le cas le plus ordinaire dans
ces sortes de créances, il seroit déraisonnable de
lui disputer la faculté d'innover. Lors donc, par
exemple, qu'on a fait un legs mobilier *à la
charité ou à l'hôtel-dieu de Paris*, ce qui rend
ces deux hôpitaux créanciers solidaires du legs,
rien ne pourroit empêcher que l'un des deux ne
consentît à recevoir de l'héritier un des effets que
les gens de main-morte peuvent légitimement
acquérir, & qu'il n'anéantît par cet arrangement
l'action que l'autre hôpital auroit pu avoir contre
cet héritier.

Il en est de même de la plupart des associés,
qui peuvent contracter également au nom de
toute la société, & l'engager par leur signature.

Mais si, par le contrat de société, l'un des
associés est seulement autorisé à recevoir ce qui
est dû à la société, tandis que les autres ont
eu le pouvoir de recevoir & d'engager la société tout à la fois, la Novation ne pourroit

valoir qu'autant qu'elle feroit faite par ces derniers, parce que, fuivant le principe qu'on a pofé ci-deffus, c'eft la faculté de contracter qui peut autorifer à faire Novation. La faculté de recevoir ne fuffit pas pour cela. Les paffages de Pothier, Ferriere, Cujas & Perez, qu'on vient de citer, montrent que nos jurifconfultes modernes & ceux de Rome même, dont on a recueilli les décifions pour former les pandectes, ont fenti confufément cette infuffifance.

SECTION CINQUIÈME.

De la manière dont fe fait la Novation, & des cas où elle a lieu.

On a déjà dit, dans les fections précédentes, tout ce qu'il importoit de favoir fur les Novations néceffaires qui fe font en jugement ; il ne s'agit donc ici que de la Novation contractuelle. Au moyen de ce que les loix romaines fur les ftipulations ne s'obfervent en rien parmi nous, on doit tenir que la Novation peut fe faire par quelque acte & de quelque manière que ce foit, pourvu que les parties contractantes aient conftaté la preuve de leur volonté dans la forme que nos loix ont prefcrites pour les différens contrats : mais la conftitution de Juftinien fur la néceffité d'une expreffion fpéciale pour faire Novation, s'obferve-t-elle au moins aujourd'hui ?

Il femble que ce foit l'avis de Domat, au liv. 4, tit. 3, fect. 1 des loix civiles, où il dit avec Juftinien, que les changemens faits par les contractans dans une première obligation ne font pas de Novation, parce qu'ils n'eteignent pas

Z ij

la première dette, *à moins qu'il ne fût dit ex:*
preffément qu'elle demeureroit nulle.

Bretonnier, en fes additions fur Henrys,
tom. 2, liv. 4, queft. 44, affure que la difpofition du dernier droit eft fuivie dans tous les
pays de droit écrit. » A l'égard, dit-il, de ceux
» du reffort du parlement de Paris, j'ai écrit
» dans un procès de Lyon, où cela a été ainfi
» jugé par un arrêt rendu en la grand'chambre de
» grands commiffaires, au rapport de M. le
» Meufnier, le 23 avril 1698. . . . Au parlement
» de Touloufe, l'on fuit auffi la difpofition
» du dernier droit, fuivant le témoignage de
» Defpeiffes, tit. 1, p. 731, col. 2, n°. 2 : il ne
» cite point à la vérité d'arrêt; mais M. Cate-
» lan, tom. 2, liv. 5, chap. 48, en cite un du
» mois de juin 1666, rendu à fon rapport, qui
» l'a ainfi jugé..... La même jurifprudence eft
» fuivie au parlement de Guyenne & de Pro-
» vence, fuivant le témoignage de la Peyreire,
» lettre N, n°. 48, & l'auteur des queftions
» notables des maximes du parlement de Provence,
» page 485.

» A l'égard des pays de coutume, continue
» Bretonnier, l'ufage à Paris eft de faire réferve
» des anciennes hypothèques, & les praticiens
» prétendent que fans cette réferve il y au-
» roit Novation. Mais je crois que c'eft une
» erreur. En effet, Mornac fur la loi *folutum*
» 11. *ff. de pign. act.* cite un arrêt du 21 avril
» 1598 ; rendu à l'audience de la grand'chambre,
» par lequel il a été jugé qu'il faut fuivre la
» difpofition de la loi dernière, au code *de No-*
» *vationibus* ; & fur la loi dernière *de pactis*,
» il dit qu'il n'y a perfonne au palais qui ne

» ſoit de ce ſentiment, *ut nemo hodie in foro*
» *verſatus, contrarium ſentiat.* M. Charles Du-
» moulin, *de uſuris,* queſt. 15, ſoutient que
» l'hypothèque d'une obligation convertie en un
» contrat de conſtitution de rente, remonte au
» jour de l'obligation, quoique dans le contrat
» de rente il n'y eût aucune réſerve d'hypothèque.
» M. Louet, & ſon commentateur, lettre N,
» chap. 7, rapportent des arrêts qui l'ont ainſi
» jugé. M. Charles Loyſeau, dans ſon traité du
» déguerpiſſement, liv. 6, chap. 7, n°. 8, dit
» que cette clauſe, *ſans innover ni préjudicier*
» *à l'hypothèque,* eſt ſuperflue, *quia Novatio*
» *non perimit hypothecam.* Cependant le plus
» ſûr eſt de prendre la précaution de réſerver
» les anciennes hypothèques «.

La coutume de Hainaut dit formellement,
chap. 114, art. 2, qu'une dette ou action ne
ſera tenue pour innovée, ſi les parties ne l'ont
ainſi expreſſément déclaré.

M. Stockmans, profeſſeur à Louvain, & célèbre magiſtrat du Brabant, eſt d'un avis contraire dans ſa déciſion 147, où il a traité la
queſtion *ex profeſſo.*

Après avoir ſévérement repris la légéreté de
Juſtinien à changer les loix, il ſoutient que ſa
conſtitution a été rejetée dans l'uſage, comme
peu conforme aux mœurs des hommes. » Quoi
» donc, dit-il, n'y aura-t-il pas Novation, ſi je
» ſtipule vingt écus au lieu de dix, ou ſi vous
» vous engagez à me rendre à titre de prêt,
» ce que vous me deviez à titre de dépôt ?

» Je ſais, ajoute-t-il, que des auteurs ont cru
» que cette loi n'excluoit pas les conjectures &
» les préſomptions preſſantes, & qu'il faut en-

» tendre la néceffité de l'expreffion qu'exige Juf-
» tinien , d'une expreffion qui réfulte des chofes
» mêmes ou des faits. Mais fi c'eft-là tout ce que
» Juftinien a prétendu , à quoi bon faire une
» loi nouvelle pour cela , quand l'ancienne ju-
» rifprudence l'enfeignoit ainfi ? Ce n'eft donc
» là qu'un faux-fuyant imaginé par les partifans
» du nouveau droit , qui n'ont pu fe diffimuler
» qu'il ne s'obfervoit pas en ce point. Carondas,
» au liv. 7 de fes réponfes , chap. 47 ; & Au-
» tomne, dans fa conférence fur cette loi , affu-
» rent qu'elle eft abrogée en France , & nous
» jugeons journellement fuivant le droit ancien.
» En voici un exemple. Un fonds avoit été vendu
» une première fois 10000 liv. Deux ans après,
» on fit un nouvel acte de vente pour 8000 liv.
» à caufe de différentes difficultés qui s'étoient
» élevées lors de la tradition du fonds , & du
» défaut de continence dans la quantité du ter-
» rein. Nous ne balançâmes pas à croire qu'on
» s'étoit départi du premier contrat , & qu'il
» n'étoit dû au vendeur que 8000 liv. parce qu'on
» avoit fait la remife du furplus , attendu le dé-
» faut de mefure, bien que les parties n'euffent
» point exprimé qu'elles faifoient Novation «.

On voit que cet auteur n'a faifi ni l'objet
de la conteftation, ni celui de la queftion. Il
ne s'agit point de favoir s'il y a eu une dérogation quelconque au premier contrat dans les
exemples qu'il cite , la loi de Juftinien le déclare elle même ; mais la difficulté eft de décider
fi la Novation eft parfaite , en forte qu'on ne
puiffe plus argumenter du premier contrat , ni
pour l'hypothèque , ni pour rien de ce qui y
étoit contenu , lors même que le fecond ne

contient pas de dérogation expreſſe à cet égard, ſuivant la pratique de l'ancien droit, qui n'admettoit pas de changement dans les obligations ſubſiſtantes.

Il paroît de même que la plupart des auteurs cités par Bretonnier, & les arrêts qu'il allègue, ont ſeulement voulu que la Novation de l'hypothèque ne ſe préſumât pas facilement, mais non pas qu'il fallût, pour opérer la Novation, que cette expreſſion & la remiſe de la première obligation ſe trouvaſſent nommément dans la ſeconde.

Il ſuffit parmi-nous que, *de quelque manière que ce ſoit, la volonté de faire Novation paroiſſe ſi évidente, qu'elle ne puiſſe être révoquée en doute.* C'eſt le ſentiment de Baſnage, traité des hypothèques, part. 1, chap. 17; de d'Argentré ſur l'art. 447 de l'ancienne coutume de Bretagne; Deghewiet dans ſes inſtitutions du droit belgique, part. 2, tit. 6, §. 3, art. 4, où il cite pluſieurs autres auteurs, & de M. Pothier, n°. 559 de ſon traité des obligations.

Voici l'exemple qu'en donne ce dernier auteur: En qualité de créancier de Pierre, j'ai fait obliger Jacques, ſon débiteur, à me payer ma créance, & j'ai déclaré dans l'acte qui contient cette obligation, que *je veux bien m'en contenter pour faire plaiſir à Pierre*. On doit décider dans cette eſpèce, qu'il y a Novation, parce que les termes dont je me ſuis ſervi déclarent ſuffiſamment que j'ai voulu décharger Pierre, quoique l'acte ne faſſe pas une mention expreſſe de la Novation.

Mais ſi, dans la même eſpèce, ayant fait une ſaiſie - arrêt ſur Jacques, je l'ai fait obliger envers moi, ſans ajouter dans l'acte rien qui annonçât mon intention de décharger Pierre; je ne serai point censé avoir fait de Novation, & Jacques sera simplement censé avoir accédé à l'obligation de Pierre, qui demeure toujours mon obligé, quoique je n'aie réservé ni la première obligation, ni l'hypothèque primitive. C'est ce qui a été jugé par l'arrêt du parlement de Toulouse du mois de juin 1666, cité par Bretonnier, d'après M. de Catelan.

De même si le créancier & le débiteur font entre eux quelques changemens à une première obligation, soit en y ajoutant une hypothèque, une caution ou autre sûreté, ou en les ôtant, soit en augmentant ou diminuant la dette, ou en donnant un terme plus long ou plus court, ou en la rendant conditionnelle si elle étoit pure & simple, ou pure & simple si elle étoit conditionnelle, tous ces changemens ne font que déroger à l'ancienne obligation pour ce qui est exprimé, sans faire une Novation parfaite, qui s'étende aux objets dont le dernier acte ne fait pas mention. Tel est l'avis de Despeisses, partie 4, tit. 15, n°. 2, qui condamne le sentiment contraire de Carondas & d'Automne, allégué ci-dessus par Stockmans.

Tous les arrêts connus sur cette matière, confirment les maximes qu'on vient d'établir. Celui du 23 avril 1698, cité par Berroyer, a seulement jugé de son aveu, qu'un fils *n'avoit point innové les hypothèques qu'il avoit sur les biens de son père pour la répétition de la dot de sa mère, quoique dans les actes qu'il avoit passés avec son père il n'eût fait aucune réserve de ses anciennes hypothèques.*

Au contraire, un arrêt du parlement de Grenoble du 19 juin 1545, rapporté par Baffet, tom. 1, liv. 4, tit. 14, chap. 2, a jugé qu'une tranfaction où il n'y avoit point de réferves d'hypothèques, emportoit Novation, fans doute parce que les droits antérieurs des parties n'étant pas reconnus, elles ne pouvoient argumenter que du dernier titre.

Baffet ne donne à la vérité ni l'efpèce ni les motifs de cet arrêt; mais au tom. 2, liv. 6, tit. 4, chap. 2, il en rapporte un autre du 6 mars 1671, qui a jugé qu'une tranfaction n'innovoit point, quoiqu'il n'y eût pas de réferve d'hypothèques, parce que l'acte portoit que le créancier ne s'étoit départi de fes prétentions, que *moyennant* ce qui lui étoit affuré par la tranfaction. » Les mouvemens de l'arrêt, dit Baffet, » furent, que ces termes *& moyennant ce,* em» portent condition, ou la caufe de l'acte fans la» quelle condition on n'auroit contracté, de forte » que le ftipulant ne s'étant départi que moyen» nant ce qu'on lui promettoit, n'a été jugé » avoir abandonné fes anciennes hypothèques, » ains fe les avoir réfervées; *conditio enim illa* » *habet effectivum retrò activum.* La Novation de» vant être faite expreffément, on ne la doit » préfumer autrement par aucuns termes qui » peuvent fouffrir de contraires interprétations «.

Boniface, tom. 2, liv. 4, tit. 14, chap. 2, rapporte un arrêt conforme du parlement de Provence du 14 février 1667.

Mais, fuivant du Rouffeaud de Lacombe & Denifart, au mot *Novation,* un arrêt du 5 avril 1737 a » jugé qu'un marchand ayant pris » une obligation fans réferve, d'un autre marchand » à qui il avoit vendu des marchandifes, il y a

» Novation , & que les juges - confuls font in-
» compétens d'en connoître , quoique le défen-
» deur eût procédé volontairement devant eux
» Pareil arrêt 9 mars 1756 «. ꝛ ꝛ

En eſt-il de même lorſque, par une convention
faite entre le créancier & le débiteur d'une
ſomme d'argent , le débiteur a conſtitué une rente
à ſon créancier pour la ſomme qu'il lui devoit?
Y a-t-il néceſſairement Novation en ce cas ? M.
Pothier, qui a diſcuté cette queſtion avec beaucoup de ſoin dans ſon traité des obligations,
part. 3 , chap. 2, art. 4, §. 4, adopte l'affirmative.

Voici les raiſons ſur leſquelles il ſe fonde.
» Il eſt , dit-il , de l'eſſence d'un contrat de
» conſtitution de rente , qui eſt un contrat réel,
» que celui qui conſtitue la rente reçoive le prix
» de la conſtitution ...... & il ne peut être
» cenſé le recevoir que par la quittance qu'on
» lui en donne en payement de la rente qu'il
» conſtitue ......

» On ne peut pas dire que le principal de la
» rente qui eſt conſtituée, eſt l'ancienne créance
» qui continue de ſubſiſter ſous une nouvelle
» modification de principal de rente, au lieu de
» créance exigible qu'elle étoit ; car , outre qu'elle
» a été éteinte par la conſtitution de rente,
» comme nous venons de le faire voir , c'eſt que
» la créance d'une rente eſt proprement la créance
» des arrérages qui courront à perpétuité juſqu'au
» rachat, plutôt que du principal , qui , ne pou-
» vant pas être exigé, n'eſt pas proprement dû,
» & eſt *in facultate luitionis , magis quàm in*
» *obligatione.*

» Ces raiſons , continue Pothier , paroiſſent
» concluantes ..... quand même il ſeroit porté

» expreſſément par l'acte, que les parties n'ont
» pas entendu faire aucune Novation, car une
» Novation ne peut empêcher l'effet réceſſa re &
» eſſentiel d'un acte; c'eſt pourquoi cette clauſe
» me paroît ne pouvoir avoir d'autre effet que
» d'empêcher l'extinction des hypothèques de
» l'ancienne dette, & de les transférer à la
» nouvelle, comme cela ſe peut, ſuivant la loi
» 12, §. 5, ff. *qui potior in pignore* «.

Brodeau, ſur Louet, eſt néanmoins d'un aviſ
contraire : » Et ſuivant ce, dit-il, jugé par arrêt...
» du 4 janvier 1609, qu'une rente de cinquante
» liv. ayant été conſtituée par contrat du 11 avril
» 1595, pour demeurer quitte de la ſomme
» de ſix cents livres, contenue en une obligation
» du 19 avril 1554, le créancier avoit hypo-
» thèque ſur les biens du débiteur, non ſeule-
» ment pour le principal, mais auſſi pour les
» arrérages, du jour de l'obligation «.

On cite encore quatre autres arrêts ſemblables ;
le premier du 10 mai 1633, rapporté par Bardet;
le ſecond du 4 janvier 1697, cité par M. de
Perchambault, ſur la très-ancienne coutume de
Bretagne, tit. 11, §. 13, & les deux autres des
23 avril 1683 & 6 ſeptembre 1712, rapportés, l'un au tome ſecond du journal du palais,
& l'autre au tome 6 du journal des audiences :
tous ces arrêts ont condamné des débiteurs ſolidaires à payer la ſomme portée par le contrat
originaire, ou à paſſer contrat de conſtitution,
comme l'avoit fait l'un de leurs codébiteurs,
ſans s'arrêter à la Novation qu'on prétendoit
faire réſulter de ce contrat de conſtitution. Mais
Pothier prétend que dans celui du 23 avril 1683
les moyens reſpectifs des parties, qui ſont rap-

portés au journal, ne touchent pas au point de décision de la cause. » La raison décisive, dit-il, » pour laquelle Sablon (codébiteur solidaire) a » été condamné par cet arrêt à payer ou à » passer contrat de constitution, me paroît être, » que Ligondez (l'autre débiteur solidaire) ayant » passé contrat, tant en son nom, que se faisant » fort de Sablon, & par conséquent le créancier » n'ayant consenti à la conversion de sa créance » de six milles livres en un contrat de consti- » tution, que sous la condition que le contrat » seroit passé par ses deux débiteurs ; la conver- » sion de la créance en un contrat de constitution, » la Novation & l'extinction de cette créance » qui devoit en résulter, dépendoient de cette » condition ; c'est pourquoi le refus de Sablon » de passer le contrat, faisant manquer la con- » dition, il n'y avoit point de Novation, la » créance subsistoit, & Sablon a été bien con- » damné par l'arrêt à payer «.

M. Pothier convient qu'il ignore les motifs de décider du dernier arrêt, dans l'espèce duquel il n'y avoit pas le même engagement de la part du débiteur qui avoit constitué la rente. Mais comme le créancier avoit inséré dans l'acte de constitution, que c'étoit *sans préjudice à la solidité*, Pothier pense » qu'on pourroit dire, pour » sauver les principes, que l'arrêt a seulement » jugé que, par la clause de réserve de solidité, » le créancier étoit censé avoir apposé à la con- » version de sa créance en un contrat de cons- » titution de rente, cette condition, que tous les » débiteurs solidaires de cette dette accéderoient » au contrat de constitution «.

On pourroit invoquer pour cette interprétation

l'arrêt du dernier avril 1602 , rapporté par M. Louet , duquel on rendra compte dans la section suivante.

Cependant l'opinion contraire est la plus universellement reçue. On peut en donner pour raison, que le contrat de constitution contient une créance alternative ou des arrérages de la rente , ou du sort principal , puisque la faculté d'amortir y est essentiellement inhérente , & que, lors du décret des biens hypothéqués à la rente, le créancier peut exiger le capital ; d'où il suit, que la Novation est subordonnée au payement des arrérages , & que, dans le fait, cette Novation n'a lieu à l'égard des coobligés , qu'autant qu'ils le veulent bien , puisqu'ils peuvent s'acquitter comme auparavant par le payement de la dette originaire.

Il n'en est pas ainsi des cautions ou fidéjusseurs , à l'égard desquels une pareille conversion feroit nécessairement Novation , & donneroit lieu à leur décharge , comme on le verra dans la section suivante.

SECTION SIXIÈME.

Des effets de la Novation.

Il faut encore distinguer ici la Novation parfaite , de la Novation imparfaite. La Novation parfaite éteint tous les accessoires de l'ancienne dette, tant à l'égard du débiteur & de ses coobligés , qu'à l'égard du créancier. Elle ne laisse donc plus subsister, ni le terme , ni les hypothèques , ni les contraintes , ni les intérêts , à moins que la seconde obligation ne fasse une

réserve expreffe de quelq.ies-uns de ces accef-
foires ; & alors la Novation n'eft à 'cet égard
qu'une Novation imparfaite. Quant aux conditions, voyez ce qui en a été dit à la fin de la
troifième fection.

Au furplus, comme la Novation parfaite
n'eft admife entre les parties contractantes, qu'autant qu'on ne peut pas interpréter différemment
les termes du dernier contrat, la réferve des hypothèques fe préfume facilement entre elles. On
en trouve un exemple remarquable dans l'arrêt
du dernier avril 1602, rapporté par M. Louet,
lettre N, fommaire 7, dans les termes fuivans:
» En l'an 1583, de la Grange contracte par
» échange. En 1592, il fe paffe un autre con-
» trat entre les contractans, par lequel ils pren-
» nent d'autres rentes, *& moyennant ce le con-*
» *trat demeure nul & de nul effet & valeur.*
« La Grange, en 1598, eft évincé de ce qui
» lui avoit été baillé par le contrat de 1592 ;
» il a fon recours fur les biens du débiteur.
» Savoir s'il aura hypothèque de l'année 1583 de
» fon premier contrat, ou feulement de celui
» de 1592.

» La raifon de douter, ajoute M. Louet, étoit,
» que *difceffum erat à primo contractu* ; il y avoit
» Novation affez expreffe par ces mots, *le contrat*
» *demeure nul,* que la minute du contrat avoit
» été déchargée fans aucune ftipulation de l'an-
» cienne hypothèque, qui étoit par ce moyen
» éteinte par la réfolution volontaire du premier
» contrat, fuivant la loi *aliam de Novat.*

» Jugé, au contraire, que telle réfolution de
» contrat étoit conditionnée, pourvu que le der-
» nier contrat pût réuffir ; que ce mot, *moyen-*

» *nant* le montroit affez ..... qu'en effet *eadem*
» *caufa debendi remanet* ; qu'il ne falloit pas tant
» confidèrer ces mots *de nul effet & valeur* , que
» le mot précédent , *& moyennant ce* , &c. qui
» montre la caufe de la réfolution «.

La Novation imparfaite n'a au contraire
d'autre effet que d'opérer les changemens qui
font expreffément mentionnés dans la dernière
obligation , ou du moins ceux à l'égard defquels la
volonté des parties contractantes ne peut être dou-
teufe. Tout le furplus eft cenfé fubfifter dans
fon premier état , parce qu'on ne doit pas préfumer fans caufe que perfonne renonce à fes
droits.

Mais cela n'a lieu qu'entre ceux qui font parties au contrat qui contient la Novation. Car
lorfqu'un débiteur innove , même imparfaitement ,
la Novation eft parfaite à l'égard de fes codébiteurs , & fur-tout de fes cautions , qui font
libérées de plein droit , pour peu que les changemens faits par la dernière obligation leur faffent
préjudice.

Ainfi , quoique les arrêts cités à la fin de la
fection précédente aient jugé que les codébiteurs
folidaires n'étoient point déchargés par la conver-
fion d'une créance mobilière en une rente
conftituée faite avec l'un des coobligés , parce
que ce changement ne leur préjudicioit en rien ,
on obferve le contraire en faveur des cautions , fans
doute parce que le bénéfice de difcuffion dont
elles jouiffent , eft inconciliable avec le contrat de
conftitution fait entre le créancier & le débiteur principal. Cela a été ainfi jugé au parlement de Normandie par arrêts des 29 mars 1661
& 1 juillet 1677 , & au parlement de Bour-

gogne par arrêts des 28 novembre 1623 & 17 mai 1624, fuivant Bafnage, traité des hypothèques, partie 2, chapitre 6, & Taifand, tit. 4, art. 3, note 9.

Du Roufleaud de Lacombe, au mot *Caution*, eft à la vérité d'un avis contraire. Il cite Mornac & les arrêts des 10 mai 1633 & 13 avril 1683. Mais on a vu dans la fection précédente, que ces arrêts avoient été rendus, non contre des cautions, mais contre des débiteurs folidaires, & même dans des efpèces où le créancier avoit fait des réferves. C'eft avec aufli peu de fondement que cet auteur cite Bafnage pour cette opinion, en l'accufant de contradiction en ce point.

Dans le cas au contraire où le créancier d'une rente conftituée en a fimplement confenti la réduction, pour empêcher le rachat de la rente, la caution ne peut pas prétendre que cette réduction forme une Novation qui opère fa décharge; & le créancier peut toujours agir contre elle à défaut de payement de la part du débiteur principal ; c'eft la décifion de l'article 132 du célèbre réglement du parlement de Normandie, fait en 1666, & connu fous le nom d'*art des placites*. On l'a ainfi jugé depuis à l'audience de la grand'chambre du parlement de Rouen, le 19 mai 1672. L'arrêt rapporté par Bafnage à la fin de la premiere partie de fon traité des hypothèques, déclara l'exécution faite contre la caution, bonne & valable, *fauf le recours contre le principal obligé* ; c'eft aufli l'avis de l'additionnaire de Lange, liv. 2, chap. 4.

Cependant Denifart, qui foutient aufli avec Mornac que la conftitution de rente faite par le principal obligé , n'opère pas la libération de sa caution , dit immédiatemet après , que » la » cour a jugé par arrêt rendu le 6 mai 1687 , » sur les conclusions de M. l'avocat général de » Lamoignon , que le créancier qui consent la » réduction d'une rente , pour éviter le rem- » boursement , donne lieu à la Novation à l'é- » gard du garant «.

L'on a douté si le nouveau terme accordé volon- tairement au débiteur principal par le créancier, dé- charge la caution. Vinnius , dans ses *questiones se- lectica , lib. 2. sect.* 42 ; Basnage , traité des hypo- théques , part. 2 , ch. 7 ; & Pothier dans son traité des obligations , n°. 406 , tiennent la négative. » La » simple prorogation de terme accordée par le créan- » cier au débiteur , dit ce dernier jurisconsulte , ne » faisant pas paroître la dette acquittée, n'ôte pas à la » caution le moyen de pourvoir à son indemnité » & d'agir contre le débiteur principal , si on » s'apperçoit que sa fortune commence à se dé- » ranger , *si bona dilapidare cœperit*. L. 10 , cod. » *mandati*. Elle ne peut donc pas prétendre que » cette prorogation de terme accordée au débiteur » lui fasse tort , puisqu'au contraire elle - même » en profite «.

L'article 191 de la coutume de Bretagne dit en effet : » Quand le créancier fait nouveau contrat » avec son detteur , le pledge non appelé , ledit » pledge ne sera plus obligé ; mais si ledit créan- » cier prolongeoit seulement le terme au detteur , » le pledge ne seroit pour ce déchargé & quitte » de la plevine , sinon que , pendant ladite pro- » longation , le detteur fût demeuré insolvable «.

Deux arrêts , l'un de l'année 1587 , rapporté par Catondas dans ses réponses , liv. 12 , ch. 215 ;

l'autre, de l'année 1558, recueilli par Papon;
liv. 10, tit. 4, n°. 33, l'ont ainsi jugé.

Bouvot, tom. 2, *verbo* Detteur, quest. 8, cite
au contraire un arrêt du parlement de Bourgogne,
du 2 août 1596, qui a jugé que le nouveau terme
accordé par le créancier au débiteur principal,
opéroit une Novation au profit du fidéjusseur.

On a proposé une distinction. Si l'obligation
est pure & simple, & ne contient aucun terme
pour le payement, le délai donné par le créancier ne décharge point les cautions ; mais si
l'obligation contient un terme, le créancier qui
le proroge sans le consentement des cautions, les
décharge malgré lui de leur cautionnement.

Telle est la décision d'Argou, liv. 4, chap. 1,
qui cite Ranchin sur Guypape, quest. 117, &
Heringius, *de fideicommissis, cap.* 20, §. 3. C'est
aussi l'opinion adoptée dans l'instruction sur les
conventions ; liv. 3, tit. 15, §. 8, où l'on cite
d'autres autorités. On peut dire néanmoins dans
les deux cas, que le créancier est contrevenu volontairement à ses obligations envers la caution,
en s'ôtant la faculté de contraindre, au temps où
il l'auroit pu, le débiteur principal. On pourroit aussi se déterminer sur les circonstances
particulières du fait, & décider, par exemple,
qu'il n'y a point de Novation quand le créancier,
en donnant un terme, n'a fait qu'un acte de prudence & de bonne administration, qui tendoit à
lui procurer, après l'expiration du terme, un payement
ment que le débiteur n'auroit pu faire lors de la
prorogation du terme. Mais il faut avouer que
ce système, si équitable en apparence, a l'inconvénient de prêter beaucoup à l'arbitraire.

Les remises faites au débiteur en faillite par le
créancier, profitent-elles aussi à la caution ? D'Héri-

court penſe que l'affirmative ne peut ſouffrir de difficulté en aucun cas. » Cette remiſe, dit-il, emportant
» l'extinction de la dette, la caution eſt déchargée
» par rapport à cette partie, & l'hypothèque ne
» ſubſiſte plus que par rapport à la partie de la
» dette dont le créancier s'eſt réſervé de ſe
» faire payer ; ce qui doit avoir lieu même dans
» le cas de contrats d'attermoiement : car quoique
» la remiſe qui ſe fait en ce cas au débiteur, ne
» ſoit point toujours abſolument volontaire, &
» que le créancier ſoit toujours obligé de ſuivre
» la loi du plus grand nombre des créanciers,
» elle opère l'extinction d'une partie de la dette,
» décharge par ce moyen la caution & ſes biens
» d'une partie de la dette, juſqu'à concurrence de
» la remiſe «. Goujet en rapporte un arrêt prononcé en robes rouges le 14 avril 1609.

Cette opinion n'eſt pas néanmoins reçue généralement. Les arrêtés de M. de Lamoignon,
titre *de l'extinction des hypothèques*, article 13,
y ſont contraires. L'auteur eſtimable de l'*inſtruction
ſur les conventions*, qui eſt d'ailleurs du même
avis que d'Héricourt contre les créanciers même
qui refuſent d'accéder au contrat de remiſe, convient que dans ce dernier cas il y a des arrêts
récens contraires aux anciens.

On ne peut s'empêcher de dire que cette dernière juriſprudence eſt la plus conforme aux règles.
L'objet du cautionnement eſt de prévenir les
riſques qu'on court avec le débiteur principal ; &
cet objet ſeroit trop ſouvent éludé par les contrats
de remiſe & d'attermoiement, ſi l'effet s'en
étendoit aux cautions lors même que le créancier
n'a point accédé au contrat de remiſe. On a beau
dire dans l'inſtruction ſur les conventions, qu'il

résulteroit de là un circuit d'actions & de recours ; que les cautions étant obligées de payer, reviendroient contre le débiteur , & que, n'ayant point fait de remises , elles pourroient le poursuivre ; la créance qui résulte du droit de garantie de la part des cautions, a dû être comprise avec toutes les autres dans le contrat d'attermoiement. Il est plus naturel de faire supporter les pertes qui résultent de l'insolvabilité du débiteur à ceux qui ont garanti sa solvabilité à un tiers , qu'à celui qui n'a voulu contracter que sur la foi de cette garantie. Un arrêt du parlement de Grenoble du 21 mai 1680 , rapporté au journal du palais, l'a ainsi jugé.

Voyez les titres du digeste & du code sur les Novations ; les loix civiles de Domat , & le traité des obligations , avec les autres autorités citées dans cet article. Voyez aussi les articles CAU-TION, CONTRAT, CONVENTION, HYPOTHÈQUE, PACTE, SOLIDITÉ, STIPULATION.

(*Article de M. GARRAN DE COULON, avocat au parlement.*)

NOUE ou NOUHE. Ce mot a deux sens très-différens. Dans plusieurs titres du Poitou, il se prend pour un noyer : ailleurs il signifie la même chose que NOE. Voyez ce mot.

(*Article de M. GARRAN DE COULON, avocat au parlement*).

NOVELLES. Constitutions de quelques empereurs romains, qui ont été ainsi appelées, parce qu'elles étoient postérieures aux loix qu'ils avoient publiées.

Elles ont été faites pour suppléer ce qui n'avoit pas été prévu par les loix précédentes , & quelquefois pour réformer l'ancien droit en tout ou en partie.

Quoique les Novelles de Juftinien foient les plus connues , & que quand on parle de Novelles fimplement, on entend celles de cet empereur, il n'eft pourtant pas le premier qui ait donné le nom de Novelles à fes conftitutions ; il y en a quelques-unes de Théodofe & Valentinien, de Martien , de Léon & Majotien , de Sévère & d'Anthemius , qui ont auffi été appelées Novelles. Mais les Novelles des empereurs qui ont précédé Juftinien , n'eurent plus l'autorité de loi , après la rédaction & compofition du droit par l'ordre de cet empereur , d'autant que, dans le titre *de confirm. digeft.* , il ordonna que toutes les loix & ordonnances qui ne fe trouveroient pas comprifes dans les volumes du droit publiés de fon autorité , n'auroient aucune force; il défendit aux avocats & à tous autres de les citer , & aux juges d'y avoir égard.

Cependant ces Novelles ne font pas entiérement inutiles ; car le code Juftinien ayant été compofé principalement des conftitutions du code Théodofien & des Novelles de quelques empereurs qui avoient précédé Juftinien , on voit par la lecture du code Théodofien, de ces Novelles, & du code Juftinien, ce que Tribonien, qui a fait la compilation de ce denier code, a pris de ces Novelles, ce qu'il en a retranché, & comme il en a divifé & tronqué plufieurs ; ce qui fert beaucoup pour l'intelligence de certaines loix du code.

Les Novelles de Juftinien compofent la qua-

A a iij

trième & dernière partie du droit civil ; elles font adreffées ou à quelques officiers , ou à des archevêques & évêques , ou aux citoyens de Conftantinople : elles avoient toutes la même force , d'autant que , dans celles qui font adreffées à des particuliers , il leur eft accordé de les faire publier & de les faire obferver felon leur forme & teneur.

On n'eft pas bien d'accord fur le nombre des Novelles de Juftinien ; quelques - uns , comme Irnerus , n'en comprent que quatre-vingt-dix-huit; cependant on en trouve cent vingt-huit dans l'abrégé qu'en fit Julien. Haloander & Serimger en ont publié cent foixante-cinq , & Denis Godefroi y en a encore ajouté trois , ce qui feroit cent foixante-huit. Le moine Matthieu prétend que Juftinien en a fait cent foixante dix ; mais il eft certain que dans ce nombre il y en a plufieurs qui ne font pas de Juftinien , telles que les Novelles cent quarante, cent quarante-quatre, cent quarante-huit & cent quarante-neuf , qui font de l'empereur Juftin , & cent foixante-un , cent foixante-trois & cent foixante-quatre, qui font de l'empereur Tibère II.

L'incertitude qu'il y a fur le nombre des Novelles de Juftinien , peut venir de ce que l'on a confondu plufieurs Novelles enfemble , ou bien de ce que plufieurs de ces conftitutions ayant rapport à des chofes qui n'étoient plus d'ufage en Europe , on négligea de les enfeigner dans les écoles. Les gloffateurs n'expliquèrent auffi que celles qui étoient d'ufage , au moyen de quoi les autres furent omifes dans plufieurs éditions.

Après le décès de Juftinien , qui arriva , felon l'opinion commune , l'an du monde 566 , de fon âge 82, & de fon empire 39, une partie de fes Novelles, qui étoient difperfées de côté & d'autre, fut recueillie & rédigée en un même volume en langue grecque, & quelque temps après elles furent traduites en langue latine.

Jacques Godefroy penfe que cette première verfion fut mife au jour vers l'an 570, par l'ordre de Juftin II.

Peu de temps après, le patrice Julien, furnommé *l'antéceffeur*, parce qu'il étoit profeffeur de droit à Conftantinople, fit, de fon autorité privée, un épitôme des Novelles, qu'on appela *les Novelles de Julien*. Ce n'eft pas une traduction littérale, mais une paraphrafe qui eft fort eftimée. L'auteur en a retranché les prologues & les épilogues des Novelles. Elle eft divifée en deux livres; le premier contient jufqu'à la Novelle foixante-troifième; le fecond, les autres Novelles.

La feconde traduction des Novelles eft celle d'Haloander, imprimée pour la première fois à Nuremberg, l'an 1531, & depuis réimprimée en plufieurs autres lieux.

Il y en a une troifième & dernière d'Agylée, faite fur la copie grecque de Serimger, imprimée à Bâle par Hervagius, l'an 1561, *in-4°*. Celle-ci eft fort eftimée.

Cependant Contius s'eft fervi de l'ancienne, & c'eft celle qui eft imprimée dans les corps de droit civil, avec les glofes ou fans glofes.

Cette première verfion a été appelée le *volume des authentiques*, pour dire que c'étoit la feule verfion fidelle & entière.

Les ravages des guerres & les incurfions des Goths dans l'Italie & dans la Grèce, avoient caufé la perte du droit de Juftinien & du premier livre grec des Novelles, & de la première traduction. Ces livres furent, comme on le sait, retrouvés dans Melphis, ville de la Pouille ; & Irnerus, par l'autorité de Lothaire II, vers 1130, remit au jour le code & la première version latine des Novelles de Justinien.

Cette édition des Novelles par Irnerus, a été appelée *germanique* ou *vulgate* ; c'est celle dont on se sert présentement pour la citation des Novelles. Cependant elle se trouva défectueuse ; plusieurs Novelles y manquoient, soit qu'Irnerus ne les eût pas retrouvées, soit qu'il les eût retranchées, comme étant hors d'usage.

Berguntio, ou quelque autre interprète, vers l'an 1140, divisa ce volume des Novelles en neuf collations, & changea l'ordre observé dans la première version, & ce volume fut appelé *authentique, authenticum,* ou *volumen authenticorum,* & a été depuis reçu dans toutes les universités.

Quelques-uns veulent que le nom d'*authentique* lui ait été donné parce que les loix qu'il contient ont plus d'autorité que les autres, qu'elles confirment, interprètent ou abrogent ; d'autres disent que c'est par rapport aux authentiques d'Irnerus, qui, n'étant que des extraits des Novelles, n'en ont pas l'autorité ; d'autres enfin veulent que ce soit par rapport à l'épitôme de Julien, qui ne fut fait que de son autorité privée.

Il ne faut pas confondre ce volume appelé *authentique,* avec les *authentiques* appelés *authenticæ,* qui sont des extraits des Novelles qu'Irnerus inséra dans le code aux endroits où ces Novelles ont rapport.

On ne voit pas pourquoi les Novelles ont été

divifées en neuf collations ; ce terme fignifie *amas & rapport.* Mais dans une même collation, il y a des Novelles qui n'ont aucun rapport les unes avec les autres ; elles y font rangées fans ordre.

La première collation contient fix Novelles, dont la première eft intitulée : *De hæredibus & lege falcidiâ, fi hæres folvere legata noluerit ;* & dont la dernière a pour titre : *Quomodò opporteat epifcopos & reliquos clericos ad ordinationem adduci.* Les matières les plus intéreffantes dont il foit parlé dans cette première collation, par rapport au droit civil, font premiérement celles qui ont rapport aux legs, à la falcidie, à l'obligation où l'héritier eft de faire faire un inventaire, & au temps fixé pour acquitter les legs. On y règle enfuite le fort des donations à caufe de noces, dans le cas où la femme ayant furvécu à fon mari, dont il lui refte des enfans, paffe à un fecond mariage. Après cela, il eft parlé des cautions & de ceux qui répondent pour autrui, de la néceffité de difcuter le principal obligé, avant que d'attaquer la caution, & des payemens. Les cinquième & fixième Novelles traitent des religieux, des monaftères & autres matières eccléfiaftiques.

La feconde collation eft compofée de fept Novelles, dont la première eft celle *de non altenandis aut permutandis rebus ecclefiafticis immobilibus,* & celle *de prætoribus populi.* La première Novelle de cette collation défend d'aliéner, & même d'hypothéquer fpécialement les biens fonds qui appartiennent à l'églife. La Novelle fuivante remédie à l'abus qui avoit regné jufqu'alors de faire payer aux magiftrats un droit appelé *fuffragium,* lorfqu'on les revêtoit de leurs dignités & qu'on leur confioit l'adminiftration d'une province, ou un département particulier. On y traite après cela de la prescription centenaire accordée en faveur de l'église romaine. On y fait ensuite mention des rapporteurs ou maîtres des requêtes du palais. On trouve après cela la Novelle qui fut faite contre les mariages incestueux & illicites. Cette collation finit par parler des préteurs du peuple.

La troisième collation renferme huit Novelles, commençant par celle de *lenonibus*, & finissant par celle de *Armeniis*. La première Novelle sévit contre les ministres de la débauche. La seconde, qui n'a aucun rapport avec la précédente, parle des défenseurs des villes. La troisième traite des clercs de l'église de Constantinople. La quatrième, qui (suivant son intitulé) ne paroît parler que des mandats des empereurs, contient cependant plusieurs autres matières dans les différens chapitres dont elle est composée. La cinquième est destinée à régler les portions héréditaires des enfans, aussi bien que la légitime. La sixième a pareillement rapport aux successions. La septième traite de ceux qui exerçoient des fonctions, & qui participoient à l'instruction des appels qui se jugeoient par forme de consultations au tribunal du prince. La huitième parle des Arméniens.

La quatrième collation comprend vingt-quatre Novelles, dont la première est celle *de nuptiis*, & la dernière traite *de Judæis & Samaritanis*. La première parle des mariages, de la remise faite de la peine des secondes noces par testament, des divorces, des secondes noces, des gains nuptiaux, de la portion des mères dans la succession de leurs enfans, & de plusieurs autres matières qui ont rapport au mariage.

Les Novelles qui suivent, jusqu'à la onzième de

cette collation, traitent des appellations & des fonctions des magistrats de diverses provinces de l'empire. Les trois Novelles qui viennent ensuite, parlent de l'argent que l'on prête aux laboureurs, & de l'intérêt qu'on peut en tirer légitimement. On trouve après cela quatre Novelles qui parlent de plusieurs genres de magistrats ; & dans ces quatre Novelles il y en a une qui fait mention des églises établies en Afrique. Le surplus des Novelles de cette collation (si on en excepte la dix-huitième, qui parle des restitutions & de la femme qui accouche dans le onzième mois après la mort de son mari); traite de matières purement ecclésiastiques, & de celles qui ont rapport à la police civile, tant de la ville de Constantinople que des autres villes de l'Empire.

La cinquième collation est composée de vingt-six Novelles, dont la première est celle *de ecclesiasticarum rerum immobilium alienatione & solutione*; & la dernière est celle *ut ab illustribus & qui super eam dignitatem sunt, omnimodo super pecuniariis causis, sed & injuriarum criminaliter per procuratorem dicantur : clarissimis autem in pecuniariis licere eis, & per procuratorem, & per se litigare.*

Les Novelles de cette collation parlent d'abord de l'aliénation des biens ecclésiastiques, & de l'obligation de mettre le nom de l'empereur à la tête de tous les actes, aussi bien que d'écrire les dates en langue latine, quoique le corps des actes fût composé en langue grecque; ensuite les Novelles 3, 4, 5 & 6 de cette collation, ont pour objet les sermens qui sont faits par différentes sortes de personnes, soit en ju-

gement, foit hors jugement, pendant la vie &
au moment qui précède la mort; auffi bien que
les appels interjetés par les habitans de différentes
provinces.

Dans les Novelles qui fuivent, il eft parlé
des donations faites aux empereurs & par les
empereurs; des procédures, des cautionnemens;
de la femme pauvre qui n'a pas été dotée,
des échanges faits entre deux églifes, de la défenfe de célébrer les faints myftères dans des
maifons particulières, des frais funéraires, de la
défenfe de conftruire des maifons qui ôtent l'af-
pect de la mer à ceux qui étoient en poffeffion
d'en jouir, des jardiniers de la ville de Conftantinople, de la permiffion d'aliéner certains biens
eccléfiaftiques, ou qui ont une deftination pieufe,
aux conditions & diftinctions portées en la Novelle faite à ce fujet. Enfuite la Novelle foixante-
fix (qui eft la vingt-unième de la cinquième
collation) parle de l'obfervation de plufieurs
conftitutions faites au fujet des difpofitions teftamentaires, & entre autres de celles par lefquelles il a été ordonné que le teftateur écritor
de fa propre main le nom de l'héritier.

Le furplus des Novelles contenues dans cette
cinquième collation, traite de ceux qui veulent
faire conftruire des églifes ou des oratoires,
des avantages ftipulés en faveur des mères dans
le cas de décès de leurs enfans; de la juridiction
des préfidens des provinces; des priviléges attachés à la dignité de préfet, tant du prétoire
que de la ville; & du privilége en vertu duquel les perfonnes qui rempliffoient les premières dignités pourfuivoient par procureurs les
conteftations qui les concernoient.

La sixième collation contient dix sept Novelles ; la première parlant de ceux *qui tutores*
vel curatores pupillo , vel adolescenti , vel aliis
personis dari possunt ; & la dernière traitant
de deposito , & denunciationibus inquilinorum ;
de suspendendâ administratione panum. La première Novelle de cette collation examine d'a-
bord quels sont ceux qui peuvent être tuteurs,
& quels sont ceux qui en sont exclus : elle
décide, entre autres choses, que celui qui est
débiteur ou créancier du mineur, ne peut être
tuteur, qu'autant qu'il y a un curateur adjoint
avec lui. La Novelle ne veut cependant pas que,
pour s'exempter de la tutelle, on puisse alléguer
indifféremment le prétexte de quelque créance
ou de quelque dette , à moins que l'une ou
l'autre ne soit bien prouvée : elle défend aussi
aux curateurs de se faire céder aucun droit à
exercer contre leurs mineurs. La novelle suivante
parle des actes sous signature privée , & de ceux
qui sont passés devant les officiers publics : elle
traite aussi de la comparaison d'écritures & des
actes passés par les gens de la campagne sans
le secours de l'écriture. La troisième Novelle de
cette collation parle de la légitimation , soit
par le mariage subséquent, soit par le testament , soit par l'adoption : elle explique aussi
quels sont ceux auxquels elle permet ou elle défend de contracter mariage sans faire rédiger
par écrit les conventions matrimoniales. Les deux
Novelles suivantes concernent , l'une les appels
qu'on interjetoit des jugemens rendus par le
préteur de Sicile ; l'autre les personnes qui em-
brassent l'état monastique. Ensuite est la Novelle
77 , qui est la sixième de cette collation , par

laquelle l'empereur Juſtinien ſévit contre les blaſphémateurs & contre ceux qui ſe rendent coupables du crime de ſodomie. Les Novelles ſuivantes traitent du droit des anneaux d'or, accordé aux affranchis, des devoirs des affranchis envers leurs patrons, des juges des religieux, du queſteur, de l'émancipation, des juges pédanées, des juges des clercs, des frères conſanguins & utérins, de ceux auxquels il eſt permis ou défendu de fabriquer & de vendre des armes, de la juridiction des évêques en matières civiles dans certaines circonſtances, & des donations faites, tant par les décurions que par ceux qui participoient aux emplois des curies. Cette collation finit par traiter de l'obligation impoſée au dépoſitaire de rendre le dépôt après l'accompliſſement de la condition qui y étoit attachée, & de ceux qui empêchoient qu'on ne payât les loyers & qu'on ne fournît des vivres à ceux dont ils ſe prétendoient créanciers.

La ſeptième collation comprend onze nouvelles, commençant par celle, *quibus modis naturales efficiuntur ſui, & de eorum ex teſtamento ſive ab inteſtato ſucceſſione; &* finiſſant par celle *de reis promittendi.* Cette collation commence par expliquer les quatre manières par leſquelles les enfans naturels peuvent devenir légitimes, & tout ce qui a rapport à l'état des mêmes enfans. La Novelle ſuivante parle des témoins. Celle qui vient après traite de la préférence accordée pour la répétition de la dot de la première femme, avant que la répétition de la dot de la ſeconde femme puiſſe avoir lieu. La quatrième Novelle parle des donations trop fortes, faites par les pères au profit de quelques-uns de

leurs enfans, & au préjudice des autres enfans.
Il y a enfuite une Novelle qui traite des appellations ; cette Novelle eft fuivie d'une autre
qui parle de la tutelle déférée aux mères. La
feptième Novelle de cette collation fixe les devoirs & les fonctious des magiftrats des provinces, & la Novelle fuivante traite de ceux
qui forment refpectivement des demandes l'un
contre l'autre. Enfuite viennent les Novelles
97 & 98 (ce font les neuf & dix premières
de la feptième collation), qui règlent tout ce
qui a rapport à la dot, aux donations à caufe
de noces, & tout ce qui peut tendre à conferver
aux enfans la propriété de ces donations, auffi
bien que de la dot. La dernière Novelle de cette
collation décide que deux perfonnes qui font
obligées envers une autre, & qui fe font même
refpectivement cautionnées, ne peuvent pas être
attaquées folidairement, mais feulement chacune pour leur portion, fi la folidité n'a pas été
expreffément ftipulée.

La huitième collation eft compofée de dix-huit
novelles, dont la première eft celle *de tempore
non foluta pecuniæ fuper dote* ; & la dernière
eft celle *ut liceat matri & aviæ, & aliis parentibus, poft legitimam partem liberis derelictam,
quomodo voluerint refiduam facultatem fuam dif-
ponere*, &c. La première Novelle de cette collation traite de l'action & du temps pour demander la dot promife qui n'a pas été payée.
La Novelle fuivante parle des donations faites
par les décurions, ou (comme d'autres traduifent
mieux le mot *curiales*) par ceux qui participent
aux emplois des curies. Les quatre Novelles qui
viennent enfuite, expliquent ce qui concernoit

le gouverneur de l'Arabie, le proconful de la
Palestine, le prêteur de la Sicile, & les consuls.
La feptième Novelle de cette collation traite
des intérêts de l'argent placé fur mer. La huitième parle des teftamens, ou dernières volontés
des pères au fujet du partage de leurs biens entre
leurs enfans. La neuvième traite des hérédités
fidéicommiffaires. La dixième exclut les femmes
hérétiques de participer aux priviléges accordés
par d'autres Novelles aux femmes en général,
au fujet de la répétition de la dot. La Novelle
fuivante abolit la difpofition de la Novelle 106
(qui étoit la feptième de cette collation) au
fujet des intérêts de l'argent placé fur mer. La
douzième abolit la prefcription centenaire accordée aux églifes par une conftitution précédente. La treizième parle des biens litigieux &
des procédures qui y ont rapport. La quatorzième
veut que quand un procès eft commencé, on
le décide conformément aux loix qui avoient eu
lieu jufqu'alors, quand même il feroit furvenu
des réglemens nouveaux pendant le cours du
procès. Et par une des Novelles fuivantes, l'empereur veut qu'en pareil cas les appels foient
jugés fuivant les loix qui avoient lieu lorfque
la fentence dont eft appel a été rendue. La dernière Novelle de cette collation permet à la
mère & autres afcendans qui auront laiffé la légitime à leurs enfans, de difpofer du furplus
de leurs biens ainfi qu'ils jugeront à propos.
La même Novelle traite auffi du divorce & de
tout ce qui peut y avoir rapport.

La neuvième & dernière collation renferme
cinquante une Novelles, commençant par celle
de hæredibus ab inteftato venientibus, & de ag-
natorum

natorum jure sublato, & finissant par celle *de hominibus qui eidem domino subjecta prædia possident*. La première Novelle de cette collation explique ce qui concerne les successions *ab intestat*, à l'égard des ascendans & descendans, tant en ligne directe qu'en collatérale. La seconde Novelle embrasse plusieurs matières, qui ont principalement rapport aux donations à cause de noces, aussi bien qu'aux successions testamentaires & *ab intestat*. La troisième parle de l'aliénation, du louage, de l'hypothèque, & de l'échange des biens ecclésiastiques. La quatrième traite des intérêts. Parmi les Novelles suivantes, une des principales est la cent vingt-septième (c'est la dixième de cette collation), qui règle les successions collatérales & la représentation. Il y a aussi la Novelle 134, qui, quoique son intitulé n'annonce que des décisions au sujet des juges qui prennent des lieutenans, contient aussi plusieurs dispositions concernant les matières criminelles. La Novelle cent trente-cinquième (qui est la dix-huitième de cette collation) traite des cessions de biens. Ensuite, dans plusieurs des Novelles qui suivent, il est parlé des alliances illicites, du crime de sodomie, des eunuques, de l'exposition des enfans, & de plusieurs autres matières, tant ecclésiastiques que criminelles & civiles. La Novelle cent cinquante-neuvième (qui est la quarante-deuxième de cette collation) règle les degrés des substitutions. Parmi les neuf dernières Novelles, il y en a trois qui ne sont pas de l'empereur Justinien; & dans les six autres, qui sont de cet empereur, plusieurs paroissent être tronquées, & quelques-unes ne contiennent rien qui foit bien important.

Divers auteurs ont travaillé fur les Novelles de Juftinien ; Cujas en a fait des paratitles qui font fort eftimés ; Gudelinus a fait un traité *de jure noviffimo* ; Rittershufius les a auffi traitées par matières. Ceux qui ont travaillé fur le code ont expliqué par occafion les authentiques. M. Claude de Ferrière a fait la jurifprudence des Novelles en deux volume *in-4°*. en 1688.

Quelques empereurs, après le décès de Juftinien, firent auffi des conftitutions qu'ils appelèrent Novelles ; favoir, Juftin II, Tibère II, Léon fils de l'empereur Bafile , Héraclius, Alexandre, Conftantin Porphyrogenère, Michel, & autres.

Les Novelles de ces empereurs furent imprimées pour la première fois en 1573 , & depuis elles furent jointes par Leunclavius à l'épitôme des foixante livres de bafiliques , à Bâle en 1575 : on les a imprimées depuis à Paris en 1606, & à Amfterdam en 1617.

Les 113 Novelles de l'empereur Léon ont été imprimées avec le cours civil par Godefroy; ces Novelles n'ont point force de loi.

NOVICE. Ce mot fe dit d'un homme ou d'une femme qui a pris nouvellement l'habit de religion dans un couvent, pour s'y éprouver pendant un certain temps, dans le deffein d'y faire profeffion.

Le concile de Trente exige abfolument un an entier de probation , continuée fans interruption ; ce qui ne doit point s'entendre néanmoins d'une continuité phyfique ; la continuité morale suffit. Les loix du royaume font conformes à cette disposition.

Si, pendant l'année de probation, on ne fait point observer la règle de l'ordre au Novice, sa profession est nulle.

Le parlement l'a ainsi jugé par arrêt du 31 juillet 1736, en faveur du sieur Clospurre de Bourgneuf.

Par un autre arrêt du 13 août 1759, la même cour a confirmé une fentence de l'officialité d'Orléans, qui avoit jugé en faveur d'un religieux auguftin, que la prifon qu'on lui avoit fait fubir dans le couvent pendant quinze jours, en le privant de fes habits religieux, du bréviaire & de l'affiftance aux offices, avoit fuffifamment interrompu l'année de probation, pour qu'il pût valablement réclamer contre fes vœux. Ce fut en vain qu'on oppofa que cette prifon n'avoit été qu'une retraite par laquelle on s'étoit propofé d'éprouver la vocation du Novice.

Il n'eft pas libre au Novice de s'exempter du temps d'épreuve; & une renonciation à l'année du noviciat ne valideroit point fa profeffion, quoique cette renonciation eût été faite en pleine connoiffance. En effet, l'objet du légiflateur, dans l'établiffement du noviciat, n'eft pas feulement de procurer un avantage réciproque au Novice & au couvent, mais encore de prévenir les inconvéniens d'une profeffion précipitée.

Toutes fortes de perfonnes ne doivent point être admifes indifféremment au noviciat. Les ordres religieux ont fur cela leurs règles: mais, indépendamment de ces empêchemens particuliers, il y en a de généraux. Les perfonnes mariées, par exemple, ne peuvent être admifes au noviciat, ainfi que ceux que l'on y amène par contrainte, les perfonnes en démence, les imbécilles, les comptables envers le roi, & dont les comptes ne font point apurés, &c.

Les Novices ne font reputés morts civilement, qu'au moment de l'émiffion de leurs vœux. C'eft pourquoi, avant ce temps, ils font habiles à fuccéder, & les bénéfices qu'ils poffèdent ne peuvent être impétrés fur eux. pendant l'année de probation, fans leur confentement. L'année du noviciat eft néanmoins confidérée comme le lit de mort civile d'un Novice, qui meurt au monde par fa profeffion. Les arrêts, en conféquence, ont jugé que les donations entre vifs qu'ils font alors, doivent être regardées comme des donations à caufe de mort, & en avoit la forme.

L'article 21 de l'ordonnance du mois d'août 1735, porte, que *lorfque ceux ou celles qui auront fait des teftamens, codicilles, ou autres difpofitions olographes, voudront faire des vœux folennels de religion, ils feront tenus de reconnoître lefdits actes pardevant notaires, avant que de faire lefdits vœux; finon lefdits teftamens, codicilles ou autres difpofitions demeureront nuls & de nul effet.*

Telle étoit déjà, avant l'ordonnance des teftamens, la jurifprudence du parlement de Paris, comme le prouve un arrêt du 6 février 1673, rapporté au journal du palais, qui a jugé que le teftament d'une religieufe, qui n'avoit point paru avant fa profeffion, devoit être confidéré comme nul.

Les loix défendent aux Novices de difpofer

de leurs biens au profit des maifons dans lefquelles ils font profeffion. Il ne leur eft pas
même permis d'en difpofer en faveur des monaftères d'un autre ordre, directement ou indirectement. Mais ils peuvent fe réferver une penfion viagère, pourvu qu'elle foit modique. Le
parlement de Paris l'a ainfi jugé par arrêt du 27
janvier 1769, en faveur d'un religieux minime.

A l'égard de l'examen des Novices, le droit
& la pratique ordinaire des différens ordres religieux défèrent cet examen aux fupérieurs ou
à ceux qui ont commiffion de leur part.

Chez les religieufes, les poftulantes, même
celles qui font leur noviciat dans des monaftères
exempts, font affujetties par les conciles à l'examen de l'ordinaire ou de fon vicaire; la déclaration du 10 février 1742 a confirmé cette
difpofition. Il eft dit par cette déclaration, que
les filles ou veuves ne pourront être admifes à
la profeffion & à l'émiffion des vœux folennels,
même dans les monaftères exempts, fans avoir
été auparavant examinées par les évêques diocé-
fains ou par des perfonnes commifes de leur
part, fur leur vocation. Le défaut d'examen par
l'évêque ne rendroit cependant point nulle la
profeffion de la Novice.

Novice fe dit auffi, en termes de marine,
d'un jeune homme qui eft engagé pour fervir
une campagne fur un vaiffeau.

Un réglement du 23 janvier 1727 avoit ordonné qu'il y auroit un Novice fur chaque bâtiment de vingt-cinq tonneaux & au deffus;
mais l'utilité de cet établiffement pour former
de nouveaux matelots, a fait étendre par la fuite

Bb iij

l'obligation d'embarquer des Novices. Il a été rendu à ce sujet, le 23 juillet 1745, une ordonnance qui contient les dispositions suivantes (*).

(*) *Cette loi ne concernant que les Novices des bâtimens marchands, le roi a rendu le 9 janvier 1781, relativement aux Novices-volontaires-matelots des vaisseaux de sa majesté, une autre ordonnance qui porte ce qui suit :*

ART. I. Ceux des sujets de sa majesté, depuis l'âge de 18 ans jusqu'à 25, qui auront fréquenté les rivières, & ceux même qui n'auront pas encore navigué, & qui se présenteroient pour être reçus Novices-volontaires-matelots, donneront leur soumission ou engagement pour faire le service en ladite qualité pendant trois années, & seront envoyés dans les ports de dépôt qui seront désignés pour leur instruction, en attendant leur embarquement sur les vaisseaux de sa majesté.

2. Lesdits Novices recevront à leur arrivée dans chaque dépôt, 12 liv. de gratification, & seront mis sur les bâtimens destinés pour leur instruction, où ils seront nourris comme les matelots qui sont employés dans les ports, & il leur sera accordé en outre 12 liv. par mois à titre de solde.

3. Il sera payé aux Novices qui seront commandés pour être embarqués sur les vaisseaux & autres bâtimens de sa majesté, un mois d'avance pour les voyages de cabotage, & deux mois pour ceux de long cours ; & ils recevront une conduite pour se rendre du lieu du dépôt dans le port où s'armeront lesdits vaisseaux, laquelle sera réglée sur le pied de 4 sous par lieue.

4. Lorsque lesdits Novices seront embarqués sur les vaisseaux ou autres bâtimens de sa majesté, ils jouiront de 12 liv. de solde par mois ; ils seront nourris à la ration ordinaire de matelots, & auront part, comme ceux qui sont classés, aux prises qui seront faites par les bâtimens sur lesquels ils seront embarqués.

5. Ceux desdits Novices qui, après s'être engagés de bonne volonté, viendroient à déserter avant d'être rendus aux ports de leur destination, seront arrêtés par la maréchaussée & reconduits au dépôt, où ils seront mis en prison, & perdront la gratification de 12 liv. qui leur est accordée par l'article 2.

» Article premier. Il fera employé fur tous les
» bâtimens qui feront armés à l'avenir dans les

---

6. Les Novices qui ayant été admis dans les dépôts, viendroient à quitter fans congé, feront mis en prifon, privés de la gratification de 12 livres, & en outre condamnés à être frappés de cordes, en courant deux fois la bouline ; & en cas de récidive, ils fubiront la peine de la cale, & feront enfuite chaffés dudit dépôt. Lefdites peines leur feront infligées par les officiers-commandans dans les ports du dépôt, lefquels feront tenus d'en informer le fecrétaire d'état ayant le département de la marine.

7. Les Novices qui après avoir été embarqués fur les vaiffeaux & autres bâtimens de fa majefté, viendroient à en déferter, feront traités comme déferteurs, & en conféquence jugés par un confeil de guerre, à l'effet d'y être condamnés aux galères pour l'efpace de trois ans.

8. Les Novices-volontaires-matelots feront à bord des vaiffeaux & autres bâtimens de fa majefté, le même fervice que les matelots des claffes, & feront foumis à la même police & difcipline ; & ceux defdits Novices qui commettroient des crimes ou délits, foit dans les ports de dépôt, foit à bord des bâtimens pendant les campagnes, feront jugés & punis conformément à ce qui eft prefcrit pour le fervice de la marine par les ordonnances de fa majefté concernant les délits & les peines.

9. Il fera libre à tous Novices de quitter la navigation, lorfque les trois années de leur engagement feront expirées ; mais ceux d'entre eux qui, après lefdites trois années, voudront continuer à naviguer, pourront, tant que la préfente guerre durera, être employés fur les vaiffeaux, en leur qualité de Novices-volontaires-matelots, fans être tenus de fe faire claffer, entendant fa majefté que jufqu'à la paix lefdits Novices ne puiffent être infcrits fur les regiftres des officiers-mariniers & matelots de fervice, & qu'alors ils ne foient claffés qu'autant qu'ils voudront continuer le métier de la mer.

10. Lefdits Novices jouiront, pendant qu'ils feront employés au fervice de fa majefté, de tous les priviléges accordés aux gens de mer, & feront admis comme eux à

» différens ports du royaume, un nombre de
» Novices proportionné à la force des équipages
» defdits bâtimens.

» 2. Le nombre defdits Novices fera réglé
» fur le pied du cinquiéme de la totalité des
» équipages ; en forte qu'il y ait un Novice pour
» quatre autres perfonnes embarquées, fous quel-
» que dénomination qu'elles foient comprifes
» dans les rôles. Défend fa majefté aux com-
» miffaires de la marine & aux officiers chargés
» du détail des claffes, d'expédier aucun defdits
» rôles, s'il n'y eft employé le nombre des No-
» vices prefcrit par le préfent article.

» 3. Les Novices ne pourront avoir moins de
» feize ans, ni plus de vingt cinq ans, & ils ne
» feront point reçus, s'ils ne font reconnus
» d'une complexion robufte & propre à devenir
» bons matelots.

» 4. Seront reputés Novices tous les jeunes
» gens qui n'auront point encore navigué, ceux
» qui n'auront fervi que dans les bateaux navi-
» guant fur les rivières & à la pêche du poiffon
» frais, & les jeunes gens au deffous de l'âge
» de dix-huit ans, qui auront déjà navigué, lef-
» quels feront reconnus trop foibles pour pou
» voir être employés en qualité de matelots
» & néanmoins trop forts pour ne fervir que fur
» le pied de mouffes.

» 5. Les enfans des gens de mer feront em-

la demi-folde, dans le cas où les bleffures qu'ils auroien
reçues fur fes vaiffeaux ne leur permettroient plus d
gagner leur vie ; & il fera accordé des récompenfes au
veuves & aux enfans de ceux qui auront été tués a bor
des vaiffeaux & autres bâtimens de fa majefté.

» barqués, par preference à tous autres, en qua-
» lité de Novices, & il ne fera admis qu'au
» défaut defdits enfans, ceux dont les pères exer-
» cent d'autres profeſſions.

» 6. Il fera libre aux armateurs & aux capi-
» taines de navires, de choiſir les fujets qu'ils
» voudront employer en qualité de Novices ; &
» en cas qu'ils ne puiſſent point en trouver un
» nombre fuffiſant, il leur en fera fourni par
» les commiſſaires de la marine & autres offi-
» ciers chargés du détail des claſſes.

» 7. S'il ne s'en préſentoit pas fuffiſamment
» de gré à gré pour pouvoir en fournir à tous
» lefdits bâtimens, fa majeſté autoriſe, dans ledit
» cas, lefdits commiſſaires & autres officiers
» chargés du détail des claſſes, d'en commander
» d'autorité pour les navires où il en manquera,
» ainſi qu'il en a été uſé dans le département
» de Bordeaux, en vertu de l'ordonnance du 23
» août 1730.

» 8. Lefdits commiſſaires ne pourront ainſi
» commander d'autorité que des jeunes gens qui
» auront déjà fait quelque navigation à la mer
» & fur les rivières, ou qui auront été employés
» à la pêche du poiſſon frais ; & en cas qu'il
» ne s'en trouve pas fuffiſamment dans l'étendue
» des quartiers où ils feront établis, ils en de-
» manderont le nombre dont ils auront befoin
» aux officiers des claſſes des autres quartiers les
» plus proches, lefquels en feront pour cet effet
» la levée, foit de gré ou d'autorité.

» 9. Les particuliers engagés de gré à gré
» par des capitaines ou armateurs, pour fervir en
» qualité de Novices, qui refuferont enfuite de

» fatisfaire audit engagement, feront comman-
» dés d'autorité par les commiffaires de marine
» ou les autres officiers chargés du détail des
» claffes, lefquels pourront les faire arrêter, pour
» les obliger à s'embarquer.

» 10. La folde defdits Novices fera réglée par
» le commiffate de la marine ou autres officiers
» des claffes, à proportion de leur force & de
» leur capacité.

» 11. Les jeunes gens qui auront fervi en qua-
» lité de Novices fur les bâtimens qui auront
» navigué pendant fix mois & au delà, feront
» libres de renoncer à la navigation au retour
» du premier voyage, en faifant, à cet effet,
» leur déclaration aux officiers chargés du détail
» des claffes ; & ceux qui n'auront fait qu'un
» voyage, dont la durée n'aura pas été de fix
» mois, ne pourront renoncer à la navigation
» qu'après avoir fait un fecond voyage, pendant
» lequel il ait été bien reconnu qu'ils ne font point
» propres à la navigation.

» 12. Les Novices qui auront navigué pen-
» dant un an, ne pourront être embarqués qu'en
» qualité de matelots ; ils feront infcrits en la-
» dite qualité fur les regiftres des claffes.

» 13. Il fera tenu par chacun des officiers
» des claffes une lifte ou rôle defdits Novices,
» par ordre de numéro, contenant leur noms,
» furnoms, leur âge & leur domicile, les
» noms de leurs pères & mères, & les autres
» circonftances qui peuvent fervir à les faire re-
» connoître.

» 14. Les officiers des claffes fe feront rendre
» compte, au retour des voyages que lefdits

» Novices feront, par les capitaines des navires
» fur lefquels ils auront fervi, des difpofitions
» qu'ils leur auront reconnues à l'égard de la na-
» vigation, & de leurs bonnes ou mauvaifes
» qualités «.

NOURRICE. C'eſt une femme qui allaite un enfant qui n'eſt pas le fien.

Les qualités néceſſaires à une bonne Nourrice fe tirent ordinairement de fon âge, du temps qu'elle eſt accouchée, de la conſtitution de fon corps, particuliérement de fes mamelles, de la nature de fon lait, & enfin de fes mœurs.

L'âge le plus convenable d'une Nourrice eſt depuis vingt à vingt cinq ans, jufqu'à trente-cinq à quarante ; pour le temps dans lequel elle eſt accouchée, on doit préférer un lait nouveau de quinze ou vingt jours, à celui de trois ou de quatre mois. La bonne conſtitution de fon corps eſt une chofe des plus eſſentielles. Il faut néceſſairement qu'elle foit faine, d'une fanté ferme & d'un bon tempérament, ni trop graſſe ni trop maigre ; fes mamelles doivent être en-tières, fans cicatrices, médiocrement fermes & charnues, affez amples pour contenir une fuffi-fante quantité de lait, fans être néanmoins groſſes avec excès. Les bouts des mamelles ne doivent point être trop gros, durs, calleux, enfoncés ; il faut au contraire qu'ils foient un peu élevés, de groſſeur & fermeté médiocres, bien percés de pluſieurs trous, afin que l'en-fant n'ait point trop de peine en les fuçant & les preſſant avec fa bouche. Son lait ne doit être ni trop aqueux, ni trop épais, s'épanchant doucement à proportion qu'on incline la main, laissant la place d'où il s'écoule un peu teinte. Il doit être très-blanc de couleur, de saveur douce & sucrée, sans aucun goût étranger à celui du lait. Enfin, outre les mœurs requises dans la Nourrice, il faut qu'elle soit vigilante, sage, prudente, douce, joyeuse, gaie, sobre & modérée dans son penchant à l'amour.

· La Nourrice qui aura toutes ou la plus grande partie des conditions dont nous venons de parler, sera très-capable de donner une excellente nourriture à l'enfant qui lui sera confié. Il est sur-tout important qu'elle soit exempte de toutes les tristes maladies qui peuvent se communiquer à l'enfant. On ne voit que trop d'exemples de la communication de ces maladies de la Nourrice à l'enfant. On a vu des villages entiers infectés du virus vénérien, que quelques Nourrices malades avoient communiqué en donnant à d'autres femmes leurs enfans à allaiter.

Si les mères nourrissoient leurs enfans, il y a apparence qu'ils en seroient plus vigoureux: le lait de leur mère doit leur convenir mieux que le lait d'une autre femme.

En Turquie, après la mort d'un père de famille, on fait sept lots des biens du défunt deux de ces lots sont pour la veuve; trois pour les enfans mâles, & deux pour les filles: mais si la veuve a allaité ses enfans elle-même, elle tire encore le tiers des cinq lots. Cette dernière disposition devroit être imitée dans tous les pays.

Suivant une déclaration du roi du 29 janvier 1715, enregistrée au parlement, il doit être tenu

dans le bureau général des recommandareſſes à
Paris (*), un regiſtre paraphé du lieutenant général de police, dont chaque article doit contenir le nom, l'âge, le pays & la paroiſſe de la
Nourrice, la profeſſion de ſon mari, l'âge de
l'enfant dont elle eſt accouchée, & s'il eſt vivant
ou mort, le tout juſtifié par un certificat du
curé de la paroiſſe, qui doit d'ailleurs rendre
témoignage des mœurs & de la religion de la
Nourrice, ſi elle eſt veuve ou mariée, & ſi
elle n'a point d'autre nourriſſon.

La déclaration qu'on vient de citer, contient
d'ailleurs les diſpoſitions ſuivantes :

» Article 6. Les certificats des Nourrices ſe-
» ront mis en liaſſe & numérotés par premier
» & dernier, de mois en mois, relativement aux
» articles du regiſtre ; à l'effet de quoi ils ſeront
» pareillement viſés par le commiſſaire.

» 7. Il ſera pareillement fait mention ſur le
» regiſtre, tant du nom & de l'âge de l'enfant
» qui ſera donné à la Nourrice, que du nom, de
» la demeure & de la profeſſion de ſon père,
» ou de la perſonne de qui elle aura reçu l'en-
» fant ; & il ſera délivré une copie du tout à
» chaque Nourrice par la recommandareſſe du
» bureau où elle ſe ſera préſentée ; & ſera ladite
» copie ſignée par la recommandareſſe, & viſée
» par le commiſſaire, le tout à peine contre

____

(*) Il y avoit alors à Paris quatre bureaux de recommandareſſes ; mais ils ont été ſupprimés par une déclaration du 24 juillet 1769, qui a établi à la place un ſeul
bureau général. Nous rapportons cette déclaration à l'article
Recommandareſſe.

» les recommandareſſes qui auront contrevenu a
» préſent article , de cinquante livres d'amend
» pour chacune contravention , & d'inter liction
» pour trois mois , même de plus grande puni
» tion , s'il y échoit.

» 8. Les Nourrices feront tenues de repréſente
» ladite copie au curé de leur paroiſſe, qui leu
» donnera un certificat, lequel elles auront ſoi
» d'envoyer au lieutenant général de police, qu
» le fera remettre à chacune des recommanda
» reſſes , pour être joint au premier certificat d
» curé, dont ſera fait note ſur le regiſtre e
» marge de l'article, à quoi le commiſſaire tien
» dra la main , & les Nourrices , faute de ſatis
» faire au préſent article, feront condamnées e
» cinquante livres d'amende, dont les maris ſe
» ront reſponſables.

» 9. Défendons ſous pareilles peines aux ſa
» ges-femmes, aux aubergiſtes, & à toutes per
» ſonnes , autres que les recommandareſſes , d
» recevoir, retirer, ni loger les Nourrices &
» meneuſes, de s'entremettre pour leur procure
» des nourriſſons, ni de recevoir ſous ce prétext
» aucun ſalaire, ni récompenſe ; ſans néanmoin
» rien innover ni changer dans ce qui ſe pra
» tique à l'égard de l'hôpital des enfans-trouvé

» 10. Défendons aux meneuſes de conduir
» & d'adreſſer les Nourrices ailleurs qu'à l'un
» des quatre bureaux des recommandereſſes , ſou
» les mêmes peines.

» 11. Faiſons pareillement défenſes aux Nour
» rices d'avoir en même temps deux nourriſſons,
» à peine du fouet contre la Nourrice , & de
» cinquante livres d'amende contre le mari , &

» d'être privés du falaire qui leur fera dû pour
» les nourritures de l'un & l'autre enfant.

» 12. Seront tenues les Nourrices, fous les
» mêmes peines, d'avertir les pères & mères,
» ou autres perfonnes de qui elles auront reçu
» les enfans, des empêchemens qui ne leur per-
» mettront plus de continuer la nourriture, &
» des raifons qui les auront obligées de les re-
» mettre à d'autres, dont elles indiqueront en
» ce cas le nom, la demeure & la profeffion.
» Comme auffi feront tenues les Nourrices, en
» cas de groffeffe, d'en donner avis dans le
» deuxième mois aux pères & mères des en-
» fans, ou autres perfonnes qui les en auront
» chargées ; & pareillement, en cas de décès des
» enfans dont elles auront été chargées, elles fe-
» ront obligées d'en avertir les pères & mères
» defdits enfans, ou autres qui les en auront
» chargées, & de leur envoyer l'extrait mor-
» tuaire defdits enfans ; & fi le curé exige d'elles
» fes droits pour l'expédition dudit extrait, elles
» en feront rembourfées par les pères & mères,
» ou autres de qui elles auront reçu lefdits
» enfans, en vertu de l'ordonnance qui fera ren-
» due par le lieutenant général de police, en cas
» qu'ils refufent de le faire volontairement.

» 13. Défendons aux Nourrices, à peine de
» cinquante livres d'amende, de ramener ou de
» renvoyer leurs nourriffons, fous quelque pré-
» texte que ce foit, même pour défaut de
» payement, fans en avoir donné avis par écrit
» aux pères & mères, ou autres perfonnes qui
» les en auront chargées, & fans en avoir reçu
» un ordre exprès de leur part ; & en cas que lef-
» dits pères & mères, ou autres perfonnes né-

» gligent de répondre à l'avis qui leur aura été
» donné, les Nourrices en informeront, ou par
» elles-mêmes ou par l'entremise du curé de
» leur paroisse, le lieutenant général de police,
» qui y pourvoira sur le champ, soit en faisant
» payer les mois échus qui se trouveront dus,
» soit en permettant aux Nourrices de ramener
» ou de renvoyer l'enfant, pour être remis en-
» tre les mains de qui il sera ordonné par ledit
» lieutenant général de police.

» 14. Les pères & mères seront condamnés par
» le lieutenant général de police au payement
» des nourritures des enfans qui auront été mis
» en nourrice par l'entremise des recommanda-
» resses, lesquelles condamnations seront pro-
» noncées sur le simple procès-verbal du com-
» missaire qui aura visé le registre où lesdits
» enfans seront inscrits, & après que les pères
» & mères, ou autres personnes qui auront char-
» gé les Nourrices desdits enfans, auront été
» assignés verbalement, comme en fait de po-
» lice, sans aucune autre procédure ni forma-
» lité ; & seront les condamnations qui intervien-
» dront exécutées par toutes voies dues & rai-
» sonnables, même par corps, s'il est ainsi
» ordonné par ledit lieutenant général de police;
» ce qu'il pourra faire en tout autre cas que
» celui d'une impuissance effective & connue.

» 15. Sera notre présente déclaration enre-
» gistrée au bureau desdites recommandaresses
» & transcrit à la tête d'un chacun de leurs re-
» gistres, affichée dans leur bureau, & publié
» dans toutes les juridictions royales ou seigneu-
» riales du ressort de notre cour de parlement
» de Paris «.

L

La déclaration dont on vient de rapporter les
principales difpofitions, a été confirmée par une
autre déclaration du premier mars 1727 (*).
L'article 2 de cette dernière loi a d'ailleurs ordonné que les Nourrices feroient tenues de rapporter ou renvoyer les enfans dans la quinzaine
du jour qu'ils leur auroient été demandés par
leurs parens, ou par les perfonnes qui les en
auroient chargées, quand même ces Nourrices
auroient pris ces enfans par changement d'autres
Nourrices ou autrement ; & qu'en cas de mort
des mêmes enfans elles en rapporteroient ou ren-
verroient les hardes avec les certificats de mort,
à leurs parens, le tout à peine de cinquante
livres d'amende contre les Nourrices & leurs
maris, même de plus grande peine, le cas
échéant.

Il eft défendu aux Nourrices de venir prendre des enfans à Paris, pour les remettre à
d'autres Nourrices lorfqu'elles feront arrivées
dans leurs pays, ou d'en venir prendre fous de
faux certificats, à peine de punition corporelle.
C'eft une difpofition de l'article 8, qui défend
en outre, fous les mêmes peines, aux Nourrices
qui fe trouvent groffes, de prendre des enfans
pour les nourrir & allaiter.

L'article 10 défend, fous peine de punition
exemplaire, aux Nourrices d'abandonner ou expofer les enfans dont elles fe font chargées ; &

(*) L'exécution de ces deux déclarations a encore été
ordonnée par une autre du 24 juillet 1769, que nous
rapportons à l'article *Recommandareffe*, & qui a fait quelques
légers changemens aux précédentes.

s'il arrive que ces enfans viennent à périr par leur faute, elles doivent être punies suivant la rigueur des ordonnances.

Par lettres-patentes du mois de mai 1780, enregistrées au parlement le 22 août de la même année, le roi a ordonné l'établissement d'un bureau de Nourrices à Lyon (*). Il seroit à desirer

---

. (*) *Ces lettres-patentes contiennent les dispositions suivantes :*

ARTICLE I. Il sera établi dans la ville de Lyon un bureau général de location de Nourrices & d'assurance de leurs salaires : il se tiendra dans une maison capable de contenir avec ordre & propreté toutes les femmes de la campagne qui viendront y lever des nourrissons ; ce bureau sera dirigé sous l'inspection, les ordres & la juridiction des prévôt des marchands & échevins de ladite ville, ou de l'officier par eux préposé à l'exercice de la place de lieutenant de police. L'administration en sera confiée à un directeur, que lesdits prévôt des marchands & échevins auront le droit de nommer, & même de destituer, & dont ils fixeront les honoraires, les pouvoirs, les obligations, & tout ce qui ne sera pas réglé par ces présentes.

2. Toutes les Nourrices seront logées gratuitement, & il y aura à cet effet une quantité suffisante de lits & de berceaux, pour coucher lesdites Nourrices & leurs nourrissons.

3. Les meneurs ou meneuses que les prévôt des marchands & échevins ou le lieutenant de police commettront sur la présentation du directeur ou de la personne chargée en chef de l'administration du bureau, pour amener les Nourrices au bureau & les remener chez elles, seront chargés de recevoir les deniers de leurs mois de nourriture, & de leur en faire le payement dans la quinzaine de leur retour chez eux ; ils seront porteurs de registres contenant quatre colonnes ; dans la première, ils inscriront ou feront inscrire les mois qu'ils toucheront pour les Nourrices ; dans la seconde, ils feront note des ordres des pères & mères, dans la troisième, ils feront mention des sommes qu'ils payeront aux Nourrices, lesquels payemens ils ne pourront faire

qu'il y eût dans toutes les grandes villes un semblable établissement.

---

qu'en présence des curé, vicaire ou desservant ; & dans la
quatrième, ils feront note de l'état des enfans & des demandes des Nourrices.

4. Pour mettre les meneurs à portée de subvenir aux frais
que leur état entraînera, ils jouiront du sou pour livre de
toutes les sommes dont ils seront chargés pour les Nourrices : ce droit leur sera payé par les pères & mères, de la
même manière & en même temps que les mois d'allaitemens
& de nourritures.

5. La caisse du bureau sera garnie de fonds suffisans pour
pouvoir payer aux Nourrices tous les mois échus, quand
même le recouvrement n'en auroit pas été fait ; en conséquence, après que les meneurs ou meneuses auront fait
leur recette chez les pères & mères, ils se présenteront au
bureau pour y compter de toutes les sommes qu'ils auront
reçues, & pour qu'il leur soit fait l'avance de toutes celles
qu'ils n'auront pas recouvrées, ainsi qu'il sera dit ci-après.
Les meneurs se présenteront aussi au bureau à leur arrivée
à Lyon, pour que l'on puisse s'y assurer de l'exécution de
l'article 3 de ces présentes, auquel lesdits meneurs ou meneuses seront tenus de se conformer, sous peine de 50 liv.
d'amende, même de destitution, & d'emprisonnement en
cas de récidive.

6. Enjoignons aux pères & mères, ou autres personnes
qui mettront des enfans en nourrice ou en sevrage par l'entremise du bureau, d'en payer exactement les mois de
nourriture, soit aux meneurs ou meneuses, soit au bureau général, où la recette sera ouverte tous les jours,
excepté les après-midi des dimanches & fêtes ; autori-sons,
lorsqu'il sera dû trois mois, à faire revenir les enfans de
nourrice, pour les remettre à leurs pères & mères, ou
autres personnes qui en seront chargées, à moins qu'il
n'en soit autrement ordonné par le lieutenant de police.

7. Pour parvenir au recouvrement des sommes dues aux
Nourrices, ou à la caisse du bureau qui en auroit fait
l'avance, il sera arrêté, mois par mois, un rôle qui con-
tiendra les noms, professions & demeures des pères & mères,
les noms des nourrissons, les noms & demeures des maris

Voyez au furplus les articles MENEUR &
RECOMMANDARESSE.

---

des Nourrices, les prix & échéances des mois exigibles.
Ce rôle fera vérifié & rendu exécutoire à la réquifition du
procureur du roi au fiége de la police, par l'ordonnance
du lieutenant de police, laquelle, nonobftant appel ou oppofition, fera exécutée fans frais à la diligence du directeur
ou de la perfonne chargée en chef de l'adminiftration du
bureau, par toutes voies dues & raifonnables, & même par
corps, auquel cas la capture fe fera conformément & aux
termes de l'arrêt de notre cour de parlement du 19 juin
1737, après néanmoins qu'il aura été délivré deux avertif-
femens d'y fatisfaire, en tête du dernier defquels avertiffe-
ment fera tranfcrit par extrait ledit rôle, avec l'ordonnance
d'exécution d'icelui.

8. Le bureau fera garant envers les pères & mères & les
Nourrices, de la recette & geftion des directeurs, commis
& autres prépofés, lefquels commis & prépofés feront
nommés par le confulat ou par le lieutenant de police, fur
la préfentation du directeur ou de la perfonne chargée en
chef de l'adminiftration; ledit bureau fera pareillement
garant de la recette & geftion des meneurs & meneufes. Il
fera remis à ces derniers, outre le fou pour livre mentionné
en l'article quatrième des préfentes, toutes les fommes qui
feront dues aux Nourrices pour leurs mois d'allaitement &
nourriture, quand même elles n'auroient pas été payées par
les pères & mères. Pour mettre le bureau en état de fatisfaire à toutes les charges, il fera perçu 3 livres par chaque
nourriffon pour droit d'enregiftrement, & un fou pour
livre, lequel fera retenu fur toutes les fommes qui feront
délivrées aux Nourrices, déduction préalablement faite fur
icelles du fou pour livre attribué aux meneurs ou meneufes.

9. Autorifons le tréforier de notre ville de Lyon à fournir
jufqu'à la concurrence de 20000 livres, fuivant qu'il fera
arrêté par les prévôt des marchands & échevins, & fur leur
délibération, pour les frais d'arrangemens & d'ameublement
dudit bureau, les premières avances à faire pour les pères
& mères, les premières années d'honoraires à payer au
directeur & aux commis, leurs frais de voyages, au cas
qu'ils foient appelés de Paris ou de quelques autres villes

NOUVEL ACQUÊT. On appelle *droit de Nouvel acquêt*, la finance que le roi impofe fur les gens de main-morte, qui fe trouvent poffédér des héritages non amortis.

Ce droit eft dû au roi à caufe de fa fouveraineté : c'eft pourquoi il eft domanial & imprefcriptible, comme l'ont jugé deux arrêts rendus au confeil les 21 décembre 1723 & 15 juillet 1749, contre les états d'Artois, & contre ceux de la province de Béarn.

Suivant M. de Laurière, dans fon traité du droit d'amortiffement, le droit de Nouvel acquêt prend fa fource dans une ordonnance de Philippe le Long, du 24 février 1316, par laquelle ce prince commit Hugues Colombiers, pour fe tranfporter dans le diocèfe de Sens, y faifir les biens des églifes qui n'étoient point amortis, & en lever les fruits jufqu'à ce qu'elles euffent payé finance, ou mis ces biens hors de

---

éloignées, ceux de leur inftallation, & généralement pour tout ce que lefdits prévôt des marchands & échevins jugeront néceffaire ; defquelles avances notredite ville fera rembourfée, s'il y a lieu, fur le produit des droits qui feront perçus audit bureau, & fuivant les arrangemens que lefdits prévôt des marchands & échevins pourront faire pour l'adminiftration dudit bureau.

10. Seront au furplus nos déclarations des 29 janvier 1775, premier mars 1727, 24 juillet 1769 & 23 juin 1770, concernant les bureaux des Nourrices de nos villes de Paris & Saint-Germain en-Laye, ainfi que les réglemens rendus pour ce qui peut concerner le directeur, ou la perfonne chargée en chef de l'adminiftration dudit bureau, les Nourrices, les meneurs ou meneufes, les fages-femmes ou aubergiftes, exécutés fuivant leur forme & teneur, en tout ce qui n'eft pas dérogé par les préfentes. Si donnons en mandement, &c.

leurs mains , & par laquelle il lui ordonna de contraindre les églises de rapporter les fruits qu'elles avoient perçus depuis le commandement qui leur avoit été fait de céder ces biens, ou de les transporter à des personnes séculières, à moins qu'elles ne préféraffent de composer de ces fruits , & qu'elles n'en offriffent une finance raisonnable.

C'est de là , dit M. de Laurière , qu'il faut tirer l'origine du droit des Nouveaux acquêts, qui n'est qu'une indemnité ou un dédommagement dû au roi par les gens de main-morte, pour avoir acquis des héritages , & pour les avoir poffédés , ou en avoir joui fans les faire amortir. On diftingue, relativement au droit de Nouvel acquêt , deux efpèces de gens de mainmorte ; favoir , les communautés féculières & régulières , & les titulaires des bénéfices à l'égard des biens concernant ces bénéfices , & les communautés laïques , qui font les habitans des villes, bourgs ou villages.

Du droit de Nouvel acquêt dû par les communautés féculières & régulières , &c.

Le recouvrement des droits d'amortiffement ne fe faifoit anciennement pour le compte du roi , par régie ou par traités , que de temps à autre ; en forte que les gens de main-morte fe trouvoient fouvent poffédet des biens pendant plufieurs années , fans qu'ils fuffent amortis ; tous les biens qu'ils acquéroient , à quelque titre que ce fût , étoient réputés Nouveaux acquêts , pour les diftinguer de ceux valablement amortis qu'ils possédoient , & ils en devoient payer le droit de Nouvel acquêt, jusqu'à ce qu'ils fussent amortis ; le payement de ce droit de Nouvel acquêt servoit même à faire connoître les biens qui devoient être compris dans la première recherche des droits d'amortissement.

Le droit se payoit sur le pied d'une année de revenu pour vingt années de jouissance des biens non amortis.

Il fut ordonné par l'édit du mois de mai 1708, qu'à l'avenir les droits d'amortissement seroient payés dans l'an & jour des acquisitions; ces droits furent, en conséquence de cet édit, mis en ferme ; & par ce moyen il n'y a plus eu lieu au droit de Nouvel acquêt pour les biens dont les gens de main-morte ont eu la propriété depuis le premier mai 1708, parce qu'il dépend du fermier de faire payer le droit d'amortissement, qui est exigible à l'expiration de l'année de la possession des biens. Ainsi les communautés ecclésiastiques & autres gens de main-morte ne sont, depuis cette époque, sujets au droit de Nouvel acquêt que pour les biens dont ils ont seulement la jouissance , sans en être propriétaires.

Plusieurs arrêts, en condamnant des gens de main-morte au payement des droits d'amortissement des biens qu'ils possédoient avant 1708, les ont en même temps condamnés à payer le droit de Nouvel acquêt depuis le jour de leur possession jusqu'au premier mai 1708, parce que l'édit qui a fait cesser ce droit pour les biens dont la main-morte est propriétaire, n'a eu d'effet que pour l'avenir.

Cc iv

Suivant l'article 8 de l'arrêt de réglement du 13 avril 1751, les gens de main-morte, qui, pour sûreté de leurs créances, jouissent des biens de leur débiteur à titre d'engagement ou autrement, doivent en payer le droit de Nouvel acquêt, pendant le temps de leur jouissance, pouvu qu'elle n'excède pas dix années ; mais s'ils sont autorisés à en jouir un plus long temps, ils en doivent payer le droit d'amortissement.

Lorsque les gens de main-morte ne doivent que le droit de Nouvel acquêt, il doit être payé pour chaque année de jouissance à raison du vingtième du revenu des biens, avec les sous pour livre établis par différentes loix.

Si la jouissance est illimitée, elle est considérée comme une propriété; le droit d'amortissement est dû ; mais celui de Nouvel acquêt n'est pas exigible ; ce dernier droit cesse d'avoir lieu lorsque l'autre peut être demandé : mais si les gens de main-morte sont évincés des biens après qu'ils en ont payé le droit d'amortissement, ils peuvent user de la faculté de remplacer, qui leur est accordée par l'article 8 du réglement de 1751, que l'on vient de citer. Au reste, il faut observer que depuis l'édit du mois d'août 1749, ils ne peuvent plus avoir de jouissance illimitée d'immeuble, à quelque titre que ce soit, sans avoir préalablement obtenu des lettres-patentes.

Par arrêt rendu au conseil le 29 janvier 1776, sur le mémoire du clergé de France, le roi a déchargé du droit de Nouvel acquêt les baux qui peuvent être faits par les abbés ou prieurs en faveur de leurs religieux, soit qu'ils soient passés pour un terme au dessus de neuf années jusqu'à vingt-neuf, soit même qu'ils soient faits

pour avoir lieu pendant la vie des abbés ou
prieurs (*).

(*) *Voici cet arrêt :*

Vu par le roi, étant en son conseil, le mémoire que le
clergé de France a présenté à sa majesté lors de sa dernière assemblée, par lequel il expose : Que, nonobstant les
amortissemens généraux & particuliers qui lui ont été accordés, les abbés & religieux sont recherchés journellement
pour raison du droit de Nouvel acquét, auquel on prétend
assujettir les baux à vie qui sont faits entre eux, comme
si ces actes étoient translatifs de propriété ; il est sensible
cependant que les baux à vie, sous quelque point de vue
qu'on les envisage, ne sont que déterminatifs de la manière
de jouir ; la propriété indivisible entre le chef & les
membres reste toujours la même. C'est une maxime universellement reçue, que les partages qui se font entre les
abbés commendataires & leurs religieux, ne sont que des
partages de jouissance, des partages de revenu, & que malgré
cela la propriété demeure toujours commune & indivise ; ce
qui est si vrai, que l'abbé ne peut aliéner aucun fonds de sa
mense sans le consentement de ses religieux, ni les religieux
sans le consentement de leur abbé : que ce soit l'abbé ou la
communauté des religieux qui jouisse, que la jouissance
passe de l'un à l'autre, c'est toujours la même église, c'est
toujours l'abbaye qui est propriétaire ; ainsi, soit avant,
soit après le premier partage, on ne peut pas dire que les
religieux acquièrent de l'abbé, ou l'abbé des religieux ; ce
seroit supposer qu'une église peut se vendre à elle-même ses
propres biens, ou les acquérir de nouveau, quoiqu'en ce
cas la propriété ne soit point transférée ; de manière qu'il
ne peut pas y avoir ouverture au droit de Nouvel acquét.
Vu aussi la réponse de Laurent David, adjudicataire des
fermes générales unies, ensemble les réglemens concernant
la perception des droits d'amortissement & de Nouvel acquét. Et sa majesté voulant traiter favorablement le clergé,
& faciliter les arrangemens relatifs à la régie & administ-
tration antérieure & économique des biens dépendans des
abbayes : oui le rapport du sieur Turgot, conseiller ordinaire au conseil royal, contrôleur général des finances ; le
roi étant en son conseil, a ordonné & ordonne que les

Du droit de Nouvel acquêt dû par les communautés laïques.

Les communautés laïques qui possèdent des droits de pacage, chauffage, & tous autres droits d'usage généralement quelconques, à charge de cens, redevance ou autrement, ont été dispensées d'en payer le droit d'amortissement, parce qu'elles n'ont point de propriété de ces sortes de biens ; elles en ont seulement la possession commune & l'usage général ; mais elles sont assujetties à payer une finance annuelle proportionnée à l'objet de cette jouissance ; & c'est cette finance que l'on nomme *droit de Nouvel acquêt des usages.*

Pour parvenir à l'imposition du droit de Nouvel acquêt des usages sur les habitans des paroisses qui en profitent, il fut ordonné par arrêt du conseil du 23 janvier 1691, que, dans le délai d'un mois, les officiers municipaux & les syndics des villes & communautés fourniroient des déclarations dûment certifiées des usages qui

baux des menses abbatiales & prieuriales, qui seront faits par les abbés ou prieurs en faveur de leurs religieux, seront & demeureront affranchis du droit de Nouvel acquêt, soit qu'ils soient passés pour un terme au dessus de neuf années jusqu'à vingt-neuf, soit même qu'ils soient faits pour avoir lieu pendant la vie des abbés ou prieurs : voulant au surplus sa majesté que les bénéficiers & autres gens de main-morte ne puissent répéter les droits qui auront été payés jusqu'ici pour raison des actes de même genre. Fait au conseil d'état du roi, sa majesté y étant, tenu à Versailles le 29 janvier 1776.

Signé, DE LAMOIGNON.

appartenoient de tout temps à ces villes. &
communautés, enfemble de l'étendue & de la
qualité des terres qui y étoient fujettes; que
ces déclarations feroient remifes aux intendans,
qui marqueroient fommairement au pied de
chacune ce qu'ils eftimeroient que pouvoit valoir & rapporter de profit annuel chaque arpent ou mefure de terres fujettes à ces ufages;
que fur ces déclarations rapportées au confeil,
il feroit arrêté des états de recouvrement, dans
lefquels chacune des communautés feroit employée pour le droit de Nouvel acquêt, à raifon
de la jouiffance de ces ufages depuis 1672;
& ce nonobftant toutes lettres d'amortiffement
générales ou particulières, compofitions faites
par les provinces pour le droit d'amortiffement,
déclarations & arrêts confirmatifs, lefquels déclarations & arrêts demeureroient néanmoins en
leur force pour les autres biens poffédés par les
communautés à titre de propriété.

L'arrêt ordonna qu'en conféquence des états
de recouvrement qui feroient envoyés aux intendans, ils impoferoient fur les habitans de
chaque ville, bourg, bourgade & paroiffe, la
fomme pour laquelle chacune des communautés
feroit comprife dans ces états, & les deux fous
pour livre de cette fomme, fans qu'il fût befoin d'obtenir d'autres lettres d'affiette.

L'article 9 de la déclaration du 9 mars 1700,
rappelle les mêmes difpofitions, & ordonne de
nouveau l'impofition dans les généralités par les
intendans, & dans les pays d'états, par les
députés ordinaires des états: c'eft auffi la difpofition de l'article 8 de l'édit du mois de mai
1708.

Cet article est rappelé dans l'édit du mois de septembre 1710, qui ordonne que le droit de Nouvel acquêt sera imposé annuellement dans la forme prescrite par cet article, à raison d'un vingtième du revenu des usages, sur le pied de la liquidation qui en avoit été faite en exécution de la déclaration du 9 mars 1700.

Un arrêt du conseil du 15 novembre 1720, ordonna de nouveau l'exécution des différens réglemens que l'on vient de rappeler, & notamment par rapport à plusieurs villes & communautés dans lesquelles, par la négligence des préposés & fermiers des temps antérieurs, cette imposition n'avoit pas eu lieu.

Le conseil a, ainsi qu'il avoit été prescrit par ces différens réglemens, arrêté des états, par généralité, du montant des droits de Nouvel acquêt.

Depuis que ces états ont été arrêtés, l'imposition par généralité n'a point varié; les receveurs des tailles en font le recouvrement, & les receveurs généraux des finances en remettent le montant chaque année à la régie générale des domaines.

Voyez les loix citées dans cet article, & les mots AMORTISSEMENT, SOU POUR LIVRE, &c.

NOUVELLETE. Entreprise faite sur le possesseur d'un héritage, tendante à le déposséder.

La Nouvelleté donne lieu à l'action possessoire que l'on appelle *complainte*. Voyez ce mot.

NULLITÉ. Ce mot désigne, ou la qualité d'un acte qui est nul & comme non avenu,

ou le vice qui empêche cet acte de produire
fon effet.

Il y a plufieurs chofes à examiner fur cette
matière : 1°. Quelles font les caufes d'où procèdent les Nullités ? 2°. Par qui peuvent-elles
être alléguées ? 3°. Se couvrent-elles par le confentement des parties intéreffées ? 4°. Quels en
font les effets ? 5°. Celui qui a commis une
Nullité en eft-il garant ? 6°. Ce qui eft nul
dans le principe peut-il devenir valable par la
fuite ? 7°. Par quelle voie & dans quel temps
faut-il fe pourvoir pour faire déclarer une
Nullité ?

§. I. *Quelles font les caufes d'où procèdent les
Nullités ?*

Les Nullités ne peuvent être établies que fur
la loi ; la loi feule a le droit de les prononcer.

Les raifons pour lefquelles elle peut rendre
un acte nul., font la qualité des perfonnes qui
y interviennent, la nature de la chofe qui en
eft l'objet, la forme dans laquelle il eft paffé. Ainfi
tout acte fait, foit par une perfonne que la loi
en a déclarée incapable, foit pour une chofe qu'elle
a défendu d'en faire la matière, foit dans une
forme qu'elle a profcrite, eft un acte que l'on doit
regarder comme nul.

Mais faut-il pour cela que la claufe de Nullité fe trouve expreffément dans la difpofition
du légiflateur ? La loi 5, C. *de legibus*, décide
nettement que cette claufe n'eft pas néceffaire.
Voici comme elle eft conçue : » Nous voulons
» (ce font les empereurs Théodofe & Valen-
» tinien qui parlent), nous voulons que tout

» pacte , toute convention , tout contrat paſſé
» entre ceux à qui la loi défend de le faire,
» ſoient regardés comme non avenus .... en ſorte
» qu'il ſuffiſe au légiſlateur d'avoir défendu ce
» qu'il ne veut pas que l'on faſſe, & que tout
» le reſte s'enſuive de l'intention de la loi,
» comme s'il étoit expreſſément ordonné ; c'eſt-
» à-dire, que tout ce qui eſt fait contre la défenſe
» de la loi , ſoit non ſeulement inutile, mais
» encore conſidéré comme non fait, quoique le
» légiſlateur ſe ſoit borné à le défendre , & n'ait
» pas déclaré ſpécialement qu'il le défendoit à
» peine de Nullité. Et s'il ſe fait ou s'il arrive
» quelque choſe , ſoit en conſéquence , ſoit à
» l'occaſion de ce qui a été fait au mépris de
» la défenſe de la loi , nous voulons qu'on le
» regarde pareillement comme nul & de nul
» effet. D'après cette règle par laquelle nous
» anéantiſſons tout ce qui eſt contraire aux loix
» prohibitives , il eſt certain que l'on ne doit,
» ni admettre une ſtipulation de cette nature,
» ni donner effet à un mandat de la même eſpèce,
» ni avoir égard à un ſerment qui tendroit à
» couvrir la Nullité de l'un ou de l'autre «.

On voit clairement par ce texte, que les loix
prohibitives ſont toujours cenſées annuller , tout
ce qui ſe fait contre leurs diſpoſitions. Les
docteurs exceptent cependant de cette déciſion,
le cas où le légiſlateur a prononcé une autre
peine que celle de Nullité , parce qu'alors on
ne pourroit déclarer nul l'acte prohibé , ſans ſuppoſer que le légiſlateur a voulu infliger deux
peines à la fois; ce que la loi 41 ; D. *de pœnis*,
ne permet pas de préſumer. Ainſi , dans l'ancien
droit Romain , la loi *Furia* défendoit de léguer

plus de mille fous à une feule perfonne ; & parce qu'elle condamnoit au quadruple le légataire qui recevoit quelque chofe au delà de ce taux, on regardoit le legs comme valable en lui-même (*). La déclaration du mois de janvier 1681 fournit un autre exemple de ce que nous avançons. Elle veut » qu'aucuns collateurs » des prieurés, canonicats, cures, chapelles · & » autres bénéfices, ne puiffent dorénavant con- » férer lefdits bénéfices, ou y nommer autres » que les fujets du roi « ; & parce qu'au lieu d'annuller les collations faites au préjudice de cette défenfe, le légiflateur fe contente d'ordonner la faifie, tant du temporel des collateurs, que des bénéfices conférés aux étrangers, on juge que ces collations font valables en elles-mêmes, & en conféquence on leur donne effet en vertu des lettres de naturalité obtenues par les pourvus, même depuis qu'ils font pourfuivis par des dévolutaires. Voyez l'addition à l'article Dé-VOLUT.

· Il y a même plufieurs loix qui, en défendant certains actes, les laiffent fubfifter lorfqu'ils font faits : Ulpien les appelle pour cette raifon *imparfaites* (**), & c'eft de là qu'eft venu l'axiome, *multa prohibentur in jure fieri, quæ tamen facta tenent.* (Il y a en droit plufieurs chofes qui font défendues, & qui néanmoins fubfiftent lorfqu'elles font faites.) Telle étoit dans l'ancien droit romain la loi *cincia,* qui interdifoit à

_____

(*) Ulpian, fragment. tit. 1, parag. 2.
(**) *Imperfecta lex est, veluti Cincia, quæ suprà certum modum donari prohibet, exceptis quibufdam cognatis, & si plus donatum sit, non rescindit.* Tit. 1, parag. 1.

chaque particulier de faire des donations au delà d'une certaine quotité de ses biens , & qui cependant ne les annulloit pas. Telle est la loi 1, §. 5 , D. *quandò appellandum sit* , qui défend à tout juge de rendre une sentence sous condition , & déclare qu'elle n'est cependant pas nulle pour être portée de cette manière. Telle est la loi 1, §. 3 , D. *de appellationibus* , qui défend d'appeler à un autre juge que le supérieur immédiat de celui dont est émanée la sentence, & qui cependant attribue un effet suspensif à l'appel porté *omisso medio*, dans un tribunal plus relevé. Telle étoit aussi cette ancienne loi canonique qui défendoit d'admettre un religieux à la profession avant une année entière de noviciat, & qui cependant déclaroit valables les vœux prononcés sans cette épreuve préalable (*). Tels sont encore tous les canons qui établissent des empêchemens de mariage purement prohibitifs. Voyez l'article EMPÊCHEMENS.

On pourroit pousser cette énumération beaucoup plus loin ; mais il est plus important de distinguer les cas où l'on doit sous-entendre la clause de Nullité dans une loi , d'avec ceux où il n'est pas permis de suppléer cette clause, ou, ce qui revient au même , les cas auxquels s'applique la loi 5 , C. *de legibus* , d'avec ceux à l'égard desquels elle est sans application.

Tous les auteurs conviennent que toute défense qui concerne la substance ou la forme essentielle d'un acte , emporte Nullité en cas de contravention. Il y a donc Nullité , 1°. dans un

_____

(*) *Cap. non solùm de regularibus in sexto.*

acte

acte fait par une perfonne, ou en faveur d'une perfonne que la loi en a déclarée incapable. Le mot *ne peut*, dit Dumoulin, ôte toute puiffance de droit & de fait ; il en réfulte une néceffité précife de fe conformer à la loi, & une impoffibilité abfolue de faire ce qu'elle défend : *Negativa præpofita verbo poteft, tollit potentiam juris & facti, & inducit neceffitatem præcifam, defignans actum impoffibilem.* (Sur la loi 1 , D. *de verborum obligationibus*, n. 2.)

2°. Il y a pareillement Nullité quand la prohibition tombe fur l'acte même, & qu'elle n'eft modifiée par aucune claufe dont on puiffe conclure que le légiflateur a voulu laiffer fubfifter l'acte. Ainfi la feule défenfe de faire fecrétement des contre-lettres pour déroger aux contrats de mariage, fuffiroit pour obliger les juges de les déclarer nulles, quand même les loix qui l'établiffent ne contiendroient pas de claufe irritante.

3°. Il faut dire la même chofe de la défenfe de paffer un acte dans une forme qui en concerne la fubftance. Telles font, par exemple, les loix qui interdifent aux teftateurs de prendre pour témoins des perfonnes d'une certaine qualité ; quand ces loix ne renfermeroient pas la claufe de Nullité, elles n'en feroient pas moins cenfées la prononcer, parce que leur prohibition a pour objet une chofe qui eft de l'effence d'un teftament.

Mais fi la défenfe ne roule que fur une chofe purement accidentelle, &, pour ainfi dire, indifférente à la fubftance de l'acte, elle n'emporte d'elle-même aucune Nullité, & le légiflateur ne peut en ce cas annuller l'acte dans lequel on a contrevenu à cette défenfe, que par le moyen d'une clause irritante. Ainsi quoiqu'il soit partout défendu aux notaires de passer des contrats dans les cabarets, il n'y a cependant que très-peu d'endroits où la contravention à cette défense forme une Nullité. Voyez l'article CONTRATS. Voici un autre exemple d'autant plus remarquable, qu'on ne le trouve dans aucun de nos recueils. Un arrêt du 23 janvier 1755, rendu sur les conclusions de M. l'avocat général d'Ormesson, avoit confirmé le testament de la marquise de Brun & l'exhérédation prononcée par cet acte contre la fille de la testatrice. La demoiselle de Brun s'est pourvue en cassation, & entre autres moyens, elle a dit que le testament n'étoit ni insinué ni contrôlé lors de l'arrêt; que, d'après la défense expresse portée par l'édit de mars 1703, & la déclaration de juillet 1704, un pareil défaut, devoit entraîner la ruine de toute la procédure, & que par conséquent l'arrêt ne pouvoit échapper à la cassation. Mais on a répondu que ces loix étoient bursales, qu'elles ne concernoient que l'intérêt du fermier qui ne réclamoit pas, & qui même avoit été satisfait; que d'ailleurs elles ne contenoient pas de clause irritante, & que dans une telle matière on ne pouvoit étendre ni suppléer les peines. Par arrêt du 12 avril 1756, le conseil a rejeté la requête.

Le principe confirmé par ce jugement est si certain, qu'il est bien des matières où l'on n'a pas même d'égard aux clauses irritantes apposées aux défenses concernant des choses accidentelles; on les regarde alors comme simplement comminatoires, soit qu'elles n'aient pour objet que de faire respecter des loix absolument burfales, foit pour d'autres motifs. On en a vu un exemple au mot AUDIENCE, tome 3, page 468 de la première édition ; nous en ajouterons ici un autre tout récent. Les habitans d'Erre, village de la gouvernance de Douai, avoient fait avec l'abbaye de Marchiennes une transaction fur la propriété des marais fitués dans leur paroiffe. Quelque temps après ils en demandèrent la Nullité, fur le fondement qu'une communauté ne peut tranfiger valablement fur des immeubles, fans autorifation du prince, ou au moins fans que la tranfaction foit homologuée par le juge royal du lieu. Et comme on leur oppofoit que l'acte dont il s'agiffoit avoit été homologué à la gouvernance, ils foutinrent que le jugement d'homologation étoit nul, parce qu'il avoit été prononcé fur la minute de l'acte ; ce qui formoit une contravention à un édit du mois d'avril 1675, enregiftré au parlement de Flandres le 14 juin fuivant, par lequel le roi déclare nuls *tous actes de juridiction qui fe trouveront être faits à l'avenir en vertu de contrat ou autre acte non fcellé, mis en groffe & figné du tabellion.* Mais ces raifons n'ont point été écoutées ; la tranfaction étoit jufte en elle-même ; l'exécution en a été ordonnée par fentence de la gouvernance de Douai du 4 août 1769, confirmée par arrêt du parlement de Flandres, du 28 février 1771. Les habitans d'Erre fe font pourvus en caffation ; mais leur requête a été rejetée par jugement du 29 juillet 1777, rendu après une inftruction complette, & fur l'avis de M. de Caumartin, alors intendant de Flandres & d'Artois, aujourd'hui prévôt des marchands.

Il eft inutile de remarquer que ces exemples

ne doivent pas tirer à conféquence : on fent affez qu'il eft très-difficile dans la pratique de diftinguer quand une claufe irritante n'eft que comminatoire, & l'on court toujours rifque de juger mal quand on s'écarte de la loi. Voyez l'article COMMINATOIRE.

A l'égard des loix qui, au lieu de défendre, ne font que prefcrire & enjoindre quelque chofe, quelques auteurs enfeignent qu'elles n'emportent Nullité, en cas d'infraction à ce qu'elles ordonnent, que lorfqu'elles contiennent une claufe irritante. Mais cette doctrine eft trop générale, & il paroît que l'on doit auffi bien appliquer à ces fortes de loix qu'à celles conçues en forme prohibitive, la diftinction que nous venons de développer entre les chofes concernant la fubftance des actes, & celles qui n'y font qu'accidentelles. Par exemple, qu'une loi prefcrive la forme dans laquelle doit être fait un teftament, une donation, un acte de retrait, n'eft-il pas évident que l'omiffion de la moindre des chofes comprifes dans fes difpofitions, eft une Nullité qui vicie entiérement l'acte ? L'article 10 du titre 25 de l'ordonnance de 1670, porte, qu'aux procès criminels qui feront jugés à la charge de l'appel, „ affifteront au moins trois juges, qui „ feront officiers fi tant y en a dans le fiége, „ ou · gradués, & fe tranfporteront au lieu où „ s'exerce la juftice, fi l'accufé eft prifonnier „. L'article fuivant ajoute, que „ les jugemens en „ dernier reffort fe donneront par fept juges au „ moins „. On ne trouve pas de claufe irritante dans ces deux textes, cependant il eft certain que l'on ne pourroit les enfreindre fans Nullité. Il y a même un arrêt du parlement de Dijon du 12 août 1739, qui ordonne aux officiers des justices inférieures du bailliage d'Avalon, d'appeler le lieutenant général de ce siége aux jugemens des procès criminels dont les appellations doivent se relever immédiatement en la cour, *à peine de Nullité*. Pourquoi cela ? Parce qu'il est de l'essence d'un jugement d'être rendu par un certain nombre de juges, & que par conséquent les loix qui règlent ce nombre se rapportent à la substance même du jugement.

Mais lorsque les dispositions du législateur ne concernent que des choses accidentelles à l'acte, il n'est pas permis réguliérement d'y suppléer la clause de Nullité : la preuve en résulte, *à fortiori*, de ce que nous avons dit au sujet des loix prohibitives.

§ II. *Par qui les Nullités peuvent-elles être alléguées ?*

On distingue sur cette question deux sortes de Nullités, l'une absolue ou radicale, l'autre respective. La première peut être alléguée par toutes sortes de personnes ; la seconde ne peut l'être que par ceux en faveur de qui elle a été prononcée.

La Nullité absolue est celle qui vient d'une loi dont l'intérêt public est le principal motif.

Ecoutons Dunod en son traité des prescriptions : » La prohibition est censée faite par rapport à » l'intérêt public, lorsque son premier & prin- » cipal objet est le bien de la société, la con- » servation des choses & des droits qui appar- » tiennent au public, & qu'elle statue sur ce » qui concerne les bonnes mœurs, ou qui est

» hors du commerce par les droits naturel, des
» gens ou civil. Telles sont les dispositions des
» loix au sujet des actes qui emportent quelque
» délit ou quelque turpitude, de ceux qui ne
» produisent pas même une obligation naturelle,
» ou qui contiennent l'aliénation de ce dont le
» commerce est interdit pour une cause publique
» & perpétuelle, comme sont les choses sacrées
» & le domaine. La Nullité qui résulte de la
» prohibition en ce cas, est absolue, parce que
» la loi résiste continuellement & par elle-même
» à l'acte qu'elle défend; elle le réduit à un pur
» fait qui ne peut être ni confirmé ni autorisé,
» & qui ne produit aucun droit, aucune action,
» aucune exception. Cette Nullité peut être ob-
» jectée, non seulement par la partie publique,
» mais encore par toutes sortes de personnes,
» sans qu'on puisse leur opposer qu'elles se pré-
» valent du droit d'un tiers; & le juge peut y
» prendre égard d'office, quand personne ne la
» proposeroit «.

Telle est, en matière bénéficiale, la Nullité qui
provient, soit d'un défaut de pouvoir dans le
collateur, soit d'indignité dans le pourvu, soit
d'une paction symoniaque entre un résignant &
son résignataire, soit d'un défaut de qualité
dans les témoins qui ont souscrit la collation, &c.

Telle est, relativement au mariage, la Nullité
produite par l'engagement d'un de ceux qui prétendent le contracter, dans l'état religieux ou les
ordres sacrés. C'est ainsi que, par arrêt du 25 mai
1723, le mariage du sieur Baudoin du Plessis,
prêtre, fut déclaré nul & abusif, sur la demande
des nommés le Jaune & Marie Baudoin, quoique l'on opposât à ceux-ci une fin de non rece-

voir, tirée de ce qu'ils n'agiſſoient que pour un intérêt pécuniaire. *Voyez l'article* MARIAGE. «

Telle, eſt en matière civile, la Nullité des établiſſemens & acquiſitions de gens de main-morte ſans autoriſation du ſouverain. *Voyez, à l'article* INSTITUTION D'HÉRITIER, l'arrêt rendu au parlement de Flandres le 11 mai 1776 contre le petit ſéminaire de Cambrai.

Telles ſont enfin preſque toutes les Nullités prononcées par les loix criminelles : car, dans ces matières, ſoit qu'il s'agiſſe de punir un coupable ou de juſtifier un innocent, le grand objet du légiſlateur eſt toujours l'intérêt public. C'eſt par ce motif que l'article 8 du titre 14 de l'ordonnance de 1670, enjoint aux juges d'examiner, » avant le jugement, s'il n'y a point de Nul- » lité dans la procédure «. De là cet uſage conſtant & approuvé par le procès-verbal de la même loi, d'admettre les parens d'un accuſé préſent & priſonnier, à faire obſerver par requête les Nullités commiſes dans l'inſtruction ou le jugement, quant à l'accuſé contumace. *Voyez l'article* ACCUSÉ.

La Nullité reſpective eſt celle qui n'intéreſſe que certaines perſonnes. » Quoique la fin de la » loi, dit Dunod, ſoit toujours l'intérêt du pu- » blic & de la ſociété, la vue de cet intérêt eſt » ſouvent éloignée, & la loi conſidère alors en » premier lieu, dans ſa prohibition & dans les » Nullités qu'elle prononce, l'intérêt des parti- » culiers : *primariò ſpectat utilitatem privatam,* » *& ſecundariò publicam.* Ce ſont les particuliers » qui profitent de ſa diſpoſition, & ſa prohi- » bition en ce cas produit une Nullité qu'on

» appelle refpective , parce que cette Nullité n'eft
» cenfée intéreffer que celui en faveur de qui
» elle eft prononcée ; c'eft pourquoi il peut feul
» s'en prévaloir & la propofer ; & fi d'autres le
» faifoient , on leur oppoferoit avec raifon qu'ils
» fe fondent fur le droit d'autrui.

» Telles font les défenfes d'aliéner les fonds
» dotaux & les biens des mineurs ; de contrac-
» ter fans l'autorité du père , du curateur, du
» mari , & autres femblables : elles concernent
» principalement l'intérêt des particuliers ; elles
» n'annullent pas pleinement & fimplement les
» actes qui font faits au contraire ; ces actes
» fubfiftent à l'égard des tiers , & ne font dé-
» clarés nuls que quand les perfonnes que la
» loi a voulu favorifer le demandent ; ils peu-
» vent être confirmés & ratifiés ; les tiers s'o-
» bligent valablement pour leur exécution ; car
» celui , par exemple, qui a cautionné pour la
» vente du bien d'un mineur , & le mari qui a
» vendu le fonds dotal de fa femme , font tenus
» à la garantie. La loi ne réfifte pas expreffé-
» ment & toujours à ces fortes d'actes , comme
» dans les cas auxquels elle produit une Nullité
» abfolue ; elle fe contente de ne les pas avouer
» & autorifer à l'égard de certaines perfonnes «.

On peut mettre dans cette claffe la Nullité
d'une collation faite par l'ordinaire au préjudice
du droit d'un patron ou d'un expectant. Voici
comme en parle Durand de Maillane : » Cette
» Nullité n'eft point inhérente au titre, qui eft
» d'ailleurs parfait au fond & dans la forme ; mais
» il eft, pour ainfi dire, conditionnel, c'eft-à-
» dire que fon exécution dépend d'une condition.
» Cette condition eft que ceux qui ont droit au

» bénéfice, ne se plaignant pas ou n'exerçant pas
» leur droit dans le temps utile, le titre devient
» absolu & irrévocable «. Il y a dans Brodeau
sur M. Louet, trois arrêts de 1564, février 1568
& 29 mars 1612, qui ont expressément confirmé
cette assertion.

Les coutumes de Bourgogne, de Franche-
Comté, de Nivernois, d'Auvergne, de Bourbonnois, de Hainaut, défendent aux serfs d'aliéner leurs biens, à peine de Nullité. Mais comme
cette Nullité n'a pour objet que l'intérêt du seigneur, l'aliénation doit être pleinement exécutée
lorsque celui-ci ne s'en plaint pas. M. le président
Bégat, décision 88, rapporte un arrêt du parlement de Dijon, du 28 juin 1553, qui l'a ainsi
jugé. M. Grivel, décision 105, nous en fournit
deux autres rendus au parlement de Dôle les
13 septembre 1596 & 27 février 1604. Il s'agissoit de savoir si l'hypothèque constituée par un
serf sur ses biens, & ratifiée quelque temps après
par le seigneur, devoit avoir lieu du jour de la
constitution, ou seulement du jour de la ratification. On faisoit valoir pour ce dernier parti la
maxime que les ratifications n'ont jamais d'effet
rétroactif au préjudice des tiers. Mais on a jugé
que le consentement du seigneur n'étant point
requis pour l'habilitation du serf, avoit pu être
donné après l'acte, & qu'on ne devoit le considérer comme une ratification que relativement au
seigneur, parce que l'hypothèque étoit valable par
rapport au serf & à tous ses ayans droit.

· On juge, sur le même fondement, que la Nullité des aliénations de propres, faites au préjudice
des réserves coutumières, ne peut être alléguée
que par l'héritier en faveur duquel ces réserves

ont été établies. Voyez les articles Nécessité jurée & Réserves coutumières.

M. Pollet rapporte deux arrêts du parlement de Flandres, qui dérivent du même principe. Voici comme il s'explique : » La faisie d'un fonds, » aux fins de le faire décréter, doit être signifiée » au seigneur de qui le fonds est tenu, suivant » l'ordonnance de la cour pour l'ordre de la pro- » cédure, titre *des huissiers*, article 72. Néan- » moins le défaut de signification ne rend point » le décret nul, quand il est seulement opposé » par le débiteur & que le seigneur ne parle point «. Arrêt rendu au rapport de M. de Mullet le 7 juin 1690.

» Celui sur lequel on pourfuit un décret n'est » pas recevable à s'y oppofer, fous prétexte que » le bien mis en décret feroit chargé de fidéi- » commis «. Arrêt rendu à mon rapport le 27 janvier 1691.

Par un autre arrêt de la même cour du 12 août 1695, inféré dans le recueil de M. Def- jaunaux, il a été jugé que dans la coutume de Valenciennes, qui défend au mari d'aliéner fon bien fans le confentement de fa femme, l'héritier du mari décédé ne peut pas fe prévaloir de cette défenfe pour faire déclarer nulle une aliénation dont la femme ne fe plaint pas.

§. III. *Les Nullités fe couvrent-elles par le confentement des parties intéreffées ?*

Il faut, fur cette queftion comme fur les pré- cédentes, diftinguer les Nullités abfolues, d'avec les Nullités relatives.

Puifque les Nullités abfolues peuvent être

alléguées par toutes sortes de personnes , & qu'il
ne peut dépendre de qui que ce soit d'ôter à un
autre la faculté d'exercer ses droits , il est clair
qu'il n'y a point de consentement qui puisse couvrir une nullité de cette espèce par rapport à des
tiers.

Mais du moins le consentement ne forme-t-il
pas , à l'égard de celui qui l'a donné , une fin
de non recevoir contre l'allégation qu'il voudroit
faire dans la suite d'une Nullité absolue ? Il seroit
difficile de donner là-dessus une règle précise. Ce
que nous pouvons dire de plus généralement vrai,
c'est que le juge doit toujours , en cette matière ,
s'attacher à connoître par les circonstances de quel
côté est l'intérêt public , & faire de cet intérêt le
fondement de sa décision. Il est important pour
l'état de ne pas troubler les possessions en accor-
dant trop facilement la Nullité d'un acte à des
parties qui en ont reconnu la validité.

Il est encore plus important pour l'état de ne
pas tolérer , par une indulgence dangereuse , des
actes frappés de Nullités absolues ; les loix n'auroient plus de force , si l'on n'en assuroit l'exécution par des exemples nécessaires.

C'est la crainte du premier inconvénient qui
fait quelquefois écouter les fins de non recevoir ,
& la crainte du second qui empêche souvent d'y
avoir égard. Le devoir du juge est de discerner
dans chaque espèce s'il y a plus de danger pour
le public , ou à détruire l'acte contre lequel on
réclame , ou à le confirmer.

On ne peut donc disconvenir que dans la classe
des Nullités absolues , il s'en trouve quelques-unes
qu'un particulier ne pourroit plus alléguer après
avoir consenti à l'exécution de l'acte qui en est

infecté. C'est ainsi que, par arrêt du 18 mars
1666, des parens collatéraux furent mis hors de
cour sur l'appel comme d'abus du mariage d'un
sous-diacre & d'une abbesse, auquel ils avoient
donné les mains, & qu'ils n'attaquoient que
pour exclure les enfans de la succession de leurs
père & mère (*).

C'est ainsi que, par arrêts rendus aux parlemens
de Paris & de Dijon les 31 mars 1626, 11 août
1640, 21 mai 1647, & 7 mai 1658, il a été
jugé, selon Fevret, qu'un religieux n'est plus
recevable à attaquer sa profession, après l'avoir
approuvée tacitement par un séjour paisible de
cinq ans dans le cloître, quoique ses moyens de
Nullité résultent du défaut de noviciat ou d'âge
légitime.

C'est ainsi que, suivant deux arrêts des 20
janvier 1634 & 22 avril 1649, les parens
d'un religieux, qui ont consenti à sa rentrée dans
le siècle, ou partagé avec lui une succession, ne
peuvent plus se pourvoir contre le jugement
qui l'a relevé de ses vœux, quoique absolument
abusif.

D'un autre côté, combien de fois n'arrive-t-il
pas que les juges anéantissent des actes infectés de
Nullités absolues, sur la demande des parties mêmes
qui en ont reconnu la légitimité & consenti
l'exécution? Les articles 9 & 27 de l'édit du
mois d'août 1749, permettent aux enfans ou
héritiers présomptifs de ceux qui ont fondé ou
enrichi de leurs biens des établissemens de main-
morte, de réclamer contre ces fondations ou li-

_____

(*) Voyez l'article *Légitimation*, tome 34, page 274

béralités , » nonobſtant toute preſcription & tous » conſentemens exprès ou tacites qui pourroient » avoir été donnés à l'exécution des actes ou diſ- » poſitions «.

Vers la fin du dernier ſiècle, deux religion- naires domiciliés à Sédan , ſur le refus de leur curé de leur adminiſtrer la bénédiction nup- tiale, vont la recevoir dans une égliſe de Liége, & reviennent auſſi-tôt à Sédan, où ils vivent publi- quement comme mari & femme , en union avec leur famille, qui reconnoît & approuve ce mariage. Trente-deux ans après , le mari meurt ; une de ſes ſœurs appelle comme d'abus de la célébration de ſon mariage : en vain la veuve lui oppoſe-t-elle le laps de trente-deux ans , ſon approbation , celle de toute la famille, la mort du mari ; par arrêt du 25 août 1725, rapporté dans les conférences d'Angers , la cour déclare qu'il y a abus.

Un mari & ſa femme font une tranſaction par laquelle ils conſentent de vivre le reſte de leurs jours ſéparément l'un de l'autre. Quelque temps après le mari demande que ſa femme ſoit tenue de retourner avec lui ; on lui oppoſe ſon conſentement : mais, par arrêt du 14 mai 1695 , rendu ſur les concluſions de M. d'A- gueſſeau, la femme eſt condamnée à » ſe retirer » dans un couvent de religieuſes pendant ſix » mois, pour enſuite aller demeurer avec ſon » mari , qui ſera tenu de la traiter maritale- » ment «.

C'eſt ſur-tout en matière criminelle que l'on peut ſe prévaloir des Nullités auxquelles on a con- ſenti, ſoit expreſſément, ſoit tacitement. Nous en trouvons la preuve & l'exemple dans Papon:

» le juge criminel, pour la forme des procès, ne
» doit avoir égard à ce que les parties consentent
» pardevant lui, comme s'ils accordoient que
» pour les suspicions ou bien pour doute de com-
» pétence, autre avec ledit juge assiste à la per-
» fection dudit procès comme adjoint ; car cela
» n'est permis, & seroit ledit procès nul : & ainsi
» fut jugé par arrêt du parlement de Bourgogne
» le jeudi 26 février 1550 «.

C'est par le même principe que j'ai fait rendre
en la tournelle du parlement de Flandres un
arrêt du 4 août 1779, dont voici l'espèce (*):
Le nommé Gérin, habitant de Méquignies près

(*) Je ne rapporte cet arrêt que comme une preuve de
la maxime que l'incompétence absolue ne se couvre point
par le consentement exprès ou tacite des parties : du
reste, il ne faut pas en conclure que les juges des seigneurs sont absolument incompétens pour connoître des
cas royaux au delà du premier interrogatoire. M. de
Vouglans établit nettement le contraire dans ses loix criminelles ; c'est ce qui résulte aussi des arrêts dont nous
faisons mention à l'article *Assassinat* ; & le parlement de
Flandres lui-même a jugé, par arrêt du 22 novembre 1780,
que le nommé Dubail, pareillement accusé d'assassinat
prémédité avec port d'armes, ne pouvoit demander la
Nullité du réglement à l'extraordinaire, du recollement
& de la confrontation faite à sa charge & avant qu'il
n'eût réclamé, par les officiers de la justice seigneuriale
de Solermes. Je plaidois encore dans cette affaire. Je sou-
tenois que le cas étoit royal, & on l'a ainsi jugé en
renvoyant l'accusé au bailliage du Quesnoy pour la
parfaite instruction & le jugement définitif de son procès.
J'ajoutois, en citant l'arrêt du 4 août 1779, que l'on
devoit annuller tout ce qu'avoient fait les juges de Solermes depuis le premier interrogatoire. C'étoit l'avis de
M. l'avocat général Bruneau de Beaumets ; mais la cour
a laissé subsister toute la procédure.

de Bavay, a été accusé par le procureur d'office
du lieu, d'avoir tiré, de deffein prémédité, un
coup de fufil fur le nommé Migeon. D'après
les informations tenues en conféquence par le
juge feigneurial de Méquignies, Gérin a été
décrété de prife de corps, interrogé, confronté
aux témoins, & condamné à la queſtion pré-
paratoire. Appel au parlement & requête en
Nullité d'une partie de la procédure, fur le fondement que, s'agiſſant d'un cas royal, il n'avoit
pas été permis à un juge de feigneur d'en continuer l'inſtruction après le premier interrogatoire. Sur cette requête, arrêt qui renvoie à l'audience, en intimant le procureur d'office, fuivant l'ufage des Pays-Bas. Celui-ci vint foutenir
d'abord que l'aſſaſſinat prémédité n'étoit point
cas royal, & fubordinément que Gérin avoit
reconnu la juridiction du juge de Méquignies,
tant en fe conſtituant lui-même prifonnier lorfqu'on lui avoit fignifié le décret de prife de
corps décerné contre lui, qu'en omettant de demander fon renvoi à l'époque de la procédure
fixée par l'article 3 (*) du titre 1 de l'ordonnance de 1670. J'ai répondu à cette défenfe,
1°. que l'aſſinat prémédité étoit conſtamment
au nombre des cas royaux, & je l'ai prouvé;
2°. qu'en matière criminelle les Nullités ne fe
couvrent pas par des fins de non recevoir; que
l'article cité a bien lieu dans les cas où le décli-

_____

(*) *Cet article eſt ainſi conçu :*

» L'accufé ne pourra demander fon renvoi après que
» lecture lui aura été faite de la dépofition d'un témoin,
» lors de la confrontation «.

natoire est tiré du lieu du délit ou de la qualité des personnes, mais non dans ceux où le juge est incompétent par la nature de l'accusation (*). Sur ces raisons, adoptées & développées par le ministère public, arrêt qui déclare nulles & incompétemment faites toutes les procédures qui ont suivi le premier interrogatoire, & renvoye l'accusé au bailliage du Quesnoy, où il a été pleinement déchargé de l'accusation.

On a établi au mot DÉCLINATOIRE, qu'en matière civile le demandeur lui-même peut faire prononcer la Nullité d'une procédure faite à sa réquisition par un juge incompétent *ratione materiæ*; voici un arrêt tout récent qui confirme cette décision. -

"La princesse de Raches a fait assigner le prince de Berghes son frère en la grand'chambre du parlement de Paris, pour voir dire qu'elle seroit autorisée à vendre une partie des biens compris dans une substitution à laquelle il étoit appelé. Le prince de Berghes a défendu à cette demande, en observant préliminairement qu'il ne savoit à quel propos la princesse de Raches avoit ainsi franchi tous les degrés de juridiction & s'étoit mise d'elle-même au niveau des ducs & pairs. » La régularité de la procédure sur ce point, » a-t-il ajouté, est confiée à la sagesse du mi- » nistère public, on n'a pas besoin de lui en faire » sentir les conséquences «. Les parties ayant plaidé au fond, il est intervenu, le 12 avril 1777, un arrêt

(*) Voyez l'article *Déclinatoire*.

dont

dont nous rendrons compte à l'article SUBSTI-TUTION. Quoique très juste au fond, cet arrêt pechoit visiblement dans la forme, il avoit été rendu par un tribunal qui ne peut régulièrement connoître que des causes d'appel. La princesse de Raches a saisi ce moyen pour se pourvoir au conseil : elle y a exposé que la gouvernance de Douai, dans le ressort de laquelle étoit domicilié l'auteur de la substitution, étoit, d'après les principes établis à l'article MAISON MOR-TUAIRE, la seule juridiction compétente pour connoître de toutes les contestations relatives à cette substitution ; elle a ensuite fait voir que son erreur d'avoir assigné son frère au parlement de Paris, n'avoit pu attribuer à ce tribunal une autorité que la loi ne lui avoit pas donnée, & qu'il n'auroit même pu exercer sur ses justiciables que par appel d'un juge subalterne. En conséquence, elle a demandé que, sans avoir égard à l'arrêt, qui seroit déclaré nul, les parties fussent obligées de plaider en la gouvernance de Douai, sauf l'appel au parlement de Flandres ; & le conseil l'a ainsi ordonné par arrêt du 24 octobre 1777.

A l'égard des Nullités respectives, il est constant qu'elles sont couvertes par le consentement que donnent à l'exécution des actes qui les renferment, les parties intéressées à les faire valoir & à détruire ces actes. Il y en a un arrêt du 9 juillet 1698 dans le journal des audiences.

De là cette maxime si connue, que la Nullité d'un ajournement judiciaire est effacée par la comparution de la partie assignée. Voyez à ce sujet l'arrêt du 12 mai 1707, rapporté au journal des audiences.

Tome XLII. Ee

Quelques auteurs vont même jufqu'à dire qu
l'ajourné ne peut, en comparoiffant, alléguer la
Nullité de fon affignation, parce que ce font
deux chofes contradictoires de comparoître en
conféquence d'une affignation, & de prétendre
que l'on n'eft pas valablement affigné. Cette
opinion eft combattue par M. Jouffe fur l'article 1 du titre 2 de l'ordonnance de 1667,
& par l'annotateur de Mynfingere, centurie 2,
obfervation 18 : mais nous trouvons trois arrêts
qui la confirment expreffément ; les deux premiers ont été rendus en la chambre impériale
de Spire. Voici les termes dans lefquels nous
les retrace Mynfingere à l'endroit que nous venons de citer : *Hoc tamen intelligendum quandò*
ex parte citati nemo comparet, fecùs fi pars
citata compareat, quia citationis effectus eft com-
paritio ; & ideò fufficit eum comparuiffe, nec ti
prodeft fi allegat fe illegitimè citatum. Ita con-
clufum in pleno confilio 17 aprilis, anno 1550,
& pofteà fic judicatum 21 octobris, anno 1554.

Le troifième arrêt eft du parlement de Flandres. Les abbés & religieux d'Anchin avoient
pris la voie de révifion contre un arrêt de cette
cour du 16 août 1727, rendu en faveur du fieur
Duberon, à lui joint M. le procureur général.
L'huiffier à qui ils avoient donné commiffion
de l'ajourner à cet effet, avoit laiffé en blanc,
dans la copie fignifiée de fon exploit, le nom
de la perfonne à qui il avoit parlé, & même
l'exploit ne portoit pas qu'il en eût laiffé copie.
Cette double Nullité auroit infailliblement fait
déclarer l'abbaye non recevable dans fa demande
en révifion, fi le fieur Duberon eût fait défaut
à l'audience indiquée par l'exploit : mais comme

il avoit comparu pour propofer la fin de non
recevoir, on a regardé la Nullité de l'exploit
comme effacée; &, par arrêt rendu en 1728 ou
1729, on a ordonné que, fans s'arrêter à la fin
de non recevoir, il feroit procédé à la révifion
demandée par l'abbaye d'Anchin.

On fait qu'il en eft autrement en matière de
retrait. Un arrêt du 6 août 1611, rapporté par
les annotateurs de Dupléffis, a jugé que le défendeur en retrait peut oppofer en caufe d'appel
une Nullité d'exploit dont il ne s'eft pas prévalu
en première inftance. La raifon en eft, dit Pothier, que » dans la matière du retrait les dé-
» fauts de formalité font des défauts qui tou-
» chent au fond, en faifant décheoir de fon
» droit le demandeur en retrait qui ne les a pas
» obfervées «.

Du principe que les Nullités refpectives font
couvertes par le confentement des parties intéreffées, il réfulte qu'un teftament nul, foit dans
la forme, foit par défaut de capacité dans le
teftateur, eft validé par l'exécution qu'en fait
volontairement & en connoiffance de caufe l'héritier dont il bleffe les droits. Voyez l'article Legs,
fection 1, queftion 1.

Il en réfulte encore, que l'approbation de l'héritier en faveur duquel font établies les réferves
coutumières, efface abfolument la Nullité des
difpofitions faites à fon préjudice. C'eft ce
qu'ont jugé les arrêts cités au mot Clause
privative.

Il s'eft préfenté à ce fujet une efpèce remarquable dans la coutume de la châtellenie de
Lille. Elle feroit peut-être mieux placée à l'article Substitution; mais l'étendue que nous

E e ij

forcera de donner à cet article l'abondance des matières qui y sont relatives, nous oblige d'en rendre compte ici.

Jean Eloy Deleruyelle, conseiller au bailliage de la salle de Lille, a fait, le 26 avril 1720, un testament olographe, par lequel il a nommé pour sa légataire universelle Anne Angélique Waterlos, sa nièce & unique héritière présomptive, mariée au sieur Walrave, » à » charge de ne pouvoir vendre, aliéner, ni au » trement disposer des biens, mais que tout » seroit substitué «. Il a appelé à cette substitution les enfans de sa nièce, &, au cas qu'elle vînt à mourir sans enfans, ce qui est arrivé, tous ses cousins-germains Morteleque, enfans de Marguerite Deleruyelle, sa tante, ou leurs enfans par représentation. Après cette disposition, le testateur, instruit que la coutume de la châtellenie de Lille annulle toutes les dernières volontés qui ont des immeubles pour objet, prévoyant que sa nièce pourroit anéantir la substitution en répudiant le legs & se tenant à la qualité d'héritière *ab intestat*; pour prévenir cet inconvénient, il s'exprime ainsi : » Je veux que » ma nièce & son mari donnent dans les six » semaines de mon décès, un acte contenant » qu'ils approuvent ma disposition desdits fiefs » & héritages avec les substitutions, charges & » conditions y reprises ; moyennant quoi je leur » donne & remets tout ce que je pouvois pré » tendre à leur charge .... sinon & à faute de la » dite approbation, pour indemniser lesdits Mor » teleque de ce qu'ils seroient privés de l'espé » rance de venir à la substitution desdits fiefs » & héritages, je leur donne ma maison que

» j'occupe (réputée meuble par la coutume
» locale de Lille) ; je leur légue auffi les pièces
» de terre que je délaifferai, qui font réputées
» meubles par quelques coutumes particulières ;
» je leur donne de plus, dans le même cas, tous
» les biens réputés meubles, catteux, édifices &
» bois montans qui fe trouvent fur mes autres
» immeubles ; je leur donne de plus tout ce
» que ma nièce me doit, pour jouir & profiter
» de tout auffi-tôt mon trépas, avec les dom-
» mages & intérêts. Mais, audit cas d'approba-
» tion, lefdits legs & donations viendront à
» ceffer «.

La dame Walrave s'eft foumife à cette difpofition par acte notarié du 3 mars 1722. Après
fa mort, quelques-uns des enfans Morreleque,
appelés à la fubftitution, fe font préfentés pour
recueillir à ce titre les biens qu'elle laiffoit :
mais d'autres, entre lefquels étoit Matthieu
Morreleque, trouvant plus d'avantage à prendre
ces biens comme héritiers *ab inteftat* de la défunte, ont renoncé à la fucceffion des meubles
& réputés tels, & en conféquence ont foutenu
que la fubftitution étoit contraire à la coutume,
qu'ainfi elle étoit radicalement nulle, & que
l'approbation qu'y avoit donnée la dame Walrave,
n'avoit pu couvir cette Nullité, relativement à
ceux de fes propres héritiers qui n'appréhen-
doient aucun de fes biens difponibles.

Ce fyftème a prévalu fur les réponfes fans
doute folides & lumineufes des partifans de la
fubftitution ; par arrêt du parlement de Flandres
du 16 janvier 1765, au rapport de M. Cordier,
ils ont été déboutés de leurs demandes & condamnés aux dépens.

Douze ans après cet arrêt, les enfans mineurs de Matthieu Morteleque, en faveur de qui il avoit été rendu, ignorant & sa décifion & son exiftence, ont élevé une prétention directement contraire à celle de leur père. Comme il reftoit encore dans la fucceffion de la dame Walrave quelques biens à partager entre les Morteleque & le fieur Lallier, parent au même degré qu'eux, du côté de la mère de Jean-Éloy Deleruyelle, les mineurs Morteleque ont prétendu l'exclure en vertu de la fubftitution faite à leur profit par le teftament rappelé ci-deffus. La caufe portée au parlement de Flandres par appel d'une fentence interlocutoire du bailliage de la falle de Lille, on faifoit valoir pour le fieur Lallier les mêmes raifons qu'avoit autrefois employées Matthieu Morteleque ; & l'on ne citoit pas l'arrêt qui les avoit adoptées en 1765, on n'en avoit aucune connoiffance. De mon côté, voici en fubftance ce que je difois pour les mineurs Morteleque.

L'indifponibilité des biens régis par la coutume de la châtellenie de Lille, n'eft ni illimitée ni abfolue. Elle n'eft point illimitée, puifqu'elle n'a lieu que pour les actes de dernière volonté; car l'article 1 du titre 10 de cette loi municipale, autorife toute efpèce de difpofitions entre vifs. Elle n'eft point abfolue, puifqu'elle n'a été introduite que pour l'intérêt des héritiers, & que, fuivant la maxime *quifque renunciare poteft favori pro fe introducto*, il dépend de ceux-ci de l'effacer par leur confentement. Ainfi quoique les difpofitions, & par conféquent les fubftitutions teftamentaires foient prohibées dans la châtellenie de Lille, elles peuvent néanmoins

être validées par l'approbation tacite ou expreſſe
de l'héritier légal, c'eſt-à-dire, ou par l'acceptation qu'il fait des biens diſponibles du défunt,
ou par le conſentement exprès & formel qu'il
donne à ces ſortes d'actes. C'eſt la déciſion de
la loi 16, C. *de teſtamentis. Illud etiam adji-*
ciendum eſt ut qui ex teſtamento vel ab inteſtato
hæres extiterit, etſi voluntas defuncti circà fidei-
commiſſa legibus non ſit ſubnixa, tamen ſi ſuâ
ſponte agnoverit, implendi eam neceſſitatem ha-
beat. C'eſt auſſi ce qu'on juge conſtamment
dans toutes les coutumes qui interdiſent les ſubſtitutions ou autres diſpoſitions teſtamentaires.
Brodeau, lettre L, §. 6, en rapporte un arrêt
du parlement de Paris du 28 mars 1631, rendu
dans la coutume d'Auvergne. Maillart, ſur l'article
74 de la coutume d'Artois, nous en fournit deux
autres des 26 août 1695 & 14 juin 1704, rendus dans la coutume d'Artois pour la maiſon
de ſainte Aldegonde.

Il faut donc tenir pour conſtant que la ſubſtitution ordonnée par le teſtament de Jean-Eloy
Deleruyelle, quoique nulle dans ſon principe,
eſt devenue valable, tant par l'immixtion de
l'héritière dans les biens libres du teſtateur, que
par l'acceptation expreſſe & formelle qu'elle en
a faite le 9 mars 1722.

Reſte à faire voir que cette ſubſtitution n'a
pas ſeulement dû produire ſon effet contre la
dame Walrave, mais qu'elle doit encore l'opérer
contre ſes héritiers même immobiliers.

Il eſt étonnant qu'une propoſition auſſi ſimple & auſſi évidente faſſe en ce moment la matière d'une conteſtation ſérieuſe. Quoi de plus
abſurde en effet, que de vouloir attribuer à un

héritier immobilier plus de droit que n'en avoit le défunt à qui il succède ? La dame Walrave n'a eu qu'une propriété bridée des biens litigieux, comment pourroit-elle en avoir transmis la propriété pure & simple au sieur Lallier? Elle ne les a possédés qu'à la charge de les faire passer à sa mort sur la tête des héritiers Morteleque, comment auroit-elle pu les transmettre à d'autres ?

En vain le sieur Lallier oppose-t-il qu'il n'est pas héritier mobilier de la dame Walrave, qu'il n'a rien pris dans ses biens disponibles, que par conséquent il n'est pas tenu de respecter l'acceptation qu'elle a faite de la substitution ; il ne faut pas de grands efforts pour détruire cette objection.

Lorsqu'un héritier légitime accepte les dispositions testamentaires de son tuteur, il consomme & son propre droit & celui de toutes les personnes qui pourroient dans la suite prétendre de son chef aux biens du défunt. C'est sur cette acceptation que se règlent après sa mort les intérêts de ses héritiers respectifs, sans distinguer ceux qui sont obligés à l'entretien de ses contrats ou quasi-contrats, d'avec ceux qui n'y sont pas tenus, parce que les uns comme les autres ne peuvent prétendre que de son chef à la succession qui lui a été dévolue, & que par conséquent ils ne peuvent ni y avoir de plus grands droits qu'il n'en a eu lui-même, ni changer ou anéantir la condition sous laquelle il a consenti que cette succession lui fût déférée.

Veut-on un exemple & en même temps une preuve de cette vérité ? Lorsqu'un héritier présomptif en ligne collatérale prend à titre

de legs un bien qu'il auroit pu recueillir en vertu
de la loi, il eſt conſtant que ce bien perd entre
ſes mains la qualité de propre qu'il avoit entre
celles du défunt, & qu'à ſa mort c'eſt ſon plus
proche parent qui y ſuccède, ſans que l'héritier
aux propres de la ligne du teſtateur qui le lui a
légué, puiſſe y pretendre ; il le pourroit néanmoins ſi l'objection que l'on nous oppoſe étoit
fondée ; il pourroit dire, comme notre adverſaire,
qu'il n'eſt point tenu d'entretenir les contrats du
défunt, &, comme notre adverſaire, il conclu-
roit de là, que l'acceptation faite par le défunt
du legs d'un propre qui lui étoit déféré par la
loi, ne peut lui préjudicier. Pourquoi cependant n'a t on jamais vu former de pareilles prétentions en juſtice ? C'eſt parce que tout le monde
eſt perſuadé que le défunt conſomme entiérement ſon droit par l'acceptation qu'il fait du legs,
& que les ſucceſſions ſe partagent toujours dans
l'état où elles ſe trouvent.

D'ailleurs la coutume de la châtellenie de
Lille ne ſoumet pas moins les héritiers immobiliers que les héritiers mobiliers, à l'entretien des contrats & quaſi-contrats du défunt ;
ſeulement elle accorde aux premiers une action
en recours contre les ſeconds, & les mineurs
Morteleque ne ſont pas plus héritiers mobiliers
de la dame Walrave que leur adverſaire.

Ce n'eſt pas tout. On ne peut diſconvenir,
& la coutume établit nettement, titre 10, article 1, que la dame Walrave pouvoit vendre,
donner, changer, ſubſtituer par acte entre vifs
les biens qui lui étoient dévolus *ab inteſtat* par
la mort de ſon oncle. En prenant ces biens à titre de légataire univerſelle, & en approuvant la

substitution dont son oncle l'avoit grévée, elle, fait un acte entre vifs, & si vraiment entre vifs, qu'elle s'en est fait un titre pour retenir les biens disponibles du testateur légués aux Morteleque : il n'est pas possible de concevoir qu'une telle approbation soit un acte à cause de mort, car jamais un acte à cause de mort n'a servi à son auteur de titre pour acquérir ; d'ailleurs les loix disent expressément que l'adition d'hérédité est un quasi-contrat, *videtur contrahere qui adit hæreditatem.*

Il y a quelque chose de plus encore. Le sieur Lallier est forcé de convenir que la dame Walrave, en approuvant la substitution, s'est imposé à elle-même un lien qui l'a empêchée d'aliéner les biens substitués. Cependant si ces biens n'a voient pas dû appartenir totalement aux Morteleque, si le sieur Lallier avoit pu les réclamer après sa mort, elle auroit été libre d'en disposer entre vifs, nonobstant son approbation ; car il est de principe, que la défense d'aliéner n'a point d'effet quand le bien qui en est l'objet n'est pas valablement fidéicommissé au profit de celui pour qui elle est introduite. C'est ce que décide la loi 114, §. 14, D. *de legatis* 1°.

En un mot, l'incapacité de la dame Walrave d'aliéner les biens dont il s'agit, après avoir approuvé la substitution, & le droit des Morteleque de les recueillir en totalité après son décès, sont deux objets liés ensemble si étroitement, qu'il n'est pas possible de les séparer sans les détruire. Otez l'effet que devoit produire la substitution au profit des Morteleque après la mort de la dame Walrave, vous détruisez l'inaliénabilité, vous brisez les liens dans lesquels la dame

Walrave s'eſt, pour ainſi dire, enchaînée elle-même. Seroit-il donc poſſible que ces liens n'euſſent eu pour elle aucune force ? Peut-on penſer qu'elle ait été libre d'ahéner, après avoir confirmé la ſubſtitution par le conſentement le plus authentique ? Lui ſuppoſer un pareil pouvoir, ce ſeroit heurter de front les principes, les loix, les arrêts & la doctrine de tous les auteurs. Les principes nous diſent qu'un héritier légitime peut approuver avec effet les diſpoſitions illégales du défunt, parce qu'il eſt permis à tout le monde de renoncer à ſes propres avantages. La loi du code, citée plus haut, veut que celui qui approuve un teſtament, *etſi voluntas defuncti circa fideicommiſſa legibus non ſit ſubnixa, tamen implendi eam neceſſitatem habeat.* Les arrêts jugent conſtamment la même choſe, & tous les auteurs n'ont qu'une voix ſur cette matière.

Dans la foule des arrêts qui ont décidé que les ſubſtitutions de biens indiſponibles ſont confirmées par le conſentement de l'héritier, à l'égard même des perſonnes qui ne ſont pas tenues d'entretenir ſes contrats, ni de garantir ſes faits, nous en remarquons trois rendus dans la coutume même de la châtellenie de Lille. M. Desjaunaux en rapporte deux des 6 novembre 1678 & 10 mai 1703, qui décident » que les créanciers d'une per- » ſonne qui a accepté une ſucceſſion avec la charge » de fidéicommis ordonné par le teſtateur, ne peu- » vent diſputer ledit fidéicommis du chef que le » teſtateur n'auroit pu fidéicommiſſer ſon bien par » teſtament «. M. de Baralle en rapporte un autre du 14 juillet 1690, par lequel on a jugé que le ſieur de Gavelens avoit confirmé par ſon approbation le fidéicommis dont fes père & mère avoient chargé des biens indifponibles, & qu'en conféquence le fieur du Breucq, à qui il avoit vendu une partie de fes biens, étoit non recevable à contefter la validité de ce fidéicommis, en vertu duquel on formoit à fa charge une demande en délaiffement.

Ces trois arrêts ont, comme l'on voit, décidé clairement que des perfonnes non fujettes à la garantie & à l'entretien des faits & contrats d'un héritier, ne laiffent pas d'être obligées de refpecter l'approbation par lui donnée à une fubftitution de biens indifponibles, auxquels elles voudroient venir de fon chef.

Ces moyens faifoient efpérer aux mineurs Morteleque une décifion favorable, & tous les juges paroiffoient les regarder comme péremptoires; mais, au moment où le rapport alloit finir, le fieur Lallier eft venu produire l'arrêt de 1765, avec plufieurs pièces dont il réfultoit que le père des mineurs avoit renoncé à la fubftitution ; cette production inattendue a changé toute la face de la caufe, & par arrêt du 13 décembre 1779, au rapport de M. l'abbé Evrard, les Morteleque ont été déclarés non recevables dans leur demande.

Pour que le confentement d'une partie intéreffée couvre & efface une Nullité refpective, il faut, 1°. que la partie ait toutes les qualités requifes pour paffer l'obligation ou faire l'aliénation qui réfulte de fon confentement.

2°. Il faut que ce confentement foit donné dans un temps où il ne foit pas fujet au même inconvénient qui a fait déclarer nul l'acte principal.

Aiufi la Nullité d'une donation entre conjoints ne feroit pas couverte par la ratification qu'en feroit le mari pendant le mariage , quand même cette ratification contiendroit une renonciation expreſſe & formelle au droit de révoquer la donation. C'eſt ce qu'établit la loi 5 , D. *de pactis dotalibus.*

Par la même raiſon , le conſentement que les héritiers préſomptifs du mari donneroient pendant le mariage à une donation qu'il eût faite à ſa femme , ne les rendroit pas non recevables à la faire déclarer nulle après la diſſolution du mariage. C'eſt ce qui a été jugé par arrêt du parlement de Paris du 3 avril 1543 , cité par Carondas ſur l'article 200 de la coutume de Paris ; par un autre du grand conſeil de Malines du 20 juillet 1617 , rapporté par M. Dulauri , & par un troiſième du parlement de Flandres , rapporté dans le recueil de M. Desjaunaux, ſous la date du 9 août 1703.

§. I V. *des effets des Nullités.*

L'effet des Nullités , ſuivant le ſens naturel de ce mot , doit être de vicier tellement les actes , qu'on les regarde comme non avenus , & qu'il n'en puiſſe rien réſulter : c'eſt d'après cela que s'eſt introduite la maxime *quod nullum eſt , nullum producit effectum.*

Cette maxime n'eſt cependant pas toujours vraie ; on peut en juger par ce que dit Fuet en ſon traité des matières bénéficiales , ſur la queſtion de ſavoir ſi une collation nulle de la part de l'ordinaire , empêche la prévention du pape.

» Les canoniftes diftinguent entre ce qui
» eft nul de foi, & ce qui doit être annullé
» ou par une fentence, ou par la plainte d'un
» tiers. . . . Tous les auteurs conviennent que la
» première collation de l'ordinaire, qui n'eft
» pas nulle de foi, mais qui peut être annul-
» lée, empêche la prévention du pape ; ainfi
» la collation faite par l'ordinaire fans attendre
» la préfentation du patron, celle qui eft faite à
» un abfent qui n'a pas encore accepté, celle
» qui eft faite à un incapable ; comme, par
» exemple, fi l'ordinaire avoit conféré un bé-
» néfice vacant dans les mois affectés aux gra-
» dués fimples ou nommés, à une perfonne
» non qualifiée, toutes ces collations fubfiftant
» par elles - mêmes, quoiqu'elles puiffent être
» annullées, foit par la préfentation du patron
» eccléfiaftique dans les fix mois, ou du patron lai-
» que dans les quatre mois ; foit par la démiffion
» ou refus de l'abfent, foit par la réquifition
» d'un gradué, arrêtent la prévention du pape,
» à l'effet de faire jouir ou le nommé par le
» patron, ou le gradué qui requiert poftérieure-
» rement à la prévention du pape ; parce que cette
» collation faite par l'ordinaire, à qui elle appar-
» tient de droit commun, & qui a droit de
» dévolution en cas de négligence ou de mauvais
» choix, lie les mains du pape, & empêche
» qu'il ne puiffe prévenir, non feulement en fa-
» veur du pourvu par l'ordinaire, dont les pro-
» vifions font nulles, mais encore en faveur d'un
» tiers qui n'a qu'un droit poftérieur, & qui
» n'en avoit point, ou du moins un fort éloigné,
» lors de la provifion du pape.

» Mais lorfque la collation de l'ordinaire eft

» abfolument nulle, c'eft-à-dire, lorfqu'elle eft
» faite par un collateur qui n'eft pas l'ordinaire
» du patron ou du gradué, ou à qui le droit
» de collation du bénéfice n'appartient point,
» les canoniftes font encore partagés. Les uns
» veulent que fi la Nullité ne vient que de l'in-
» capacité, indignité ou autre défaut du pourvu,
» la collation émanée de celui qui a pouvoir de
» conférer, quoique nulle, empêche la prévention
» du pape; les autres foutiennent qu'une colla-
» tion nulle ne doit produire aucun effet, non
» pas même d'empêcher la prévention du pape.
» Cette queftion paroît encore indécife; cepen-
» dant je ferois affez du fentiment de ceux qui
» foutiennent que la collation faite par le véri-
» table collateur qui a droit, quoiqu'il ait con-
» féré à un indigne, doit arrêter la prévention.
» On voit par-là qu'il y a bien de la diffé-
» rence entre un acte qui eft nul de foi, *ipfo*
» *jure*, *ipfo facto*, & celui qui n'eft nul que
» par accident & qui doit être annullé, *qui ve-*
» *nit annullandus*, *eo cujus intereft conquerente* ;
» & que la maxime de droit, qui dit que ce qui
» eft nul de foi ne peut produire aucun effet,
» & que c'eft la même chofe de ne rien faire,
» ou de ne pas faire ce qu'on doit felon les règles,
» fouffre des exceptions, parce qu'un acte qui
» peut fubfifter de foi & qui n'eft nul que par
» la confidération de l'intérêt d'un tiers, au mo-
» ment qu'il eft fait, doit arrêter la prévention «.
C'eft par la même diftinction que Dunod ré-
fout la queftion de favoir fi un titre nul peut
fervir de fondement à la prefcription. » Le titre
» nul d'une Nullité abfolue, dit-il, n'a jamais
» transféré le domaine, ni pu mettre le poffeffeur

» on ses héritiers en bonne foi ; ainsi lorsqu'il
» paroît, l'on n'a aucun égard à la possession qui
» l'a suivi. Les actes dont la Nullité n'est que
» respective, produisent une obligation naturelle,
» & ne sont pas même toujours nuls de plein
» droit à l'égard de la partie intéressée ; car il
» faut souvent qu'elle les fasse rescinder, comme
» il arrive dans les contrats faits par crainte. Ces
» actes sont translatifs du domaine, lorsqu'ils ont
» été accompagnés de la tradition , & ils forment
» du moins un titre putatif & coloré , à l'ombre
» duquel l'acquéreur peut se croire le maître &
» posséder de bonne foi. La prescription de trente
» ans ne reçoit point d'obstacle de la défense
» d'aliéner les choses qui sont dans le commerce,
» & de la Nullité qui résulte d'un défaut de for-
» malité ou de la faveur d'un particulier , qui ne
» peut être ni suppléée par le juge , ni proposée
» par un tiers , parce que cette Nullité est sim-
» plement respective , & ne produit qu'une action
» qui s'éteint par le laps de trente ans «. Voyez
ci-après §. 7.

Il y a dans les procédures des Nullités qui
portent leurs effets plus loin les unes que les
autres. » Les unes , dit Serpillon, n'influent que
» sur une déposition, un recollement ou autre
» acte unique ; alors il n'y a que cet acte unique
» qui soit nul. Mais il y a des Nullités qui in-
» fectent toute une procédure : par exemple , si
» dans la plainte il y en avoit une, c'est le fon-
» dement de toute la procédure ; sa Nullité en-
» traîneroit celle de tout ce qui auroit été fait en
» conséquence. De même, dans l'information, la
» Nullité qui s'y trouveroit influeroit sur toute la
» procédure ; il n'y auroit que les interrogatoires
» qui

» qui feroient exempts de la ruine de l'édifice,
» parce qu'ils n'ont aucune connexité, ni liaifon,
» ni dépendance avec le refte de la procédure. Il
» n'y a qu'une exception, qui eft celle où le décret
» feroit nul «.

Il a été queftion de favoir fi la Nullité des informations faites dans une procédure en entérinement de lettres de grâce, entraînoit la Nullité des lettres, & nécelliroit le demandeur d'en obtenir de nouvelles. Un arrêt du 31 mars 1711, rapporté par Jouffe, a décidé pour la négative.

Des raifons d'équité ou de bien public obligent quelquefois les juges, & fur-tout les juges fouverains, à laiffer fubfifter ce qui a été fait par fuite même directe & immédiate des actes qu'ils déclarent ou doivent déclarer nuls. Ainfi, par arrêt du 15 avril 1776, le parlement de Flandres a déclaré nul, avec dépens, dommages & intérêts, un emprifonnement pratiqué contre les formes légales, & néanmoins a ordonné que le débiteur tiendroit prifon jufqu'au plein payement de la dette pour laquelle il étoit arrêté & qu'il avouoit. Voyez l'article CLAIN, tome 11, page 151.

Ainfi par arrêts de la même cour des 27 juillet 1692, 9 mars 1703, 30 janvier 1716, & 18 juillet 1780, rendus dans la coutume de Lille, on a déclaré valables les emprifonnemens de débiteurs infolvables ou qui méditoient la fuite, quoique l'on y eût négligé la plupart des formalités requifes en cette matière.

Ainfi quoique les cours déclarent fouvent nulles des procédures criminelles, depuis la plainte inclufivement jufqu'à la fentence definitive, cependant fi les accufés ont été arrêtés en vertu des décrets prononcés dans ces procédures, elles ne les mettent pas pour cela en liberté ; mais elles ordonnent qu'ils feront transférés, fous bonne & fûre garde, dans les prifons des juges qu'elle nomme pour recommencer l'inftruction, à moins que la nature du délit ou l'apparence des charges ne détermine à prononcer autrement. Voyez l'arrêt du 27 juillet 1778, rapporté au mot *Information*.

Ainfi lorfqu'on déclare nuls quelques actes particuliers d'une inftruction criminelle, on ne laiffe pas, fur-tout s'ils font du nombre de ceux qui ont la preuve pour objet, d'ordonner qu'ils feront joints au procès pour fervir de mémoire.

Une obfervation importante pour les cours fouveraines dans les matières criminelles, eft que rarement elles caffent les procédures qui ne roulent que fur des cas légers. » Si peu qu'il » en réfulte de preuve & qu'il y ait de pro- » cédure valable, dit Serpillon, elles évoquent » & jugent à l'audience, pour tirer les parties » des procès qu'il eft important pour le bien » public d'affoupir.

» Il en eft de même, continue cet auteur, » des lettres de grâce. Les cours paffent fouvent » à l'entérinement malgré les Nullités. Il y en » a des arrêts du parlement de Paris des 18 fé- » vrier & 18 mars 1715. Elles fe contentent de » faire des injonctions aux juges «.

§. V. *Celui qui commet une Nullité en eft-il garant envers les parties intéreffées à ce que l'acte foit valable ?*

Cette queftion eft affez fimple dans la thèfe générale, & nous en trouvons la réfolution

dans la loi 1 , D. *ſi menſor falſum modum dixerit.*
On établit d'abord dans ce texte , que l'on ne
peut pas exercer l'action de louage contre les
perſonnes dont les travaux tiennent plus à l'eſprit qu'au corps , & qui , par cette raiſon , n'en
reçoivent la rétribution qu'à titre d'honoraires:
& de là on conclut , que ces perſonnes ne ſont
garantes que de leur dol ; en ſorte que ſi elles
commettent quelque faute par impéritie ou négligence , c'eſt à la partie qui les a employées
à s'imputer de n'en avoir pas choiſi de plus inſtruites ou de plus attentives. On ajoute cependant que la faute lourde eſt à cet égard aſſi-
milée au dol , *ideò autem hanc actionem propoſuit*
(prætor) *, quia non crediderunt veteres inter*
talem perſonam locationem & conductionem eſſe ,
ſed magis operam beneficii loco præberi : & id
quod datur ei ad remunerandum dari , & indè
honorarium appellari ..... hæc actio dolum malum
duntaxat exigit ; viſum eſt enim ſatis abundè-
que coerci menſorem , ſi dolus malus ſolus con-
veniatur ejus hominis qui civiliter obligatus non
eſt. Proindè ſi imperitè verſatus eſt , ſibi im-
putare debet qui eum adhibuit ; ſed & ſi negligenter ,
æquè menſor ſecurus erit. Lata culpa planè dolo
comparabitur.

La loi 19 , C. *de teſtamentis* , paroît contraire
à ce texte , au moins par rapport aux officiers
publics qui reçoivent des teſtamens. Elle porte ,
qu'un teſtament n'eſt valable qu'autant que le
teſtateur écrit de ſa main ou déclare d'une voix
intelligible le nom de l'héritier qu'il inſtitue ;
& elle prononce la peine de faux contre les
notaires qui négligent cette formalité, *ſcituris*
& tabellionibus & his qui teſtamenta conficienda

proeurant ; quòd si aliter facere ausi fuerint, pœnam falsitatis non evitabunt, quasi dolosè in tam necessariâ causâ versati.

Mais, on le voit clairement, cette loi ne détruit pas le principe établi par celle qu'on a rapportée précédemment ; on peut même dire qu'elle le confirme, puisque, pour rendre un notaire responsable de l'omission d'une formalité, elle est obligée de supposer qu'il y a du dol de la part de cet officier ; supposition qui forme en ce cas une présomption de droit, à laquelle on est obligé, dans le droit Romain, de donner un entier effet, mais que l'on ne peut étendre à d'autres espèces, sans violer essentiellement la maxime, que les loix contraires aux principes généraux doivent être renfermées dans leurs termes précis.

Il faut donc tenir pour constant, que la loi 1, D. *si quis falsum modum dixerit*, doit servir de règle sur la question proposée, & par conséquent que l'on ne peut en général rendre un officier quelconque garant d'une Nullité qu'il a commise par simple impéritie ou négligence.

La jurisprudence des arrêts est conforme à cette doctrine. M. Stockmans & M. Pollet rapportent deux arrêts des 26 janvier 1652 & 11 novembre 1706, par lesquels il a été jugé au conseil souverain de Brabant & au parlement de Flandres, qu'un juge ne peut être pris à partie pour avoir élargi imprudemment & indûment un débiteur arrêté & détenu en prison. Voyez l'article PRISE A PARTIE.

Il a été rendu une foule d'arrêts semblables pour les notaires. Brodeau en rapporte un du 7 juillet 1575, qui déboute un particulier de sa demande en garantie contre la veuve d'un notaire qui avoit reçu un contrat sans faire signer les parties ni les témoins. M. Louet nous en fournit un autre du 28 juin 1604, qui met hors de cour sur la demande en garantie formée contre deux notaires, pour n'avoir pas exprimé valablement la renonciation d'une femme au sénatusconsulte Velleïen. Voici les moyens de défense qu'employoient ces officiers : » Les » notaires qui avoient reçu le contrat disoient » qu'ils n'étoient argués d'aucun dol ni de chose » approchante ; que si la cour avoit, par ses » arrêts, cassé telles conventions sans expresse » renonciation, contenant l'extension du Vel- » leïen, c'étoit un point de droit jugé, à la » garantie duquel ils n'étoient aucunement te- » nus ; qu'il n'y avoit point de leur faute ; que » leur minute portoit, qu'ils avoient donné à » entendre le contenu au Velleïen, ce qu'ils » soutenoient avoir fait ; qu'il n'y avoit loi, » ordonnance, ni coutume qui obligeât les no- » taires à telles extensions : s'il y a eu quelques » arrêts, ils ne sont point venus à leur con- » noissance ... que les arrêts qui avoient déclaré » telles renonciations nulles, avoient, sur la som- » mation faite contre les notaires, mis les parties » hors de cour, notissimè, l'arrêt donné en l'au- » dience le jeudi 12 août 1599 ; que l'arrêt » donné en la troisième des enquêtes le 21 juillet » 1595, mettoit sur telle sommation les parties » hors de cour, & enjoint aux notaires à l'avenir » de faire l'extension du Velleïen, à peine d'en » répondre en leur nom. Que la condition des » notaires seroit en ce particulier misérable de » les rendre responsables d'un contrat & contenu

» en icelui. Il faudroit chasser de la ville de Paris
» tous les Notaires .... «.

A la suite de cet arrêt, Brodeau en cite un
du 16 février 1617, par lequel, » sur une som-
» mation faite à un notaire qui avoit omis des
» formalités essentielles à un testament, en con-
» séquence de quoi il avoit été cassé, les par-
» ties furent mises hors de cour & de procès «.
Brodeau ajoute qu'il en a été rendu un semblable
le 30 avril 1633, au sujet d'une donation dans
laquelle le notaire n'avoit exprimé l'acceptation
que par un &c.

M. Bouguier en rapporte deux des 21
janvier 1605 & de l'an 1610, qui ont pareillement rejeté les demandes en dommages-
intérêts formées contre des notaires qui, dans
l'espèce du premier, avoient omis de faire mention de la lecture d'un testament au testateur,
& dans l'espèce du second, n'avoient signé un
testament que deux jours après le défunt.

Un arrêt du 7 mars 1684, rapporté au journal
des audiences, a déchargé un notaire d'une demande en garantie, pour avoir énoncé dans une
obligation passée par une femme, un arrêt
d'autorisation qui ne se trouvoit pas véritable.

Par un autre arrêt du 5 septembre 1758,
rendu en la deuxième chambre des enquêtes,
la cour, en déclarant nul l'acte dont il étoit
question au procès, a débouté de la demande
en garantie qui avoit été formée contre les
héritiers du notaire dont l'impéritie avoit causé
la Nullité.

Le parlement de Toulouse a jugé la même
chose par arrêt du 8 avril 1743 ; il s'agissoit
d'un notaire qui n'avoit pas écrit lui-même un

teſtament. On a jugé, dit Furgole, » que les » notaires ne doivent pas répondre des Nullités » des actes, quoiqu'elles interviennent par leur » faute «.

Les procureurs ſont à cet égard de la même condition que les notaires. On trouve dans Montholon un arrêt du 23 décembre 1589, qui met hors de cour ſur la demande en garantie intentée contre un procureur, pour avoir oublié dans un appointement de concluſions ſur procès en retrait lignager, de réitérer l'offre *de bourſe, deniers à découvert & à parfaire*, conformément à la coutume de Paris; on remarque néanmoins que cet arrêt a enjoint » aux procureurs de ſe » rendre dorénavant ſoigneux de faire leſdites » offres, à peine des dépens, dommages & intérêts » des parties «.

On voit par cette injonction, que la loi & les arrêts de réglement peuvent rendre des officiers garans des Nullités qu'ils commettent par leur faute.

C'eſt ainſi qu'aux termes de l'article 36 du titre 22 de l'ordonnance de 1667, lorſqu'une enquête eſt déclarée nulle pas la faute du juge ou commiſſaire, il en doit être fait une nouvelle à ſes frais.

L'article 24 du titre 15 de l'ordonnance de 1670, porte pareillement, que » s'il eſt ordonné » que les témoins, feront ouïs une ſeconde fois, » ou le procès fait de nouveau à cauſe de quel- » que Nullité dans la procédure, le juge qui » l'aura commiſe ſera condamné d'en faire les » frais & payer les vacations de celui qui y » procédera, & même les dommages & intérêts » de toutes les parties «.

Serpillon fait fur cet article une obfervation dans laquelle on remarque un peu d'humeur & de prévention. » Il n'eſt pas ordinaire, dit-il, » lorſque les procédures ont été inſtruites à la » requête des procureurs du roi, que les cours, » en les caſſant, ordonnent qu'elles feront re- » faites aux frais des juges qui les ont inſtruites, » parce que, n'ayant reçu aucuns droits ni vaca- » tions pour cette inſtruction, il y auroit une » grande injuſtice de leur faire faire les frais » de la nouvelle procédure; ils ſont aſſez punis » par la honte d'un femblable affront, auquel » il y a eu des juges fi fenfibles, que les uns » ont quitté leurs charges, & les autres les ont » totalement négligées, au grand défavantage du » public. On peut même tirer des termes de » cet article, la conféquence qu'il n'a pas en- » tendu parler des cas où il n'y a que la partie » publique, car il veut que le juge qui aura fait » la Nullité foit condamné aux dommages & » intérêts des parties; ce qui fuppofe qu'il s'agit » d'une procédure où il y a partie civile. On » peut tirer la même conféquence de l'article » 13 de l'arrêt du confeil du 25 juillet 1731, » fervant de réglement pour les caſſations des » jugemens préfidiaux & prévôtaux; cet article » porte, que s'il fe trouve des défauts de forma- » lités dans les procédures des prévôts ou des » préfidiaux, qui donnent lieu à les déclarer » nulles, le prévôt fera renvoyé pardevant tel » autre prévôt au préfidial qu'il appartiendra: » ce réglement n'ajoute pas que la procédure » fera refaite aux frais du juge, parce qu'ordi- » nairement, dans les procès prévôtaux ou préfi- » diaux, il n'y a que le procureur du roi qui

» foit partie. Un juge zélé, qui pendant plu-
» fieurs années aura travaillé *gratis* pour l'inté-
» rêt public, tombera dans une faute d'inad-
» vertence en procédant *gratis* à l'inftruction
» d'une grande procédure ; on l'obligera à la re-
» commencer en entier à fes frais, à la décharge
» du domaine du roi. Une pareille récompenfe
» de fes fervices ne peut que le rebuter & le
» déterminer à négliger dans la fuite tout ce qui
» fe trouve dans le cas d'être pourfuivi à la re-
» quête de la partie publique. Si les cours avoient
» connoiffance des grands inconvéniens qui naif-
» fent de leur févérité, il eft certain qu'elles
» changeroient d'ufage. Il n'y a point de juges
» qui méritent plus de ménagement que ceux
» qui travaillent au criminel, prefque toujours
» fans rétribution, dans des matières défagréa-
» bles & qui demandent un travail continuel :
» cependant leur zèle, pour une peccadille,
» comme dit Loifeau, eft récompenfé par des
» caffations & des condamnations qui font voir
» que ceux qui travaillent le moins rifquent
» moins ".

Il faut convenir, avec l'auteur de ces réflexions,
que l'ordonnance paroît dure dans l'article dont
il s'agit ; mais, parlons fans prévention, qu'y
peuvent les cours fouveraines ? Miniftres & interprètes de la volonté du légiflateur, elles ne
peuvent y contrevenir fans expofer leurs arrêts
à la caffation : leur autorité ne confifte pas à
s'élever au deffus de la loi, mais à la faire refpecter ; & fi quelquefois il s'eft trouvé des
circonftances affez favorables pour leur faire remettre aux juges d'inftruction la peine établie
par l'article 24 du titre 15 de l'ordonnance

criminelle , il eſt certain qu'en général une pareille indulgence n'eſt pas moins contraire à ce texte, dans le cas où la partie publique agir ſeule , que dans celui où il y a une partie civile. En effet , le légiſlateur ne fait aucune diſtinction entre l'une & l'autre hypothèſe : en ajoutant à la peine de ſupporter les frais de la nouvelle inſtruction , celle d'être tenu des dommages-intérêts des parties, il ne limite pas ſa diſpoſition, au contraire il l'étend. Le ſilence de l'article 13 de l'arrêt du conſeil de 1731 , n'eſt pas un argument à oppoſer à l'expreſſion d'une loi antérieure & générale : comme on n'en pourroit pas conclure que les prévôts & préſidiaux ſont exempts, lorſqu'il y a partie civile, de faire recommencer à leurs frais les procédures dans leſquelles ils ont commis des Nullités, il n'en réſulte pas non plus que cette exemption doive avoir lieu en leur faveur dans les cauſes où le procureur du roi eſt ſeul partie. Du reſte , il y a pluſieurs arrêts qui ont rejeté la diſtinction propoſée par Serpillon.

La reſtitution des frais perçus à raiſon de la procédure annullée , doit faire partie des dommages-intérêts auxquels la loi condamne le juge qui a commis la Nullité. Nous voyons dans le journal des audiences, qu'un arrêt du 22 ſeptembre 1717 , « en déclarant nulle la ſentence » & la procédure du juge de Champagne, & » renvoyant devant le lieutenant criminel de » Dreux , a condamné les héritiers du juge de » Champagne, le procureur fiſcal, & un huiſſier » qui avoit fait la fonction de greffier, à rendre » les émolumens, & les héritiers du juge , les » taxes données aux témoins «.

En général, on eſt toujours, en matière de Nullité, plus ſévère contre un juge que contre un notaire ou un procureur, parce qu'il ne dépend pas des particuliers de ſe choiſir un juge plutôt qu'un autre, au lieu que le choix d'un notaire ou d'un procureur eſt toujours libre.

De là vient que pluſieurs auteurs, en convenant du principe qu'un juge ne peut être pris à partie qu'en cas de dol ou de concuſſion, ſoutiennent néanmoins qu'il doit toujours être condamné à la réparation des Nullités auxquelles il a donné lieu par ſa faute ou négligence. Voyez Serres en ſes inſtitutions au droit françois, livre 4, titre 3, §, 7 ; & Sohet en ſes inſtitutions au droit coutumier des Pays de Liége, Namur & Luxembourg, livre 1, titre 50, n°. 30.

Il y a pluſieurs réglemens qui aſſujettiſſent les notaires aux dommages-intérêts de certaines Nullités. Un arrêt du 6 mars 1620, rapporté par Brodeau, » a fait défenſes aux notaires de » plus inférer dans les contrats & obligations » conçues pour prêt, les déclarations de majo- » rité & extraits baptiſtaires, ſur peine de Nul- » lité & d'en répondre en leur propre & privé » nom «. *Voyez* au mot INTERDICTION, tome 32, page 276, un arrêt du 17 janvier 1662, concernant les contrats faits par des perſonnes interdites.

Les procureurs ſont reſponſables des Nullités qu'ils commettent dans les décrets ; on l'a ainſi réglé, pour les obliger à être attentifs ſur ces ſortes de procédures, toujours importantes. Rouſſeaud de Lacombe, qui établit cette maxime, ajoute qu'un arrêt du 26 avril 1644 a condamné un procureur aux dommages - intérêts, pour n'avoir

pas fait enregiftrer au greffe des décrets l'oppofition de fa partie, dont il avoit les pièces. *Voyez*
quelque chofe de femblable à l'article INTERRUP-
TION D'INSTANCES.

A l'égard des huiffiers & fergens, il paroît
qu'on les rend affez généralement refponfables
des Nullités qu'ils font dans leurs exploits, quoique l'ordonnance de 1667 ne les condamne
qu'à 20 livres d'amende, lorfque leurs exploits
font déclarés nuls pour les caufes marquées au
titre 2 de cette loi. Il y a dans le journal des
audiences deux arrêts des 10 juin 1704 & 11
mai 1705, qui condamnent, l'un par défaut,
l'autre contradictoirement, un huiffier à garantir
un demandeur en retrait lignager, qui avoit été
débouté par des Nullités d'ajournement.

L'article 22 d'un arrêt de réglement du parlement de Flandres, du 16 feptembre 1672,
porte pareillement, que les huiffiers font tenus
d'exprimer dans tous leurs exploits les noms
& furnoms des perfonnes à qui ils parlent &
délivrent copie, » à peine de Nullité & de
» recommencer par l'exploiteur à fes frais & dé-
» pens, outre la réfufion des dommages & inté-
» rêts de partie, s'il y échet «. Il y a dans le
même arrêt une foule d'autres difpofitions qui
prononcent les mêmes peines.

Il y a encore un arrêt du premier juillet
1752, qui ordonne qu'une pourfuite déclarée
nulle avant l'adjudication, fera recommencée aux
frais de Guillaume, huiffier, qui avoit fait une
Nullité dans l'une des quatre criées.

On trouve néanmoins un arrêt du 13 mai
1760, qui décharge un huiffier audiencier de la
demande en garantie de la Nullité d'un exploit

en matière de retrait : mais il est à croire que la cour n'a jugé de la sorte dans ce cas, qu'à cause que la procédure du retrayant étoit infectée de plusieurs autres Nullités étrangères à l'huissier.

§. VI. *Un acte nul dans le principe, peut-il devenir valable par la suite ?*

Il y a une règle de droit, qui porte, qu'un acte nul dans le principe, ne peut être validé par le seul laps de temps. *Quod initio vitiosum est, non potest tractu temporis convalescere.* L. 29, *de regulis juris.* La raison de cette règle, disent les interprètes, est que, comme le temps n'est pas un moyen d'établir ou d'éteindre de plein droit une obligation, il ne doit pas non plus avoir la vertu de confirmer seul un acte nul en soi.

Cette règle, ajoutent les commentateurs, a lieu dans les testamens, dans les contrats, dans les mariages, dans les jugemens, dans les usucapions, en un mot dans toutes les matières de droit.

Dans les testamens, il est de principe, qu'une disposition qui auroit été nulle si le testateur fût décédé immédiatement après l'avoir faite, ne peut pas devenir valable par la suite. C'est la décision expresse de la fameuse règle de Caton (*).

(*) *Catoniana regula sic definit : quòd si testamenti facti tempore decessisset testator, inutile foret id legatum, quandocumque decesserit, valere.* L. 1, D. *de regula Catoniana.*

Nous avons expliqué & développé cette règle au mot INSTITUTION D'HÉRITIER.

Dans les contrats, on tient pour maxime, que la stipulation d'une chose qui est hors du commerce, demeure toujours nulle, quoique la chose change par la suite de qualité & tombe dans le commerce. C'est ce que porte le §. 1, aux instirutes, *inutilibus stipulationibus.*

A l'égard des sentences, lorsqu'elles sont nulles en elles-mêmes, le laps du temps fixé pour l'appel ne les valide pas, & jamais elles ne passent en choses jugées. La loi 19, D. *de appellationibus*, est formelle sur ce point.

Il y a cependant bien des cas où la règle dont il s'agit est sans effet ; on peut même dire en général, que ce sont tous ceux où la cessation de l'empêchement qui produisoit la Nullité, se réunit à la survenance d'une cause nouvelle & propre à confirmer l'acte.

Par exemple, on verra dans le paragraphe suivant que la prescription, c'est-à-dire le laps d'un certain espace de temps, est souvent un moyen qui couvre & efface les Nullités. Pourquoi ? Parce que la loi présume de la part de ceux qui ont intérêt de faire valoir ces Nullités, un consentement tacite à l'exécution des actes qui en sont frappés ; car, dit le jurisconsulte Paul dans la loi 28, D. *de verborum significatione*, celui-là est censé aliéner son bien, qui laisse passer le temps de la prescription sans le revendiquer.

La loi 1, §. 1, D. *de legatis* 3°., nous offre un autre exemple ; elle décide qu'un legs ou un fidéicommis fait par un fils de famille, quoique nul dans son principe, devient valable, si le fils de famille, étant émancipé, témoigne être toujours dans la même volonté & y persévère jusqu'à la mort.

Le mariage contracté par un impubère est nul, & demeure perpétuellement tel. Si cependant il survenoit, après la puberté, un nouveau consentement de la part de l'homme & de la femme, le mariage seroit validé, & ne pourroit plus être dissous. C'est la décision expresse du chapitre 1, §. 1, aux décrétales, *de sponsalibus impuberum*, & de la loi 4, D. *de ritu nuptiarum*.

Il existoit chez les Romains un empêchement de mariage entre les sénateurs & les affranchies, & par conséquent un mariage contracté entre deux personnes qui étoient respectivement de l'une & de l'autre condition, n'étoit qu'un concubinage. Néanmoins si le mari venoit à perdre sa dignité, le mariage commençoit à être regardé comme valable, & l'affranchie qu'il avoit épousée, devenoit sa femme. La loi 27, D. *de ritu nuptiarum*, le décide ainsi, & l'on peut dire la même chose de toutes les autres espèces d'empêchemens.

Observons cependant qu'il y a sur cette matière une différence essentielle entre le droit romain & nos usages. Comme le seul consentement suffisoit chez les Romains pour contracter un mariage, il suffisoit aussi pour le réhabiliter, quand il étoit nul dans le principe. Mais comme, parmi nous, on ne peut se marier qu'avec des formalités publiques, nous ne pouvons attribuer à la simple cohabitation de deux personnes, l'effet de valider un mariage qu'ils ont contracté dans un état d'empêchement qui a cessé depuis. Aussi trouvons-nous dans Barbosa une déclaration des cardinaux interprètes du concile de Trente, qui porte, qu'un mariage contracté publiquement entre impubères, ne peut être validé par leur seule cohabitation, après qu'ils ont atteint l'âge de puberté , mais qu'il faut , pour le réhabiliter, une nouvelle célébration en face d'églife. Cette décifion eft adoptée par Zypæus, l'annotateur de Fevret , l'auteur des conférences d'Angers , & Saint-Leger , official d'Avignon (*) , rapporte un jugement de la rote romaine , qui y eft conforme.

Un exemple rendra encore plus fenfible la différence dont nous parlons. C'étoit une maxime conftante chez les Romains , qu'on ne pouvoit faire une inftitution d'héritier que par un teftament, mais qu'on pouvoit faire des legs & des fidéicommis par des codicilles, efpèces d'actes qui ne demandoient qu'une fimple déclaration de volonté, *nudam voluntatem , folum nutum.* D'après cela, on a décidé qu'un fils de famille & un efclave ayant fait chacun un teftament & chacun un codicille, tandis qu'ils étoient, l'un fous la puiffance de fon père, l'autre fous celle de fon maître, & ayant été affranchis depuis , leur feule perfévérance dans la même volonté avoit validé leurs codicilles , mais non leurs teftamens. Cette décifion eft confignée dans la loi 1 , §. 1 , D. *de legatis* 3°.

On a agité au parlement de Normandie la queftion de favoir fi un patron ayant préfenté à une prébende un laic qui ne s'étoit fait tonfurer qu'immédiatement avant de recevoir fon inftitution , la Nullité de la préfentation étoit effacée par la capacité furvenue depuis. La conteftation étoit entre un dévolutaire & le préfenté. Il y a une fi grande relation , difoit le premier,

_____

(*) Quæft. canon. part. 1 , cap. 120.

entre

entre l'acte de préfentation & l'inftitution, que
ces deux actes ne font qu'un tout; c'eft ce qui
compofe la provifion; fi donc l'un des deux eft
nul, la Nullité influe fur l'autre, & l'on ne
peut détruire l'un, que l'autre ne tombe nécef-
fa rement. L'inftitution eft une collation néceffaire
& forcée, l'ordinaire ne l'accorde que fur le fondement de la préfentation; il pourroit à la vérité
pourvoir le préfenté de p'ein droit, *jure ordi-
nario*; mais en référant fes provifions à la préfentation, il les fait néceffairement dépendre de
la validité de cet acte, & par conféquent il ne
peut avoir l'intention de couvrir par les unes le
défaut de capacité qui vicie l'autre.

Le préfenté difoit au contraire, que la tonfure
avoit été le fondement de fes provifions; que
la préfentation n'étoit point une partie principale de la collation, mais feulement une fer-
vitude fans laquelle la collation donnée par l'ordinaire devenoit canonique, lorfque le patron
ne fe plaignoit pas; que par conféquent on ne
devoit pas confidérer le temps de l'exercice du
patronage, mais celui où l'ordinaire avoit approuvé la préfentation.

Par arrêt du 17 décembre 1637, rapporté
par Bafnage fur l'article 69 de la coutume, le
dévolutaire fut maintenu dans la prébende.

Dans les bénéfices électifs confirmatifs, la
Nullité produite par l'incapacité du pourvu au
temps de l'élection, peut-elle être couverte par
la ceffation de cette incapacité au temps de a
confirmation? La décrétale *dudum, de electione*,
décide pour la négative, & c'eft d'après la difpofition que Duperray dit que » la Nullité d'un
» élu n'eft point relevée par la confirmation en

» forme commune. Cependant, continue-t-il,
» elle feroit suppléée par le supérieur en con-
» noissance de cause, en ajoutant qu'il confère
» en tant que de besoin à cet élu la même di-
» gnité «.

C'est par les mêmes principes que l'on devroit décider la question de savoir si le défaut
de grades dans le pourvu d'une cure de ville
murée, peut être réparé par les grades qu'il
obtient dans la suite. Voyez cependant l'article
Curé.

§. VII. *Par quelle voie, dans quel temps doit-on*
se pourvoir pour faire déclarer une Nullité?

La question de savoir quelle voie on doit
prendre pour faire déclarer un contrat nul, dépend de la nature de la Nullité qu'il s'agit de
prononcer.

On distingue à cet égard trois sortes de Nullités, les Nullités de droit, les Nullités d'ordonnance, & les Nullités de coutume.

Les Nullités de droit sont celles que le droit
romain a établies, & que nos loix n'ont pas renouvelées expressément. Telle est, non pas comme
on l'avance dans l'encyclopédie, la Nullité d'une
obligation contractée par un mineur pubère qui est
lézé (car cette obligation est valable aux termes de
la loi 101, D. *de verborum obligationibus*),
mais la Nullité d'une obligation destituée de
cause, d'une tradition faite sans titre valable, &c.

Les Nullités d'ordonnance sont celles qui résultent de quelques déclarations ou lettres-patentes. Tel est dans une donation le défaut d'ac-

ceptation , de tradition ou d'infinuation. Les
Nullités de coutume font celles qui dérivent de
nos loix municipales , & qui appartiennent fpécialement au droit coutumier. Tel eft , par rapport au
retrait lignager dans la coutume de Paris , le
défaut d'offres réelles à chaque journée de la
caufe.

On dit communément que les voies de Nullité n'ont point lieu en France ; cette maxime,
qui eft pareillement reçue dans les Pays-Bas ,
ne s'entend, à l'égard des contrats, ni des Nullités d'ordonnance , ni des Nullités de coutume;
& le fens en eft , que l'on ne peut faire déclarer
une Nullité de droit fans prendre des lettres du
prince.

Cette maxime ne doit fon introduction qu'à
l'ignorance de nos anciens praticiens. Les uns
fe font fondés pour l'établir , fur ce que le roi
étant fouverain abfolu dans fes états, il ne convient pas à fes juges de prononcer fans autorifation fpéciale , des Nullités qui dérivent de loix
étrangères (*). Il n'eft perfonne qui ne voie
combien ce raifonnement étoit abfurde & inconféquent ; abfurde, parce qu'il s'enfuivoit que les
juges auroient befoin de lettres de chancellerie,
foit pour caffer un teftament d'après les difpofitions du droit romain , foit pour fe conformer
dans leurs décifions à un point quelconque de ce

(*) Novimus hunc morem invectum fuiffe in argumentum primarii , meii majorifque imperii regum noftrorum ,
qui fi quid ipfo jure romano irritum fiat, non aliter pro
nullo effe inter fuæ ditionis homines voluerunt , nifi bene-
ficio impetratî a fe refcripti. *Mornac*, fur la loi 21, D.
quod metûs caufâ.

Gg ij

droit ; inconféquent , parce qu'il attribue à une formalité purement burfale , plus d'effet qu'à la permiffion expreffe & générale que donne le roi d'enfeigner dans les écoles , & de fuivre dans les tribunaux les principes & les décifions des légiflateurs de Rome. Les autres voyant que dans le droit romain c'étoit le prêteur qui accordoit les reftitutions en entier pour dol, crainte de léfion , & comparant cette pratique avec celle déjà établie de leurs jours , de prendre des lettres du prince , lorfqu'on vouloit faire refcinder un acte pour l'une de ces trois caufes, ont tiré de cette différence, bornée par elle-même à des cas particuliers , la conféquence générale, que les juges ne pouvoient plus prononcer aucune Nullité de droit fans un commandement exprès du fouverain ; c'eft-à-dire, qu'ils ont appliqué aux Nullités ce qui n'avoit été introduit que pour les reftitutions en entier , & qu'ils ont confondu les actes nuls en foi, avec les actes fujets à refcifion.

Quoi qu'il en foit , la règle dont il s'agit a été confacrée par plufieurs arrêts. Il y en a un entre autres du 14 août 1543 , rapporté dans le recueil de Papon, livre 16 , titre 3 , n°. 11.

Cette règle n'eft cependant pas fans exceptions. ,, Nos praticiens , dit le Grand fur l'article 138 ,, de la coutume de Troies , en exceptent com-,, munément les ufures, fymonies & les contrats ,, faits avec pupilles ''. On peut aller plus loin, & dire en général , qu'elle ne peut avoir lieu, ni par rapport aux actes contraires aux bonnes mœurs ou au droit public , ni relativement à ceux que des vices de forme intrinfèque empêchent de regarder comme exiftans , ni dans les cas où la Nullité provient d'une incapacité légale & abfolue de contracter. Voyez fur ce dernier point l'arrêt du 14 août 1769, rapporté au mot Interdiction.

Il y a même plufieurs provinces où l'on eft admis, fans lettres de refcifion, à propofer toutes les efpèces de Nullités de droit. Nous voyons dans de Laurière, art. *Nullité*, que telle eft la pratique conftante de la Lorraine. Dunod, en fon traité de l'aliénation & de la prefcription des biens d'églife, en dit autant de la Franche-Comté, & il y a pour cette province un édit du mois de juillet 1707, qui paroît y autorifer cet ufage. On juge de même dans les Pays-Bas; & quoique l'on y prenne quelquefois des lettres de refcifion contre des actes nuls de droit, cette formalité n'y a jamais été regardée comme néceffaire; c'eft ce qu'attеftent Groeneweghen, fur le code, titre *in quibus caufis in integrum reftitutio neceffaria non eft*; Gudelinus, *de jure noviffimo*, livre 3, chapitre 14; Zypæus, *notitia juris belgici*, titre *de in integrum reftitutione*; Neoftade, décifion 47; Chriftin, fur les loix abrogées de Bugnyon, livre 1, chapitre 123; Voet, fur le digefte, livre 4, titre 1.

A l'égard des jugemens, il faut diftinguer s'ils font interlocutoires ou définitifs.

Les jugemens interlocutoires ou de fimple inftruction peuvent être déclarés nuls par les juges mêmes qui les ont rendus, & cela fur la feule expofition des moyens qui en fondent la Nullité. C'eft la conféquence du principe établi par la loi 14, D. *de re judicatâ*, & par les docteurs qui l'ont commentée, que ces fortes de jugemens font fujets à être révoqués jufqu'en définitif. De là l'injonction que l'ordonnance criminelle, titre 14, article 8, fait aux juges d'examiner, avant de procéder au jugement définitif des procès, s'il n'y a pas des Nullités dans l'inftruction. De là la permiffion expreffe qu'elle leur donne, titre 6, article 14, d'annuller les dépofitions qu'ils ont reçues fans les formalités requifes. De là auffi l'obfervation que faifoit en 1727 M. l'avocat général, que fi un official a commis quelque faute dans la procédure, il faut fuivre à fon égard l'ufage établi par rapport aux autres juges, & lui laiffer, comme à ceux-ci, le pouvoir de réparer fes Nullités ; » fans quoi, dit » Serpillon en rapportant ce trait, les juges fe- » roient obligés de ceffer l'inftruction de leurs pro- » cédures ; les crimes demeureroient impunis, & » les preuves dépériroient. Si un juge continuoit » une procédure irréguliére, il ajouteroit des » actes inutiles, des actes vicieux, & multiplie- » roit les frais, qui tomberoient fur lui.

Mais cette faculté que la loi laiffe aux juges, n'ôte pas aux plaideurs celle de fe pourvoir par la voie d'appel contre les fentences d'inftruction qui font nulles ; & il y a à cet égard une remarque bien effentielle, c'eft que le juge ne peut plus annuller fa procédure dès qu'il y en a un appel interjeté, parce qu'alors le juge fupérieur eft faifi de la caufe. Il a été ainfi jugé par arrêt du 7 décembre 1726, rapporté par Rouffeau de Lacombe en fa jurifprudence canonique, au mot *Official.*

C'eft une queftion fi les actes de pure inftruction peuvent être annullés par le juge ou commiffaire qui y a procédé, ou fi ce pouvoir

est réservé au siége assemblé. Il paroît, dit Serpillon, que l'article 14 du titre 6 de l'ordonnance de 1670, » laisse au juge la liberté de
» pouvoir seul déclarer nulles les dispositions
» qui n'ont pas été reçues avec toutes les for-
» malités nécessaires «. Cependant, ajoute cet
auteur, il est plus sûr de se conformer à un
arrêt du 10 juin 1746, » qui a jugé que le
» lieutenant criminel d'Angers n'avoit pu déclarer
» nulles quelques dépositions d'une information
» qu'il avoit faite. Du Rousseau rapporte les
» motifs sur lesquels cet arrêt a été rendu ; il
» prouve qu'ils sont conformes à l'esprit de
» l'ordonnance, & que le juge doit casser ce qui
» est nul de l'avis de deux officiers, ou de deux
» gradués ou praticiens «.

Le pouvoir que l'ordonnance attribue aux
juges d'annuller eux-mêmes leurs procédures
vicieuses, a aussi lieu par rapport à celles qui
ont été faites en d'autres siéges, & qui leur
sont renvoyées pour les continuer. Un arrêt du
22 décembre 1731, rapporté par Serpillon, » a
» enjoint au lieutenant général de Limours,
» lorsqu'il continuera une procédure commencée
» par un premier juge, d'examiner avant toutes
» choses si la procédure est régulière, & au cas
» qu'il ne la trouve pas telle, de la déclarer
» nulle, ou se pourvoir à la cour pour en faire
» prononcer la Nullité avant de faire aucune
» instruction de son chef, ou procéder à aucun
» jugement «.

Lorsqu'il s'agit d'un jugement définitif, il faut
distinguer s'il est rendu en dernier ressort, ou sujet
à l'appel.

Dans l'un & l'autre cas, les parties qui n'y ont

G g iv

pas été appelées , ou qui ne l'ont pas été dûment, peuvent en faire prononcer la Nullité
par les juges mêmes qui les ont portés ; il ne leur
faut pour cela d'autre voie que celle de l'oppos-
tion ; voyez ce mot.

Mais quand la partie qui veut faire déclarer
un jugement nul, a été dûment assignée, elle
n'a pas d'autre voie à prendre que celle de la
cassation ou de la requête civile , si le jugement
est en dernier ressort , & celle de l'appel , s'il
est question d'une simple sentence.

Notre jurisprudence diffère sur ce point de
celle des Romains. La loi 1 , C. *de sententiis*,
& la loi 1 , §. 2 , D. *quæ sententiæ sine appel-
latione rescindantur* , établissent qu'une sentence
nulle peut être rescindée sans appel, tant par
le juge même dont elle est émanée , que par
tout autre devant qui la contestation est portée
de nouveau. Mais comme nos anciens praticiens ne distinguoient pas aisément les sentences
nulles d'avec celles qui ne péchoient que par
le mal jugé , il ont mis en principe que l'on
doit appeler des unes comme des autres , &
cette règle a été reçue par-tout sans difficulté.
Automne sur le titre du code, *quandò provocare
non est necesse ,* dit que *rubricam hanc ab usu
forensi Gallorum longè recessisse , quia necessaria
est appellatio , etiam in casibus in quibus sententia est ipso jure nulla.* Le président Favre , en son
code , livre 7 , titre 27 , décision 3 , atteste la
même chose par rapport à la Savoye. *Lege
nostrâ municipali expressè cautum est , ut quan-
tumvis nulla fit sententia , ab eâ tamen neces-
sariò sit provocandum.* C'est aussi ce que l'on
observe dans les Pays-Bas , suivant Groene-

weghen fur le titre du code que nous venons
de citer ; Zipæus en fa notice du droit belgique, titre *de appellationibus* ; Knobaert fur la
coutume de Gand, titre 1, article 5, obfervation 4; Chriftin, tome 1, décifions 3 & 16,
& tome 4, décifion 88. La coutume d'Aude-
narde en a même une difpofition expreffe :
» L'on doit appeler (dit-elle, titre 7, article 1)
» des fentences en matières civiles, quand elles
» feroient nulles & de nulle valeur felon le droit,
» & elles doivent être déclarées nulles & abu-
» fives par le juge *ad quem*, ou au moins être
» réformées ; & lefdites fentences giffent en exé-
» cution , fi long-temps & au cas qu'elles foient
» réparables, au moins jufqu'à ce que le juge
» *ad quem* ait accordé furféance de les exécuter «.
Enfin , la maxime dont nous parlons a été confirmée par plufieurs arrêts. Il y en a un dans
Barder, du 4 juillet 1633 , qui prononce fur
l'appel d'une fentence nulle , par *l'appellation &
ce au néant*. M. l'avocat général Bignon , fur
les conclufions duquel il a été rendu , obferve
dans fon plaidoyer, que » l'appel a été néceffaire,
» parce que voies de Nullité n'ont point de lieu
» en ce royaume «.

Les échevins de Steenwerke en Flandres,
ayant rendu une fentence nulle contre le nommé
de Cerf, celui-ci , à qui on l'objecta dans une
inftance qu'il avoit portée devant les échevins
de Bailleul , donna une requête pour en faire
prononcer la Nullité. Mais, dit M. Dubois
d'Hermaville, » par fentence des juges de Bail-
» leul du 3 janvier 1690, il a été déclaré non
» recevable en fes fins & conclufions , fauf à
» lui à fe pourvoir par appel pardevant le juge

» supérieur de Steenwerke : de quoi de Cerf
» s'étant porté appelant au parlement de Flan-
» dres , & le procès y ayant été conclu, par arrêt
» du 22 juin 1690 , la sentence a été confirmée,
» en jugeant que c'est une maxime à présent
» constante, tant en Flandres qu'en France, que
» les voies de Nullité n'ont plus de lieu «. M.
Dulauri rapporte pareillement un arrêt du grand
conseil de Malines du 13 février 1715, qui déclare les grand bailli & échevins du pays de
Waer , » en leurs fins & conclusions de Nullité
» de la sentence du conseil provincial de Flan-
» dres du 29 janvier 1714 , séparément inten-
» tée, non recevables ni fondés ; eux néanmoins
» entiers de l'accumuler avec la cause d'appel,
» s'il s'y croyent fondés «.

Sur la question de savoir dans quel temps on
doit se pourvoir pour faire déclarer une Nullité,
il faut distinguer si la Nullité est proposée par
exception ou par action.

Dans le premier cas, il n'y a aucun laps de
temps qui puisse la couvrir. C'est ce qu'établit
Dunod , partie 1, chapitre 12 ; & c'est ce que
Furgole démontre parfaitement en ces termes:
» Dans quel temps la Nullité d'un testament,
» résultante de la prétérition, devra-t elle être
» proposée ? Je réponds que le testament étant
» nul de plein droit, & ne pouvant produire
» aucun effet quant à l'institution d'héritier, la
» Nullité peut être opposée en tout temps;
» c'est - à - dire perpétuellement , même après
» trente ans, par voie d'exception, parce que
» *quæ sunt temporalia ad agendum, sunt perpetua*
» *ad excipiendum* ; qu'ainsi celui qui se trouve
» en possession. d'un bien dont on veut le dé-

„ posséder en vertu d'une substitution univer-
„ selle comprise dans un testament nul par pré-
„ térition, peut opposer la Nullité en quelque
„ temps que ce soit. Pour évincer le possesseur
„ d'un bien, quand même il n'auroit point de
„ titre, il faut que le demandeur fasse apparoir
„ d'un titre bon & légitime, qui lui attribue
„ la propriété, autrement il ne doit pas être
„ admis à sa demande, & il en doit être ex-
„ clus, non à cause du droit du possesseur, mais
„ par défaut de droit & de titre de sa part, à
„ cause que *rei vindicatio soli domino competit* ;
„ qu'il faut par conséquent que le demandeur
„ rapporte un titre légitime de propriété ; autre-
„ ment le defendeur doit être renvoyé absous,
„ parce que *in pari causâ melior est conditio*
„ *possidentis* «

Dans le second cas, on distingue la Nullité
absolue d'avec la Nullité relative.

La Nullité absolue ne peut être couverte par
la prescription : ce principe est avoué par tous
les auteurs ; mais quelques-uns soutiennent qu'il
en faut excepter la prescription immémoriale.
„ Fachiné les réfute, dit Dunod, & son opinion
„ est la plus commune : je crois cependant qu'on
„ doit laisser la question à l'arbitrage du juge,
„ pour la décider suivant les circonstances, la
„ qualité & l'importance de la Nullité •.

On fait assez communément sur cette matière
une sous - distinction qui peut être d'un grand
secours en plusieurs circonstances ; c'est que les
actes argués de Nullités absolues pour des défauts essentiels de formalité, ne sont pas même
confirmés par une possession immémoriale, lorsque ces actes renferment une preuve directe &

pofitive de l'omiffion des formes néceffaires ;
c'eft l'efpèce précife de la maxime, *meliùs eft*
non habere titulum, quàm habere vitiofum. Au
lieu que, dans les cas où cette omiffion n'eft pas
prouvée par les actes mêmes, ou ne l'eft que
négativement, le laps de cent ans fait préfumer
que toutes les formes ont été remplies. La prefcription de 30 ou 40 ans produit auffi quelquefois cet effet : cela · dépend de l'arbitrage du
juge & de la nature de chaque affaire. *Cùm*
illud tempus , dit Dumoulin, non fit à jure
determinatum , nec poffit determinari, cùm à
fingularibus & variis factorum circumftantiis pen-
deat , concludo judicis effe arbitrium.

, Quant aux Nullités refpectives, on ne peut
plus les propofer par action, après une poffeffion
de trente ans de la part de celui que l'on voudroit
évincer. » L'on ne révoque point en doute parmi
» nous, dit Dunod, que les Nullités refpectives
» fe prefcrivent par trente ans, & qu'il n'y a
» plus d'avantage à les propofer après ce temps,
» fi ce n'eft par voie d'exception «. Furgole enfeigne la même chofe par rapport aux teftamens
nuls : » Si l'héritier inftitué a poffédé l'hérédité
» pendant trente ans, & qu'il n'y ait aucun
» moyen qui ait empêché ou interrompu la pref-
» cription, la Nullité ne pourra produire aucun
» effet, non que le teftament foit devenu valide,
» parce que cela ne fe peut point, à caufe de la
» maxime, *quod initio vitiofum eft tractu tem-*
» *poris convalefcere non poteft* , mais parce que
» la prefcription aura acquis à l'héritier la pro-
» priété des biens, & produira une exception
» qui détruit & exclut le droit · de ceux qui
» auroient pu demander l'hérédité, s'ils étoient

» venus avant l'accompliſſement de la preſcrip-
» tion (*) «.

D'après le principe établi ci-deſſus, que l'on
ne peut en France propoſer une Nullité de droit
contre un contrat, ſi ce n'eſt à l'aide de lettres
du prince en forme de reſciſion, il ſembleroit
que l'on ne dût plus être admis à le faire après
le temps auquel nos loix ont limité les actions
reſciſoires, c'eſt-à-dire, après dix ans. Néanmoins
le Grand fait mention d'une ſentence du bailliage
de Troies, du 31 mars 1560, qui a jugé le
contraire, & il en approuve la déciſion. » La for-
» malité des lettres, dit-il ſur l'article 139 de ſa
» coutume, n'empêche pas que le principal de
» l'affaire ne doive être jugé ſelon ſa nature &
» qualité, c'eſt-à-dire, ſelon la Nullité, puiſ-
» que l'obligation étant faite ſans cauſe, l'obligé
» pouvoit répéter l'obligation *condictione ſine*
» *cauſâ*, juſqu'à trente ans, par lequel eſpace de
» temps ſeulement les actions perſonnelles peu-
» vent être preſcrites. Et ne font au contraire les
» ordonnances de Louis XII de l'an 1510, ar-
» ticle 46, & de François I de l'an 1535, cha-
» pitre 8, article 32, d'autant qu'elles n'ont lieu
» que pour les obligations qui ſubſiſtent de leur
» commencement, comme celles faites par dol,
» fraude ou crainte, pour reſcinder leſquelles
» la reſtitution eſt néceſſaire, tant par le droit
» Romain que par notre droit, & non pas pour
» les obligations nulles, n'étant pas vraiſem-

(*) Il y a des coutumes, telles qu'Artois, Douai &
gouvernance de Douai, qui attribuent à la preſcription de
vingt ans les mêmes effets que le droit commun à celle de
trente.

» blable que l'intention de l'ordonnance ait ét
» de violer les raisons de droit à l'endroit d
» ceux qui sont contraints d'avoir recours au
» lettres du prince, ès cas èsquels, selon la vrai
» raison de droit, il ne seroit pas besoin d
» lettres «.

Si l'on juge ainsi en France, malgré l'atta
chement que l'on y a pour la maxime, *voie*
de Nullité n'ont pas lieu, à plus forte raiso
doit on juger de même dans les Pays-Bas; où l'o
a vu ci devant que cette maxime n'est pas ad
mise ; aussi le fait-on sans difficulté. M. Stockmans en rapporte un arrêt du conseil de Brabant du mois de mai 1645. M. Winantz nous
en retrace deux autres rendus en la même cour
les 12 octobre 1624 & 10 octobre 1705. Il y
en a deux semblables du parlement de Flandres,
rapportés par M. Desjaunaux & de Ghewiet,
sous les dates des 27 janvier 1698 & 13 octobre 1706. Enfin, c'est ce que décide expressément une déclaration du conseil privé de Bruxelles
du 14 novembre 1628, dont voici les termes:
» Sur ce que les chancelier & gens du conseil
» de Brabant ont proposé au conseil privé du
» roi, si sous l'article 29 de l'édit perpétuel de
» l'an 1611, contenant que toutes rescisions &
» annullations de contrats ou autres actes quel-
» conques, fondés sur lésion, pour grande qu'elle
» soit, dol, circonvention, crainte ou violence,
» se prescriront par le laps de dix ans.... seroit
» compris le cas de Nullité d'une éviction ou
» décret, à faute d'observation des solennités
» y requises : vu ledit article, sa majesté a dé-
» claré ledit cas de Nullité n'y être compris «.

Il y a sur le temps dans lequel doivent être

formées les demandes en Nullité de jugemens en dernier reffort, & de collations de bénéfices fuivies de poffeffion, des règles & des maximes particulières que l'on trouvera aux mots CAS-SATION, JUGES, REQUÊTE CIVILE & POSSESSION TRIENNALE.

(*Article de M. MERLIN, avocat au parlement de Flandres*).

OBÉDIENCE. C'eft l'ordre, le congé par écrit qu'un fupérieur eccléfiaftique donne à un inférieur, foit pour le faire aller en quelque miffion, foit pour le transférer d'un lieu dans un autre, ou pour lui permettre d'aller en péle-rinage ou en voyage.

On a auffi appelé *Obédiences*, les maifons, églifes, chapelles & métairies, qui ne font pas des titres de bénéfices féparés, & dans lefquels un fupérieur eccléfiaftique envoye un religieux pour les deffervir ou adminiftrer. On les a ainfi appelées, parce que le religieux qui les deffert, n'y eft qu'en vertu d'un acte d'Obédience, & qu'il eft révocable *ad nutum*.

Dans les premiers fiècles de l'état monaftique, tous les prieurés n'étoient que des Obédiences. Il y a encore quelques abbayes où les prieurés qui en dépendent ne font que de fimples Obé-diences.

Pendant le grand fchifme d'Avignon, on fe fervoit du terme d'Obédience pour défigner le territoire dans lequel chacun des deux papes étoit reconnu comme légitimement élu. Prefque toutes les villes de Tofcane & de Lombardie, toute l'Allemagne, la Bohème, la Hongrie, la Pologne, la Pruffe, le Danemarck, la Suède, la Norwège, l'Angleterre, étoient de l'Obédience de Clément VII, qui s'étoit retiré à Avignon. La France, la Lorraine, l'Ecoſſe, la Savoie & le royaume de Naples ſe rangèrent ſous l'Obédience d'Urbain : l'Eſpagne prit d'abord le même parti, enſuite elle ſe mit ſous l'Obédience de Clément VII.

On appelle aujourd'hui *pays d'Obédience*, les provinces du royaume où le concordat paſſé entre Léon X & François I n'a point lieu, & qui ſont ſoumiſes aux règles de chancellerie que l'on y obſervoit avant le concordat. Telles ſont la Bretagne, la Franche-Comté & quelques autres.

C'eſt mal à propos qu'on appelle ces provinces *pays d'Obédience* ; l'expreſſion eſt impropre, attendu que ces pays ne ſont pas ſoumis au pape plus particulierement que les autres : toute la différence conſiſte en ce que la règle *de menſibus & alternativâ* y eſt ſuivie ; c'eſt-à-dire, que le pape y confere les bénéfices pendant huit mois de l'année, & que les autres collateurs n'ont que quatre mois, à la réſerve des évêques, qui, en faveur de la réſidence, ont l'alternative, c'eſt-à-dire, la collation pendant un mois, & le pape pendant l'autre, & ainſi de ſuite alternativement.

En pays d'Obédience, le pape ne peut point uſer de prévention dans les ſix mois de l'alternative des évêques, ni dans les quatre mois des autres collateurs.

Voyez les loix eccléſiaſtiques de France, le recueil de juriſprudence canonique, & les articles PRÉVENTION, CONCORDAT, ALTERNATIVE, &c.

OBEISSANCE

OBÉISSANCE. Action d'obéir, soumission aux ordres des supérieurs.

Dans tout état bien constitué, l'Obéissance à un pouvoir légitime, est incontestablement le devoir le plus indispensable des sujets. Refuser de se soumettre aux souverains, c'est renoncer aux avantages de la société, c'est renverser l'ordre, c'est chercher à introduire l'anarchie. Les peuples, en obéissant à leurs princes, n'obéissent qu'à la raison & aux loix, & ne travaillent qu'au bien de la société.

Mais s'il arrivoit qu'un prince commandât des choses contraires au bien, il passeroit les bornes du pouvoir légitime, & les peuples seroient toujours en droit de réclamer contre la violence qui leur seroit faite. Ainsi l'Obéissance ne doit point être aveugle. C'est pourquoi l'histoire loue le guerrier généreux qui commandoit à Bayonne dans le temps des massacres de la saint Barthelemi, d'avoir refusé d'exécuter les ordres sanguinaires de Charles IX, contre ceux des sujets de ce prince qui professoient la religion prétendue réformée dans cette ville. Voici la réponse que ce brave homme fit au roi : » J'ai » communiqué le commandement de votre majesté à ses fideles habitans & gens de guerre » de la garnison, je n'y ai trouvé que bons citoyens & braves soldats, mais pas un bourreau ; c'est pourquoi eux & moi supplions » très-humblement votre majesté de vouloir » employer nos bras & nos vies en choses possibles ; quelque hasardeuses qu'elles soient, » nous y mettrons jusqu'à la dernière goutte de » notre sang «.

Tome XLII. H h

OBITUAIRE. C'est, en matière bénéficiale, un ecclésiastique pourvu d'un bénéfice *per obitum*, c'est-à-dire, par le décès du précédent titulaire.

Un simple Obituaire pourvu en cour de Rome, ne seroit pas fondé à reprocher à un bénéficier, qui jouiroit de son bénéfice depuis un an, les défauts qui pourroient se rencontrer dans les titres de ce bénéficier, à moins toutefois que les provisions de l'Obituaire ne continssent la cause de dévolut.

On préfère le résignataire à l'Obituaire ; & dans le cas où deux Obituaires se trouvent pourvus du même bénéfice par le pape, c'est celui qui a été le premier pourvu qui doit être maintenu.

Voyez VACANCE & RÉSIGNATION.

OBLAT. On appeloit ainsi autrefois ceux qui, se dévouant à l'état monastique, abandonnoient en même temps tous leurs biens à une communauté ; c'étoient de véritables moines. La réception de ces sortes d'Oblats apportoit quelquefois des richesses immenses dans les monastères ; car, indépendamment des biens dont ils étoient alors en possession & dont ils faisoient l'abandon à la communauté, ils jouissoient encore du singulier avantage d'hériter de leurs parens, tandis que les parens perdoient ce droit à leur égard. Par ce moyen, les abbayes, & en général les communautés régulières ajoutoient souvent de nouveaux domaines à ceux qu'ils possédoient déjà de la part de leurs fondateurs.

Il y avoit une seconde espèce *d'Oblats*, que,

par une coutume barbare, on dévouoit au service des autels dans les maisons religieuses,
sans attendre ni demander le consentement de
ces malheureuses victimes. Tels étoient les enfans, qui, quelquefois dès leur naissance, étoient
donnés à un ordre au choix des pères & des
mères; cette donation se faisoit aussi par testament. La cérémonie consistoit à conduire l'enfant auprès de l'autel, où on lui enveloppoit la
main dans un des coins de la nappe : dès-lors
il n'étoit plus libre à l'enfant dévoué de renoncer à la règle & à l'habit auxquels il avoit
été destiné. Ce cruel usage a été aboli parmi
nous.

On appeloit encore *Oblats*, des laïcs qui,
sans renoncer absolument au siècle, ni même
sans prendre l'habit monastique, se retiroient dans
une communauté régulière, à laquelle ils donnoient tous leurs biens à perpétuité, s'ils s'enga-
geoient à y demeurer toujours ; ou simplement
une jouissance, s'ils se réservoient la faculté de
sortir de la maison.

Une quatrième espèce d'Oblats étoit des laïcs,
qui non seulement se donnoient eux & leurs biens
à un monastère, mais se faisoient encore serfs de
ce monastère eux & leurs enfans. On a la preuve
de ce zèle absurde dans les archives de l'église de
saint Paul de Verdun, où l'on trouve une permission donnée en 1360 à un homme de cette
abbaye, de se marier à une femme de l'évêché de
Verdun, à condition que la moitié des enfans
qui naîtroient de ce mariage appartiendroit à
l'abbaye, & l'autre moitié à l'évêque.

Oblat s'est encore dit autrefois d'un soldat, qui,
ne pouvant plus servir à cause de ses blessures ou

de fa vieilleffe, étoit logé, nourri & entretenu dans une abbaye ou dans un prieuré de nomination royale. On l'appeloit autrement *moine lai*.

Aujourd'hui les maifons régulières font déchargées de la nourriture de ces Oblats, parce que tous les foldats qui, par leurs bleffures ou leurs longs fervices, font hors d'état de pouvoir fervir, font nourris & entretenus à l'hôtel des invalides; & toutes les abbayes & tous les prieurés du royaume payent, en vertu d'un édit du mois d'avril 1674, des penfions à cet hôtel, au lieu de la nourriture qu'ils fourniffoient anciennement aux Oblats.

Ces penfions ont été fucceffivement augmentées par différentes ordonnances, en proportion de l'augmentation du prix des denrées & de la valeur numéraire du marc d'argent. Louis XIV fixa ces penfions à cent cinquante livres. Mais le feu roi ayant confidéré que les dépenfes de toute efpèce avoient tellement augmenté, qu'il n'auroit plus été poffible aux monaftères de loger, nourrir & entretenir convenablement un officier ou foldat infirme ou invalide, pour une fomme auffi modique, il donna, le 2 avril 1768, une déclaration par laquelle il ordonna qu'à compter du premier janvier précédent, la penfion d'Oblat demeureroit fixée à la fomme de trois cents livres, qui feroit payée chaque année, de quartier en quartier, & par avance, au receveur de l'hôtel des invalides, par tous les abbés & prieurs du royaume, à peine d'y être contraints par faifie de leur temporel. Sa majefté fe réferva en même temps d'accorder telle diminution qu'il appartiendroit aux abbés & prieurs qui juftifieroient que les revenus de leurs bénéfices n'excédoient pas deux mille livres.

Cette loi a été suivie d'un arrêt rendu au conseil d'état le 13 janvier 1769, par lequel le roi, en interprétant la réserve dont on vient de parler, a ordonné que les abbés & prieurs qui justifieroient que les revenus de leurs bénéfices étoient au dessous de mille livres, ne payeroient que soixante-quinze livres pour la pension d'Oblat, & que ceux dont les revenus étoient de mille livres & au dessus, mais qui n'excédoient pas deux mille livres, ne payeroient que cent cinquante livres pour le même objet.

Les évaluations des revenus doivent se faire, suivant le même arrêt, sur les baux & autres pièces indicatives de la recette, sans autre déduction que celle des charges foncières, & sans que les décimes payées par les titulaires des bénéfices dont il s'agit, puissent être déduites sur le montant de ces revenus.

OBLATION. Voyez OFFRANDE.

OBLIE, OUBLIE. Espèce de pâtisserie, de gauffre, ou de pain rond, fait d'une pâte très-légère, cuite entre deux fers, & empreinte de quelque figure. Dans notre vieux langage, on l'a appelée *Oblie, Oblée, Oublie, Oublée, Oubliage.* Ces mots, qui signifient tous la même chose, nous viennent de la basse latinité. Ils répondent à ceux-ci : *Oblia, Oubleia, Oubleya, Obliga, Obligum, Oblita, Oblicta, Oblivia.* Voyez sur ces mots les glossaires de Ducange & de Laurière.

Mais quelle est l'origine primitive de tous ces mots ?

Pontanus, sur l'article 40 de la coutume de

Blois, cherche cette origine dans le mot latin *Oblivio*. C'est, dit-il, une redevance feigneuriale, à laquelle eft attachée une amende contre celui qui néglige, qui *oublie* de la payer au jour préfix. De cette peine qui eft attachée à l'*oubli* du payement, eft venu le nom d'*Oublie*, qu'on a donné à la redevance & à la chofe due.

Ducange rejette cette étymologie, & il a raifon. Ce feroit déjà une affez grande bizarrerie de fuppofer une redevance anonyme, & que l'oubli de la preftation fût devenu le nom de la redevance même ; mais ce feroit certainement une abfurdité de fuppofer que ce nom, fi gauchement emprunté par nos anciens feudiftes pour défigner une redevance feigneuriale, fût devenu une expreffion populaire pour défigner une efpèce de pain ou de pâtifferie.

Ducange, à fon tour, fait dériver le mot *Oublie* du mot latin *Oblata* ; & c'eft dans notre ancienne liturgie qu'il cherche le fens primitif de ce mot. On appeloit *Oblata*, dit-il, une pâte de farine de froment, ronde, légère & fans levain, que l'on faifoit cuire entre deux plaques de fer, fur lefquelles étoient gravés le nom & la figure de jéfus-chrift, & qui imprimoient l'un & l'autre fur la pâte. Cette pâte devenoit par la cuiffon, ce que les prêtres latins appeloient *Oblata*, ce qu'on appela *Oblia* dans la baffe latinité, *Oublie* en françois ; en un mot, ce que nous appelons aujourd'hui hoftie, ou pain à chanter, deftiné à devenir, par la confécration, le corps & le fang de jéfus-chrift. De Laurière & les auteurs de l'encyclopédie ont fuivi l'opinion de Ducange.

Nous trouvons en effet dans les anciens monnmens de l'hiftoire eccléfiaftique, qu'on appeloit l'hoftie *Oblata*, foit avant, foit après la confécration ; & dans quelques autres, qu'on l'appeloit auffi *Oblée*, *Oblie*. Nous pourrions donc adopter l'étymologie de Ducange, fi cette efpèce de pain ou de pâtifferie n'avoit exifté que depuis l'établiffement du chriftianifme. Mais elle étoit connue dans la Grèce païenne ; on en attribuoit l'invention à Bacchus, & dans les fêtes de ce dieu, on lui en faifoit un hommage public. On appeloit cette efpèce de pain *Obelias artos*, pain *Obélie*, & ceux qui le portoient en pompe aux fêtes de Bacchus, *obeliophores*. Athénée & le grammairien Julius Pollux, qui vivoient dans le deuxième fiècle de notre ère, nous atteftent ces faits ; & ils donnent pour garans deux fameux poëtes comiques qui vivoient plus de quatre cents ans avant jéfus-chrift, Ariftophane & Phérécrate.

C'eft de là que Cafaubon, dans fes notes fur Athénée, que Cælius Rhodiginus & Robert Conftantin, font dériver nos mots *Oublie* & *oublieur*, ou *oublayeur*. Lamare, dans fon traité de la police, tome 3, livre 5, titre 45, chapitre 2, adopte cette étymologie ; & il faut convenir qu'elle paroît la plus fimple & la plus naturelle : nos *Oublies* font exactement ce qu'étoient les *Obélias artos* des Grecs ; & les mots *Oublies*, *oublieurs*, *oublayeurs*, reffemblent fingulièrement aux mots Grecs *Obelias*, *obeliophores*.

Au furplus, quelle que foit l'origine du mot, nous fommes fixés fur la chofe qu'il défigne, & c'eft affez. Voyons maintenant quel rapport cette chofe & ce mot peuvent avoir avec la jurifprudence.

1°. Les faiseurs d'Oublies ont été soumis à la police, comme tous les autres corps d'arts & métiers.

. 2°. Les Oublies, consacrées & non consacrées, ont laissé dans le droit ecclésiastique, des traces, des usages, peut-être même des abus dont il est intéressant de découvrir l'origine.

3°. Les Oublies sont aussi devenues une espèce de redevance seigneuriale.

Nous allons donc en faire l'histoire par rapport à la police, par rapport au droit ecclésiastique, & par rapport au droit féodal.

Police.

Dès l'origine de S. Louis, les *oublayeurs* avoient des statuts & formoient un corps de métier; ils n'étoient point alors confondus avec les pâtissiers. On ne voit même à cette époque aucun vestige du corps des pâtissiers.

Charles VI leur donna de nouveaux statuts au mois d'août 1406.

. Une sentence de police du châtelet, du 4 août 1440, prouve qu'alors il existoit une communauté des maîtres pâtissiers; mais elle n'avoit rien de commun avec celle des *oublayeurs*. Il y est dit : » N'est point notre intention, que, par » le moyen de ces ordonnances, les *oublayers* & » boulangiers, qui de présent tiennent ouvroirs » à Paris, ne puissent jouir & user du métier » de pâtisserie, ainsi & par la forme & manière » qu'ils faisoient paravant les présentes ordon- » nances «.

En 1479, on fait un supplément aux statuts des pâtissiers, & l'on déclare que ce supplément fera auffi loi pour les *oublayeurs* ; mais on y diftingue encore le métier de pâtiffier, du métier d'*oublayeur*.

En 1485, autre fupplément aux ftatuts des pâtiffiers & des *oublayeurs* ; mais on y diftingue toujours les deux métiers, les deux communautés. Chaque communauté a fes jurés à part.

Nous voyons pour la première fois les deux communautés réunies en une feule, dans les lettres-patentes de Charles IX, datées du mois de juillet 1566, portant confirmation de leurs nouveaux ftatuts.

Ces *oublayeurs* avoient feuls le droit de vendre & d'expofer en vente les pains à chanter, c'eft - à - dire, les *Oublies* deftinées à la confécration ; & nul ne pouvoit en expofer en vente, qu'ils n'euffent été vifités par les maîtres de la communauté. *Voyez les ftatuts du mois de mai 1270, & l'article 18 de ceux du mois d'août 1406.*

On leur permettoit de travailler & d'ouvrir leurs boutiques les jours de fêtes ; ce ne fut qu'en 1440 que l'on défendit aux pâtiffiers de faire ouvrage de pâtifferie aux quatre fêtes folennelles. Cette défenfe devint commune aux *oublayeurs* en 1479, & l'on y ajouta les deux jours de la fête-dieu, & l'affomption de notre-dame.

Bien plus, il leur étoit permis d'aller faire cuire leurs pâtifferies aux portes & le long des murs des églifes, les jours des fêtes de patron, & des autres fêtes qu'on appeloit jours de pardon. Seulement on les affujettiffoit à tenir leurs fournaifes à la diftance de deux toifes l'une de l'autre. *Article 8 des ftatuts de 1406.*

Ces faiseurs d'*Oublies*, qui, sous la protection des loix, profanoient si scandaleusement les
lieux saints, corrompoient aussi les mœurs &
troubloient la sûreté publique.

Le jeu étoit l'ame de leur commerce. Ils envoyoient leurs apprentifs, compagnons ou domestiques, colporter les *Oublies* dans la ville,
dans les places publiques, dans les cabarets,
dans les maisons bourgeoises. Les colporteurs
étoient toujours pourvus de dés, & presque
toujours de dés pipés. Ils ne vendoient pas, ils
jouoient leurs *Oublies*. S'ils perdoient, ce qui
étoit rare, ils donnoient de l'argent pour racheter leurs *Oublies*; l'apprentissage d'*oublayerie*,
étoit, à vrai dire, un apprentissage de filouterie.

Pour concevoir l'excès des abus dans ce genre, il
faut lire les anciens réglemens de la police. » Plu-
» sieurs maîtres dudit métier ... se sont ingérés &
» ingèrent chacun jour, de faire porter & ven-
» dre parmi cettedite ville lesdits menus ou-
» vrages dudit métier ..... bien souvent par
» marauds, larrons, pipeurs, crocheteurs, cou-
» peurs de bourses, ... ou autres hasardeurs,
» joueurs & pipeurs, dont est advenu par ci-
» devant, advient & peut advenir chacun jour
» grands inconvéniens ; même trouvent telles ma-
» nières de gens plusieurs moyens, jeux & pipe-
» ries pour attraire enfans de bonnes maisons,
» de métier & autres, à jouer .... & à ce faire
» induisent plusieurs jeunes enfans, comme dit
» est, leur prêtent leurs deniers, & après les
» contraignent à dérober leurs pères, mères
» ou maîtres, pour les payer, & prennent sou-
» vent les biens que lesdits enfans dérobent, en
» payement, & aucunes fois leur ôtent leurs
» chapeaux, bonnets ou autres choses.

» Les apprentifs, par le colportage continuel
» deldites marchandiles, consomment inutile-
» ment le temps de leur apprentiflage, fans
» rien apprendre de leur métier, &, ce qui eft
» d'une plus dangereufe conféquence pour eux,
» s'adonnent au jeu, à la fainéantife, à la dé-
» bauche, & finalement à toutes fortes de dé-
» fordres, par la fréquentation continuelle qu'ils
» ont, en colportant lefdites marchandifes, avec
» les fainéans, coupeurs de bourfes, & autres
» gens de leur cabale «.

» Plufieurs vagabonds & gens fans aveu
» crient des *Oublies*, & fous ce prétexte s'in-
» troduifent dans les maifons, où ils volent &
» trompent au jeu ceux qui ont la facilité de
» jouer avec eux, fe fervant pour cela de faux
» dés «.

Voilà les tableaux que les maîtres *oublieurs*
ont faits eux-mêmes des dangers & des abus de
leur commerce, en 1497, en 1678, en 1702.
Voyez Lamare.

La police connoiffoit ces abus, c'étoit à elle
que les maîtres *oublieurs* les dénonçoient, &
elle fe contentoit de défendre à toutes perfonnes, autres que celles qui feroient avouées d'un
maître de la communauté, de crier ni de porter
des *Oublies* par les rues; elle n'ofoit pas toucher
à l'ufage dans lequel les *oublieurs*, leurs apprentifs & compagnons s'étoient maintenus, de tenir jeu
public. Nos rois mêmes les y autorifoient; ils fe con-
tentoient de leur défendre de jouer de l'argent aux
dés, & de racheter avec de l'argent leur coffin ou
corbeille d'*Oublies. Voyez les ftatuts de* 1270,
l'ordonnance de Charles VI, articles 10 & 11; &
celle de Charles IX, articles 13 & 14. Dès que le

jeu leur étoit permis, on sent combien il leur
étoit facile d'éluder la défense de jouer de l'argent.

Cet usage, qu'on n'osoit pas abolir, qu'avoit-
il donc de si respectable? comment les loix po-
litiques ont-elles fléchi devant des gens dont l'état
ne présentoit rien d'imposant? Peut-être trouve-
rions-nous la solution de ce problême, si nous
remontions à l'origine des *oublieurs* ; peut-être
cette licence des jeux publics & ce privilége
de faire leur trafic aux portes & le long des murs
des églises, les jours des fêtes de patrons, ont-ils
la même origine que leur nom ; peut être est-ce
un reste des désordres des anciennes fêtes de
Bacchus. Ce ne seroit pas le seul usage du pa-
ganisme dont nous aurions conservé les vestiges.
Mais ce n'est pas dans un ouvrage de jurisprudence qu'il faut se permettre des recherches
historiques sur des objets aussi peu importans.

Voyez au surplus les mots pain d'épices, pâtissier.

Histoire & droit ecclésiastique.

L'usage des *Oublies* dans les églises latines
doit être de la plus haute antiquité. On leur a
donné plusieurs dénominations ; mais on les a
plus généralement connues sous le nom *d'Oblata*,
parce que c'étoient des offrandes que les fidèles
faisoient à l'autel. Ce nom étoit cependant bien
vague ; car le pain n'étoit pas la seule offrande
que les fidèles faisoient à l'église ou à ses ministres. Ils offroient aussi des fromages, de la
cire, de la toile, des étoffes, des champs, des
vignes, des forêts, des prés, des maisons, des
bestiaux, des esclaves, &c. Aussi toutes ces choses étoient-elles comprises sous la dénomination

générale d'*oblata* ou d'*oblations*. (*Voyez les capitulaires recueillis par Baluze*, *tome* 1, *colonne* 522,
& *les canons d'Isaac, évêque de Langres, aussi
recueillis par Baluze, ibid.' col.* 1270.)

Mais on donna plus particulièrement le nom
d'*oblata* à cette espèce de pain rond, léger &
transparent que les fidèles offroient à l'autel, &
qui étoit destiné au sacrifice de la messe. (*Voyez
les églogues de l'abbé Amalarius sur l'office
de la messe ; recueil de Baluze, tom.* 2, *col.* 1353
& 1364.)

Cependant l'usage de cette espèce de pain, spé-
cialement destiné au sacrement de l'euchariſtie, ne
fut pas d'abord univerſel dans l'égliſe. Le ſeizième
concile de Tolède, tenu ſur la fin du ſeptième
ſiècle, condamna la coutume des prêtres qui ne
conſacroient à l'autel qu'une croute arrondie d'un
pain commun & ordinaire. *Eo quòd non panes
mundos & ſtudio præparatos ſuprà menſam domini
in ſacrificio offerant, ſed paſſim de panibus ſuis
uſibus præparatis, cruſtulam in rotunditatem aufe-
rant, eamque ſuper altare, cum vino & aquâ, pro
ſacro libamine offerant.* Mais, depuis cette époque,
les Oublies paroiſſent avoir été l'unique eſpèce
de pain employé à la conſécration dans l'égliſe
romaine.

L'oblation de ce pain fut volontaire pendant les
premiers ſiècles de l'égliſe. Le zèle des fidèles ſe
rallentit ; on lança des anathêmes pour le ranimer.
Vers la fin du ſixième ſiècle, le deuxième concile
de Mâcon enjoignit à tous les chrétiens, tant
hommes que femmes ; ſous peine d'anathême,
d'offrir à l'autel tous les dimanches du pain &
du vin. *Ita ut nullus eorum parere velit officio
deitatis, dum ſacris altaribus nullam admovent*

hoſtiam ; proptereà decernimus , ut omnibus domi-
nicis diebus , altaris oblatio ab omnibus viris &
mulieribus offeratur , tam panis quàm vini. . . . . .
Omnes autem qui definitiones noſtras per inobedien-
tium evacuare contendunt , anathemate percellantur.

Cet uſage d'aſſocier des mains profanes aux
plus auguſtes de nos myſtères, n'étoit pas ſans
inconvénient ; d'un côté, les Oublies n'étoient
pas toujours faites avec beaucoup de propreté ;
de l'autre, quelques incrédules (car il y en a eu
dans tous les temps) avoient de la peine à
comprendre que le pain qu'ils avoient pétri de
leurs mains pût être devenu le corps d'un dieu.
Témoin cette dame, dont Jean Diacre raconte
l'hiſtoire dans la vie de ſaint Grégoire le Grand,
qui ſe prit à rire lorſque ce pontife, célébrant
la meſſe, lui préſenta la communion du pain
qu'elle avoit pétri de ſes mains & qu'elle avoit
offert à l'autel. *Panem quem propriis manibus*
me fuiſſe cognovi , lui dit-elle, *tu corpus domi-*
nicum perhibes.

Nous voyons par un paſſage de dom Mabillon, dans ſa diſſertation ſur l'uſage du pain
azime dans l'euchariſtie, que dans le neuvième
ſiècle on n'employoit plus au ſacrifice de la
meſſe le pain offert par les fidèles. C'étoient
des femmes vouées au ſervice des égliſes (*ſancti*
moniales), qui faiſoient les Oublies deſtinées à
la conſécration.

Théodulphe, évêque d'Orléans, nous apprend
que dans pluſieurs égliſes on faiſoit mieux encore : c'étoient les prêtres qui faiſoient eux-mêmes
les Oublies, ou qui les faiſoient faire en leur
préſence par de jeunes clercs. *Panes quos deo*
in ſacrificium offertis , dit-il aux curés de ſon

diocèse, *aut à vobis ipsis, aut à vestris pueris, coram vobis, nitidè & studiosè fiant.* Et Raimond de Pegnafort nous attefte que cet ufage exiftoit encore au treizième fiècle. Mais l'ordonnance de 1406 prouve qu'à cette dernière époque la fabrication de ce pain facré étoit livrée à des mains impures & mercenaires. Les maîtres *oublayeurs* avoient dès-lors le privilége exclufif de faire & de vendre *le pain à célébrer en églife.*

Les prêtres ne perdirent rien à l'ufage qu'ils introduifirent de n'employer à la confécration que les *Oublies* qu'ils faifoient eux-mêmes. Honorius d'Autun nous dit qu'alors les fidèles offrirent de la farine, dont les prêtres faifoient les pains qu'ils confacroient, & dont ils communioient ceux qui l'avoient offerte. Pierre Damien & lui conviennent cependant que l'on continuoit toujours d'offrir du pain & du vin, & que ces offrandes en comeftibles ne devinrent moins fréquentes que parce qu'elles furent remplacées par des offrandes d'or & d'argent.

On n'employoit pas à la confécration tout le pain qui étoit offert par les fidèles. On béniffoit celui qu'on n'avoit pas confacré, & après la meffe on le diftribuoit au peuple. Ce pain béni, & non confacré, étoit de la même efpèce & de la même forme que celui qui fervoit au facrifice ; c'étoient toujours des *Oublies* ; mais on le défignoit fous le nom particulier *d'Eulogies*, c'eft-à-dire, bénédictions. Ces eulogies avoient la vertu de fortifier les fidèles contre les maladies du corps & les tentations de l'efprit. C'eft de là que nous eft venu l'ufage du pain béni. (Voyez Hincmar & le canon 9 du concile de Nantes, qui a été tenu vers la fin du neuvième fiècle.)

Tout le peuple ne participoit pas à la distribution des *eulogies*. On n'en donnoit ni aux fidèles qui avoient communié le même jour, ni
aux cathécumènes, ni aux pécheurs publics. Le
'fynode de Voicefter, de l'an 1240, défend de les
donner aux concubines publiques des clercs.
*Publicis clericorum concubinis, nec panis bene-
dictus, nec aqua benedicta, nec pacis ofculum
concedatur.*

Ces *Oublies* non confacrées avoient plufieurs
autres emplois dans les cérémonies de l'églife.

On en faifoit bénir pour les morts, on les
mettoit fur la tête & fur la poitrine du cadavre,
& on les enterroit avec lui.

On en donnoit aux moines & aux chanoines
pour leur fouper, dans certains jours de jeûne
& aux fêtes folennelles.

Les curés en apportoient aux évêques en venant
au fynode. Les évêques & le pape en envoyoient
aux fouverains.

Plufieurs églifes ont encore confervé l'ufage
de donner des *Oublies* au peuple pendant la
grand'meffe le jour de la pentecôte. On les lui
jette avec de l'étoupe enflammée, de la voûte en
bas ; dans quelques-unes, on ajoute des feuilles
de chêne aux *Oublies* & à l'étoupe enflammée ;
il y en a même dans lefquelles on donne la
volée à de petits oifeaux qui portent dans les
airs des *Oublies* attachées à leurs jambes.

Je refpecte tous ces ufages, & je ne doute point
que ce ne foient autant d'emblêmes de quelque
point important de notre religion ; mais je crois
qu'il feroit à défirer que le peuple ne vît & ne
pratiquât aucune cérémonie religieufe dont il
ne connût l'origine & l'efprit.

Dans

Dans les anciens rituels de quelques églises, on trouve les *Oublies* désignées sous le nom de *nebula*. Les étymologistes dérivent ce mot de la diaphanéité des *Oublies*. *Sic dicta, quod transpareant subtillâ corpora, sicut cœlum sub nebulâ.* C'est de ce mot dégénéré que se sont formés, dans notre vieux françois, les mots *neule, nuble, nieule, niule, nuille,* qu'on trouve dans quelques anciennes chartres & dans les statuts des *oublayers* de l'an 1270.

Si l'on veut connoître plus à fond l'histoire des *Oublies* dans le rapport qu'elles ont avec notre liturgie, on peut consulter Mabillon dans sa dissertation sur le pain azyme, & dans la préface du tome 3, des *acta sanctorum ordinis sancti Benedicti*, §. 53 & suivans ; Ducange & dom Carpentier, aux mots *Oblata, nebula, eulogia,* & la discipline de l'église de Thomassin, tome 1, part. 1, liv. 2, ch. 25, §. 6 & 7, & tome 3, part. 3, liv. 1, ch. 14 & 15.

Voyez au surplus dans le répertoire les mots OBLATION, OFFRANDE, PAIN BÉNI.

Droit féodal.

Le droit *d'Oublie* ou *d'oubliage* est une redevance due au seigneur par le censitaire ou tenancier.

Quelques anciens monumens, indiqués dans le glossaire de Ducange, prouvent que cette redevance consistoit autrefois en petits pains, que par conséquent elle a pris sa dénomination de ces petits pains menus & legers, qu'on nommoit *Oublies,* & dont nous avons fait la description & l'histoire.

Dans la suite, on a dénaturé cette redevance; elle a consisté en grains, en chapons, en poules, en argent; mais elle a conservé son ancien nom.

On a vu que Pontanus faisoit dériver le nom de cette redevance du mot *Oubli*, *Oblivio*. Ducros sur la coutume d'Agen, & Ragueau dans son indice des droits royaux, ont adopté cette étymologie. Mais on a vu aussi que Ducange, de Laurière & les auteurs de l'encyclopédie l'ont rejetée. A ceux-ci on peut joindre Dominici dans son traité *de prærogat. allod.* Ménage dans ses origines, Gailand dans son traité du franc-alleu, & la Thaumassière sur la coutume de Lorris.

Nous n'avons que trois ou quatre coutumes dans le royaume, qui parlent du droit *d'Oublie* ou *d'oubliage*; Lorris, Montargis, Blois & Toulouse.

Michel Angevin dans ses notes sur la coutume de Montargis, ch. 2, art. 40, dit que dans cette coutume le droit *d'Oublie* est d'un chapon de rente ayant un douzain au bec.

Guénois, dans l'addition au titre 2 de la conférence des coutumes, suppose que la redevance est la même dans la coutume de Blois.

Il en est autrement dans la coutume de Toulouse. *L'Oublie* est une redevance en argent. *Oblias nummorum*, dit cette coutume, tit. 1, art. 18.

(*Article de M.* DE POLVEREL, *avocat au parlement.*)

OBLIGATION. C'est en général l'acte par lequel on est obligé à quelque chose.

Nous diviserons cet article en cinq parties.

Dans la première, nous examinerons entre quelles personnes une Obligation peut avoir lieu, & quels peuvent être les objets de cette Obligation.

Dans la seconde, nous exposerons quelles sont en général les différentes sortes d'Obligations.

Dans la troisième, nous parlerons des effets des Obligations, & des dommages & intérêts auxquels elles peuvent donner lieu quand on néglige de les exécuter.

Dans la quatrième, des preuves par lesquelles on peut constater une Obligation ou le payement de cette Obligation.

Dans la cinquième, des divers moyens qui peuvent opérer l'extinction des Obligations.

PREMIÈRE PARTIE.

Des personnes entre lesquelles une Obligation peut avoir lieu & des objets des Obligations.

Pour former une Obligation, il faut le concours de deux personnes, dont l'une se trouve engagée à quelque chose envers l'autre.

On appelle *débiteur*, celui qui a contracté l'Obligation, & *créancier*, celui au profit de qui elle est contractée.

Les Obligations peuvent dériver des contrats, des quasi-contrats, des délits, des quasi-délits, & de la loi ou de la simple équité : d'où il suit qu'elles peuvent être contractées par toutes sortes de personnes.

On conçoit bien que les enfans & les personnes dont la raison est aliénée, sont incapa-

bles de contracter les Obligations qui procèdent
des délits ou des quaſi-délits, & de contracter
par eux-mêmes celles qui procèdent des contrats,
attendu qu'il ne peut intervenir aucune convention, que les parties n'y aient donné leur conſentement; mais de telles perſonnes ne laiſſent
pas de pouvoir contracter les Obligations qui
peuvent avoir lieu ſans le fait ni la volonté de
celui qui les contracte. C'eſt ainſi, par exemple,
que l'enfant ou l'inſenſé dont vous avez géré les
biens, eſt obligé de vous rembourſer les dépenſes utiles que vous avez faites pour lui.

L'objet d'une Obligation eſt la choſe que quelqu'un s'oblige de donner ou de faire, ou qu'il
promet de ne pas faire.

Toutes les choſes qui ſont dans le commerce
ſont ſuſceptibles de devenir des objets d'Obligation. Cette règle s'applique non ſeulement aux
choſes qui compoſent un corps certain & déterminé, comme un tel panier de ſoixante bouteilles de vin de Champagne, mais encore à
des choſes qui ſont indéterminées; comme quand
une perſonne s'oblige à fournir un ſervice de
porcelaine.

Obſervez toutefois que pour qu'une choſe
indéterminée donne lieu à une Obligation, il
faut qu'elle ſoit d'une certaine conſidération
morale; comme quand on a promis une bague
de diamans, une montre d'or en général; car
ſi cette choſe étoit telle qu'elle pût être réduite à preſque rien, il ne pourroit point y avoir
d'Obligation, attendu que, dans l'ordre moral,
preſque rien eſt conſidéré comme rien. Ainſi,
dans le cas ou l'on ſtipuleroit une promeſſe
de donner de l'argent, des légumes, du papier,

fans déterminer la quantité de ces chofes, il ne réfulteroit de cette ftipulation aucune Obligation, parce que tout cela pourroit fe réduire à prefque rien, comme à un liard, à une fève, à une feuille de papier.

On peut aulli contracter des Obligations relativement aux chofes qui n'exiftent pas encore, mais dont on attend l'exiftence.

Ainfi, lorfque je m'engage à livrer les fruits que produiront les arbres de mon jardin l'année prochaine, je contracte une obligation valable, quoique ces fruits n'exiftent pas encore.

Il faut remarquer que, relativement aux fucceflions, les loix romaines ont établi une exception à la règle que les chofes futures peuvent donner lieu à une Obligation : ces loix ont annullé, comme contraire à l'honnêteté publique, toute convention qui a pour objèt une fucceflion future.

Cette difpofition du droit romain a été reftreinte par nos loix, en ce que la faveur des contrats de mariage y a fait autorifer les conventions par rapport aux fucceflions futures. Ainfi vous pouvez, par le contrat de mariage de votre enfant, vous obliger à lui laiffer en tout ou en partie votre future fucceflion ; vous pouvez de même vous obliger à la laiffer aux enfans qui naîtront du mariage.

Les loix de police concernant les blés, les foins & les laines, ont introduit une autre exception à la règle que les chofes futures peuvent donner lieu à une Obligation ; les blés & les foins ne peuvent être valablement achetés avant la récolte, ni les laines avant la tonte.

Nous pouvons nous obliger à délivrer, non

feulement les chofes qui nous appartiennent, mais encore celles qui appartiennent à autrui : ainfi Pierre peut s'engager envers Paul à lui délivrer un équipage qui appartient à Martin : il faut, en cas pareil, que Pierre achète l'équipage promis ; & fi Martin ne juge pas à propos de le vendre, Pierre fera tenu des dommages & intérêts réfultans de l'inexécution de l'Obligation qu'il a contractée envers Paul.

On conçoit, que tout ce que nous avons dit ne peut s'appliquer qu'aux chofes qui font dans le commerce, & que celles qui n'y font pas ne peuvent être l'objet d'une Obligation : ainfi on ne peut pas s'obliger à donner un évêché, une églife, un chemin public, &c.

On ne peut pas non plus s'obliger valablement à donner à une perfonne une chofe qu'elle eft incapable de poffeder : on ne pourroit par exemple, pas contracter l'Obligation de donner des immeubles à des gens de main-morte, parce que le fouverain les a déclarés incapables d'en acquérir fans fa permiffion.

Tous les faits qui font d'une exécution poffible peuvent être l'objet d'une Obligation, quand même cette exécution feroit impoffible à celui qui s'eft obligé. Dans ce dernier cas, le débiteur doit s'imputer d'avoir contracté un engagement indifcret.

Il faut excepter de la règle qu'on vient d'établir, les faits qui font contraires aux loix & aux bonnes mœurs ; ils ne peuvent point être l'objet d'une Obligation.

Il en eft de même d'un fait qui n'eft pas déterminé, il ne produit point d'Obligation. Ce feroit, par exemple, inutilement que je me ferois engagé à vous conftruire une maifon , fi le lieu de la fituation n'étoit pas déterminé.

Obfervez d'ailleurs qu'il faut que ce qu'on s'oblige de faire ou de ne pas faire , foit tel , que celui envers qui l'Obligation eft contractée , ait intérêt à ce qu'elle foit exécutée , & cet intérêt doit être appréciable ; finon celui qui s'eft obligé peut, fans rifque , fe difpenfer de remplir fon engagement, attendu qu'on ne pourroit point prononcer de dommages & intérêts contre lui.

Suppofez , par exemple , que nous foyons convenus que vous iriez tous les mois faire une vifite au gouverneur de la province , il ne réfulteroit de cette convention aucune Obligation, parce que je ferois cenfé n'avoir aucun intérêt à ce que vous fiffiez cette vifite.

Mais quoiqu'un fait auquel on n'a point d'intérêt appréciable ne puiffe être l'objet d'une Obligation, il peut en être la condition ou la charge.

Ainfi dans le cas où nous ferions convenus que fi vous vous abfteniez de paffer la nuit au bal je vous donnerois cinquante écus , la convention feroit valable. C'eft conformément à cette règle , qu'un arrêt rapporté par Maynard, a jugé valable une promeffe par laquelle un neveu s'étoit obligé envers fon oncle à ne plus jouer, fous peine de lui donner trois cents livres s'il manquoit à fa promeffe.

DEUXIÈME PARTIE

Des différentes fortes d'Obligations.

On peut d'abord confidérer les Obligations relativement à la nature de l'engagement qui en réfulte ; ainfi elles font divifibles, fous ce rapport, en *Obligations civiles* ; en *Obligations naturelles*, & en *Obligations civiles & naturelles* tout à la fois.

L'*Obligation civile* eft celle qui procède de la loi, dont la perfonne envers qui elle eft contractée peut valablement demander l'exécution en juftice.

L'*Obligation naturelle* eft celle qui n'engage que par les liens du droit naturel & de l'équité, mais qui ne produit point d'action fuivant le droit civil ; telle eft l'Obligation du fils de famille ; telle eft celle d'une femme qui contracte fans être autorifée par fon mari ; telle eft encore celle que contracte un domicilié envers un cabaretier du lieu pour des dépenfes de cabaret.

Les *Obligations civiles & naturelles* tout à la fois, font celles qui obligent le débiteur dans le for de la confcience, & qui peuvent le faire contraindre juridiquement à les exécuter.

La plupart des Obligations font civiles & naturelles tout à la fois : cependant il y en a quelques-unes qui ne font que civiles ; c'eft-à-dire, que le débiteur peut être forcé d'exécuter dans le for extérieur, fans qu'il y foit obligé dans le for de la confcience. Telle eft l'Obligation qui réfulte d'un faux ferment prêté par une partie à laquelle son adversaire a déféré l'affirmation sur l'objet d'une contestation. Ce dernier peut être contraint de payer ce que l'autre a juré faussement lui être dû.

Les Obligations, considérées relativement aux différentes manières dont elles peuvent être contractées, sont divisibles sous ce rapport en *pures & simples* & en *conditionnelles.*

Les *Obligations pures & simples* sont celles qui ne sont restreintes par aucune condition. Et les *Obligations conditionnelles* sont celles dont on ne peut demander l'exécution que quand la condition est arrivée.

Les Obligations se divisent aussi relativement à la qualité des différentes choses qu'elles ont pour objet. Il y a les *Obligations de donner* & les *Obligations de faire.*

L'*Obligation de donner* est un acte par lequel on s'engage à donner quelque chose, comme un carrosse, un cheval, un habit.

L'*Obligation de faire* est celle qui consiste à faire quelque chose, comme à labourer un champ, à réparer un édifice, &c.

L'Obligation de donner diffère de l'Obligation de faire, en ce que celui qui s'est engagé à donner une chose qu'il possède, peut être forcé de remplir son engagement; au lieu que celui qui s'est engagé à faire quelque chose, ne peut être condamné qu'aux dommages & intérêts résultans de l'inexécution de son engagement.

Les Obligations se divisent encore relativement à l'ordre qu'ont entre elles les choses qu'elles ont pour objet. Ainsi il y a l'*Obligation principale* & l'*Obligation accessoire.*

L'*Obligation principale* est celle que contracte le principal obligé.

L'*Obligation accessoire* est celle que contracte une personne, telle qu'une caution qui s'engage pour une autre personne.

L'Obligation accessoire cesse lorsque l'Obligation principale est acquittée.

On entend aussi par *Obligation principale*, celle qui fait le principal objet de la convention. Et *Obligations accessoires*, celles qui sont comme des suites de l'Obligation principale.

Si, par exemple, je vous vends une métairie, mon Obligation principale consiste à vous faire jouir de cette métairie & à vous garantir de tout trouble & de toute éviction.

Je suis d'ailleurs obligé de vous remettre les titres relatifs à la chose vendue, & cette Obligation est une Obligation accessoire.

On divise aussi les Obligations relativement à l'ordre, dans lequel elles sont contractées. Ainsi il y a l'*Obligation primitive* & l'*Obligation secondaire*.

L'*Obligation primitive* est celle qui a été contractée en premier lieu & pour elle-même.

L'*Obligation secondaire* est celle qui a lieu pour être exécutée dans les cas où la première Obligation n'auroit pas été remplie.

On distingue deux sortes d'Obligations secondaires.

Les unes, qui font une suite de l'Obligation primitive & ont lieu sans aucune stipulation, dérivent de l'inexécution de cette Obligation. Telle est, par exemple, l'Obligation que le vendeur contracte tacitement de payer des dommages & intérêts à l'acheteur, faute de pouvoir lui délivrer ou garantir la chose vendue.

Les autres Obligations secondaires sont celles

qui font fondées fur des claufes de l'acte paffé entre les parties. Telle eft l'Obligation par laquelle il eft ftipulé, que l'un des contractans payera à l'autre une certaine fomme dans le cas d'inexécution de la convention.

On divife encore les Obligations relativement au droit qu'a le créancier pour les faire exécuter. Ainfi il y a les *Obligations privilégiées*, les *Obligations hypothécaires*, les *Obligations générales*, les *Obligations fpéciales*, les *Obligations chircg:aphaires*, les *Obligations folidaires*, les *Obligations exécutoires*, & les *Obliga.ions par corps*.

Une *Obligation privilégiée* eft celle qui attribue au créancier un privilége pour être payé, par préférence aux autres créanciers, fur les biens de fon débiteur.

Une *Obligation hypothécaire* eft celle qui attribue au créancier une hypothèque fur les biens de fon débiteur qui en font fufceptibles.

Une *Obligation générale* eft celle par laquelle celui qui s'engage oblige tous fes biens, meubles & immeubles, préfens & à venir, à la différence de l'Obligation fpéciale, par laquelle il n'oblige que certains biens feulement, qui font fpécifiés, à moins qu'il ne foit dit que l'Obligation fpéciale ne déroge point à la générale, ni la générale à la fpéciale, comme on le ftipule prefque toujours.

Une *Obligation chirogr:phaire* eft celle qui ne donne aucune hypothèque fur les biens du débiteur.

Une *Obligation folidaire* eft celle que contractent plufieurs perfonnes qui s'obligent chacune d'acquitter la totalité d'une dette, foit conjointement, foit féparément.

Une *Obligation exécutoire* eſt celle qui emporte exécution parée, & en vertu de laquelle le créancier peut contraindre le débiteur au payement.

Une *Obligation par corps* eſt celle en vertu de laquelle le débiteur peut être conſtitué priſonnier juſqu'à ce qu'il ait acquitté ce qu'il doit.

On appelle *Obligation cauſée*, celle dont la cauſe eſt exprimée dans l'acte, comme cela doit être pour la validité de l'Obligation; & l'on appelle *Obligation ſans cauſe*, un contrat où l'obligé n'exprime aucun motif de ſon engagement. Une telle Obligation eſt nulle, parce qu'on ne préſume point que quelqu'un s'engage volontairement ſans quelque-raiſon; & pour qu'on puiſſe juger de la validité du motif, il faut l'exprimer.

On appelle *Obligation verbale*, une promeſſe que l'on fait de vive voix & ſans écrit. La preuve par témoins de ces ſortes d'Obligations, n'eſt point admiſe pour une ſomme au deſſus de 100 livres, ſi ce n'eſt dans les cas exceptés par l'ordonnance.

On appelle *Obligation confuſe*, celle qui eſt éteinte dans la perſonne du créancier par le concours de quelque qualité ou Obligation paſſive qui anéantit l'action. Telle eſt l'Obligation que le défunt avoit droit d'exercer contre ſon héririer, laquelle ſe trouve confuſe en la perſonne de celui par le concours des qualités de créancier & de débiteur, qui ſe trouvent réunies en ſa perſonne.

TROISIÈME PARTIE

Des effets des Obligations , & des dommages &
intérêts auxquels elles peuvent donner lieu quand
on néglige de les exécuter.

Celui qui s'eſt obligé de livrer une choſe eſt-
tenu de le faire dans le temps & dans le lieu
convenables , ſoit au créancier , ſoit à la perſonne qui le repréſente.

D'ailleurs , quand la choſe à livrer eſt un
corps certain , le débiteur eſt obligé de donner
un ſoin convenable à la conſervation de cette
choſe , juſqu'à ce quelle ſoit livrée. Il faut conclure de là , que ſi, pour avoir négligé ce ſoin ,
la choſe vient à périr ou à ſe détériorer , le débiteur ſera tenu des dommages & intérêts qui
réſulteront de la perte ou détérioration.

Mais quel eſt le ſoin que le débiteur eſt
obligé de donner à la conſervation de la choſe ?

Ce ſoin eſt relatif à la nature du contrat qui
a produit l'Obligation. La loi 5 , *part.* 2 , *ff.*
commodat. établit pour principe, que quand la
convention n'a pour objet que la ſeule utilité
du créancier , comme dans le contrat de dépôt,
il ſuffit que le débiteur apporte de la bonne
foi à la conſervation de la choſe : ainſi on ne peut
rendre ce dernier reſponſable que de la faute grave,
qui eſt cenſée tenir du dol.

Si la convention a pour objet l'utilité commune des deux contractans , comme dans le contrat de vente , le débiteur eſt obligé de donner
à la conſervation de la choſe le ſoin qu'une
perſonne prudente a coutume de donner à ſes

affaires, d'où il fuit qu'il eft refponfable de la faute légère. Le vendeur, par exemple, eft tenu de cette faute, relativement à la chofe vendue qu'il s'eft obligé de livrer.

Quand la convention n'a pour objet que la feule utilité du débiteur, comme dans le contrat de prêt à ufage, le débiteur eft obligé de donner tout le foin poffible à la confervation de la chofe, d'où il fuit qu'il eft tenu de la faute la plus légère.

Tandis que le débiteur d'un corps certain n'a pas été mis en demeure de payer, il n'eft tenu ni des cas fortuits ni de la force majeure, à moins que, par une convention particulière, il ne s'en foit chargé, ou que, par une faute précédente, il n'ait donné lieu au cas fortuit.

Lorfque, par une interpellation judiciaire valablement faite, le débiteur a été mis en demeure de remplir fon Obligation, il doit indemnifer le créancier du préjudice que le retard lui a occafionné. C'eft en conformité de cette règle, que fi un cas fortuit ou de force majeure a fait, depuis le retard, périr ou détériorer la chofe due, le débiteur eft refponfable de cette perte, dans les circonftances où elle auroit pu ne pas avoir lieu de même chez le créancier.

C'eft auffi en conformité de cette règle, que le débiteur eft obligé de faire raifon au créancier, tant des fruits perçus que de ceux que le même créancier auroit pu percevoir depuis le retard du débiteur.

Obfervez que des offres valablement faites par le débiteur, font ceffer l'effet de fon retard envers le créancier qui eft en demeure de les accepter.

Souvent l'Obligation dë livrer une chofe s'é-
tend aux fruits que cette chofe produit, & aux
intérêts, lorfque la chofe due eft une fomme d'argent. Ceci dépend de la nature de chaque convention & des différentes caufes qui donnent lieu
aux Obligations.

Quand l'objet d'une Obligation eft une chofe
à faire, & que le débiteur ne l'a point faite
après avoir été mis en demeure de la faire, il
eft tenu de l'indemnité du créancier, & cette
indemnité doit être évaluée à une fomme d'argent par des experts dont les parties font convenues ou que le juge a nommés d'office.

Le débiteur n'eft ordinairement mis en demeure que par une demande juridique, qui tend
à ce qu'il ait à remplir fon Obligation, finon
qu'il foit condamné aux dommages & intérêts
du créancier.

En conféquence de cette demande, le juge
ordonne que le débiteur fera tenu, dans un tel
délai, d'exécuter ce qu'il a promis, fous peine
des dommages & intérêts réfultans de l'inexécution, & il le condamne aux dépens envers
le créancier.

Quelquefois le débiteur eft dans le cas de
fupporter des dommages & intérêts, pour n'avoir
pas rempli fon Obligation, quoique le créar-
cier n'ait point formé de demande juridique à
cet égard. Ceci arrive quand la chofe que le
débiteur étoit tenu de faire, ne pouvoit s'exécuter utilement que dans un certain temps
qu'il a laiffé paffer. Par exemple : j'ai acheté
de vous une certaine quantité de marchandifes
que je me propofois de vendre à la foire de
Beaucaire ; vous vous êtes engagé à me les livrer

lors de l'ouverture de cette foire, & cependant la foire s'est terminée sans que vous ayez rempli votre Obligation : il est évident qu'en ce cas vous me devez des dommages & intérêts, quoique je n'aie formé aucune demande juridique pour vous mettre en demeure. La raison en est, que la connoissance que vous aviez du jour où s'ouvroit la foire, étoit une interpellation suffisante.

Si quelque cas fortuit ou de force majeure a empêché le débiteur de remplir son Obligation, il ne peut être prononcé de dommages & intérêts contre lui, mais il faut qu'en pareil cas il avertisse le créancier & lui fasse part de l'obstacle. Sans cet avertissement, le débiteur seroit tenu des dommages & intérêts du créancier, à moins toutefois qu'une force majeure n'eût pareillement rendu l'avertissement impraticable.

C'est une suite ou un effet de l'Obligation, que le créancier ait le droit de poursuivre le débiteur pour la lui faire exécuter.

Quand l'Obligation est d'une somme liquide, le créancier est fondé à l'employer par voie de compensation contre son débiteur jusqu'à due concurrence de ce que celui-ci peut être créancier de celui-là.

Lorsque l'Obligation consiste à donner une chose, le créancier ne peut en devenir propriétaire, qu'autant que le débiteur lui en fait la tradition réelle ou feinte, en remplissant son Obligation. Jusqu'alors le créancier n'a que le droit de demander la chose par une action formée contre la personne du débiteur qui a contracté l'Obligation envers lui, ou contre ses héritiers ou successeurs universels, attendu

que

que ceux-ci succèdent aussi aux charges & aux dettes.

Il faut conclure de cette décision, que si depuis que le débiteur s'est obligé de donner une chose à un tiers à titre singulier, soit de vente, soit de donation, le créancier n'est pas fondé à demander cette chose au tiers acquéreur, il peut seulement agir contre le débiteur, qui, faute de pouvoir donner la chose qu'il ne possède plus, doit être condamné aux dommages & intérêts résultans de l'inexécution de son Obligation.

De même, si le débiteur a fait un legs de la chose qu'il devoit livrer, & qu'il vienne à mourir, le légataire aura la propriété de cette chose, & le créancier n'aura que des dommages & intérêts à prétendre contre les héritiers du débiteur.

Cependant si le débiteur étoit insolvable, le créancier pourroit agir contre le tiers acquéreur pour faire annuller l'aliénation qui lui auroit été faite à titre gratuit, & même à titre onéreux, si ce tiers acquéreur avoit été participant de la fraude du débiteur.

Il faut d'ailleurs remarquer que s'il s'agit de la vente d'un immeuble faite par un acte passé devant notaires, l'acquéreur a un droit d'hypothèque sur cet immeuble pour l'exécution de l'Obligation que le vendeur à contractée envers lui ; & il peut faire valoir cette hypothèque contre le second acquéreur qui s'est mis en possession de cet immeuble. Ce dernier peut, à la vérité, forcer le premier acquéreur à discuter les biens du vendeur pour les dommages & intérêts qui résultent de l'inexécution de la première Obligation : mais si la discussion devient infructueuse à cause de l'insolvabilité du vendeur, le second acquéreur doit être tenu de déguerpir, en conféquence de l'action hypothécaire, à moins qu'il ne préfère de payer les dommages & intérêts du premier acquéreur.

Quoiqu'en général une Obligation perfonnelle ne donne au créancier aucun droit pour répéter à un tiers acquéreur la chofe qui en eft l'objet, cette règle reçoit néanmoins une exception relativement à certaines Obligations pour l'exécution defquelles la chofe qui en fait l'objet eft affeétée. Telle eft l'Obligation qui a pour fondement une claufe de réméré, par laquelle l'acquéreur d'un immeuble s'eft obligé de le rendre au vendeur, en rembourfant par celui-ci ce qu'il en a couté à celui là. L'immeuble qui fait l'objet d'une telle Obligation, étant affeété à l'exécution de cette Obligation, le vendeur a le droit de pourfuivre cette exécution contre le tiers détenteur de cet immeuble.

Pour obliger le débiteur ou fes repréfentans à donner au créancier ce qui lui eft dû, ce dernier a deux moyens, dont l'un confifte à procéder par commandement & exécution, & l'autre par fimple demande.

Pour pouvoir procéder par commandement & exécution, il faut le concours de trois chofes: 1°. la dette doit être d'une fomme d'argent, c'eft-à-dire liquide, ou d'une certaine quantité de chofes fongibles, tels que des grains, de l'huile, &c.

Obfervez, au fujet d'une dette de chofes fongibles, que quoiqu'elle puiffe donner lieu à une exécution, quand la quantité due eft liquide, il doit néanmoins être furfis à la vente, jufqu'à ce que l'appréciation en ait été faite : c'eft une difpofition de l'article 2 du titre 23 de l'ordonnance du mois d'avril 1667.

2°. Il eſt neceſſaire que le créancier ait un titre exécutoire, c'eſt-à-dire, un acte devant notaire, revêtu des formes preſcrites pour le rendre authentique, ou un jugement de condamnation qui ne ſoit pas ſuſpendu par un appel ou une oppoſition.

Cette règle ſouffre néanmoins quelques exceptions, en ce qu'il y a des cas où l'on peut ſaiſir & exécuter ſans avoir un titre authentique & en bonne forme. Par exemple, l'article 406 de la coutume d'Orléans autoriſe les propriétaires des maiſons, métairies & rentes foncières, à ſaiſir & enlever par exécution les meubles de leurs locataires, fermiers & débiteurs, pour ſûreté de leurs loyers, rentes & fermages, ſans qu'ils ſoient tenus de prendre à cet effet aucune permiſſion de juſtice (*).

3°. La voie de ſaiſie & exécution ne doit avoir lieu que contre la perſonne même qui s'eſt Obligée par acte devant notaire, ou qui a été condamnée; d'où il ſuit, que quoique les héritiers d'une telle perſonne ſoient tenus de remplir ſes Obligations, le créancier ne peut néanmoins agir contre eux que par la voie de la demande.

Dans le cas du concours des trois choſes dont

_____

(*) Cet article eſt ainſi conçu:

Un ſeigneur d'hôtel, métairie, ou ayant rente foncière, peut audit hôtel & métairie, par ſes mains, ſon procureur ou commis, exécuter ou faire exécuter pour trois termes précédens & derniers à lui dus, du loyer, rente foncière, maiſon ou penſion, ſans contrat, Obligation, ni autorité de juſtice, appelé avec lui un ſergent pour le garder de force, & faire ſignifier la vente des biens ſaiſis; & s'il y a oppoſition, donner jour à l'oppoſant. Mais pendant le procès, ledit ſeigneur demeure ſaiſi deſdits biens; & n'a l'oppoſant proviſion de ſes meubles, ſinon en conſignant entre les mains dudit ſeigneur, qui ſera tenu bailler caution.

nous venons de parler, le créancier procéderoit irrégulièrement s'il prenoit la voie de la demande ; il doit employer la voie d'exécution.

Et lorsqu'il ne peut pas prendre cette dernière voie, il doit former sa demande, qui consiste à assigner le débiteur, pour le faire condamner à remplir son Obligation.

Quand la chose que le débiteur est condamné de livrer est un corps certain, & qu'il l'a entre ses mains, le juge doit permettre au créancier de le saisir & de s'en mettre en possession : le débiteur ne pourroit pas, dans ce cas, retenir la chose due, en offrant les dommages & intérêts résultans de l'inexécution de son Obligation.

Quand c'est à faire quelque chose que le débiteur s'est engagé, une telle Obligation ne donne pas au créancier le droit de forcer le débiteur à remplir son engagement à la lettre, c'est-à-dire, en faisant la chose qu'il a promis de faire ; mais celui-ci doit-être condamné aux dommages & intérêts qui peuvent résulter de l'inexécution de son Obligation ; c'est à quoi se réduisent toutes les obligations de faire quelque chose.

Si l'Obligation consiste à ne pas faire quelque chose, & que le débiteur contrevienne à son engagement, le créancier peut le poursuivre en justice, pour le faire condamner aux dommages & intérêts résultans de la contravention. Et si la chose faite au préjudice de l'Obligation, est une chose qui puisse se détruire, le créancier est fondé à demander que le juge en ordonne la destruction. C'est ainsi que si vous entourez de murs un terrein qui devoit rester ouvert en conséquence de la convention que vous avez faite avec moi, je serai fondé à faire ordonner la démolition de ces murs.

Quoiqu'en prononçant des dommages & intérêts contre le débiteur, on ait pour objet d'indemniser le créancier de la perte que lui a occasionnée & du gain dont l'a privé l'inexécution de l'Obligation, il ne faut néanmoins pas étendre l'indemnité à toutes les pertes indistinctement, & encore moins au manque de gain, qui ont pu résulter de cette inexécution : on doit, à cet égard, distinguer différens cas, dont quelques-uns exigent qu'on taxe avec modération les dommages & intérêts auxquels le débiteur est assujetti.

Quand celui-ci n'a point agi par dol, & que c'est une simple faute qui l'a empêché de remplir son Obligation, soit parce qu'il s'est engagé imprudemment ou qu'il s'est mis hors d'etat de faire ce qu'il a promis, il ne doit être condamné qu'aux dommages & intérêts qu'on a pu prévoir, lors du contrat, que l'inexécution de l'Obligation occasionneroit au créancier.

On présume ordinairement que les parties contractantes n'ont prévu que les dommages & intérês que le créancier pourroit souffrir par rapport à la chose même qui étoit l'objet de la convention, & non ceux que l'inexécution de l'Obligation a pu lui occasionner dans ses autres biens ; d'où il suit, que le débiteur ne doit pas être tenu de ces derniers.

Supposez, par exemple, que je me sois obligé de vous livrer deux setiers de blé dans un certain temps, & que je n'aie pu remplir mon Obligation, il est constant que si dans ce temps le blé s'est trouvé plus cher que je ne vous l'avois vendu, je dois vous indemniser de ce qu'il vous en a couté de plus pour avoir du blé pareil à celui que je devois vous livrer : il est évident que ce dom-

mage a pu être prévu lors du contrat, puisqu'il s'a-
gilloit d'une denrée dont le prix est sujet à varier.
Mais si vous êtes un boulanger, & que le défaut
de cette livraison vous ait privé de vos pratiques, je ne vous devrai à cet égard aucune
indemnité, quoique ce soit l'inexécution de mon
Obligation qui vous ait occasionné ce préjudice.
Cette décision est fondée sur ce qu'on ne peut
pas dire que ce préjudice ait été prévu lors du
contrat, attendu qu'il est étranger à ce qui a
fait l'objet de mon Obligation, d'où il suit que
je ne suis point censé m'être soumis à le réparer.

Il arrive néanmoins quelquefois que le débiteur est tenu des dommages & intérêts du créancier, quoiqu'étrangers à ce qui a fait l'objet de
l'Obligation. Cette décision s'applique au cas où
il paroît qu'ils ont été prévus par le contrat,
& que le débiteur s'en est expressément ou tacitement chargé, s'il venoit à ne pas remplir son
Obligation.

Supposez, par exemple, que je vous aie loué
une maison pour tenir auberge, & que vous
veniez a être évincé dans votre jouissance; il
est constant que les dommages & intérêts dont
je serai tenu envers vous, s'étendront non seulement aux frais du délogement & à ceux que
peut occasionner l'augmentation du prix des loyers,
mais encore au préjudice qui pourra vous résulter de la perte de vos pratiques, si vous n'avez
pas pu trouver d'autre maison dans le quartier.
Il est clair que, vous ayant loué une maison pour
y tenir auberge, le risque du dommage résultant de la perte de vos pratiques en cas d'é-
viction, a été prévu par le contrat, & je suis
censé m'être tacitement assujetti à le réparer.

Pareillement, si un charpentier vous vend des étais pour étayer un bâtiment, & que ce bâtiment vienne ensuite à s'écrouler, parce que ces étais n'avoient pas une solidité suffisante, ce charpentier sera tenu du dommage résultant de l'écroulement, parce qu'il est censé qu'en vendant ces étais, il a répondu qu'ils seroient suffisans, & s'est par conséquent soumis à réparer le dommage qu'occasionneroit le défaut de solidité de ces mêmes étais.

Dumoulin observe qu'en ce cas les dommages & intérêts dont le charpentier est tenu, se bornent à la ruine du bâtiment, & ne doivent pas être étendus à la perte que vous avez faite des meubles qui se sont brisés ou gâtés dans les ruines, à moins que le charpentier n'en ait répondu expressément. La raison en est qu'on a coutume de démeubler les bâtimens qu'on étaie, & que par conséquent il est censé n'avoir répondu que de la conservation du bâtiment.

Il en seroit différemment d'un architecte qui auroit traité avec vous pour vous bâtir une maison : si, quelque temps après avoir été finie, elle venoit à s'écrouler par défaut de construction, les dommages & intérêts dont cet architecte seroit tenu pour avoir mal rempli son Obligation, s'étendroient non seulement à la perte de la maison, mais encore à celle des meubles qu'on n'auroit pas pu sauver.

Les dommages & intérêts qui résultent du dol du débiteur, diffèrent des dommages & intérêts ordinaires, en ce que la modération qu'on observe dans la taxe de ceux-ci, ne doit pas avoir lieu à l'égard de ceux-là : la raison en est que celui qui commet un dol s'oblige à la réparation du tort que son dol pourra cauſer.

Quant aux dommages & intérêts qui réſultent du retard apporté par le débiteur à l'exécution d'une Obligation qui conſiſte à donner une ſomme d'argent, ils ſont fixés aux intérêts de la ſomme due, leſquels commencent à courir contre le débiteur du jour qu'il a été mis en demeure juſqu'au payement. Ainſi, quelque grand que ſoit le préjudice que le créancier a ſouffert faute d'avoir été payé dans le temps convenu, ſoit que le retard ait été l'effet de la négligence ou du dol du débiteur, il ne peut exiger d'autre dédommagement que ces intérêts, au taux fixé par l'ordonnance.

Cette règle reçoit néanmoins une exception relativement aux lettres de change. Quand celui ſur qui une lettre de change eſt tirée ne la paye point au jour de l'échéance, le créancier qui la fait proteſter, peut, par forme de dommages & intérêts du retard qu'il a ſouffert, exiger du tireur & des endoſſeurs le rechange ; quand même il excéderoit l'intérêt ordinaire de l'argent.

QUATRIÈME PARTIE.

Des preuves par leſquelles on peut conſtater une Obligation ou le payement de cette Obligation.

Il eſt évident que celui qui prétend qu'un autre eſt obligé envers lui, doit prouver la convention qui a produit l'Obligation, & que, quand l'Obligation eſt prouvée, le débiteur qui dit l'avoir acquittée, eſt tenu de juſtifier du payement.

Les preuves qu'on peut employer pour prouver une Obligation ou le payement de cette Obligation, sont littérales ou testimoniales, ou dérivent de certaines présomptions ou même du serment de l'une des parties.

La preuve littérale des Obligations qui résultent des conventions, telles qu'un contrat de louage, une constitution de rente, est celle qui est fondée sur les actes où ces conventions sont exprimées : la preuve littérale de l'Obligation qui dérive d'une condamnation, est l'acte qui renferme le jugement de condamnation : la preuve littérale du payement d'une Obligation, est la quittance de ce payement donnée par le créancier.

Les actes qui établissent la preuve littérale d'une Obligation ou du payement de cette Obligation, sont ou authentiques ou écritures privées.

Les actes authentiques sont ceux qu'a reçus un officier public avec les solennités requises : les écritures privées sont les actes que font les particuliers sans le concours d'un officier public.

Un acte authentique original fournit par lui-même une preuve complette de ce qu'il renferme, & la signature de l'officier public qui a reçu l'acte, donne une pleine foi aux signatures des parties : ainsi il n'est pas nécessaire qu'un tel acte soit reconnu.

Cependant un acte authentique peut être attaqué de faux : mais jusqu'à ce que le faux soit prouvé, l'acte fait foi, & le juge doit ordonner l'exécution provisoire des Obligations qu'il contient. Cette décision est fondée sur ce que le crime ne se présume pas, & qu'il seroit dangereux que les débiteurs fuffent les maîtres de retarder le payement de leurs dettes ou Obligations par des accufations de faux. ‑

par un acte authentique, on a contre les parties contractantes & contre leurs repréfentans., une preuve complette de tout ce que les parties ont eu en vûe, & qui a été l'objet de l'acte. ,

Un tel acte prouve même fuffifamment ce qui n'eft qu'exprimé en termes énonciatifs, pourvu que les énonciations aient trait à la difpofition. Par exemple: fi, en paffant reconnoiffance d'un cens, je m'exprime ainfi : *Je reconnois que l'héritage qui m'appartient dans un tel endroit, eft chargé envers Jean Gerard préfent, de vingt francs de cens par chacune année, duquel cens les arrérages ont été payés jufqu'à ce jour :* quoique ces termes *duquel cens les arrérages ont été payés,* ne foient qu'énonciatifs, & qu'il ne foit pas dit que Jean Gerard reconnoît avoir reçu ces arrérages, ils font néanmoins preuve du payement contre lui préfent à l'acte, parce qu'ils ont trait au difpofitif de l'acte où il s'agiffoit de ce qui étoit effectivement dû des arrérages du cens dû à Jean Gerard.

Mais fi les énonciations font abfolument étrangères au difpofitif de l'acte, elles ne font pas preuve fuffifante, même contre les parties contractantes ; elles peuvent feulement fournir quelque demi - preuve felon les circonftances. Ainfi, lorfqu'en vous vendant une métairie, j'ai déclaré qu'elle provenoit de la fucceffion de Louis mon coufin, Pierre, qui, comme héritier en partie de Louis, vient à former contre vous une demande en revendication de fa portion dans cette métairie, ne peut pas, pour fonder

fa demande, prouver par cette feule énonciation
que la métairie provient en effet de la fucceffion
de Louis, quoique vous ayez été partie dans
l'acte où fe trouve cette énonciation : la raifon
en eft qu'elle eft abfolument étrangère à la difpofition de l'acte, & que vous n'aviez pour lors
aucun intérêt de vous oppofer à ce qu'il y fût
dit que la métairie que je vous vendois provenoit de la fucceffion de Louis.

Un acte authentique prouve auffi contre un
tiers que la convention exprimée dans cet acte
a eu lieu. Ainfi, dans le cas où vous vous feriez
chargé de faire payer tous les profits feigneuriaux qui pourroient être exigibles dans le cours
de trois années, le contrat de vente d'un immeuble fujet à ces profits, fera foi contre vous
que cette vente a eu lieu, quoique vous n'ayez
pas été préfent à l'acte ; & en conféquence le propriétaire des mêmes profits fera bien fondé à
exiger de vous celui auquel la vente dont il s'agit
aura donné ouverture.

Mais un acte authentique ne prouve rien
contre un tiers qui n'a pas contracté relativement à ce qui y eft énoncé. Par exemple, fi en
vous vendant un héritage, je vous affigne un
droit de paffage fur le champ de mon voifin,
cette énonciation ne fera aucune preuve contre
lui.

Obfervez toutefois que cette règle reçoit une
exception dans le cas où une telle énonciation
eft foutenue d'une longue poffeffion, felon la
maxime, *in antiquis enunciativa probant*.

C'eft pourquoi, fi, dans une coutume où l'on
n'admet point de franc-aleu fans titre, il paroît
que les anciens titres de propriété déclarent

qu'un certain immeuble eſt en franc-aleu , cette énonciation doit faire foi contre le ſeigneur dans l'enclave duquel eſt l'immeuble , ſi la directe de ce ſeigneur ſur le même immeuble n'a point été reconnue.

Un acte ſous ſignature privée fait, contre ceux qui l'ont ſouſcrit & contre leurs héritiers ou repréſentans, la même foi qu'un acte authentique. Mais il y a entre ces actes la différence, que ce dernier n'eſt ſujet à aucune reconnoiſſance, au lieu que le créancier ne peut, en vertu d'un acte ſous ſignature privée, obtenir aucune condamnation contre celui qui l'a ſouſcrit, ni contre ſes héritiers ou repréſentans, qu'il n'ait préalablement conclu à la reconnoiſſance de l'acte, & qu'il n'ait été ſtatué ſur cette reconnoiſſance. C'eſt ce qui réſulte d'un édit du mois de décembre 1684.

Il y a à cet égard une différence entre le débiteur qui a lui même ſouſcrit l'acte , & ſes héritiers ou repréſentans. Quand on aſſigne ceux-ci pour reconnoître la ſignature du défunt, ils ne ſont obligés, ni de la reconnoître, ni de la dénier formellement ; & lorſqu'ils déclarent qu'ils ne la connoiſſent pas, le juge en ordonne la vérification ; au lieu que celui qui a ſouſcrit l'acte, ne devant point ignorer ſa propre ſignature, eſt obligé de la reconnoître ou de la dénier formellement ; & s'il ne la dénie pas, le juge doit en prononcer la reconnoiſſance.

Lorſque, dans une juridiction conſulaire , le débiteur dénie ſa ſignature, les conſuls ſont tenus de renvoyer devant le juge ordinaire, pour y être procédé à la reconnoiſſance ; & juſqu'alors l'acte ſous ſignature privée ne fait aucune foi : mais il y a de particulier dans ces juridictions, que, tandis que le débiteur n'a pas dénié sa signature, l'acte fait foi, & le créancier peut obtenir un jugement de condamnation, sans qu'il ait été obligé de faire statuer préalablement sur la reconnoissance de la signature du débiteur. C'est ce qui résulte d'une déclaration du 15 mai 1703 (*).

─────────────────────

(*) *Cette déclaration est ainsi conçue :*

Louis, &c. Salut : Par notre édit du mois de décembre 1684, nous avons réglé la manière dont il doit être procédé dans toutes nos cours & sièges à la reconnoissance des promesses, billets & autres écritures sous seing privé ; depuis lequel temps nous avons été informés qu'encore que notre intention n'eût pas été de comprendre dans l'exécution de ce réglement, les justices consulaires dans lesquelles les porteurs de promesses ou billets sous signature privée n'ont jamais été assujetis aux procédures & formalités ordinaires dans nos autres justices royales ; cependant les juges établis dans aucunes des justices consulaires de notre royaume, ont cru être obligés de suivre exactement les dispositions de notredit édit pour la reconnoissance desdites promesses ou billets ; ce qui multiplie les frais & éloigne les jugemens des condamnations que les porteurs desdites promesses ou billets poursuivent contre leurs débiteurs, au grand préjudice du commerce & des négocians, & contre nos véritables intentions, que nous avons jugé à propos d'expliquer sur cela plus distinctement.

A ces causes & autres à ce nous mouvans, de notre certaine science, pleine puissance & autorité royales, nous avons par ces présentes, signées de notre main, dit & déclaré, disons & déclarons n'avoir entendu comprendre dans l'exécution de notredit édit du mois de décembre 1684, les justices consulaires de notre royaume, dans lesquelles nous voulons que les porteurs de promesses, billets ou actes passés sous signature privée, puissent obtenir des condamnations contre leurs débiteurs sur de simples assignations en la manière ordinaire, sans qu'au préalable il soit besoin de procéder à la reconnoissance desdites promesses,

Il y a auſſi quelque choſe de particulier relativement aux ſimples billets ou promeſſes par leſquels on s'oblige à payer une certaine ſomme pour argent prêté ou pour marchandiſe délivrée, &c. Lorſque le billet n'eſt pas écrit de la main de la perſonne qui l'a ſouſcrit, il faut, pour qu'il faſſe foi, que le débiteur ait écrit de ſa main la ſomme qu'il s'eſt obligé de payer, ce qu'on eſt dans l'uſage de faire ainſi : *Bon pour la ſomme de* . . . . . Cette règle a été établie par une déclaration du roi du 22 ſeptembre 1733, pour empêcher qu'on ne ſurprenne les perſonnes qui ſignent les actes qu'on leur préſente ſans avoir lu ce qu'ils renferment (*).

---

billets ou autres actes en la forme portée par ledit édit, ſinon au cas que le défendeur dénie la vérité deſdites promeſſes, billets ou autres actes, ou ſoutienne qu'ils ont été ſignés d'une autre main que la ſienne, auquel cas les juges-conſuls ſeront tenus de renvoyer les parties pardevant les juges ordinaires, pour y procéder à la vérification deſdites pièces & reconnoiſſance deſdites écritures, en la manière portée par noted édit. N'entendons néanmoins rien innover à l'uſage obſervé juſqu'à préſent en cette matière, tant au ſiège de la conſervation de Lyon, que dans la juridiction des prieurs & conſuls de notre province de Normandie.

Si donnons en mandement, &c.

(*) *Voici cette déclaration :*

Louis, &c. Salut : Nous avons été informés que depuis quelques années différens particuliers, qui ont trouvé le moyen de ſe procurer, par artifice ou autrement, des ſignatures vraies de pluſieurs perſonnes, ont porté l'infidélité & la fraude juſqu'au point d'écrire, ou de faire écrire par des mains étrangères une promeſſe ou un billet ſuppoſé dans le blanc qui étoit au deſſus deſdites ſignatures, après avoir plié ou coupé le papier, pour lui donner la forme qui leur a paru la plus convenable, ou même après avoir enlevé l'écriture qui pouvoit faire obſtacle à l'exécution de leur

Cependant comme le commerce pourroit être
gêné fi toutes fortes de particuliers étoient affu-

---

deffein ; un genre de faux fi punifTable nous a paru d'autant
plus digne de notre attention , qu'étant plus difficile à découvrir , le coupable échappe fouvent à la févérité de la
juftice , & les parties intéreffées ne pouvant nier une fignature qu'ils connoiffent pour véritable, font fouvent réduites
à exécuter de faux engagemens, ou à préférer au fuccès
incertain d'une procédure criminelle, la voie d'un accommo-
dement qui leur eft préjudiciable, & qui eft encore plus
contraire à l'intérêt public, en donnant lieu à l'impunité
d'un crime fi dangereux dans l'ordre de la fociété. La protection que nous devons à nos fujets pour affurer leur commerce & empêcher que de faux engagemens ne prennent
la place des véritables, nous obligent non feulement à réprimer par la terreur des peines, mais même à prévenir &
arrêter dans leur fource ces fauffetés qui intéreffent la foi
publique & qui troublent l'ordre de l'état. Nous avons cru
que le meilleur moyen pour y parvenir étoit de déclarer
nuls les billets qui ne feroient pas écrits, ou du moins
approuvés de la main de celui qui paroîtroit les avoir
fignés, en exceptant néanmoins de cette règle les actes
néceffaires pour le commerce , ou faits par des gens occupés
aux arts & métiers, ou à la culture des terres, qu'il feroit
difficile & même fouvent impoffible d'affujettir à l'obfervation
de cette nouvelle formalité. A ces caufes , & autres à ce
nous mouvans, de l'avis de notre confeil , de notre certaine fcience , pleine puiffance & autorité royales, nous
avons dit, déclaré & ordonné, & par ces préfentes fignées
de notre main, difons, déclarons & ordonnons, voulons
& nous plaît : Que tous billets fous fignature privée, au
porteur, à ordre ou autrement, caufés pour valeur en argent, autres néanmoins que ceux qui feront faits par des
banquiers, négocians, marchands, manufacturiers, arti-
fans, fermiers, laboureurs, vignerons, manouvriers, &
autres de pareille qualité, feront de nul effet & valeur, fi
le corps du billet n'eft écrit de la main de celui qui l'aura
figné, ou du moins fi la fomme portée audit billet n'eft
reconnue par une approbation écrite en toutes lettres auffi
de fa main, faute de quoi le payement n'en pourra être

jettis à écrire de leur main les sommes pour lesquelles ils contractent des Obligations sous signature privée, le légiflateur a voulu que les billets
& promeffes des banquiers, marchands, arti-
fans, laboureurs & gens de campagne fiffent foi
contre eux, quoique ces billets ou promeffes ne
continffent que la fignature de ces perfonnes.

Si la fomme écrite de la main du débiteur hors
du corps du billet, fe trouve moindre que la
fomme énoncée dans le corps du billet écrit d'une
autre main, le débiteur n'eft obligé que pour la
fomme qu'il a écrite de fa main. Suppofez, par
exemple, que dans le corps d'un billet que j'ai
écrit, vous vous foyez reconnu débiteur envers moi
d'une fomme de quinze cents livres, & que, hors
du billet, vous ayez écrit de votre main, *bon pour*

---

ordonné en juftice. Voulons néanmoins que celui qui refu-
fera de payer le contenu auxdits billets ou promeffes, foit
tenu d'affirmer qu'il n'en a point reçu la valeur ; & a l'égard
de fes héritiers ou repréfentans, ils feront feulement tenus
d'affirmer qu'ils n'ont aucune connoiffance que lefdits
billets ou promeffes foient dus. Ordonnons pareillement que
tous les billets ou promeffes fous fimple fignature privée,
faits antérieurement à la date des préfentes, par autres que
ceux de la profeffion ou qualité ci-deffus marquées, & qui
ne feront pas conformes à la préfente difpofition, foient
renouvelés dans l'efpace de deux ans, ou que, pour les faire
valider, la demande à fin de renouvellement ou de payement, en foit faite dans le même délai, a défaut de quoi
& ledit temps paffé, lefdits billets ou promeffes feront &
demeureront nuls & de nul effet. Défendons à tous juges
d'en ordonner le payement, à la charge pareillement de l'affirmation, fuivant & ainfi qu'elle eft ci-devant prefcrite
& ordonnée, foit par celui qui aura figné lefdits billets,
foit par fes héritiers ou repréfentans après fa mort. Si donnons en mandement, &c.

douze

douze cents livres, il eſt conſtant que je ne pourrai exiger de vous que cette dernière ſomme.

Si le débiteur avoit écrit de ſa main le corps du billet de quinze cents livres, & le *bon pour la ſomme de douze cents livres*, il faudroit auſſi juger, dans le doute, que les douze cents livres ſont la ſomme qui eſt véritablement due. Cette déciſion eſt fondée ſur ce qu'en pareil cas on doit prononcer en faveur de la libération, conformément à cette maxime, *ſemper in obſcuris quod minimum eſt ſequimur.*

Cependant il en ſeroit différemment ſi la cauſe de la dette énoncée dans le corps du billet faiſoit connoître que la ſomme y exprimée eſt celle qui eſt véritablement due. Par exemple, ſi par un billet écrit de ma main, je reconnois devoir à un marchand de Rheims ſix cents livres pour prix de deux cents bouteilles de vin de Champagne mouſſeux, que ce marchand a coûtume de vendre trois livres la bouteille, mon billet vaudra pour ſix cents livres, quoique j'aie écrit au bas, *bon pour deux cents livres.*

Si quelqu'un ſe reconnoît débiteur & dépoſitaire d'une ſomme, conformément au bordereau des eſpèces joint à l'acte, & que la ſomme énoncée dans l'acte ſoit différente de celle que compoſent les eſpèces déſignées au bordereau, c'eſt cette dernière ſomme qui eſt due ; on juge que l'autre n'a été exprimée que par erreur de calcul.

Lorſqu'un acte ſous ſignature privée ſe trouve ſous la main de la perſonne qui l'a ſouſcrit, il ne produit aucune Obligation contre elle. C'eſt pourquoi ſi ſous le ſcellé de mes effets on trouve un billet par lequel je me reconnois débiteur envers vous d'une ſomme de cent écus pour des marchandiſes que vous m'avez vendues, il ne réſultera de ce billet aucune preuve que je vous dois la ſomme y énoncée. La raiſon en eſt que ce billet étant en ma poſſeſſion, on doit préſumer que je l'ai écrit dans l'eſpérance que vous me vendriez les marchandiſes y énoncées, & que la vente n'ayant pas eu lieu, le billet m'eſt reſté ; ou que vous m'avez effectivement vendu ces marchandiſes, mais que j'ai retiré mon billet en vous les payant.

Il faut appliquer la même déciſion à la quittance qui ſe trouve parmi les effets du créancier qui l'a ſignée : elle ne prouve pas que le débiteur a rempli ſon Obligation ; on préſume ſeulement que le créancier l'a écrite d'avance, dans l'eſpérance que le débiteur viendroit ſe libérer, & que celui-ci ne s'étant pas préſenté, la quittance eſt reſtée à celui-là.

Comme on ne peut point ſe faire de titre à ſoi-même, il faut conclure que les actes qui ne ſont point paſſés par un officier public, tels que ſont les regiſtres ou papiers cueillerets qu'un ſeigneur de cenſive tient lui-même des cens qu'on lui paye annuellement, ne prouvent pas que ces cens ſoient réellement dus.

Cependant lorſque ces regiſtres ſont anciens & uniformes, ils font une ſemi-preuve, qui étant jointe à d'autres, comme eſt celle qui réſulte des reconnoiſſances des propriétaires des terres circonvoiſines, ſuffit pour autoriſer le ſeigneur à former une demande à cet égard.

Quoique les regiſtres ou papiers cueillerets d'un ſeigneur, qui ne ſont pas authentiques, ne faſſent pas preuve pour lui contre d'autres, ils font preuve pour d'autres contre lui. Ainſi, dans le cas où le feigneur viendroit à ufurper fur vous la poffeffion d'un immeuble, vous pourriez fonder votre demande en revendication contre lui fur les papiers cueillerets qui juftifieroïent qu'il a reçu de vous & de vos auteurs un cens pour cet immeuble.

Au refte, il faut obferver que quand un cenfitaire s'eft fervi de ces papiers cueillerets contre le feigneur, celui-ci peut à fon tour les employer pour preuve contre le cenfitaire. Ils fuffiront, par exemple, pour juftifier que l'immeuble revendiqué eft chargé de toutes les redevances dont ils font mention.

Quoique les livres-journaux des marchands ne faffent pas une preuve complette des fournitures qu'ils prétendent avoir faites à quelqu'un, la faveur du commerce a néanmoins fait établir, que quand ces livres font en bonne règle, qu'ils font écrits de jour à jour fans aucun blanc, que le marchand paffe pour un homme de probité, & que fon action eft intentée dans l'année de la fourniture, ils forment une femi-preuve. C'eft pourquoi il arrive fréquemment, en pareil cas, qu'on adjuge au marchand fa demande, en affirmant par lui que la fomme qu'il répète lui eft légitimement due.

Il faut cependant, pour qu'on s'en rapporte à l'affirmation du marchand fur la vérité des fournitures infcrites fur fon livre, qu'elles ne s'étendent pas à une fomme trop forte, & qu'il foit vraifemblable que le particulier auquel on les répète en a eu befoin.

Au refte, les livres-journaux d'un marchand forment une preuve complette contre lui, relativement aux marchés qu'il a conclus, aux livraiſons qu'on lui a faites, & aux ſommes qui lui ont été payées.

Cette règle doit être ſuivie, quand même les choſes inférées ſur le journal ſeroient écrites d'une autre main que celle du marchand, pourvu qu'il conſte que ce journal eſt celui dont le marchand eſt dans l'uſage de ſe ſervir.

Quant aux livres-journaux ou papiers domeſtiques des particuliers, ils ne prouvent rien contre les perſonnes qui n'y ont pas appoſé leurs ſignatures. Mais on demande s'ils peuvent ſervir de preuve contre le particulier auquel ils appartiennent ?

Boiceau fait à cet égard une diſtinction entre le cas où ce que le propriétaire des papiers a écrit, tend à l'obliger envers quelqu'un, & le cas où ce qu'il a écrit tend à libérer ſon débiteur.

Suppoſez, pour le premier cas, que vous ayez écrit ſur vos papiers que je vous ai prêté cinquante louis : ſi vous avez ſigné cette note, elle ſera une preuve ſuffiſante de la dette ; mais ſi vous n'avez point ſigné, ce ne ſera qu'une ſemi-preuve. La raiſon en eſt que la note n'étant pas ſignée, elle ne paroît avoir été faite que pour vous rendre compte à vous-même, & non pour prouver l'emprunt que vous avez fait. Il y a lieu de préſumer que le créancier vous a remis votre billet lorſque vous l'avez payé, & que vous avez négligé de ſupprimer la note. Mais ſi la note étoit ſignée, elle ſuffiroit pour prouver la dette, parce qu'on préſumeroit qu'elle n'a été faite que pour ſervir de titre au créancier.

A l'égard du cas où ce que le créancier a écrit ſur ſon journal tend à libérer ſon débiteur, on

ne peut pas douter que cela ne faſſe preuve complette en faveur de ce dernier , ſoit que le créancier ait ſigné ce qu'il a écrit, ou qu'il ne l'ait pas
ſigné.

Il faudroit décider différemment relativement à
une quittance non ſignée que le créancier auroit écrite & qui ſeroit entre les mains du débiteur. Une telle quittance ne feroit pas preuve
du payement comme ce qui ſe trouve écrit ſur
un journal. La raiſon en eſt qu'on n'a pas coutume de ſiguer les reçus qu'on inſcrit ſur un
journal , au lieu qu'il eſt d'uſage que le créancier
ſigne les quittances qu'il donne à ſes débiteurs.

Cependant s'il y avoit lieu de préſumer que
çe n'a été que par oubli que la quittance n'a pas
été ſignée , & que le débiteur fût connu pour
un homme de probité , le juge pourroit admettre
le ferment du porteur de la quittance , pour en
juſtifier la vérité.

Il ſe trouve ſouvent des écritures non ſignées ,
qui ſont à la ſuite, ou à la marge, ou au dos
d'un écrit ſigné ; & ces écritures tendent à
former une nouvelle Obligation ou à libérer
le débiteur.

Dans le premier cas , ſi les écritures non
ſignées expriment un rapport avec l'acte ſigné au
dos, ou au bas, ou en marge duquel elles
ſont, elles font preuve contre le débiteur qui
les a écrites. Suppoſez, par exemple , qu'au bas
d'un billet de cinquante louis que je vous ai
paſſé & que j'ai ſigné, j'aie écrit de ma main :
*Je dois en outre à M.... dix louis qu'il a délivrés
pour mon compte il y a huit jours ;* cette addition, quoique non ſignée , fera preuve contre

moi, à caufe que par ces termes *en outre*, elle a un rapport avec l'écrit que j'ai figné.

Mais fi les écritures non fignées n'ont aucun rapport avec l'acte au bas ou à la marge duquel elles font, elles ne font aucune preuve contre celui qui les a écrites, que l'Obligation qu'elles renferment a été contractée, & elles ne paffent que pour de fimples projets qui n'ont point eu d'exécution.

Lorfque les écritures non fignées dont il s'agit, tendent à libérer le débiteur, il faut diftinguer le cas auquel l'acte au dos ou au bas duquel elles font, a toujours été entre les mains du créancier, & le cas où cet acte eft entre les mains du débiteur.

Si, par exemple, au bas ou au dos d'un billet de cinquante louis, que je vous ai paffé & qui eft entre vos mains, il fe trouve des quittances de deniers délivrés à compte, elles font preuve que j'ai délivré ces deniers, & il n'eft même pas néceffaire pour cela qu'elles foient écrites de votre main, parce qu'il eft cenfé que vous ne les auriez point laiffé écrire fi vous n'aviez en effet reçu les deniers y énoncés.

Mais fi l'acte eft, par exemple, un traité de vente fait double, & qu'au bas & au dos de celui qui eft entre les mains du débiteur, il fe trouve des reçus non fignés, ces reçus feront foi s'ils font écrits de la main du créancier; fi, au contraire, ils font écrits d'une autre main, on ne doit pas les regarder comme une preuve de payement : on conçoit que s'il en étoit autrement, le débiteur pourroit fe libérer à fon gré, fans bourfe délier, en faifant quittancer l'acte par telle perfonne qu'il jugeroit à propos.

La copie d'un titre quelconque ne prouve rien au delà de ce que renferme le titre original ; & les notaires ne doivent pas même, fous prétexte d'interprétation, ajouter dans les groffes ou expéditions, la moindre chofe à ce qui eft contenu dans la minute de l'acte.

Mais on demande quelle foi peut faire une copie lorfque le titre original eft perdu? Il faut en premier lieu diftinguer les copies tirées par un officier public, de celles qui n'ont été tirées que par des particuliers : il faut auffi, à l'égard de celles-là, en diftinguer trois fortes : 1°. celles qui ont été tirées par l'autorité des juges, parties préfentes ou dûment appelées ; 2°. celles qui ont été tirées en préfence des parties fans le concours de l'autorité des juges ; 3°. celles qui ont été tirées fans que les parties aient été préfentes, ni que le juge les ait fait appeler.

Une copie tirée fur l'original en vertu de l'autorité du juge, parties préfentes ou dûment appelées, fe nomme une copie en forme. Si dans la fuite l'original vient à fe perdre, une telle copie fait autant de foi que feroit l'original même, contre les parties qui y ont été préfentes ou dûment appelées, & contre leurs héritiers ou fucceffeurs.

La même décifion doit ordinairement s'appliquer aux copies qui ont été faites en préfence des parties fans le concours de l'autorité du juge. La raifon en eft que les parties, par leur préfence, font cenfées être tacitement convenues que ces copies leur tiendroient lieu d'original.

Il faut néanmoins obferver que ces copies ne font pas toujours la même preuve que des copies en forme : car, comme elles ne tiennent leur vertu que de la convention des parties, il en résulte la conséquence, qu'elles ne doivent produire aucun effet relativement aux choses dont les parties n'ont pas la liberté de disposer. Supposez, par exemple, que sans le concours de l'autorité du juge vous ayez tiré copie avec le titulaire d'un bénéfice, d'une transaction qui établissoit en votre faveur une servitude sur un héritage dépendant de ce bénéfice, & que le successeur de ce titulaire se prétende affranchi de cette servitude ; la copie que vous aurez tirée avec le prédécesseur, ne fera pas contre le successeur la même preuve qu'auroit faite l'original qui depuis s'est trouvé perdu, ni même celle qu'auroit faite une copie en forme : la raison en est que le prédécesseur, qui n'a pas plus la liberté d'assujettir les héritages de son bénéfice à un droit de servitude, que celle de les aliéner, n'a pas pu, au préjudice de son successeur, convenir que la copie que vous avez tirée étoit conforme à l'original de la transaction qui établissoit la légitimité de la servitude.

Quant aux copies tirées sans que les parties aient été présentes, ni que le juge les ait fait appeler, elles ne font communément pas une preuve complette de ce que contenoit l'original qui se trouve perdu ; mais elles forment un commencement de preuve par écrit, suffisant pour faire admettre à l'appui de ces copies la preuve testimoniale.

Observez au surplus que quand les copies sont anciennes, elles font preuve au défaut de l'original, parce qu'elles énoncent qu'il y a eu un original en règle, & que *in antiquis enunciati-*

va probant. Telle eſt la doctrine de Dumoulin ; & , ſuivant le même auteur, une copie eſt ordinairement réputée ancienne lorſqu'elle a plus de trente ou quarante ans, à moins qu'il ne s'agiſſe d'une matière relative à des droits qui ne peuvent s'établir que par la poſſeſſion immémoriale & centenaire : dans ce cas-ci, un acte n'eſt réputé ancien que quand il paſſe cent ans.

Quant aux copies tirées par des particuliers, elles ne font, quelque anciennes qu'elles ſoient, aucune preuve des Obligations, elles peuvent tout au plus former quelques légers indices.

Tout ainſi qu'on paſſe des actes pour prouver les Obligations, on en paſſe auſſi pour juſtifier que le débiteur s'eſt-acquitté envers le créancier, & ceux-ci font ce qu'on appelle des *quittances.*

Une quittance énonce quelquefois la ſomme qui a été payée, ſans énoncer la cauſe de la dette ; ou elle énonce la cauſe de la dette, ſans énoncer la ſomme payée ; ou elle n'énonce ni la ſomme payée ni la cauſe de la dette ; où elle énonce l'une & l'autre.

Une quittance qui énonce la ſomme payée ſans énoncer la cauſe de la dette, ne laiſſe pas d'être valable ; telle feroit la quittance qui feroit ainſi conçue : *J'ai reçu de Guillaume Petit trois cent cinquante livres. Fait à Paris le 10 mai* 1779. Si celui qui a donné la quittance a pluſieurs créances contre le débiteur, celui-ci peut imputer le montant de cette quittance ſur la dette qu'il lui importe le plus d'acquitter.

Une quittance eſt pareillement valable, lorſqu'elle n'énonce que la cauſe de la dette, ſans exprimer la ſomme payée, & elle prouve le payement de tout ce qui étoit dû alors pour la caufe exprimée. Suppofez qu'une telle quittance foit ainfi conçue : *J'ai reçu de Louis ce qu'il me devoit pour le café que j'avois à Nantes & que je lui ai vendu.*

Mais fi Louis étoit obligé envers moi pour d'autres caufes, une telle quittance ne le libéreroit point relativement à ces autres caufes, quand même je n'aurois fait à cet égard aucune réferve expreffe.

Si la dette dont la caufe eft énoncée dans la quittance, confifte en arrérages, rentes, loyers ou fermages, il y a preuve du payement de tout ce qui a couru jufqu'au dernier terme d'échéance qui a précédé la date de la quittance. Suppofez, par exemple, que je vous aie loué une métairie, dont le fermage fe paye annuellement l'onze novembre, & que je vous aie donné une quittance ainfi conçue : *J'ai reçu de Louis ce qu'il me doit pour fermages. Fait ce premier avril* 1779 : une telle quittance s'étend à tous les fermages échus jufqu'au onze novembre 1778, mais elle ne peut pas s'appliquer aux poftérieurs.

Mais que faudroit-il décider fi la quittance n'étoit pas datée ? Il réfulteroit de ce défaut de date, que la quittance prouveroit que le débiteur auroit au moins payé un terme ; & cependant il ne pourroit la faire valoir que pour ce terme. Il en feroit autrement fi une telle quittance avoit été donnée par l'héritier du créancier ; elle vaudroit pour tous les termes échus durant la vie de ce créancier, attendu qu'elle n'auroit pu être donnée que depuis fon décès.

Quand la quittance n'énonce ni la fomme payée, ni la caufe de la dette, & qu'elle eft, par exemple, conçue en ces termes : *Je reconnois avoir reçu de Louis Geoffroi ce qu'il me doit. Fait ce 15 mai 1779* ; il en réfulte la libération du débiteur, relativement à toutes les dettes qu'il avoit contractées envers moi, & qui étoient exigibles lors de la date de la quittance.

Mais le débiteur ne feroit pas fondé, en vertu d'une telle quittance, à fe prétendre quitte des Obligations dont le terme de payement ne feroit pas encore échu : la raifon en eft qu'on ne préfume pas qu'un débiteur paye avant le terme.

Une quittance femblable ne s'étendroit pas non plus aux capitaux des rentes dues par le débiteur, elle ne comprendroit que les arrérages échus jufqu'au terme artérieur à la quittance.

Il faut appliquer la même décifion aux dettes qui peuvent exifter en faveur du créancier fans qu'il en ait connoiffance. C'eft pourquoi fi vous me devez deux ou trois fommes par différentes Obligations contractées envers moi, & que je vous donne une quittance telle que celle dont il s'agit, ces Obligations feront incontestablement éteintes ; mais il en fera différemment de la dette que vous aurez contractée envers mon oncle, & dont je n'avois pas connoiffance, quoiqu'elle me fût échue en qualité de fon héritier, lorfque je vous ai donné une quittance générale.

Lorfque la quittance exprime tout à la fois la fomme payée & la caufe de la dette acquittée, on a prévenu communément toute efpèce de conteftation. Il faut feulement obferver que fi la fomme payée excède celle qui étoit due pour la caufe énoncée dans la quittance, le débiteur eft fondé à répéter cet excédent, ou à l'imputer fur la dette qu'il a le plus d'intérêt d'acquitter, s'il en doit plusieurs autres au même créancier.

CINQUIÈME PARTIE.

Des divers moyens qui peuvent opérer l'extinction des Obligations.

Ces moyens font le payement réel, la consignation, la remise de la dette, la novation, la confusion, la compensation, l'extinction de la chose due, les conditions résolutoires, la mort du créancier ou celle du débiteur, & les fins de non recevoir.

Nous allons parcourir rapidement ces divers moyens.

I. *Payement.* Le payement réel est le moyen le plus simple pour éteindre une Obligation.

Si par l'Obligation on doit donner quelque chose, le payement consistant alors dans la tradition de la chose promise, il faut en conclure qu'il n'est valable qu'autant qu'il est fait par le propriétaire de cette chose ou de son consentement. Autrement celui qui paye ne transfère pas au créancier la propriété de la chose dont il s'agit, selon la règle, *nemo plus juris in alium transferre potest quàm ipse habet.*

Il faut aussi, pour la validité du payement, que la personne qui a livré la chose n'ait pas été incapable de l'aliéner. Ainsi un tel payement ne seroit pas valable s'il avoit été fait par un mineur ou par une femme non autorisée de son mari.

Au reste, toute personne capable de transférer

la propriété de la chose , peut payer valablement
& opérer l'extinction de l'Obligation même
malgré le débiteur. Il importe d'ailleurs fort peu
au créancier que la chose due lui soit donnée
par son débiteur ou par d'autres.

Il pourroit n'en pas être de même si l'Obligation consistoit à faire quelque chose. En effet,
si j'ai consideré l'habileté & le talent personnel
de la personne qui a contracté l'Obligation, la
dette ne peut être acquittée que par cette
personne.

Supposez , par exemple, que j'aie traité avec
un architecte pour conduire les travaux d'un édifice, il ne pourra pas faire remplir son Obligation par un autre architecte, à moins que ce ne
soit de mon consentement.

Il faut encore , pour la validité du payement
d'une Obligation, qu'il soit fait au créancier ou
à une personne qui ait pouvoir de lui, ou qualité pour recevoir.

Celui à qui une créance a été cédée devient
le créancier par la signification qu'il fait au débiteur de son titre de cession; ou par l'acceptation que le débiteur fait du transport ; d'où
il suit, que le payement qui seroit fait posté-
rieurement à l'ancien créancier , n'éteindroit pas
l'Obligation.

Lorsqu'un créancier a laissé plusieurs héritiers,
chacun d'eux n'ayant qu'une part dans la créance,
on ne peut pas valablement payer la totalité à
un seul, à moins que ses cohéritiers ne lui aient
donné le pouvoir de la recevoir.

Il arrive quelquefois que celui envers qui on
a une raison suffisante de se croire obligé, n'est
pas le véritable créancier ; mais le payement

qu'on lui fait ne laisse pas d'être valable. Supposez, par exemple, que vous possédiez une
seigneurie qui n'est point à vous & dont relèvent
divers héritages ; le payement qu'on vous aura
fait des profits seigneuriaux échus durant votre possession, sera valable, & le véritable propriétaire,
à qui vous aurez été obligé de restituer la seigneurie, ne sera pas en droit de demander de
nouveau les profits seigneuriaux à ceux de qui
vous les aurez reçus. Cette décision est fondée
sur ce qu'un possesseur étant reputé propriétaire
de la chose qu'il possède, ceux qui vous ont
payé les profits seigneuriaux ont eu une raison
suffisante pour croire que vous en étiez le légitime créancier : leur bonne foi doit faire valider le payement qu'ils vous ont fait, & le véritable propriétaire doit s'imputer d'avoir laissé
ignorer ses droits, sauf néanmoins à celui-ci son
recours contre vous.

Lorsqu'un débiteur paye à une personne ce
qu'il lui doit, au préjudice de la saisie arrêt
faite entre ses mains par les créanciers de cette
personne, ceux-ci peuvent obliger le débiteur à
payer une seconde fois, sauf néanmoins son
recours contre la personne qui a reçu le premier
payement.

Le décret de prise de corps décerné contre
un créancier, n'empêche pas que ses débiteurs
ne puissent valablement remplir leurs Obligations envers lui, & le payer tandis qu'il n'y a
point de saisie arrêt entre leurs mains.

Lorsqu'un créancier capable de recevoir par
lui-même ce qui lui est dû, a donné pouvoir
à une personne de recevoir pour lui, le débiteur peut valablement payer entre les mains de

cètte perfonne, quand même ce feroit un mineur
ou une femme fous puiffance de mari. Cette
décifion eft fondée fur ce que le débiteur eft
cenfé faire le payement à celui qui a donné le
pouvoir, & ce dernier doit s'imputer, en cas
d'événement, d'avoir donné fa commiffion à
quelqu'un contre qui il n'y avoit aucun recours
à exercer.

Le titre dont eft porteur un huiffier qui va
le mettre à exécution à la requête du créancier,
équivaut au pouvoir de recevoir la fomme énoncée dans ce titre ; c'eft pourquoi la quittance
donnée par cet huiffier vaut comme fi le créancier l'avoit donnée lui-même.

Mais cette décifion ne doit pas s'appliquer au
procureur que vous avez chargé de former une
demande contre votre débiteur : cette commiff-
fion n'eft pas cenfée renfermer le pouvoir de
recevoir ce qui fait l'objet de la demande.

On paye auffi valablement à ceux qui, en
vertu de la loi, ont qualité pour recevoir à la
place du créancier. Tels font les tuteurs pour
ce qui eft dû à leurs mineurs, les maris pour
ce qui eft dû à leurs femmes non féparées de
biens, les receveurs des fabriques, des hôpitaux, &c.

Mais la parenté, à quelque degré que ce foit,
avec la perfonne du créancier, n'eft pas une qualité fuffifante pour recevoir ce qui lui eft dû.
Ainfi le père ne peut pas valablement recevoir
ce qui eft dû à fon fils qui n'eft plus fous fa
puiffance, ni le fils recevoir ce qui eft dû au
père.

On ftipule quelquefois dans l'acte par lequel
on contracte l'Obligation de payer quelque chofe,

que le payement pourra fe faire entre les mains d'un tiers qu'on indique, comme entre celles du créancier : il n'eft pas douteux qu'en ce cas le payement fait à ce tiers ne foit aufli valable que s'il avoit été fait au créancier lui-même.

On tient pour maxime, qu'un créancier n'eft pas obligé de recevoir par parties ce qui lui eft dû, à moins que la faculté de payer ainfi n'ait été accordée au débiteur. Il réfulte de cette jurifprudence, que la confignation d'une partie de la dette n'arrête pas le cours des intérêts, même pour la partie confignée.

Il ne fuffit même pas au débiteur d'offrir le capital de la dette lorfqu'elle porte intérêt, il faut encore, pour qu'il foit quitte de fon Obligation, qu'il offre les intérêts qui peuvent être dus ; autrement le créancier peut refufer le payement.

Cette règle reçoit néanmoins une exception, quand on a ftipulé par le contrat que le débiteur pourroit fe libérer en trois ou quatre payemens, ou qu'en confidération de la pauvreté du débiteur, le juge l'a ainfi ordonné par une fentence ou arrêt de condamnation. Le créancier doit alors fe conformer à ce qui a été convenu ou jugé.

S'il n'y a eu aucune explication fur la fomme qui feroit payée chaque fois, les payemens doivent s'entendre de payemens égaux entre eux. C'eft pourquoi fi vous vous êtes obligé à me payer cinquante louis en trois payemens; chaque payement doit être de quatre cents livres, & vous avez la liberté d'en faire plufieurs en même temps.

On admet une autre exception à la règle que
le

le créancier ne peut pas être obligé de recevoir par parties ce qui lui eſt dû, lorſque les parties ne ſont pas d'accord ſur la quotité de la dette. En ce cas, le créancier doit, conformément à la loi 31, D. *de reb. cred.* recevoir la ſomme qu'on avoue lui devoir, ſans préjudice du reſte, en attendant que la conteſtation ſoit décidée. Le juge ne doit pas refuſer d'ordonner ce payement proviſionnel lorſque le débiteur le demande.

La compenſation donne lieu à une troiſième exception à la règle dont il s'agit : ainſi vous devez compenſer avec ce qui vous eſt dû, la ſomme que vous devez à votre débiteur, quoiqu'elle ſoit moindre que celle qu'il vous doit.

Si vous êtes créancier d'une perſonne pour différentes dettes, vous devez recevoir le payement d'une de ces dettes, lorſqu'il vous eſt offert, quoique le débiteur n'offre pas de payer les autres.

Quand une Obligation conſiſte à livrer un corps certain & déterminé, le payement peut être valablement fait par la tradition de la choſe en quelque état qu'elle ſe trouve, pourvu que les détériorations ſurvenues depuis la convention ne puiſſent être imputées au débiteur ni aux perſonnes dont il eſt reſponſable, tels que ſes enfans, ſes domeſtiques. En ce cas, le débiteur eſt ſeulement obligé de céder au créancier l'action qu'il peut avoir contre la perſonne qui a occaſionné le dommage.

Il en ſeroit différemment ſi la dette étoit d'un corps indéterminé. Suppoſez, par exemple, qu'étant poſſeſſeur de pluſieurs arpens de vigne,)

vous ayez promis à votre fils de lui en donner
un quand il feroit revenu d'Efpagne : fi un
ouragan a finguliérement endommagé un de ces
arpens, fans avoir beaucoup offenfé les autres,
vous ne pourrez pas vous acquitter de votre
Obligation en offrant l'arpent endommagé ; vous
ferez tenu d'en donner un qui n'ait pas fouffert
confidérablement : au lieu que fi vous vous étiez
obligé à donner déterminément un tel arpent,
votre Obligation feroit remplie en le donnant en
quelque état qu'il fût.

Lorfque par la convention le débiteur s'eft
obligé de payer dans un certain lieu, cette
claufe doit être exécutée. Si les parties n'ont défigné aucun endroit, & que la dette foit d'un
corps certain, le payement doit fe faire au lieu
où la chofe fe trouve. Ainfi lorfque je vous vends
des arbres de haute futaie qui fe trouvent dans
une forêt qui m'appartient, je ne fuis point obligé
de les déplacer, & vous devez les faire enlever où
ils font.

Si la dette eft d'une chofe indéterminée, telle
qu'une douzaine de chemifes, un fetier de blé,
une fomme d'argent, &c. & que le lieu du
payement ne foit pas défigné, il doit fe faire
au domicile du débiteur. Cette décifion eft fondée fur ce que les objets à l'égard defquels les
parties ne fe font pas expliquées, doivent s'interpréter de la manière la moins défavantageufe au
debiteur.

Obfervez néanmoins que fi la chofe due confifte dans une fomme d'argent ou dans quelque autre chofe qui puiffe être portée fans frais
chez le créancier, & que le domicile de celui-
ci foit à peu de diftance de celui du débiteur,

le payement doit se faire au domicile du créancier. C'est l'avis de Dumoulin.

Si, depuis la convention, le créancier est allé résider dans une ville éloignée du domicile du débiteur, celui-ci peut demander que l'autre élise domicile dans le lieu où il l'avoit lors du contrat, pour y recevoir son payement. Ceci est fondé sur ce que le changement de domicile du créancier ne doit pas rendre pire la condition du débiteur.

Comme le payement doit se faire aux frais du débiteur, s'il exige une quittance pardevant notaires, il doit payer cette quittance.

II. *Consignation.* Lorsque le créancier a refusé de recevoir le payement de la chose due, & qu'après en avoir fait des offres, le débiteur l'a consignée, cette consignation équivaut à un payement & éteint l'Obligation, comme le payement réel l'auroit éteinte.

Mais pour que la consignation tienne lieu de payement, il faut que le créancier ait été mis en demeure de recevoir, & qu'elle ait été précédée d'offres valables.

Si la chose due est payable au créancier chez lui, les offres ne peuvent être valablement faites qu'en son domicile.

Si la chose due est un corps certain qui doive être livré dans le lieu où il se trouve, il faut sommer le créancier de l'enlever ; & sur cette sommation, qui tient lieu d'offres de payement, le débiteur peut obtenir du juge la permission de mettre la chose en dépôt dans quelque endroit, s'il a besoin du lieu qu'elle occupe.

Il doit être dressé un acte des offres faites au créancier, & de la sommation de recevoir.

Cette sommation doit se faire par le ministère d'un huissier ou sergent, & être revêtue des formalités des autres exploits ; elle doit aussi contenir assignation devant le juge pour voir ordonner la consignation. La sentence qui intervient en conséquence, se signifie au créancier avec assignation, pour être présent à la consignation au jour, lieu & heure que l'on indique.

Observez néanmoins que quoique le débiteur n'ait pas fait ordonner la consignation par le juge, elle ne laisse pas d'être valable, lorsqu'il a déclaré au créancier que, sur son refus d'accepter les offres, il alloit consigner la chose due. Le jugement qui intervient par la suite, & qui confirme cette consignation, a un effet rétroactif au temps où elle a été faite. Le parlement l'a ainsi jugé par arrêt du 11 août 1703, rapporté au journal des audiences.

Il faut que la consignation se fasse au jour & à l'heure indiqués : l'acte qu'on en dresse doit contenir le bordereau des espèces consignées, & on le signifie au créancier.

III. *Remise de la dette.* La remise que le créancier fait de la dette éteint l'Obligation ; & cette remise peut avoir lieu non seulement par une convention expresse, mais encore par une convention tacite, qui résulte de certains faits par lesquels on présume cette remise ; comme quand le créancier a rendu au débiteur sa promesse ou le brevet d'obligation.

Cette présomption n'auroit pas lieu s'il s'agissoit d'une Obligation dont il y eût minute par-devant notaires. La grosse qui se trouveroit entre les mains du débiteur ne prouveroit ni le payement ni la remise de la dette, à moins que

d'autres circonftances ne concouruffent. La raifon
en eft que la minute qui eft chez le notaire,
fans être quittancée, réclame en faveur du créancier, qui a pu perdre la groffe ou la confier à la
bonne foi du débiteur.

Le défaut de réferve d'une dette dans la quittance que le créancier donne d'une autre dette,
ne fait pas préfumer qu'il ait remis la dette dont
il n'a point ftipulé de réferve.

De même, fi, dans un compte intervenu entre
vous & moi, vous n'avez pas compris un objet
de créance que vous aviez contre moi, il ne réfulte de cette omiffion aucune préfomption que
vous m'avez fait remife de la créance.

Lorfqu'il y a plufieurs débiteurs obligés folidairement, la remife que le créancier accorde
à l'un d'eux, n'éteint que l'Obligation de celui-
ci, & non celle de fes codébiteurs. Ces derniers
font néanmoins déchargés relativement à la part
de celui à qui le créancier a remis la dette.

Quand le créancier décharge le débiteur principal, la caution ceffe d'être obligée; mais la
décharge accordée à la caution, n'empêche pas
que le débiteur principal ne refte obligé. La
raifon en eft que l'Obligation du débiteur principal ne dépend pas de celle de la caution, &
qu'au contraire l'Obligation de la caution dépend
de celle du débiteur principal; en forte qu'il ne
peut point y avoir de caution fans débiteur principal, quoiqu'il puiffe y avoir un débiteur fans
caution.

On demande fi le créancier peut valablement
recevoir une fomme d'une caution pour la décharger de fon cautionnement? Il faut répondre
qu'il le peut. La raifon en eft que ce que le

créancier reçoit en cas pareil, est le prix du risque de l'insolvabilité du débiteur dont la caution étoit chargée, & dont il se charge à sa place. Or il est constant que le créancier n'est pas obligé de se charger de ce risque pour rien, d'où il suit qu'il ne commet aucune usure en en recevant le prix. C'est une convention qui doit être aussi permise que le contrat d'assurance.

Il n'y a que le créancier usant de ses droits qui puisse faire la remise d'une Obligation. Un procureur général de toutes les affaires, tel qu'un tuteur, un curateur, un administrateur, n'a pas ce pouvoir. La raison en est que ces personnes n'ont qualité que pour administrer, & non pour donner : or la remise équivaut à une donation.

Il faut néanmoins excepter de cette règle la remise qu'on fait, en cas de faillite, au débiteur. Comme cette remise a bien moins lieu pour faire un don que pour assurer le payement du surplus de la dette, elle peut passer pour un acte d'administration dont un tuteur ou curateur est capable.

On doit appliquer la même décision aux remises que l'on fait d'une partie des profits seigneuriaux aux gens qui se présentent pour composer de ces profits avant de conclure le marché des immeubles qu'ils veulent acheter. Il est clair que ces remises ne sont pas des donations, mais des actes d'administration, dont l'objet est de ne pas manquer les profits seigneuriaux dont on seroit privé si le marché n'avoit pas lieu.

IV. *Novation.* La novation étant la substitution d'une nouvelle dette à une ancienne, on la met au rang des moyens qui éteignent les Obligations.

Comme le consentement que le créancier donne à la novation, équivaut, quant à l'extinction de la dette, au payement qui en seroit fait, il faut en conclure, qu'il n'y a que la personne à laquelle on peut payer valablement, qui ait la faculté de faire novation.

Ainsi, comme on ne peut pas payer valablement à un interdit, ni à un mineur, ni à une femme non autorisée de son mari, ces personnes font incapables de faire novation.

La novation qui se fait par l'intervention d'un nouveau débiteur, peut avoir lieu entre celui-ci & le créancier, sans que le premier débiteur, dont l'Obligation doit s'éteindre par la novation, y ait aucune part. La raison en est qu'on peut acquitter la dette d'une personne, sans qu'il faille à cet égard son consentement.

Lorsque de plusieurs débiteurs solidaires un seul contracte avec le créancier un nouvel engagement pour faire novation du premier, tous les codébiteurs se trouvent libérés par cette novation. Elle éteint pareillement toutes les Obligations accessoires, telles que celles des cautions.

Si le créancier veut faire subsister l'Obligation des autres débiteurs & des cautions, il faut qu'il mette pour condition à la novation, que les codébiteurs & les cautions accéderont à la nouvelle dette, sinon qu'il n'y aura point de novation, & que la première créance demeurera en toute sa force.

De ce que la novation éteint la première Obligation, il faut conclure qu'elle éteint aussi les hypothèques qui y étoient inhérentes ; mais le créancier peut, par le contrat même de novation, attacher à la nouvelle Obligation les hypothèques sur lesquelles s'étendoit la première.

Suppofez, par exemple, que l'an dernier vous ayez prêté à Pierre cinquante louis fous l'hypothèque de fes biens, & que, par un autre acte paffé cette année, Pierre ait contracté envers vous une nouvelle Obligation, avec ftipulation qu'il demeure libéré de celle qu'il a contractée l'an dernier, *de laquelle les contractans ont entendu faire novation fous la réferve des hypothèques ;* vous ferez par cette claufe confervé dans votre ordre d'hypothèque pour votre nouvelle créance depuis la date de l'ancienne.

Remarquez néanmoins que fi la nouvelle créance étoit plus confidérable que la première, vous ne conferveriez votre rang d'hypothèque que jufqu'à concurrence de la fomme qui vous étoit originairement due : la raifon en eft que le tranfport des hypothèques de la première Obligation à la feconde, ne doit pas nuire aux créanciers intermédiaires.

V. *Confufion.* La confufion, qui eft auffi une manière d'éteindre les Obligations, a lieu quand le créancier devient héritier ou donataire univerfel du débiteur, ou que le débiteur devient héritier ou donataire univerfel du créancier.

Il eft clair que dans ces cas les qualités de créancier & de débiteur de la même dette fe trouvant en concurrence chez la même perfonne, elles fe détruifent mutuellement ; on ne peut pas être créancier de foi-même, ni débiteur envers foi-même.

L'extinction que la confufion fait de l'Obligation principale, entraîne auffi l'extinction des

Obligations acceſſoires , telles que celles des cautions. La raiſon en eſt qu'il ne peut point y avoir de caution lorſqu'il n'y a point de débiteur principal.

Mais l'extinction que la confuſion fait de l'Obligation de la caution , lorſque celle-ci devient héritière du créancier , ou qu'elle lui laiſſe ſa ſucceſſion , ne s'étend pas à l'obligation principale. La raiſon en eſt que quoique l'Obligation acceſſoire ne puiſſe ſubſiſter ſans l'Obligation principale , celle-ci peut avoir lieu ſans qu'il y ait d'Obligation acceſſoire.

VI. *Compenſation.* Si deux particuliers ſont reſpectivement débiteurs l'un de l'autre , leurs Obligations s'éteignent réciproquement par la compenſation. Suppoſez , par exemple , que vous m'ayez prêté cinquante louis , & que poſtérieurement vous ſoyez devenu mon débiteur de pareille ſomme , en achetant de moi une certaine quantité de blé , la créance que vous avez contre moi ſe trouve éteinte par celle que j'ai contre vous.

Il eſt clair que la compenſation eſt établie ſur l'intérêt commun des parties. En effet , il leur eſt plus utile & plus-commode d'éteindre leurs Obligations reſpectives par cette voie , que de délier leur bourſe pour payer ce qu'elles doivent , & de faire des pourſuites pour ſe faire payer.

VII. *Extinction de la choſe due.* Comme il n'exiſte point de dette qu'il n'y ait une choſe due qui ſoit l'objet de l'Obligation , il faut en conclure que quand la choſe due vient à périr , l'Obligation eſt éteinte.

La même déciſion doit avoir lieu lorſque la choſe qui faiſoit l'objet de l'Obligation a été mife hors du commerce. C'eft pourquoi, fi je me fuis obligé de vous livrer un certain arpent de terre, & que poftérieurement le fouverain l'ait pris pour en faire un marché public, la créance que vous aviez de cet arpent de terre eft éteinte, parce qu'étant hors du commerce, il ne peut plus être la matière d'une Obligation.

Une Obligation s'éteint auffi, lorfque celui qui eft créancier d'un corps certain en vertu d'un titre lucratif, en devient propriétaire en vertu d'un autre titre également lucratif. La raifon en eft que quand quelqu'un eft devenu propriétaire de la chofe qui lui étoit due, elle ne peut plus lui être due.

Mais pour que l'Obligation foit éteinte lorfque le créancier eft devenu propriétaire de la chofe qu'on lui devoit, il faut que fa propriété foit pleine & entière, autrement le débiteur eft obligé d'ajouter ce qui manque pour former cette pleine & entière propriété. C'eft pourquoi fi Paul vous a légué une métairie qu'il favoit m'appartenir, & que depuis fa mort & avant l'exécution du legs, je vous aie donné cette métairie fous la réferve de l'ufufruit, la créance que vous avez contre l'héritier de Paul n'eft point éteinte, parce que la réferve de l'ufufruit empêche que votre propriété ne foit pleine & entière : ainfi vous pouvez obliger l'héritier de Paul à racheter pour vous l'ufufruit qui manque à votre propriété, ou à vous en payer la valeur.

Il faut obferver que fi le créancier de la chofe due en étoit devenu propriétaire à titre onéreux, en l'achetant, par exemple, l'Obligation du débiteur ne feroit pas éteinte, & il feroit tenu de rembourfer au créancier le prix de fon acquifition.

Pareillement, fi je vous avois vendu un fief qui ne m'appartînt pas, & que le véritable propriétaire vous en eût fait une donation ou un legs, l'Obligation que j'aurois contractée par le contrat de vente, ne feroit pas éteinte, & je ferois tenu de vous rendre le prix que vous m'auriez payé pour votre acquifition, avec les frais, &c.

Lorfqu'une chofe fe trouve perdue fans la faute du débiteur, comme quand des voleurs la lui ont ravie, il eft quitte de fon Obligation, de même que fi cette chofe avoit ceffé d'exifter, à moins toutefois que la chofe ne vienne à fe retrouver.

On demande fi le débiteur d'un corps certain, qui n'eft tenu que des accidens arrivés par fa faute, eft tenu, pour être libéré, de prouver que la chofe due eft périe fans fa faute & par cas fortuit, ou fi le créancier doit prouver que la perte eft arrivée par la faute du débiteur ? Il faut répondre que c'eft au débiteur à faire preuve du cas fortuit ou de force majeure qui a fait périr la chofe. En effet, tout ainfi que le demandeur doit juftifier ce qui fert de fondement à fa demande, de même le défendeur eft tenu de juftifier les faits fur lefquels il fonde fa défenfe. Le premier prouve la légitimité de fa demande en repréfentant le titre de fa créance : le fecond, qui oppofe à cette demande le cas fortuit qui a occafionné la perte de la chofe due, doit prouver ce cas fortuit.

Il n'en eft pas des Obligations alternatives, comme des Obligations d'un corps certain & déterminé : on conçoit que celles-ci s'éteignent par la perte du corps certain, mais celles-là ne

s'éteignent pas par la perte de l'une des deux
choses qui sont dues, sous une alternative : la
raison en est que dans l'Obligation alternative de
deux choses, les deux choses sont dues, & il
suffit qu'il en reste une pour qu'il y ait un sujet
suffisant d'Obligation. Supposez, par exemple,
que Paul, ayant deux carrosses, se soit obligé de
vous en donner un : le vol de l'un de ces carrosses
n'éteint pas l'Obligation; & il vous doit celui
qui reste.

Il en seroit différemment si d'alternative qu'é-
toit l'Obligation, elle étoit devenue déterminée
par l'offre que le débiteur auroit faite de l'une
des deux choses : il est constant que si la chose
offerte venoit à périr depuis la demeure dans
laquelle avoit été constitué le créancier, l'Obligation seroit éteinte.

L'extinction des Obligations par l'extinction
de la chose due, ne peut pas s'appliquer aux
Obligations d'une somme d'argent ou de quelque quantité, comme de dix tonneaux de vin,
vingt boisseaux d'avoine, &c. ou d'un corps
indéterminé, tel qu'un mulet, une voiture,
&c. La raison en est qu'en pareil cas il ne
peut point y avoir d'extinction de la chose
due, attendu qu'il ne peut pas y avoir d'extinction de ce qui n'est pas déterminé. Ce seroit donc en vain que le débiteur d'une somme
de cent louis se prétendroit libéré, sous le prétexte que son argent lui auroit été volé.

VIII. *Conditions résolutoires.* On contracte
quelquefois une Obligation à la charge qu'elle
n'aura lieu que jusqu'à l'accomplissement d'une
certaine condition. Supposez, par exemple, que
j'aie répondu d'une somme pour vous jusqu'à

ce que vous auriez vendu vos bois de haute fu-
raie ; mon Obligation doit s'éteindre par cette
vente. On appelle *conditions réfolutoires*, les
conditions de cette espèce.

Dans les contrats synallagmatiques qui contiennent des Obligations refpectives, on ftipule
fouvent pour condition réfolutoire de l'Obligation de l'une des parties, l'inexécution de quelque engagement de l'autre partie. Suppofez, par
exemple, qu'en me vendant le poiffon qui eft
dans un vivier, vous ayez ftipulé que fi je ne
l'enlève & ne paye pas avant la fin du mois,
vous ferez déchargé de l'Obligation, c'eft une
condition réfolutoire.

Il faut obferver que, fuivant notre jurifprudence, le défaut d'exécuter la condition n'éteint
pas de plein droit l'Obligation : on doit, en pareil cas, faire une fommation par le miniftère
d'un huiffier ou fergent, au créancier, pour qu'il
ait à remplir la condition, & enfuite l'affigner
devant le juge, pour voir déclarer l'engagement
réfolu, faute par lui de l'avoir rempli.

Et quand par le contrat il n'auroit pas été ftipulé
que l'inexécution de mon Obligation feroit la
condition réfolutoire de l'engagement que vous
avez contracté envers moi, cette inexécution pourroit néanmoins faire réfilier la convention &
éteindre votre engagement. Suppofez, par exemple, que j'aie acheté purement & fimplement le
vin qui eft dans votre cave ; fi je néglige de vous
payer le prix convenu, vous ferez difpenfé de
me livrer votre vin. Mais il faut pour cela que
vous obteniez une fentence par laquelle il foit
ordonné que, faute par moi d'avoir enlevé le vin
& d'en avoir payé le prix, le marché fera nul

& comme non avenu. Le juge peut, en pareil cas, fixer un délai, durant lequel je ferai tenu de remplir mon Obligation.

IX. *Mort du créancier.* Quoique réguliérement une Obligation ne s'éteigne pas par la mort du créancier, il y a néanmoins des créances qui ceffent d'exifter par cette mort. Telles font celles qui ont pour objet quelque chofe de perfonnel au créancier. Par exemple : fi je me fuis obligé de vous prêter mon carroffe toutes les fois que vous le défireriez, il eft évident que fi vous venez à mourir, votre créance fera éteinte, & ne paffera point à vos héritiers.

Mais fi, faute de vous avoir prêté mon carroffe lorfque vous l'avez défiré, vous m'avez fait condamner à des dommage & intérêts, vos héritiers feront fondés à me les faire payer.

La créance qui réfulte d'une réparation d'injures, s'éteint auffi par la mort du créancier, quand il n'a formé aucune plainte ni demande en juftice tandis qu'il vivoit. On préfume en ce cas qu'il a pardonné l'injure.

Les rentes viagères conftituées fur la tête du créancier, font encore des Obligations qui s'éteignent par fa mort ; mais fes héritiers font fondés à faire payer les arrérages jufqu'au jour de fon décès.

X. *Mort du débiteur.* Il y a pareillement des Obligations qui s'éteignent par la mort du débiteur : telles font celles par lefquelles il s'eft obligé à faire des chofes qui lui font perfonnelles, comme quand il s'eft engagé pour être domeftique, pour fervir de pilote fur un vaiffeau, &c.

Si, faute de fatisfaire à fon Obligation, le débiteur a été condamné à des dommages &

intéiêts, l'action pour les répéter peut être exercée par fes héritiers.

Obfervez qu'à l'exception du cas des faits perfonnels, les héritiers du débiteur font tenus de remplir fes Obligations.

XI. *Fin de non recevoir.* Il y a des caufes qui empêchent que le créancier ne foit écouté en juftice lorfqu'il veut obliger le débiteur à remplir fon engagement, & ces caufes fe nomment fins de non recevoir.

Une première forte de fin de non recevoir eft l'autorité de la chofe jugée. Quand un débiteur a été renvoyé de la demande formée contre lui, il réfulte d'un tel jugement que le créancier eft non recevable à répéter fa créance, à moins qu'il ne parvienne, par la voie de l'oppofition ou de l'appel, à faire réformer ce jugement.

Une autre fin de non recevoir eft celle qu'opère le ferment décifoire du débiteur qui a affirmé qu'il ne devoit rien quand ce ferment lui a été déféré.

Une troifième fin de non recevoir eft celle qui dérive du laps de temps auquel les loix ont limité la durée de l'action qu'on peut exercer en vertu d'une Obligation. Cette fin de non recevoir fe nomme proprement prefcription.

Quoique les fins de non recevoir ne détruifent point une Obligation, elles la rendent inutile au créancier, parce qu'elles l'empêchent de pouvoir intenter l'action qui en naît ; elles font en outre préfumer que l'Obligation eft acquittée. Ainfi lorfque votre débiteur a acquis une fin de recevoir contre votre créance, non feulelement vous n'êtes plus en droit de le pourfuivre, vous ne pouvez même pas lui oppofer la compensation relativement aux Obligations que vous avez pu contracter à son profit depuis la fin de non recevoir qu'il a acquise contre votre créance. La raison en est que cette fin de non recevoir fait présumer l'extinction de votre créance.

Mais si, avant que votre débiteur eût acquis une fin de non recevoir contre votre créance, il étoit devenu votre créancier d'une somme pareille à celle qu'il vous devoit, & qu'ensuite, après que le temps de la prescription contre votre créance se seroit écoulé, il voulût exiger le payement de sa créance contre vous, vous seriez fondé à lui opposer la compensation. Ce seroit le cas d'appliquer la maxime, *quæ temporalia sunt ad agendum, perpetua sunt ad excipiendum.* La raison en est que la compensation se faisant de plein droit, il en résulte, qu'aussi-tôt que votre débiteur est devenu votre créancier, sa créance & la vôtre, qui n'étoit pas encore prescrite, se font mutuellement compensées & éteintes.

Puisque la fin de non recevoir fait présumer l'extinction d'une Obligation, il faut en tirer la conséquence, que ce seroit en vain qu'une personne se rendroit caution d'une Obligation contre laquelle il y a une fin de non recevoir. La raison en est que les moyens que le débiteur peut employer contre l'Obligation principale, militent pareillement en faveur de la caution.

Les fins de non recevoir doivent être opposées par le débiteur ; il n'est pas du ministère du juge de les suppléer.

Voyez le traité des loix civiles ; les instituts de Justinien ; la bibliothèque de Bouchel ; le traité des Obligations ; l'ordonnance du mois d'avril 1667 ;

1667 ; *le traité du contrat de vente ; Dumoulin*, tract. de eo quod interest ; *le traité de la preuve par témoins ; le journal des audiences ; d'Argentré fur la coutume de Bretagne*, &c. *Voyez* auffi les articles HYPOTHÈQUE, CONTRAINTE, SOLIDITÉ, BILLET, CONTRAT, PAYEMENT, PRIVILÉGE, DEPÔT, VENTE, PRÊT, EXÉCUTION, PREUVE, PRÉSOMPTION, SERMENT, TEMOIN, OFFRES, NOVATION, COMPENSATION, PRESCRIPTION, &c.

ADDITION à *l'article* OBLIGATION.

Le mot *Obligation*, appliqué aux titres qui contiennent des promeffes ou des ftipulations, a dans les loix du Hainaut une acception particulière ; il y défigne un titre revêtu de toutes les formalités propres à le rendre exécutoire, & il eft oppofé à *cédule*, terme dont fe fervent les légiflateurs de cette province pour exprimer une dette qui n'eft pas juftifiée par un titre authentique.

Dans les diftributions de deniers, les *Obligations*, terme fous lequel on comprend auffi les fentences & arrêts, font colloquées en ordre, fuivant les dates des *rencharges* ou oppofitions de ceux qui en font porteurs ; s'il n'y a point de rencharges, elles concourent au marc la livre, & ce n'eft qu'après les avoir remplies toutes, que l'on colloque les cédules. Les articles 11 & 12 du chapitre 75 des chartres générales, font très-précis fur ces deux points.

» Etant lefdits trayans & demandeurs (privi-
» légiés) fatisfaits, les acteurs par Obligation
» fuivront chacun fuivant le temps de leurs traites

» & rencharges , auffi bien pour parties des biens
» du débiteur arrêtées & emportées , que pour
» la totalité , pourvu que leurs lettres foient
» trouvées exécutoires , autrement ne feroient
» réputées que pour dettes non obligées ; &
» s'il n'y a traite ni rencharge , au marc la ,
» livre.

» Et fi, après les dettes privilégiées & Obli-
» gations fatisfaites, il y avoit bon au vendage
» des biens, les autres créditeurs par cédule
» feront payés fur ledit bon , & en après les
» dettes à connoître felon leurs rencharges , finon
» au marc la livre «.

On voit par ces difpofitions, qu'un créancier
muni d'un titre en forme d'*Obligation*, précède toujours le créancier porteur d'une fimple
cédule , quand même celui-ci auroit formé oppofition avant celui-là. C'eft auffi ce qui réfulte
d'une note manufcrite qu'un jurifconfulte de
Mons a laiffée fur les articles cités ; voici comme
elle eft conçue : » Par une ancienne ordonnance
» de la cour, portée au fixième regiftre du greffier.
» Bienmé, eft dit que les demandeurs par Obli-
» gation, n'ayant fait traite fur les biens du
» débiteur arrêtés & vendus, mais qui feroient
» feulement venus fur publication, précéderont
» tous trayans par cédule ; mais qu'ils feront feu-
» lement payés au marc la livre «. Le jurifconfulte ajoute que la chofe a été ainfi jugée au
fiége d'Ath en 1765, fur l'avis de MM. Pépin,
Meuret, Delecourt, Taintenier & Demarbaix,
célèbres avocats du confeil fouverain de Mons.

Par la même raifon, le porteur d'une Obligation revêtue de toutes les formes requifes pour
la rendre exécutoire, eft préféré, fans faire ren-

charge, à celui qui a rechargé en vertu d'une Obligation à laquelle manquent quelques-unes de ces formes. C'est ce qui a été jugé par arrêt du conseil souverain de Mons, du mois d'avril 1683, dans la distribution des biens du nommé Olivier Coulon.

Peut-on, après qu'un bien est saisi, changer une simple dette en Obligation, soit en la faisant reconnoître par le débiteur en préfence d'officiers publics, soit en obtenant à la charge de celui-ci une fentence de condamnation, & acquiert-on par ce moyen le droit d'être colloqué en ordre d'Obligation ?

Il faut distinguer si d'autres créanciers avoient saisi ou rechargé avant cette commutation de titre, ou non.

Dans le premier cas, la commutation de titre n'opère aucun effet, parce que l'on ne peut, par un acte postérieur & souvent frauduleux, ôter à un créancier le droit de préférence qu'il s'est acquis par fon attention & fa diligence. Le conseil souverain de Mons l'a ainsi jugé par arrêts des 24 avril 1673, 29 novembre 1676, 9 janvier 1677, & décembre 1692.

Dans le fecond cas, c'est-à-dire, lorsqu'après avoir saisi pour une simple dette, on fe procure un titre en forme d'Obligation, avant qu'aucun autre créancier n'ait rechargé, on acquiert, par ce titre & fans qu'il foit befoin de nouvelle faifie, une préférence univerfelle fur tous les porteurs de cédules & même d'Obligations qui viennent recharger après. C'est ce qu'ont jugé deux arrêts du conseil souverain de Mons, rendus l'un en feptembre 1713, au rapport de M. Cornet, l'autre le 31 janvier ou premier février 1716, en faveur de Jean-François de Ghaquiere & de Marie-Augustine Moreau, qui, après avoir saisi en vertu de cédules, les biens de Jacques Finet, avoient obtenu des sentences contre lui. Tel est l'usage, dit M. Tahon en rapportant ces arrêts dans un manuscrit qui nous a été communiqué, & il est plus équitable que l'opinion contraire, dont l'unique fondement est la maxime, *nemo potest mutare causam suæ possessionis.*

Les *Obligations* passées hors de la province de Hainaut, n'y sont considérées que comme de simples *cédules.* C'est ce que porte l'article 3 du chapitre 109 des chartres générales : » Les » Obligations passées pardevant notaires ou loix » des villes hors de notredit pays, ne seront » exécutoires en icelui, fors en essence de cédule «. L'article 14 du chapitre 29 étend cette disposition jusqu'aux contrats de mariage ; en voici les termes : » Traités de mariage faits & » passés au dehors de notredit pays de Hainaut, » pardevant notaire & témoins ou gens de loi, » & non devant hommes de fiefs de ladite cour » à Mons, n'auront exécution en notredit pays, » fors en essence de cédule «.

Ces loix ont été portées dans un temps où toute la province de Hainaut reconnoissoit un même souverain ; mais, aujourd'hui qu'elle est soumise à deux couronnes différentes, peut-on, dans la partie qui appartient à la France, donner ordre d'Obligation à un acte passé ou à un jugement rendu dans la partie autrichienne, & *vice versâ ?* Cette question a été proposée au conseil souverain de Mons par M. de Baralle, procureur général du parlement de Flandres. Ce magiftrat annonçoit par fa lettre, en date du 28 novembre 1710, que le parlement de Flandres étoit dans l'ufage d'accorder le rang d'Obligations aux jugemens & aux contrats du Hainaut autrichien, mais que, pour perfifter dans cette pratique, il vouloit favoir fi le confeil fouverain de Mons en ufoit de même à l'égard des jugemens & des contrats du Hainaut françois. Sur cette propofition, les chambres fe font affemblées, & quoique l'on rapportât un arrêt de 1707, qui avoit adopté le fyftème que M. de Baralle vouloit faire recevoir, il a été décidé unanimement, que fi le cas fe préfentoit, on ne colloqueroit les jugemens & contrats du Hainaut François que dans le rang des cédules. M. de Baralle, inftruit de cette délibération, eft revenu à la charge, & a fait de nouvelles remontrances, mais inutilement; tous les magiftrats ont perfifté dans leur avis.

(*Cette addition eft de M.* MERLIN *, avocat au parlement de Flandres.*)

Fin du tome quarante-deuxième.

ADDITIONS ET CORRECTIONS.

Tome VI.

Page 457, à la place des deux dernières lignes, *lisez* l'article 74 de la coutume de Paris, porte :

Page 458, ligne 5, supprimez ces mots, pour user, & ce qui fait jusqu'à la seizième ligne inclusivement, & *lisez* voyez Saisie brandon.

Tome XXXIX.

Article *Mariage.*

Page 205, ligne 19, le parlement de Flandres a, *lisez* le parlement de Flandres avoit autrefois. Ligne 21, est presque entièrement méconnue, *lisez* étoit presque entièrement méconnue relativement au Mariage. Ligne 22, est, *lisez* étoit. Ligne 23, peut, *lisez* pouvoit. Ligne 25, nomment, *lisez* nommoient. Lignes 26 & 27, assiste aux contrats & en règle les conditions, *lisez* assistoit aux contrats & en régloit les conditions.

Page 206, ligne 5, déclare qu'il n'a, *lisez* déclaroit qu'il n'avoit. Ligne 8, a ordonné, *lisez* ordonnoit. Ligne 18, ajoute, *lisez* ajoutoit. Après la ligne 26, *ajoutez* ce qui fuit :

Mais cette déclaration a été révoquée par une autre du 24 juin 1749, enregistrée au parlement de Flandres le 11 août suivant ; en sorte qu'il n'y a plus actuellement de différence entre les Pays-Bas françois & l'intérieur du royaume, par rapport au consentement des pères & mères au Mariage de leurs enfans.

Article *Mayeur.*

Page 393, ligne 27, Mayeur, *lisez* majeur. Ligne 31, s'est nanti, *lisez* est nanti.

TOME XL.

Article *Mise de fait.*

Page 129, lignes 13 & 14, & y a formé, *lisez* & y forme.

Page 130, ligne 20, mettez un point après le mot deux. Ligne 22, mettez une virgule après le chiffre 3.

Page 149, ligne 28, *effacez* le mot, diré.

Page 155, ligne 3 de la note, au lieu de anciens dépens, *lisez* aucuns dépens.

Page 160, ligne 10, tiennent, *lisez* rendent.

Article *Monnoie.*

Page 262, ligne 29, 1681, *lisez* 1601. Ligne 31, 1671, *lisez* 1571.

Article *Mont de piété.*

Page 275, ligne 18, avant ces mots, exemptons lesdites ventes, mettez ce signe (*), pour renvoyer à la note suivante, qui doit être placée au bas de cette page.

(*) Les administrateurs du Mont de piété ayant représenté au roi que les droits accordés par cet article aux huissiers-commissaires-priseurs, pour les ventes du Mont de piété, n'étoient pas proportionnés aux travaux de ces officiers & aux pertes qu'ils avoient déjà éprouvées, & auxquelles ils étoient continuellement exposés par rapport aux avaries inévitables qui peuvent résulter de la variété dans les modes, & de plusieurs autres causes qu'on ne sauroit prévoir & qui diminuent la valeur des effets mobiliers, sa majesté a fait une nouvelle fixation des droits dont il s'agit, par des lettres-patentes du 7 janvier 1781, que le parlement a enregistrées le 13 mars de la même année, & qui contiennent les dispositions suivantes :

ARTICLE I. Les frais de vente à la charge des adjudicataires d'effets vendus au Mont de piété, seront, à compter du jour de la publication des présentes, de cinq sous pour les ventes du prix de dix livres & au dessous ; de dix sous au dessus de dix livres jusqu'à vingt livres ; de quinze sous au dessus de vingt livres jusqu'à trente livres ; de vingt sous au dessus de trente livres jusqu'à cinquante livres ; de trente sous au dessus de cinquante livres jusqu'à cent livres ; de

N n iv

quarante fous au deſſus de cent livres juſqu'à cent cinquante livres ; de quarante-cinq fous au deſſus de cent
cinquante livres juſqu'à deux cents livres ; & toujours en
augmentant de cinq ſous pour chaque cinquante livres de
plus. Ces frais continueront d'être payés en ſus du prix de
l'adjudication, par les acheteurs, aux termes de l'article 7
de noſdites lettres-patentes du 9 décembre 1777.

2. Les frais de vente à la charge des propriétaires des
effets de nantiſſement, vendus au Mont de piété, ſeront, à
compter du même jour, les mêmes que ceux fixés par l'article précédent.

3. N'entendons cependant pas donner aux huiſſiers-com-
miſſaires-priſeurs aucune action contre leſdits propriétaires
des nantiſſemens vendus, pour raiſon des frais qu'ils doivent
ſupporter, aux termes de l'article précédent ; leſquels ne
pourront être perçus que ſur l'excédent revenant à chaque
emprunteur ſur l'effet vendu ; au moyen de quoi, ſi ledit
excédent ne monte pas aux droits de vente fixés par l'article précédent, il appartiendra en entier aux huiſſiers-
commiſſaires-priſeurs ; & s'il n'y a aucun excédent, ils ne
pourront exiger aucuns droits de vente des propriétaires
des nantiſſemens vendus.

4. Les propriétaire d'argenterie ou vaiſſelle d'argent, qui,
en exécution de nos lettres-patentes du 22 mars 1779,
regiſtrées où beſoin a été, auroit été portée en notre hôtel
des monnoies pour y être convertie en eſpèces, ne ſeront
point tenus d'acquitter le double droit de vente ci-deſſus ;
ils ne ſeront chargés que des droits fixés par l'article 2 des
préſentes.

5. Autoriſons le bureau d'adminiſtration du Mont de
piété à faire payer auxdits huiſſiers-commiſſaires priſeurs
les droits de vente qui viennent d'être déterminés devoir
être à la charge des propriétaires des nantiſſemens vendus,
dans les différentes proportions ci-deſſus, & à en faire le
prélévement avec celui de la ſomme prêtée, & des deux
deniers pour livre, ſur le prix que les nantiſſemens vendus
auront produit.

6. Voulons que noſdites lettres-patentes des 9 décembre
1777 & 22 mars 1779, ſoient au ſurplus exécutées ſelon
leur forme & teneur, en ce qui n'y eſt pas dérogé par ces
préſentes. Si donnons en mandement, &c.

Article *Mort.*

Page 340, ligne 5, 1690, *lifez* 1609.
Page 343, ligne 28, privé, *lifez* grevé.
Page 350, ligne 3, le rapprochement, *lifez* ce rapprochement.

Article *Mort civile.*

Page 385, ligne 6, paroiffoit, *lifez* jouiffoit. Ligne 7, l'exploitation, *lifez* l'expatriation. Ligne 15, adoptée, *lifez* abdiquée. Ligne 17, 1, *de poftliminio*, *lifez* 1, C. *de poftliminio.*
Page 388, ligne 29, confignée, *lifez* enfeignée.
Page 392, ligne 31, légataire, *lifez* légiflateur.

Article *Moulin.*

Page 512, placez immédiatement après la ligne 20, tout ce qui fe trouve depuis la ligne 23 de la page 516, jufqu'à la fin de l'article.

TOME XLI.

Article *Nitrière.*

Page 277, ajoutez ce qui fuit :

Par un autre arrêt rendu au confeil d'état du roi le 24 janvier 1778, fa majefté ayant jugé qu'il étoit de fa bonté d'ajouter de nouvelles facilités à celles qu'elle avoit données aux communautés par les articles 3 & 4 de l'arrêr qu'on vient de rapporter, en même temps qu'il étoit de fa prudence de foutenir le travail des falpêtriers, a ordonné ce qui fuit :

" ARTICLE I. Les communautés laïques, féculières & religieufes, qui formeront des Nitrières à leurs frais, conformément à l'article 3 de l'arrêr du confeil du 8 août dernier, & qui les feront exploiter à leurs frais, recevront le prix du falpêtre qui en proviendra, à raifon de dix fous la livre, à la déduction des quatre au

» cent, pourvu que leur falpêtre ne déchoie pas
» de plus de vingt-cinq pour cent aux raffinages
» en trois cuites, & elles jouiront à perpétuité
» de l'exemption de la fouille, qui ne pourra
» plus y être faite que de gré à gré & par con-
» vention volontaire entre le falpêtrier & les par-
» ticuliers.

» 2. L'exemption de la fouille n'aura lieu,
» pour les communautés qui auront conftruit des
» Nitrières, qu'après que ces établiffemens au-
» ront été reçus & approuvés par un infpecteur
» des poudres, qui dreffera procès-verbal de leur
» réception, avec telle autre perfonne que le fieur
» intendant de la province aura nommée pour y
» affifter, & du jour feulement où fe fera la
» première livraifon du falpêtre provenant des
» terres de la Nitrière ; les procès-verbaux de
» réception & defcription des Nitrières feront
» faits triples ; l'un fera dépofé au fecrétariat de
» l'intendance, l'autre au dépôt de la régie des
» poudres, & le troifième dans le coffre des ar-
» chives de la communauté.

» 3. Les communautés qui, après avoir conf-
» truit & garni des Nitrières à leurs frais, les
» remettront à fa majefté, pour les faire exploi-
» ter fous fes ordres par les régiffeurs des pou-
» dres, recevront un fou par livre du falpêtre
» qui en proviendra, aux conditions & déduc-
» tions ci-deffus, & le décompte de ce fou leur
» fera fait à la fin de chaque année ; ces commu-
» nautés jouiront également de l'exemption de la
» fouille.

» 4. Les communautés laïques qui ne voudront
» ou ne pourront faire toute la dépenfe de la
» conftruction des Nitrières, pourront s'arranger

» avec un ou plusieurs particuliers qui formeront
» ces établissemens , dans lesquels les commu-
» nautés transporteront seulement les terres &
» matières salpêtrées; & au moyen de cette con-
» tribution à la formation des Nitrières, sa ma-
» jesté veut bien leur accorder l'exemption de la
» fouille ; mais elles ne recevront rien sur le prix
» du salpêtre qui en proviendra.

» 5. Les particuliers qui s'arrangeront avec les
» communautés pour la construction des Nitrières,
» aux conditions portées en l'article précédent,
» recevront neuf sous de la livre du salpêtre qu'ils
» fourniront dans les magasins de sa majesté,
» aux mêmes conditions & deductions que
» dessus.

» 6. Les Nitrières seront construites, autant
» qu'il sera possible, sur des terreins appartenans
» aux communautés d'habitans, afin de prévenir
» les difficultés que pourroient élever les proprié-
» taires des terreins, dans le cas où, par la négli-
» gence ou l'impossibilité de ceux qui se seront
» chargés pour les communautés de suivre l'ex-
» ploitation de ces Nitrières, ou des héritiers de
» ces entrepreneurs, sa majesté seroit obligée de
» s'en remettre en possession, pour qu'un service
» aussi essentiel ne soit point interrompu ; mais
» si, à défaut de terreins communaux, la cons-
» truction des Nitrières avoit été faite sur des
» terreins appartenans à des particuliers, la va-
» leur en sera remboursée à ceux-ci par les com-
» munautés, sur l'estimation qui en sera faite par
» experts nommés par elles, par les propriétaires
» & par les régisseurs, & au cas de difficulté ,
» par des experts nommés d'office pour sa ma-
» jesté par les sieurs intendans; à l'égard de la

» valeur·des bâtimens conftruits aux frais des par-
» ticuliers , elle leur fera remboursée par fa ma-
» jefté , d'après l'eftimation faite également par ex-
» perts convenus ou nommés d'office.

» 7. Les communautés d'habitans qui fe fe-
» ront arrangées avec des particuliers , ne jouiront
» de l'exemption de la fouille qu'après la récep-
» tion des Nitrières & la première livraifon de
» falpêtre , fuivant l'article 2 ci-deffus.

» 8. Les communautés laïques & eccléfiaftiques
» qui ne conftruiront point de Nitrières à leurs
» frais , ou qui n'en fourniront point à la régie ,
» ou enfin qui ne s'arrangeront point avec des
» entrepreneurs pour en former , continueront
» d'être affujetties au droit de fouille , fuivant les
» réglemens ; duquel droit feront cependant excep-
» tés , conformément à l'arrêt du 8 août dernier ,
» les caves , celliers à vin , & le lieu d'habitation
» perfonnelle feulement.

» 9. Pour prévenir toutes les difficultés que
» les falpêtriers de fa majefté pourroient rencon-
» trer dans leur travail , encore indifpenfable à
» l'état , veut & entend fa majefté que les com-
» munautés dans lefquelles ils fe préfenteront
» avec leur commiffion & l'ordre du fieur inten-
» dant de la province , pourvoient à l'approvi-
» fionnement du bois néceffaire à leurs cuites ,
» foit par des réferves fur les bois communaux,
» foit par des demandes dans les forêts de fa
» majefté , foit par des achats dans les coupes
» ouvertes ; qu'elles leur fourniffent des logemens
» convenables à leur profeffion , & toutes les voi-
» tures dont ils auront befoin pour le tranfport
» des uftenfiles des atteliers , & pour celui du
» falpêtre au magafin le plus prochain ; mais le

» tout en payant comptant & au prix courant
» de chaque lieu ; l'intention de fa majefté étant
» que les communautés n'éprouvent à l'avenir
» aucune perte fur ces différens objets , & qu'il ne
» refte à leur charge que l'embarras de la fouille,
» qu'elle fe propofe même de fupprimer auffi-tôt
» qu'elle le pourra , fans expofer le fervice pu-
» blic.

» 10. Défend fa majefté aux communautés de
» refufer au falpêtrier porteur de commiffion &
» d'ordre, ainfi qu'il eft dit ci-deffus, les bois,
» logemens & voitures néceffaires , en payant
» comptant le prix courant de ces fournitures ,
» fous peine de cinquante livres d'amende pour
» le refus qui fera conftaté par le premier huif-
» fier ou fergent fur ce requis ; ladite amende
» applicable pour moitié au dédommagement du
» falpêtrier, & pour l'autre moitié applicable au
» profit de l'hôpital le plus proche de la commu-
» nauté.

» 11. Les chaudières , uftenfiles , outils , che-
» vaux & autres inftrumens néceffaires à l'exploi-
» tation des Nitrières & atteliers , ne pourront
» être faifis fous quelque prétexte que ce foit ,
» excepté par ceux qui les auront vendus , &
» qui n'en feroient pas payés ; voulant fa majefté
» que les difpofitions des anciens réglemens foient
» exécutés, à cet égard, fuivant leur forme &
» teneur.

» 12. Défend très-expreffément fa majefté ,
» tant aux communautés qui exploiteront par
» elles-mêmes , qu'aux particuliers. qui forme-
» ront des Nitrières, & aux falpêtriers , de vendre,
» détourner, répandre de quelque manière que
» ce foit, ou de raffiner aucune partie de fal-

» pêtre ; veut & entend que tout celui qui ſe
» fera ſoit porté dans les magaſins de ſa majeſté ,
» de mois en mois , ſous peine de trois cents
» livres d'amende contre les communautés , par-
» ticuliers & ſalpêtriers , pour chaque contraven-
» tion, applicable à l'exploitation de la régie des
» poudres, & encore de privation de l'exemp-
» tion de la fouille contre les communautés ,
» d'expulſion des Nitrières contre les particuliers,
» & de révocation & empriſonnement contre les
» ſalpêtriers en cas de récidive.

» 13. Enjoint ſa majeſté aux ſieurs intendans
» & commiſſaires départis dans les provinces, de
» tenir la main à l'exécution du préſent arrêt ;
» leur confirmant à cet effet la connoiſſance de
» tout ce qui concerne les poudres & ſalpêtres, ainſi
» qu'elle leur a été attribuée par l'arrêt du 8 août
» dernier , & par les ordonnances , déclarations
» & les réglemens rendus ſur cette partie de ſon
» ſervice. Fait au conſeil d'état du roi, ſa majeſté
» y étant, tenu à Verſailles le vingt-quatre janvier
» mil ſept cent ſoixante-dix-huit. *Signé* LE PRINCE
» DE MONTBAREY ».

Fin des additions & corrections.

Les tomes XLIII & XLIV *paroîtront en juillet*
1781.